정치
+
철학
09

안티페더럴리스트 선집

안티페더럴리스트 선집
브루투스 편지 · 연방농부 편지

1판 1쇄 | 2026년 1월 12일

지은이 | 브루투스, 연방농부
엮고 옮긴이 | 박찬표

펴낸이 | 안중철, 정민용
편집 | 윤상훈, 이진실

펴낸곳 | 후마니타스(주)
등록 | 2002년 2월 19일 제2002-000481호
주소 | 서울특별시 마포구 신촌로14안길 17, 2층 (04057)
전화 | 편집_02.739.9929/9930 영업_02.722.9960 팩스_0505.333.9960

블로그 | blog.naver.com/humabook
엑스, 인스타그램, 페이스북 | @humanitasbook
이메일 | humanitasbooks@gmail.com

인쇄 | 천일문화사_031.955.8083 제본 | 일진제책사_031.908.1407

값 30,000원

ISBN 978-89-6437-497-9 94300
        978-89-6437-303-3 (세트)

정치
✛
철학
09

안티페더럴리스트 선집

브루투스 편지·연방농부 편지

브루투스·연방농부 지음
박찬표 엮고 옮김

BRUTUS·FEDERAL FARMER

ESSAYS OF BRUTUS
LETTERS FROM THE
FEDERAL FARMER

후마니타스

차례

부록. 연방주의 대 반연방주의: 주제별 대조표 9
부록. 주요 연표 10

■ 브루투스 편지

1번. 총론 19
　헌법 비준 문제의 중대성 19
　신헌법의 근본 문제: 자유 공화국 존속 불가 21
2번. 권리장전의 부재 35
3번. 연방의회: 하원 45
　대표의 공평성·형평성 부재 46
　인민의 진정한 대표 부재 49
4번. 연방의회: 하원 55
　대표 구성의 기본 원리 55
　소규모 대표의 문제: 부패 56
　소규모 대표의 문제: 인민 신뢰 부재 58
　선거제도에 대한 헌법적 통제 필요 62
5번. 연방 정부 권한 66
　연방의회의 무제한적 입법권 66
　세입에 대한 무제한적 통제권 68
6번. 연방 정부 권한 77
　무제한적 징세권 독점 78
　무제한적 징세권 옹호론 반박 85
7번. 연방 정부 권한 89
　무제한적 징세권 옹호론 반박 89
8번. 연방 정부 권한 99
　금전 차입권의 문제 99
　상비군의 위험성 100
9번. 연방 정부 권한 106
　평시 상비군: 유해한 권한 106

　　상비군 옹호론 반박　108

10번. 연방 정부 권한　115
　　상비군의 위험성: 역사적 사례　115
　　상비군 옹호론 반박　119

11번. 연방 사법부　125
　　헌법 해석권의 위험성　127

12(1)번. 연방 사법부　135
　　헌법 해석권이 입법부에 미칠 영향　135

12(2)번. 연방 사법부 권한　141
　　주 사법권 붕괴　142

13번. 연방 사법부　146
　　주를 상대로 한 개인의 소송　148

14(1)번. 연방 사법부 권한　152
　　형사사건 상소의 위험성　153
　　민사사건 배심재판 부정　155

14(2)번. 연방 사법부 권한　158
　　감당할 수 없는 비용과 불편　160
　　주 사법권 무력화　161

15번. 연방 사법부: 책임 없는 권력의 위험성　166

16번. 연방의회: 상원　175
　　정부 구성의 원리　175
　　상원의 구성과 권한　176

■ 연방농부 편지

제1부. 논평

1번. 서론　187
　　헌법안 검토의 원칙　187
　　헌법안 제정의 배경과 경과　192
　　합중국의 이상적 정체　196

2번. 헌법안의 근본 문제　200
　　자유 정부의 핵심 요소 부재　200
　　권리장전 부재, 중앙정부의 무제한적 권한　202

　　주 정부·중앙정부 권한의 불균형　204
3번. 연방 정부 조직과 권한　207
　　헌법안 수정의 불가피성　207
　　하원 구성의 한계　208
　　상원과 부통령　211
　　연방 정부 구성의 문제　212
　　무제한 징세권 제한 필요　215
　　상비군과 민병대 통제권의 위험성　220
　　파산법, 연방 사법부 재판관할권의 문제　223
4번. 연방 정부 권한　229
　　불확정적이고 불확실한 권한　229
　　권리장전 부재　230
　　조약, 헌법 수정 절차의 문제　238
5번. 소결: 주 비준회의에서 수정안과 함께 채택　240

제2부. 추가 서한

6번. 서론　253
　　헌법안을 둘러싼 현재 상황　253
　　헌법의 일반 원칙　259
　　연합 체제와 주 정부의 특징　262
7번. 연방 하원　267
　　정부의 두 원리와 대의 정부의 조건　267
　　인민의 진정한 대표 부재　269
8번. 대표의 역사적 사례: 영국과 로마　279
9번. 연방 하원 증원 필요　289
10번. 연방 하원 증원 필요　303
11번. 연방 상원　313
　　조직과 기능　313
　　임기 단축, 의원 소환·교체 필요　316
　　상원의 권한　323
12번. 연방 의원 선출 방식　326
　　선거권, 피선거권의 문제　326
　　소선거구·과반 득표제 도입　328
　　연방의회의 선거 규제 권한　336

13번. 연방 집행부   340
　　공직자 임명권과 임명 방식   340
　　공직 담당·임명권에서 의원 배제   342
　　상원의 공직자 임명 동의권의 문제   345
　　대통령과 집행 평의회에 의한 임명   349
14번. 연방 집행부   352
　　공직자 임명 방식: 기타   352
　　대통령 선출 방식과 단일 집행관의 장점   355
　　대통령 단임제가 바람직   359
　　대통령 직무 대행 규정과 부분적 거부권   362
15번. 연방 사법부   366
　　사법권에 대한 견제·감시 필요   366
　　사법부 조직과 구성   369
　　민사사건 배심재판 부정   373
　　'형평법' 의미 불명확   381
16번. 권리장전의 부재   383
　　권리장전의 의미와 중요성   383
　　헌법안에 누락된 기본권들   388
17번. 연방 정부 권한   398
　　연방 정체 대 통합 정체   398
　　징발제 유지·개선   400
　　연방 정부 권한 제한 필요   405
18번. 연방 정부 권한   415
　　연방 정부 군 통제권 제한   417
　　파산법과 연방 도시 문제   422
　　기타: 헌법 수정 절차 등   431

옮긴이 해제   434

부록. 연합규약   462
부록. 아메리카합중국헌법   477
부록. 아메리카합중국헌법 수정 조항   495

연방주의 대 반연방주의: 주제별 대조표

	『페더럴리스트』	『브루투스 편지』	『연방농부 편지』
헌법안 검토의 원칙(자세)	1, 37, 38	1	1, 6
제헌회의	2, 37, 40		1
배경, 과제	2, 37		1
절차적 정당성	40		1
연합규약 체제	15-17, 21, 22, 47	7, 9	6
연합규약 체제	15-17, 21, 22	7, 9	6
각 주 헌법	47		6
신헌법(신체제)의 성격	9, 10, 14, 39	1	1, 6, 17
연방 정체 대 단일 정체	9, 39	1	1, 6, 17
광대한 공화국 대 작은 공화국	9, 10, 14	1	
연방 정부 권한	23-36, 41-46	5-10	2-4, 17, 18
징세권	30-36, 41	5-7	3
상비군, 민병대	23-29, 41	8-10	3, 4, 17, 18
연방 정부 대 주 정부	45, 46	5-7	2
권력분립	47-51	16	3
연방 입법부(하원)	10, 14, 35, 36, 52-61	3, 4	2, 3, 7-10, 12, 13
선거 규정(시기, 장소, 방법)	59-61	4	3, 12
대표(대의 기구)	10, 14, 35, 36, 55-58	3, 4	3, 7-10
파당 문제	10		7
주별 의원 수 할당	54	3	
연방 상원	62-66	3, 16	3, 11, 13
주별 의원 수 할당	62	3, 16	11
규모, 임기(교체, 소환)	62, 63	16	11
권한	64-66	16	11, 13
연방 집행부	67-77		13, 14
단일 집행관, 임기	70-72		14
공직 담임·임명	76, 77		13, 14
연방 사법부	78-82	11-15	3, 15
기본 성격	78	11, 15	15
권한	78, 80, 81	11, 12(1)-14(2)	3, 15
헌법 해석권(사법 심사)	78	11, 12(1), 12(2)	
상소심 관할권	81	14(1), 14(2)	3, 15
연방 사법부 대 주 사법부	81, 82	12(2), 14(2)	
배심재판(민사사건)	83	14(1), 14(2)	15
권리장전	84	2	2, 4, 16
헌법안 수정 문제	38, 85		3, 5, 6, 18

부록

주요 연표

1781년 3월 1일. 연합규약 발효.

1786년 9월 14일. 아나폴리스 회의, 연합규약 수정을 위한 회의 제안.

1787년 2월 21일. 연합회의, 연합규약 수정을 위한 필라델피아 회의 소집 요구.

5월 25일. 필라델피아 회의 개회(로드아일랜드주 제외 12개 주에서 대표 파견).

9월 17일. 필라델피아 회의, 신헌법안 제안.

10월 8일. 「연방농부 편지」 1번.

10월 18일. 「브루투스 편지」 1번.

10월 27일. 「연방주의자」 1번.

12월 7일. 델라웨어주 헌법 비준.

12월 12일. 펜실베이니아주 헌법 비준.

12월 18일. 뉴저지주 헌법 비준.

1787년을 비추는 거울The Looking Glass for 1787

이 그림은 1787년 봄(비준 논쟁 이전) 코네티컷주의 정치 상황을 풍자한 동판화로서, 반연합파Anti-Federals의 무지와 혼란을 조롱한 연합파Federals 측의 선전물이다. 코네티컷주는 빚과 지폐의 무게 때문에 진흙 속으로 가라앉고 있는 수레로 상징된다. 마부는 "이 수레는 진흙 속에 빠졌는데, 신사 여러분은 이를 구할 방도를 두고 의견이 갈렸군요."라고 경고한다. 수레는 12인 평의회(주의 상원)의 두 진영에 의해 서로 반대 방향으로 끌려가고 있다. 화면 왼편에는, 밝게 비추는 태양 아래 서 있는 연합파 의원들이 "연금을 지급하라", "반연합파를 혐오한다", "연합회의의 명령에 따르라." 등의 구호를 외친다. 오른쪽 하늘은 천둥 번개와 먹구름으로 가득 차 있고, 땅은 불길에 휩싸여 있는데, 반연합파 의원들이 "사치품에 세금을 매겨라", "인민은 억압받고 있다", "연합 정부를 저주하라", "셰이스에게 승리를", "독립을 저주하라."라고 외치고 있다. 중앙에는 쟁기와 술병을 든 농부가 "세금 내느라 몽땅 털린다."라며 불평한다. 하단에는 "스스로 분열한 집은 설 수 없다."(「마태복음」 13장 26절)라고 적혀 있다. 이 시기에 연합파는 연합회의의 권한 강화를 지지한 중앙 권력 지지 세력을, 반연합파는 주의 권위를 옹호하는 지방주의적인 농민, 채무자, 소상공인 세력을 지칭했는데, 이런 대립 구도는 몇 달 뒤에 전개될 헌법 비준 논쟁 시기의 연방주의자·반연방주의자 대립 구도와 구조적으로 동일하기에, 이 판화는 비준 논쟁 시대의 정치 갈등을 예견한 작품으로 평가된다.

판화가: 아모스 둘리틀Amos Doolittle(1754~1832)
제작 장소: 뉴헤이븐
제작 연도: 1787년
자료: 미국 의회 도서관

1788년 1월 2일. 조지아주 헌법 비준.

1월 9일. 코네티컷주 헌법 비준.

1월 25일. 「연방농부 편지」 18번.

2월 6일. 매사추세츠주 헌법 비준.

3월 22일. 『연방주의자』 1권 발간.

4월 10일. 「브루투스 편지」 16번.

4월 28일. 메릴랜드주 헌법 비준.

5월 23일. 사우스캐롤라이나주 헌법 비준.

5월 28일. 『연방주의자』 2권 발간.

6월 21일. 뉴햄프셔주 헌법 비준(아홉 번째).

6월 25일. 버지니아주 헌법 비준.

6월 26일. 뉴욕주 헌법 비준.

8월 4일. 노스캐롤라이나주 헌법 비준 거부.

1789년 3월 4일. 헌법 발효.

6월 8일. 제임스 매디슨, 헌법 수정안 발의.

11월 21일. 노스캐롤라이나주 헌법 비준.

1790년 5월 29일. 로드아일랜드주 헌법 비준.

1791년 12월 15일. 수정 헌법 1~10조 비준 완료.

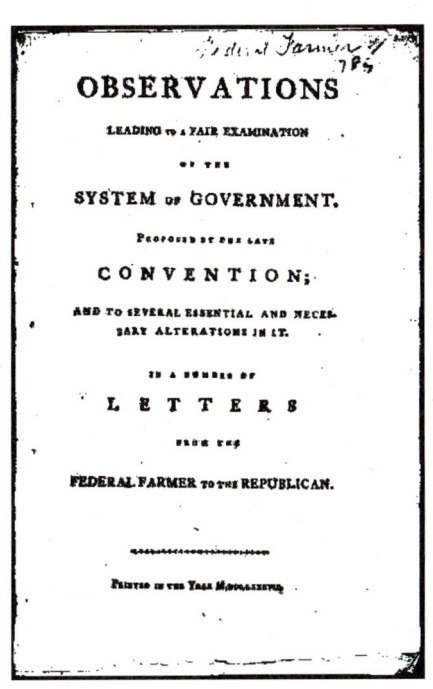

연방농부의 편지 모음집

모두 18편의 논설로 이루어진 『연방농부 편지』*Letters from the Federal Farmer*는 '연방농부'가 '공화주의자'The Republican에게 보내는 서한의 형식을 취하고 있는데, 1787년 10월 8일부터 1788년 1월 25일 사이에 작성된 것으로 전해진다. 최초의 다섯 편은 1787년 11월 초, 『뉴욕 저널』*New York Journal*의 편집자 토머스 그린리프Thomas Greenleaf에 의해 『최근 회의에서 제안된 정부 체제에 대한 공정한 검토 및 몇 가지 필수적 수정을 위한 논평: 연방농부가 공화주의자에게 보내는 편지』라는 제목의 팸플릿으로 출간되었다. 1788년 5월, 그린리프는 나머지 13편을 수록한 두 번째 팸플릿, 『연방농부가 공화주의자에게 보낸 추가 편지』를 간행했다. 수신자로 지칭된 '공화주의자'는 뉴욕 주지사 조지 클린턴George Clinton으로 추정되고 있다. 발신자인 '연방농부'는 거의 2세기 동안 버지니아의 대표적 반연방주의자 리처드 헨리 리Richard Henry Lee로 여겨져 왔는데, 1970년대 이후 역사학자들은 이런 전통적 견해에 의문을 제기하고, 멀랜턴 스미스Melancton Smith, 엘브리지 게리Elbridge Gerry 등을 유력한 저자 후보로 제시하고 있다.

일러두기

1. 'federal'과 'confederate'('confederacy', 'confederation', 'confederated')는 문맥에 따라 연합 혹은 연방으로 번역했다. 당시 두 개념은 명확한 구분 없이 혼용되었고, 이 책의 저자들 역시 그러하다. 따라서 독자들도 이 책을 읽으면서 '연방'과 '연합'을 개념적으로 엄밀히 구분할 필요는 없을 것 같다. 하지만 역사적 실체를 지칭할 경우에는 구분이 필요하기 때문에, 'federal'이나 'confederate'('confederation')가 연합규약Articles of Confederation 시기를 지칭할 경우에는 '연합'으로 번역했고, 연방헌법federal constitution 제정 및 그 이후를 지칭할 경우에는 '연방'으로 번역했다.

2. 'state'는 모두 '주'로 번역했다. 연합규약하에서의 state와 연방헌법하에서의 state는 중앙정부와의 관계나 state가 갖는 주권의 성격에서 근본적 차이가 있다. 전자의 경우, 사실상 독립적인 국가라고 할 수 있고 따라서 '국가' 혹은 '나라'로 번역되기도 한다. 하지만 이 경우 합중국과의 구분이 모호해지고, 'country', 'nation'과 같은 용어와 구분하기 어려운 문제가 발생한다. 따라서 연방헌법 제정 이전과 이후를 막론하고 'state'는 일괄적으로 통상적인 명칭인 '주'로 통일해 번역했다. 독자들도 같은 '주'이지만 연방헌법 제정 이전과 이후에 상당한 차이가 있다는 점을 염두에 두고 읽어 주길 바란다.

3. 목차와 본문의 제목(부 제목, 편 제목, 각 편 내부의 소제목 등)은 독해의 편의성을 높이기 위해 모두 옮긴이가 작성하여 추가한 것이다.

4. 본문 중의 소괄호[( )]는 원문에 나오는 형태 그대로이다.

5. 본문과 주의 내용 중에서 대괄호([ ]) 부분은 이해를 돕기 위해 옮긴이가 추가한 것이다.

6. 각주는 다음 책을 활용해 작성했다. Herbert J. Storing, ed., *The Complete Anti-Federalist*, Vol. 2, University of Chicago Press, 1981; Terence Ball, ed., *The Federalist with Letters of "Brutus"*, Cambridge University Press, 2012. 각주 중에서 옮긴이가 작성한 것은 [옮긴이]로 표기했다. 각주 중에서 원저자, 즉 Federal Farmer와 Brutus가 작성한 것은 [원주]로 표기했다.

7. 번역은 *The Complete Anti-Federalist*, Edited with Commentary and Notes by Herbert J. Storing with the Assistance of Murray Dry, Vol. 2, Chicago: University of Chicago Press, 1981, Electronic Version 중에서 "Letters from the Federal Farmer"와 "Essays of Brutus"의 완역이다.

안티페더럴리스트 선집

브루투스 편지 · 연방농부 편지

브루투스 편지

1번
총론

1787. 10. 18.

뉴욕주 시민들에게

헌법 비준 문제의 중대성

지금 공중은 공동체의 현재 구성원들의 중대사일 뿐만 아니라 아직 태어나지 않은 세대의 행불행까지 걸려 있는 문제에 대한 검토와 결정을 요구받고 있다. 이런 때에 선의를 가진 사람이라면 그 결과에 대해 비상한 관심을 느끼지 않을 수 없을 것이다.

나는 이런 상황에서 인민들의 생각을 현명하고 신중한 결정으로 이끌려는 한 개인의 미약한 노력이 공동체의 공정하고 냉철한 일원들에게 수용되지 않을 리 없다고 믿는다. 이런 생각에 용기를 내어, 현재 우리 사회가 직면한 중대 위기에 대한 나의 생각을 개진하고자 한다.

이 나라가 정치적 사안을 두고서 지금처럼 결정적인 국면에 직면해 본 적은 아마 없을 것이다. 종종 우리는, 합중국을 하나로 묶어 주는 결속력이 취약하고, 현재의 연합이 우리의 공통 관심사를 다루기에는 활력이 충분치 못함을 느껴 왔다. 이런 폐해를 고치기 위해 다양한 방안이 제안되었지만, 어느 것도 성공하지 못했다. 마침내 주들의 회의가 소집되어 헌법을 제정하게 되었다. 이 헌법은 아마 인민들 앞에 제시되어 비준되거나 혹은 거부될 것이다. 인민은 모든 권력의 근원이다. 헌법이나 정체form of government를 자신들이 원하는 대로 만들거나 변경할 권한은 오직 그들에게만 속한다. 지금까지 여러분 앞에 제안되었던, 또는 하늘 아래 그 어떤 인민 앞에 제안되었던 문제보다 더 중요한 문제가 여러분의 선택 앞에 놓여 있다. 그리고 여러분은 특별히 이 목적을 위해 여러분 자신들에 의해 선출된 사람들을 통해 이 문제를 결정하게 될 것이다. 여러분의 승인을 받기 위해 제안되어 있는 헌법이 자유의 귀중한 축복을 보존하고 더없이 소중한 인류의 권리를 보호하며 인간의 행복을 증진하는 데 적합한 현명한 것이라면, 그래서 여러분이 그것을 받아들인다면, 아직 태어나지 않은 수많은 사람들의 행복을 위한 영구불변의 토대를 놓게 될 것이고 후세들이 일어나 여러분을 복되다 할 것이다. 여러분은 이 광대한 대륙이 인간 본성의 존엄함을 주장할 자유인으로 가득 차게 될 것을 전망하면서 크게 기뻐할 것이다. 여러분은 이 혜택받은 땅에서 사회가 최고의 이상적 상태로 빠르게 발전하고 인간 정신이 지식과 덕성으로 확장되어 황금시대가 어느 정도 실현되리라 생각하면서 스스로 위안받게 될 것이다. 그러나 다른 한편으로 만일 [헌법안에 담긴] 이 정체가 자유의 파괴를 가져올 원리를 담고 있거나 전제정 더 나쁘게는 전제적 귀족정을 확립시킬 경향을 지니고 있다면, 게다가 여러분이 그것을 채택한다면, 유일하게 남은 이 자유의 피신처는 폐쇄될 것이고, 후손들은 여러분에 대한 기억을 증오할 것이다.

그렇기에 여러분이 결정해야 하는 문제는 중차대한 것이다. 고결하고 유덕한 정신을 움직일 모든 동기들은 여러분에게 이 문제를 잘 검토해서 현명한 판단을 내리도록 요구한다. [이 헌법의 지지자들은] 사실 이 헌법이 설령 불완전할지라도 수용되어야만 한다고 주장하고 있다. 만일 헌법에 결함이 있다면, 그런 결함은 경험을 통해 가장 잘 수정될 수 있다고 주장한다. 하지만 기억할 것이 있다. 인민이 일단 권력을 내주게 되면, 힘에 의하지 않고는 그것을 되찾기가 극히 어렵거나 불가능하다는 점이다. 인민이 자신의 통치자들의 권력을 자발적으로 강화했던 사례는 수없이 많지만, 통치자들이 자발적으로 그들의 권한을 축소한 사례는 설령 있다 하더라도 극히 드물다. 여러분이 통치의 권한을 어떻게 맡길 것인가라는 문제와 관련해 무엇보다 조심하고 신중해야 한다고 설득할 수 있는 충분한 이유는 바로 이것이다.

이런 몇 마디 예비적 논의와 함께 이제 이 헌법에 대한 고찰로 들어가고자 한다.

신헌법의 근본 문제: 자유 공화국 존속 불가

이 주제와 관련된 첫 번째 질문은 연방 정체가 합중국에 최선인가 혹은 그렇지 않은가이다. 달리 표현하면, 연합한 13개의 주들이 단일의 입법부에 의해 통치되는 그리고 단일의 집행부와 사법부의 통솔을 받는 거대한 단일 공화국으로 정리되어야 하는가, 아니면 어떤 한정된 국가 목표만을 위해 연합의 최고 통치자의 지휘와 통제에 따르는, 연합한 13개의 공화국들을 존속시켜야 하는가?[1]

이 질문은 중요하다. 왜냐하면 제헌회의[2]가 공표한 [중앙]정부는, 완전하고 전적인 통합으로까지 나아간 것은 아니지만 거의 그것에 근접한 것으로서, 만일 실행된다면 분명하고 확실하게 그렇게 결말지어질 것이 틀림없기 때문이다.

그 정부는 그것이 미치는 모든 대상과 관련하여 절대적이고 통

---

1) 정체 구분에 대해서는 「연방농부 편지」 1번 참조. 브루투스는 그의 주장을 여러 면에서 따랐다.

2) [옮긴이] 필라델피아 회의는 당초 연합규약 수정안 기초를 목적으로 한 회의였지만 결국 새로운 헌법안을 기초하게 되었고, 그 결과 후대에 '제헌회의' 혹은 '헌법회의'constitutional convention로 불리게 된다. 원문에는 단순히 "convention"으로 되어 있지만, 이해를 돕기 위해 모두 "제헌회의"로 번역했다.

제되지 않는 입법·행정·사법권을 보유하게 될 것이다. 왜냐하면, 헌법 제1조 8절 마지막 조항에 "연방의회는 위에 기술한 권한들과, 이 헌법이 합중국 정부 또는 그 부처나 그 부처의 공무원에게 부여한 모든 기타 권한을 행사하는 데 필요하고 적절한 모든 법률을 제정할 권한을 가진다."고 공표되어 있기 때문이다. 또한 제6조에서는 "이 헌법, 이 헌법에 의거하여 제정된 합중국의 법률, 그리고 합중국의 권한에 의하여 체결되었거나 체결될 모든 조약은 이 나라의 최고법이다. 어떤 주의 헌법이나 법률 중에 이에 배치되는 규정이 있을지라도, 모든 주의 법관은 이 최고법에 따라야 한다."고 공표되어 있다. 이 조항들을 보면, 중앙정부에 부여된 어떤 권한이든 그것을 집행하는 데에 있어 연방의회와 인민 사이에 주 정부의 그 어떤 중재도 필요하지 않은 것 같다. 또한 모든 주의 헌법과 법률은, 만일 그것이 이 헌법 또는 이 헌법에 의거하여 제정되는 법률 또는 합중국의 권한에 의하여 체결되는 조약에 부합하지 않거나 부합하지 않게 될 경우, 무효화되고 무효임이 공표될 것이다. 그렇다면 이 정체는, 그것이 미치는 범위 내에서는 완전한 단일 정체이며 연방이 아니다. [지금의] 뉴욕주 혹은 매사추세츠주의 정부가 세계의 다른 정부들처럼 그것이 미치는 모든 대상과 관련해 온갖 법률을 만들고 집행하며 관리를 임명하고 법원을 설치하고 위법행위를 선고하고 형벌을 부여하는 절대적이고 완전한 권한을 가져온 것과 마찬가지로, [앞으로] 그 정부는 완전한 단일 정부가 될 것이다. 따라서 그 정부의 권한이 미치는 한 연방의 모든 개념은 포기되고 상실된다. 그 정부가 어떤 일정한 대상으로 [권한이] 한정되는 것은 사실이다. 좀 더 정확히 말하면, 몇몇 소규모의 권한은 여전히 주에 남겨진다. 그러나 중앙정부에 부여된 권한에 대해 조금만 주의를 기울일 경우, 솔직한 사람이라면 다음과 같은 사실을 수긍하게 될 것이다. 즉, 중앙정부가 실행될 경우 개별 주들을 위해 유보된 모든 것은, 중앙정부 조직에 거의 필요하지 않은 것을 제외하고는 바로 무효화될 것이 틀림없다는 것이다. 연방의회의 권한은 별 중요성이 없는 모든 경우에까지 미친다. 인간 본성에 중요한 의미를 갖는, 자유인에게 소중한 모든 것이 연방의회의 권한 안에 있다. 연방의회는 합중국의 모든 사람들의 생명과 자유, 재산에 영향을 미칠 법률을 제정할 권한을 갖는다. 주의 헌법이나 법률은 어떤 식으로도 [중앙정부에] 주어진 권한의 완전한 집행을 막거나 방해할 수 없다. 연방의회는 조세, 관세, 수입세, 소비세를 부과할 수 있다. 이 권한에는 어떤 제한도 없다. [연방헌법 지지자들은] 그런 조세와 관세의 용도를 지시하는 조항[3]이 제약이 될 수 있다고 말한다. 하지만 그 조항은 연방의회의 권한을 결코 제약할 수 없다. 그 조항에 의하면, 조세, 관세 등은 부채를 상환하고 합중국의 공동 방어와 일반 복리를 제공하는 데 사용되어야 하는데, 연방의회는 채무 약정을 재량껏 체결할 권한을 가지며, 공동 방어를 위해 무엇이 필요한지를 결정하는 유일한 판정자이고, 무엇이 일반 복리를 위한 것인지는 그들만이 결정할 수 있기 때문이다. 따라서 이 권한은 그들 마음대로 조세, 관세, 수입세, 소비세를 부과하고 징수할 권한 그 이상도 이하도 아니다. 그것은 그들이 필요로 하는 액수만큼 무제한 세금을 부과할 권한일 뿐만 아니라, 그들이 바라는 어떤 방식으로든 그것을 조달할 수 있는 완전하고 절대적인 것이다. 어떤 주 의회나 주 정부의 어떤 권력도 [연방의회가] 이 권한을 집행하는 데 관여할 수 없다. 마치 한 주가 다른 주의 사무에 관

---

3) [옮긴이] 연방헌법 제1조 8절 1항을 말한다. "연방의회는 합중국의 채무 지불 및 공동방위와 일반 복리를 위하여 조세, 관세, 수입세 및 소비세를 부과, 징수할 권한을 가진다."

여할 수 없듯이. 따라서 세금 부과 및 징수 업무에서 연방의 개념은 완전히 파괴되었고 완전한 단일 공화국이라는 개념이 채택되었다. 이 지점에서 다음과 같은 논평이 시의적절할 것이다. 즉, 세금을 부과하고 징수하는 권한은 [정부에] 부여될 수 있는 그 어떤 권한보다도 중요한 것으로서, 거의 모든 다른 권한과 연결되어 있다는 것이다. 또는 최소한 시간이 흐름에 따라 그 권한으로부터 다른 모든 권한을 이끌어 낼 것이다. 그 권한은 좋은 정부에서는 보호와 안전, 방어의 위대한 수단이 되지만, 나쁜 정부에서는 억압과 전제정의 거대한 동력이 된다. 이 헌법이 자금 조달 조항에서 주 정부에 부과한 엄격한 제약을 살펴보면, 이상의 언급은 사실이 아닐 수 없다. 어떤 주도 지폐를 발행할 수 없으며, 연방의회의 동의 없이는 수입품이나 수출품에 관세나 수입세를 부과할 수 없다. 그리고 [동의가 이루어진 경우에도] 그로부터 생기는 순수익[4]은 합중국을 위해 사용되어야 한다[제1조 10절 2항]. 따라서 주 정부를 유지하고 부채를 갚기 위해 주 정부에 남겨진 유일한 수단은 직접세밖에 없다. 게다가 합중국은 어떤 방식이든 원하는 대로 조세를 부과하고 징수할 권한을 가진다. 이 주제에 대해 생각해 본 사람이라면 누구든 다음과 같은 사실, 즉 어떤 나라에서든 직접세로는 얼마 되지 않는 자금밖에 징수할 수 없다는 것을 틀림없이 수긍하게 될 것이다. [따라서] 일단 연방 정부가 자기 몫의 징세권을 행사하기 시작하면 각 주의 의회는 자신들의 정부를 유지할 자금 조달이 불가능함을 깨닫게 될 것이다. 자금이 없으면 주 정부는 유지될 수 없고, 쇠퇴가 불가피하며, 미처 알아차리기도 전에 주 정부의 권한은 중

---

4) [옮긴이] 순수익net produce이란, 세금·관세 등으로 거둬들인 금액 중에서 징수 과정에서의 경비를 제외한 실질적 수입을 가리킨다.

앙정부의 권한으로 흡수될 것이다.

전시는 물론 평화 시에도 자신들이 원하는 대로 군대를 소집하고 유지할 수 있는 연방의회의 권한과 민병대에 대한 연방의회의 통제권은 정부의 강화를 가져올 뿐만 아니라 자유의 파괴를 가져오기 쉽다. 이런 사실은 이제 분명해졌을 것이다. 하지만 나는 이 점에 대해서는 상세히 설명하지 않을 것이다. 앞의 논의에 더해 이 정부의 사법권에 대한 논평만으로도 우리 입장의 진실성을 충분히 밝힐 수 있기 때문이다.

합중국의 시법권은 연방 대법원에, 그리고 연방의회가 수시로 제정·설치하는 하급법원들에 속한다. 이 법원들의 권한은 매우 광범위하다. 그것의 관할권은, 같은 주의 시민들 간에 발생하는 것을 제외한 모든 민사소송을 포괄한다. 그리고 헌법에 따라 발생할 보통법과 형평법상의 모든 소송사건에 미친다. 추정컨대 각 주에는 하나의 [연방] 하급법원이 설치될 것이고, 최소한 필수적인 집행관들이 그에 따라올 것이다. 이 법원들이 주 법원의 위엄을 퇴색시키고 주 법원의 지위를 빼앗으리라는 것은 상식적으로 쉽게 예측할 수 있다. 이 법원들은 그 권한을 합중국으로부터 이끌어 내고 또한 합중국으로부터 고정된 급여를 받기 때문에 본질적으로 주로부터 완전히 독립적이 될 것이다. 그리고 예측컨대, 인간사의 경과 속에서 이들 법원은 각 주 법원의 모든 권한을 삼켜 버릴 것이다.

제1조 8절의 [연방의회 권한에 관한] 조항이 어디까지 작용하여 연방 국가의 모든 개념을 폐기시키고 전체를 하나의 중앙정부로 완전히 통합하는 결과를 가져올지 단정하기란 불가능하다. 이 조항에 의해 [연방의회에] 부여된 권한은 매우 일반적이고 포괄적이며, 또한 이 조항은 거의 모든 법률의 통과를 정당화하는 식으로 해석될 것이다. 헌법이 합중국 정부 또는 합중국의 모든 부와 공무원에게 부여한 권한을 집행하기 위해 필요하고 적절한 모든 법을 제정할

수 있는 권한은 매우 포괄적이고 또 불확정적인 권한이며, 주 의회를 완전히 파괴하는 식으로 행사될 것이다.[5] 만일 어떤 주 의회가 주 정부 유지 및 부채 상환용 자금 조달을 위한 법을 통과시켰는데, 연방의회가 판단하기에 그 법이 합중국의 일반적 복리를 위해 적절하고 필요하다고 생각되는 세금의 징수를 가로막을 수 있다면, 연방의회는 그 법을 무효화할 수 있을 것이다. 왜냐하면, 이 헌법에 의거하여 [연방의회에서] 제정되는 모든 법률은 이 나라의 최고법이며, 어떤 주의 헌법이나 법률 중에 이에 배치되는 규정이 있을지라도 모든 주의 법관은 이 최고법에 따라야 하기 때문이다. 이런 법률에 의해 특정 주 정부[의 자금 조달 시도]는 일거에 좌절될 수 있고, 그로 인해 주 정부를 유지할 모든 수단을 박탈당할 수 있을 것이다.

헌법이 이런 종류의 [즉 주의 권한을 제약·박탈하는] 법률을 정당화할 것이라고 암시하기 위해 이런 사례를 거론하는 것은 아니다. 연방의회가 각 주의 의회보다 헌법이 부과한 한계를 벗어날 가능성이 더 크고 나아가 인민에 대해 덜 책임질 것이라고 암시함으로써 불필요하게 인민의 두려움을 자극하려는 것도 아니다. 말하고자 하는 것은, 막대하고 통제 불가능한 권한이 합중국 의회에 부여되었다는 점이다. 조세, 관세, 수입세 및 소비세를 부과·징수하고, 통상을 규제하며, 육군을 모집·유지하고, 민병대를 조직·무장·훈련시키며, 법원을 설치하고 기타 일반적 권한을 설정할 권한 등이 그것

---

[5] 제1조 8절 마지막 항은 "위에 기술한 권한들과, 이 헌법이 합중국 정부 또는 그 부처나 그 부처의 공무원에게 부여한 모든 기타 권한을 행사하는 데 필요하고 적절한 모든 법률을 제정한다."고 규정하고 있다. 논란의 초점이 되었던 이 조항의 의미에 대한 푸블리우스의 설명은 「연방주의자」 33번 참조.

이다. 그리고 이 조항에 의해, 이 모든 권한들을 실행하기 위해 적절하고 필요한 모든 법률을 제정할 권한이 부여되었다. 그리고 연방의회는 이 권한을 행사하여 모든 주 정부를 완전히 무력화하고 이 나라를 하나의 단일 정체로 변형할 것이다. 만일 연방의회가 그렇게 할 수 있다면, 그렇게 할 것이 너무나 확실하다. 왜냐하면 개별 주가 보유한 권한이 비록 작더라도 합중국 정부의 추진력에 방해가 된다는 사실이 드러날 것이고, 합중국 정부는 당연히 그런 장애물을 제거하려 할 것이기 때문이다. 이뿐만 아니라, 권력을 부여받은 모든 사람과 인간 집단은 항상 권력을 확대하려 하고 또한 방해가 되는 모든 것을 압도하려는 성향이 있다는 것은 누대의 확실한 경험을 통해 확인되는 사실이다. 인간 본성에 내재된 이런 성향은, 연방 입법부에서 주의 권한을 약화하고 궁극적으로 전복시키는 쪽으로 작용할 것이다. 그리고 그런 성향은 [인간 본성에 뿌리를 둔] 그런 강점까지 갖고 있기에, 연방 정부[설치]가 어떻게든 성사된다면, 가장 확실하게 발현될 것이다. 그러므로 이 헌법이 원하는 것은 연방의 각 구성 부분[즉 주]을 완전한 단일 정체 — 모든 면에서 완벽한 입법, 사법, 집행 권한을 지닌 — 로 완전히 통합하는 것이며, [신]헌법이 실행되고 작동됨에 따라 필연적으로 그것을 확보하리라는 것은 너무나 명백하다.

이제 처음에 제시했던 문제를 검토해 보자. 연합한 13개의 주들이 단일한 거대 공화국으로 정리되는 것이 과연 최선인가, 혹은 그렇지 않은가? 여기에서 당연시되는 것은, 우리가 어떤 정체를 채택하든 그것은 자유 정체여야 하고, 아메리카 시민들의 자유를 보호하도록 만들어져야 하며, 인민의 완전하고 공정하며 동등한 대표를 허용하는 정체가 되어야 한다는 것이다. 이는 모두가 동의하는 바이다. 그렇다면 문제는, 그렇게 구성되고 그런 원리에 기반한 정체가 과연 단일국가로 정리된 전체 합중국에서 실행 가능하며 또한 작동 가능한지일 것이다.

정부학에 대해 지금까지 사색하고 저술해 왔던 사람들 가운데 가장 위대하고 현명한 사람들의 의견을 존중한다면, 우리가 내려야 할 결론은 전체 합중국처럼 그렇게 거대한 규모의 — 그렇게 빠르게 증가하는 대규모 주민으로 구성된 — 나라에서는 자유 공화국이 성공할 수 없다는 것이다. 이런 논지에 맞게 제시할 수 있는 여러 저명한 권위자들 중에서 나는 단지 두 사람을 인용하는 데 만족하고자 한다. 하나는 몽테스키외 남작baron de Montesquieu의 『법의 정신』 제1부 [제8편] 제16장이다. "공화정체는 작은 영토만 갖는 것이 본질에 맞다. 그렇지 않으면 공화정체는 존속할 수 없다. 거대한 공화국에는 큰 재산이 존재하고, 그 결과 사람들의 정신에 절제가 거의 없어진다. 한 시민의 수중에 맡겨야 할 기탁물이 너무 크고, 이해관계가 개별화된다. 처음에는 어떤 사람이 조국 없이도 행복해지고 위대해질 수 있으며 영광을 누릴 수 있다고 느낀다. 그리고 곧 그는 조국의 폐허 위에서 자기만이 위대해질 수 있다고 생각하게 된다. 거대한 공화국에서는 공공의 복지가 수많은 이유로 희생된다. 그것은 여러 예외에 종속되고 우연한 일에 좌우된다. 작은 공화국에서는 공공의 복지가 더 잘 느껴지고 더 잘 알려져서 각 시민에게 더 가까이 있다. 거기서는 남용이 그다지 널리 퍼져 있지 않으므로 그만큼 옹호되지도 않는다."[6] 베카리아 후작marquis Beccaria[7]도 같은 의견이다.

---

[6] [옮긴이] 번역문은 몽테스키외, 『법의 정신』 1, 진인혜 옮김, 나남, 2023, 220, 221쪽 참조.

[7] Cesare Beccaria, *An Essay on Crimes and Punishments* (1764: English trans. London, 1767), ch. 26. [베카리아(1738~94)는 이탈리아 범죄학자, 법학자, 철학자, 경제학자, 정치인으로 『범죄와 형벌』에서 고문과 사형을 비판하여 근대 형법

역사상 합중국의 규모와 비슷한 자유 공화국의 사례는 존재하지 않는다. 고대 그리스의 공화국들은 작은 규모였고, 고대 로마 공화국도 마찬가지였다. 이 둘은 모두 시간이 지나면서 넓은 영토로 정복을 확장했고, 그 결과 그들의 정체는 자유 정체에서 벗어나 지구상 존재했던 어느 것보다 전제적인 정체로 변질되었던 것이 사실이다.

위대한 인물들의 견해나 인류의 경험은 광대한 공화국이라는 발상에 비판적이다. 이뿐만 아니라 이성과 사물의 본질로부터도 그런 발상에 반대되는 다양한 이유를 이끌어 낼 수 있다. 모든 정부에서 주권의 의지는 법률이다. 전제 정부에서는 최고 권위가 한 사람에게 위임된다. 그의 의지가 법률이며, 그것은 작은 영토에 대해 그러하듯이 넓고 광대한 영토에 대해서도 쉽게 전달될 것이다. 순수 민주정에서는 인민이 주권자이며, 인민의 의지는 그들 스스로에 의해 공표된다. 이를 위해 인민은 모두 함께 모여 숙의하고 결정해야 한다. 따라서 이런 종류의 정부는 상당한 규모의 나라에서는 행해질 수 없다. 그런 정부는 단일 도시에 국한될 수밖에 없다. 혹은 최소한 인민이 편리하게 모여서 그들 앞에 제시된 문제에 대해 논의하고 이해하며 자신들의 견해를 표명할 수 있는 그러한 규모로 제한될 수밖에 없다.

자유 공화국에서 모든 법률은 인민의 동의로부터 나오지만, 인민은 자신의 동의를 스스로 직접 표명하지 않고 그들이 선출한 대표를 통해 표명한다. 그리고 대표들은 유권자들의 뜻을 알고 있고, 그것을 진실되게 표명하리라고 여겨진다.

모든 자유 정부에서 인민은 자신을 통치하는 법에 대해 자신이

의 아버지로 여겨진다. 그의 저작은 미국 국부들에게 큰 영향을 미쳤다.]

동의해야 한다. 이는 자유 정부와 전제 정부를 나누는 진정한 기준이다. 어떤 방식이든 자신들이 동의하는 방식에 의해 표현되는 전체의 의사에 의해 통치되는 것이 자유 정부이다. 전제 정부는 한 사람 혹은 소수의 의사에 의해 통치된다. 만일 인민이 자신들이 선출하고 임명하는 사람을 통해 법에 대한 자신들의 동의를 부여하고자 한다면, 그 선출 방식과 선출된 사람의 규모가, [선출된 자들이] 인민의 정서를 가지고 인민의 정서를 표명하는 경향을 지니며 결과적으로 인민의 정서를 표명하는 데 적격이 될 수 있는 그러한 것이 되어야 한다. 왜냐하면 그들이 인민의 정서를 모르거나 또는 인민의 정서를 대변하려 하지 않는다면, 인민이 통치하는 것이 아니며 주권은 소수의 수중에 있기 때문이다. 그런데 크고 광대한 나라에서 인민의 정서를 가지고 인민의 마음을 대변할 진실된 대표를 확보하려면, 다루기 힘든 대규모 — 민주 정부가 불편을 크게 겪을 정도의 — 대표 기구를 만들지 않고서는 불가능하다.

합중국의 영토는 막대한 규모이다. 그 영토는 현재 거의 300만의 사람을 품고 있으며, 그 수의 10배 이상도 품을 수 있다. 조만간 그렇게 거대하고 많은 인구를 갖게 될 나라에서, 너무 많은 [의원] 수로 인해 공무 처리가 불가능해지지 않으면서 [동시에] 그 많은 사람들의 정서를 표현해 줄 대표를 선출하는 것이 실현 가능할까? 그것은 분명 가능하지 않다.

공화국에서는 인민들의 생활양식과 정서, 그리고 이해관계가 비슷해야 한다. 그렇지 않으면, 끊임없는 의견 충돌이 일어날 것이고, [인민의] 일부의 대표가 다른 일부의 대표와 끊임없이 싸우게 될 것이다. 이로 인해 정부의 운영은 지연될 것이고, 공공선을 촉진할 결정은 가로막힐 것이다.[8] 이런 점에 주목해 합중국 상황을 살펴보면, 우리가 단일 정체가 되어서는 안 된다는 확신에 이르게 된다. 합중국은 다양한 기후를 포함하고 있고, 각 지역의 산물은 아주 다르며, 그 결과 지역들의 이해관계도 다양하다. 각 지역의 생활양식이나 관습은 기후나 산물만큼이나 상이하다. 그리고 그 지역들의 정서는 결코 같지 않다. 각 주의 법과 관습은 여러 면에서 아주 다양하고, 어떤 면에서는 정반대이다. 각 주는 자신의 이해관계나 관습을 선호할 것이다. 그 결과 각 지역 출신의 대표들로 구성될 의회는, 너무 수가 많아서 주의 깊게 혹은 결단력 있게 행동할 수 없을 뿐만 아니라, 너무나 이질적이고 부조화스러운 원칙들로 구성될 것이기에 끊임없이 서로 다투게 될 것이다.

합중국과 같은 규모의 공화국에서 법률은 신속하게 집행될 수 없다.

모든 정부에서 최고 집행관은 법을 집행함에 있어서 그 목적을 위해 공공 경비로 유지되는 군대의 지원을 받거나, 아니면 저항이 일어난 경우 그의 지휘에 따라 그를 지원하기 위해 나선 인민의 지원을 받는다.

유럽의 모든 군주국은 물론이고 전제 정부에서는 군주 혹은 최고 집행관의 명령을 집행하기 위해 상비군이 유지된다. 상황에 따라서는 그런 목적을 위해 상비군을 고용하기도 한다. 하지만 상비군은 항상 자유의 파괴자임이 입증되었고, 자유 공화국의 정신과 모순되었다. 영국에서 상비군은 연례 유지비를 의회에 의존하는데, 그때마다 항상 억압적이고 비헌법적이라는 항의를 받았다. 또한 법을 집행하는 데 상비군이 이용된 적은 거의 없다. 특별한 경우에 문민 최고 집행관의 지휘 없이는 결코 이용된 적이 없다.

자유 공화국은 법을 집행하기 위해 결코 상비군을 유지하지 않

---

8) [옮긴이] 이런 주장은 광대한 공화국의 장점을 강조한 「연방주의자」 10번의 매디슨의 주장과 대비된다.

는다. 자유 공화국은 시민의 지지에 의존해야 한다. 하지만 정부가 그 기반을 시민의 지지로부터 얻고자 한다면, 인민의 신뢰와 존경, 그리고 애착을 받을 수 있게 정부가 구성되어야 한다. 최고 집행관의 요청에 따라 법 집행에 헌신하는 사람은, 정부에 대한 애착에서 그렇게 하거나 아니면 두려움에 의해 그렇게 한다. 상비군이 언제든 위반자를 처벌할 수 있는 상황에서는 모든 사람이 두려움의 원리에 의해 행동할 것이고, 따라서 최고 집행관이 요구할 경우 복종할 것이다. 하지만 그렇지 않을[즉 두려움에 기반하지 않을] 경우, 정부는 정부와 법에 대한 인민들의 신뢰와 존경에 기반해야 한다. 인민 대부분의 애착을 받고 있다면, 그 정부는 항상 법을 유지하고 집행할 수 있을 것이다. 그리고 정부에 적대적일 수도 있는 파당으로 하여금 두려움을 느끼게 함으로써 법 집행에 대한 저항을 방지할 뿐만 아니라 인민 대부분이 최고 집행관을 지원하도록 만들 것이다. 그러나 합중국처럼 그렇게 광대한 공화국에서는 이런 효과를 얻는 데 필요한 통치자에 대한 신뢰를 인민들이 갖기 어려울 것이다. 자유 공화국에서 통치자들에 대한 인민의 신뢰는, 인민이 통치자들을 잘 알고 있고 통치자들이 자신들의 행위에 대해 인민에게 책임지며 나아가 통치자들이 잘못했을 때 그들을 교체할 수 있는 권한을 인민이 가지고 있다는 데에서 나온다. 그러나 이런 대륙 규모의 공화국에서 보통의 인민은 자신의 통치자들 가운데 극소수만을 알 수 있을 것이다. 인민은 대개 통치자들이 하는 일에 대해 거의 알지 못할 것이고, 통치자들을 바꾸기는 극히 어려울 것이다. 조지아주의 인민과 뉴햄프셔주의 인민은 서로의 마음을 알 수 없을 것이고, 따라서 서로 협력하여 대표의 전면적 교체를 실현하기란 불가능할 것이다. 이렇게 광대한 나라에서는 각 지역들이 자신의 대표들의 행위를 숙지하는 것이 아마 불가능할 것이고, 대표들이 어떤 근거에서 조치들을 취했는지 그 이유도 알 수 없을 것이다. 그 결과 인민은 입법부를 신뢰하지 못할 것이고, 대표들의 야심을 의심할 것이며, 그들이 채택하는 모든 조치를 경계할 것이고, 그들이 통과시킨 법률을 지지하지 않을 것이다. 따라서 정부는 무기력하고 비효율적이 될 것이다. 그런 상태에서 벗어나기 위해서는, 무력으로 법을 집행할 군대를 수립하는 것 외에 다른 방법이 없게 될 것이다. 이는 모든 것 중에서 가장 무서운 정부이다.

합중국처럼 광대한 규모의 공화국에서는 입법부가 각 지역의 다양한 관심사와 요구를 돌볼 수 없다. 각 지방의 현지 상황이나 요구를 숙지하기에 충분할 정도로 의원 수를 늘릴 수 없다. 만일 그럴 수 있다고 하더라도, 끊임없이 발생할 이런 종류의 다양한 모든 문제를 돌보고 대비할 충분한 시간을 갖는다는 것은 불가능하다.

그렇게 광대한 공화국에서는 정부의 주요 관리들이 곧 인민의 통제로부터 벗어나게 될 것이고, 그들은 자신을 강화하고 인민을 억압하기 위해 권한을 남용하게 될 것이다. 아메리카합중국 규모의 나라에서는 집행관들에게 위임된 신탁이 다양하고 방대할 수밖에 없다. 공화국의 모든 군대와 해군에 대한 지휘권, 관리 임명[권한], 위법행위에 대한 사면권, 모든 국고 세입을 징수하고 확대하는 권한, 그 밖의 많은 권한들이 소수의 손[즉 소수 연방 정부 관리]에 부여되고 소수에 손에서 행사될 것이 분명하다. 이런 권한에 큰 명예와 보수가 따른다면 — 대규모 국가에서는 항상 그럴 것인데 — 그런 권한은 사람들의 관심을 끌어 그것을 추구하도록 이끌 것이고, 야심 있고 뱃속이 검은 사람들의 적절한 표적이 될 것이다. 이런 사람들은 쉼 없이 그런 권한을 추구할 것이다. 이들이 권한을 획득할 경우에는 자기 자신의 이익과 야망을 충족하기 위해 그것을 사용할 것이다. 그리고 광대한 공화국에서는 그들을 소환하여 위법행위에 대해 책임지도록 하거나 또는 그들의 권한 남용을 방지하는 것이 거의 불가능할 것이다.

이상의 내용은, 여러 주들로 이루어진 광대한 규모의 나라에서는 자유로운 공화국이 오래 존속될 수 없다고 여겨지는 이유들 가운데 일부이다. 그러므로 만일 신헌법이 13개 주들을 하나로 통합하기 위한 것이라면, 명백히 그러한데, 이 헌법을 채택해서는 안 될 것이다.

　신헌법이 공화국이라는 외형하에서 전체 합중국을 단일 정체로 만들어 버릴 것이라는 사실은 이런 정체를 반대하고 [신]헌법을 거부할 충분한 이유가 된다고 생각하지만, 이를 배제하더라도, 인류의 자유와 행복을 후원하는 모든 사람들로 하여금 헌법 채택을 반대하도록 만들 본질적이고 근본적인 여러 이유들이 존재한다. 나는 이런 반론을 개진하는 동안 내 동포들이 공정하고 냉철하게 경청해 줄 것을 요청한다. 그 반론들은 이 사안에 조심스럽게 집중함으로써 파악된 것이고, 또한 충분한 근거를 가진 것이라고 나는 진심으로 믿고 있다. 내가 [이 글에서] 다루지 않을 사소한 문제점들도 많이 존재하는데, 인간의 저작물 중 그 어떤 것에서도 완전함을 기대할 수는 없는 것이다. 만일 내 양심에 비추어 볼 때, 자유롭고 평등한 정부가 근거해야 하는 근본 원리 측면에서 이 헌법안에 결함이 있다고 생각되지 않는다면, 나는 침묵을 지킬 것이다.

브루투스

2번
권리장전의 부재

1787. 11. 1.

뉴욕주 시민들에게

나는 지난 서한에서, 13개 주를 단일 정체로 정리하는 것은 여러분의 자유를 파괴하는 결과를 낳을 것이라는 명제를 입증했다고 생각한다.

하지만 누군가가 이런 사실에 의혹을 제기하지 못하도록, 그 주장의 타당성을 검토해 보도록 하겠다.

모든 주들을 통합된 단일 정체로 정리하는 데에 반대하는 논거들이 그런 명제를 완전히 확립하기에는 충분치 못함을 인정해야겠지만, 최소한 다음과 같은 결론은 정당화해 줄 것이다. 즉, 그런 나라를 목표로 헌법을 만들 때에는 국가 권한을 제한하고 명확히 해야 하며, 국가의 각 부를 조정하고, 권력의 남용을 억제하기 위해 최대한 노력해야 한다는 것이다. 이런 점들에 대해 어느 정도 주의를 기울였는지가 지금부터 조사해 볼 주제이다. 오랫동안 존속될 건물을 지으려면 기초를 튼튼히 놓아야 한다. 여러분의 승인을 받기 위해 제안되어 있는 헌법은 여러분만을 위해 설계된 것이 아니라, 아직 태어나지 않은 세대들을 위한 것이기도 하다. 따라서 사회 계약의 기초가 될 원칙들이 분명하고 정확하게 제시되어야 하고, 가장 명확하고 완전한 권리의 선언이 이루어져야 한다. 하지만 헌법은 이런 문제에 대해 거의 전적으로 침묵하고 있다.

아메리카 인민의 정서를 그들 자신의 가장 엄숙한 선언[즉 독립선언문]으로부터 추측해 보면, 그들은 모든 사람이 태어날 때부터 자유롭다는 사실을 자명한 것으로 받아들이고 있다. 따라서 그 어떤 사람이나 계급도, 자연법이나 신법에 의거해 동료들 위에 군림할 권한을 갖거나 행사할 권리를 가질 수 없다. 그러므로 사회의 기원은, 다른 사람들에 대해 권력을 행사할 수 있는, 어떤 한 사람이 갖는 천부적 권리에서가 아니라, 함께 결합하는 사람들의 일치된 합의에서 찾아야 한다. 사람들의 공통적 필요는 우선적으로 사회를 형성하는 것이 적절하다고 명령한다. 그리고 사회가 수립되면, 보호와 방어[에 대한 요구]가 정부 설립의 필요성을 지시한다. 자연 상태에서 모든 개인은 그 자신의 이익을 추구한다. 그렇게 하다 보면 어떤 사람의 소유물이나 즐거움이 다른 사람의 계획과 의도에 희생되는 일이 종종 발생한다. 그래서 약자는 강자에게 희생되고, 순진하고 부주의한 자는 더 교활하고 계획적인 자들의 기만에 당하게 된다. 이런 상태에서는 어떤 개인도 안전하지 못하다. 따라서 공통의 이해관계는, 공동체 구성원 모두를 보호하고 방어해야 한다는 그런 지침에 따라, 전체 공동체의 힘이 결집될 정부를 수립해야 한다고 알려 준다. 따라서 공공선은 시민 정부의 목적이고, 공중의 동의는 시민 정부가 수립되는 기초이다. 이런 목적을 달성하기 위해서는 선천적 자유의 일정 부분을 나머지 부분의 보존을 위해 필연적으로 포기해야만 한다. 개인들이 정부에 복종할 때, 그들은 타고난 자유의 얼마나 많은 부분을 포기해야 할까. 이 문제를 지금 검토하지는 않을 것이다. 하지만 정부의 운영을 맡은 자들로 하여금 공동체의 행복 증진을 위해 법을 제정하고 그런 법을 실행할 수 있도록 하기에 충분한 정도로, 개인들은 많은 자유를 포기해야 할 것이다. 그러나 개인들이 이 목적을 위해 자신들의 자연권 모두를 포기할 필요는 없다. 어떤 권리는 천부적인 것이기에 양도될 수 없다. 이런 종류의 것으로는 양심의 권리, 생명을 향유하고 보호할 권리 등이 있다. 정부를 설립한 목적을 달성하기 위해 [어떤 것은 양도해야 하지만] 양도할 필요가 없는 권리들도 있고, 따라서 이런 것들은 포기해서는 안 된다. 그런 권리를 양도하는 것은 정부의 목적 그 자체, 정확히 말해 공공선에 반하게 될 것이다. 이런 점에 주목하면, 진정한 원칙에 기초하여 정부를 수립할 경우, 정부의 기초는 앞에서 말했던 그런 방식으로, 즉 양도할 필요가 없는 기본적 자연권은 인민에게 명백히 유보해 두는 식으로 구축되어야 할 것 같다. 애초에 사람들로 하여금 정부로 결집하고 정부를 설립하도록 이끈 바로 그 이유들이 사람들로 하여금 이런 경계를 하도록 만들 것이다. 만일 사람들이 불변의 정의의 규칙을 스스로 준수하는 경향을 가지고 있었다면 정부가 필요하지 않았을 것이다. 사람들 가운데 일부가 다른 사람들에게 사기나 억압, 폭력 등을 행사하기 때문에, 사람들은 함께 모여서 모두의 행동을 규제할 일정한 규칙을 만들기로 합의하고 또한 그런 규칙을 준수하도록 강제하기 위해 통치자들의 손에 전체 공동체의 권력을 위임하기로 합의했다. 하지만 통치자들도 다른 사람들과 똑같은 성향을 지니고 있다. 자연 상태의 개인들이 타인을 해치고 억압하려 하듯이, 통치자들도 위임받은 권력을 사적 목적으로 사용하여 피치자들을 해치고 억압할 개연성이 있는 것이다. 따라서 통치자의 권한에 한계를 설정하는 것은, 권리에 대한 사적 침해를 방지하기 위해 먼저 정부를 설립해야 하는 것만큼이나 적절한 조치이다.[1]

1) 브루투스의 주장은, 더 유명하지만 근본적으로 동일한 다음과 같은 푸블리우스의 명제를 떠오르게 한다. "만일 인간이 천사라면 어떤 정부도 필요하지 않을 것이다. 만일 천사가 인간을 통치한다면, 정부에 대한 그 어떤 외부적 또는 내부적 통제도 필요하지 않을 것이다"(「연방주의자」 51번). 양자는 근본적으로 동일한 전제에서 출발하지만 서로 상이한 해결책을 제시하고 있다.

사물의 이치와 본질에 확고히 뿌리를 둔 이 원칙은 보편적 경험에 의해 더 확고해진다. 통치자들은 예나 지금이나 항상 자신의 권력을 확대하고 공공의 자유를 축소하는 데 적극적이었음을 알 수 있다. 때문에 자유의 의식이 조금이라도 남아 있는 모든 나라의 인민들은 통치자들에 의한 권리침해를 막을 수 있는 방벽을 세웠었다. 우리의 기원이 되는 나라가 좋은 사례이다. 대헌장magna charta[2]과 권리장전bill of rights은 오랫동안 그 나라의 자랑거리이자 [권리의] 보호 수단이었다. 이 원칙이 바로 우리 나라 주들의 모든 헌법의 근본 원칙이라는 것만 이야기하면 아메리카인들에게 더 이상의 말이 필요 없으리라 생각된다. 그 헌법들 중에 권리선언declaration of rights[3]이나 권리장전에 기초하지 않거나 또는 그것에 들어 있는 권리들의 확고하고 명시적인 유보[조항]를 담지 않은 헌법은 하나도 없었다.[4] 이를 보면, 자유의 맥박이 고동치고 정부의 헌법을 스스로 제정하자고 인민들에게 호소했을 당시에는, 그런 선언들이 정부의 기본 틀의 일부가 되어야 한다는 것이 보편적 인식이었던 것 같다. 그렇기에 [제헌회의가 제안한] 이 헌법에서 인민의 권리에 대한 이 거대한 안전 장치를 발견할 수 없다는 사실이 더 놀라운 것이다.

2) [옮긴이] 1215년 영국 귀족들이 존 왕을 압박하여 왕권의 제한과 제후의 권리를 확인하는 대헌장에 서명하게 했다. 이는 신민의 자유에 대한 최초의 문서로 된 확인이었기에, 자유주의 헌정 체제의 시원으로 불리고 있다.

3) [옮긴이] 명예혁명(1688~89년) 당시, 제임스 2세를 추방한 영국 의회는 1689년 2월 윌리엄 3세와 메리 2세를 공동 왕위에 추대하는데, 이때 새로운 국왕 앞에서 권리선언이 낭독되었다. 그 내용은 제임스 2세가 저지른 잘못 또는 불만 사항의 목록과 왕의 권력과 권한에 제한을 두는 13개 조항 등으로 구성되었다. 권리선언은 1689년 12월 의회 법안인 권리장전으로 제정되고 국왕의 동의를 얻어 법전에 등재되었다.

4) 해밀턴은 「연방주의자」 84번에서 이를 반박한다.

이런 비판에 대해서는, 그런 권리선언이 주 헌법에서는 필수적일지라도 연방헌법에서는 필수적이지 않다는 대답이 돌아온다. 왜냐하면, "전자의 경우에는 유보되지 않은 모든 것이 양도되지만, 후자의 경우는 그 역의 명제가 지배하고, 양도되지 않은 모든 것이 유보되기" 때문이라는 것이다.[5) 그러나 이런 추론 방식이 견고하기는커녕 허울만 그럴듯하다는 것을 알아차리는 데에는 조금의 노력도 필요치 않다. 이 헌법이 중앙정부에 부여한 권력과 권한 및 권위는 그것이 미치는 모든 대상과 관련해 어떤 주 정부의 그것만큼이나 완벽하다. 그것은 인간의 행복과 관련된 모든 것에 미친다. 생명, 자유, 재산이 그것의 통제하에 있다. 따라서 이 경우에도 권력의 행사는, 주 정부의 경우와 마찬가지로, 적정한 한계 안으로 제한되어야 할 동일한 이유가 존재한다. 이 문제를 분명히 밝히기 위해, 각 주의 권리장전 조항 가운데 일부를 예로 들고, 그것을 논란이 되는 문제에 적용해 보도록 하겠다.[6)

5) James Wilson, "Address to Citizens of Philadelphia"(Oct. 6, 1787), J. B. McMaster and F. D. Stone, eds., *Pennsylvania and the Federal Constitution, 1787-1788*, Published for the Subscribers by the Historical Society of Pennsylvania, 1888. [이해를 돕기 위해 앞 문장을 소개하면 다음과 같다. "그러나 제기된 비난에 대한 반박에 들어가기 전에, 주 헌법과 합중국 헌법 사이의 주요한 차이점을 지적하는 것이 적절할 것이다. 인민이 각자의 정부[즉 주 정부]의 입법권을 수립할 때, 그들은 명시적으로 유보하지 않은 모든 권리와 권한을 대표에게 부여했다. 따라서 [주] 의회의 관할권에 관한 모든 문제에서, 정부의 틀[즉 주 헌법]에 명문화되어 있지 않을지라도 그 관할권은 유효하고 완전하다. 그러나 연방 [정부] 권한을 위임할 때에는 필연적으로 다른 기준이 도입되었다. 연방의회 권한은 묵시적 함의로부터가 아니라 합중국 문서에 명시된 명문화된 [권한] 부여로부터 도출되어야 한다."]

6) 이 권리장전들은 다음에서 찾을 수 있다. F. N. Thorpe, comp., *Federal and State Constitutions*, Washington, D.C., 1931~44.

대부분의 주의 권리장전은 생명의 보호를 위해 다음과 같이 선언한다. 즉, 형사소추 시에 어떤 사람도 자신에 대한 고소에 대해 완전히 숙지하기 전까지는 범죄에 대해 심리를 받기 위해 구금되지 아니하며, 자신에게 불리한 고소나 증거 제공을 강요받지 않으며, 자기에게 불리한 증인과 대질심문을 받을 수 있어야 하고, 스스로 혹은 변호인을 통해 충분히 진술할 수 있어야 한다. 사실에 대한 심리가 사건 발생지 인근에서 이루어져야 한다는 것은 생명과 자유의 보호에 필수적이다. 이런 종류의 규정은 주 정부에서와 마찬가지로 중앙정부에서도 필수적인 것이 아닌가? 새로운 연방의회에 부여된 권한은 많은 경우에 생명에까지 미친다. 다양한 중죄의 처벌을 규정할 권한이 연방의회에 부여되었는데, 그런 권한의 행사에는 "탄핵 사건을 제외한 모든 범죄의 재판은 배심제로 한다. 그 재판은 그 범죄가 행하여진 주에서 하여야 한다."[제3조 2절 3항]는 것을 제외하면, 어떤 제한도 규정되어 있지 않다. 범죄를 저질렀다고 기소된 카운티에서 재판받을 수 있는 권리를 누구도 보장받지 못한다. 범죄 용의자는 재판을 받기 위해 나이아가라에서 뉴욕으로, 혹은 켄터키에서 리치먼드로 이송될 수 있다.[7] 피고인이 자신에게 제기된 모든 혐의를 완전하고 명확하게 설명받을 수 있으리라는 보장이 있

7) [옮긴이] 나이아가라Niagara는 당시에 뉴욕주 서북부 변경 지대(오늘날 나이아가라폭포 인근 지역)였다. 뉴욕New York은 오늘날의 뉴욕시이다. 두 곳은 모두 뉴욕주 안에 속했지만 약 400마일(600킬로미터 이상) 떨어져 있었다. 켄터키Kentucky는 1780년대 당시 아직 독립된 주가 아니었고, 버지니아주의 서부 지역Kentucky County, Virginia에 속했다. 리치먼드Richmond는 버지니아주의 수도로 주 동부에 위치해 있었다. 이 또한 같은 주이지만 수백 마일 떨어진 먼 거리였다. 브루투스가 이런 사례를 들어서 강조하는 것은 "인근 지역 주민에 의해 배심재판을 받을 권리"의 중요성이다. 이에 관한 자세한 내용은 「연방농부 편지」 2, 3번 참조.

는가? 자신에게 유리한 증거물을 모두 제출할 수 있도록 허용받을 수 있는가? 자신에게 적대적인 증인을 직접 대면할 수 있는가? 스스로 혹은 변호인을 통해 자신을 방어하는 진술을 충분히 할 수 있는가?

자유의 보호를 위해 [주의 헌법은] 다음과 같이 선언하고 있다. "과다한 보석금을 요구하거나, 과다한 벌금을 부과하거나, 잔혹하고 비정상적인 형벌을 가해서는 안 된다. 선서나 확인 없이, 의심되는 장소를 수색하거나 어떤 사람을 체포하거나 그의 서류나 재산을 압류하는 모든 영상은 가혹하고 억압적이다."[8]

이 규정들은 각 주 정부에서 필요하듯이 중앙정부에서도 필요하다. 왜냐하면 어떤 소송사건에서 보석금을 요구하고 벌금을 부과하며 처벌을 가하고 수색영장을 발부하며 체포 및 서류·재산을 압류하는 데 필요한 중앙정부의 권한은 주 정부만큼이나 완벽하기 때문이다.

시민들의 재산을 보호하기 위해 모든 주들은, "재산과 관련된 모든 법적 분쟁에서 고래의 방식인 배심에 의한 심리는 인민의 권리에 대한 최선의 보호 수단이며, 신성불가침의 것으로 유지되어야 한다."라고 선언하고 있다.[9]

이 주들의 협약에서처럼 국가적 협약에서도 이런 권리를 유보할 동일한 필요성이 있지 않을까? 하지만 그에 관한 언급은 전혀

---

8) 인용문은 Maryland Constitution of 1776, Declaration of Rights, arts. XXII–XXIII. 버지니아주, 매사추세츠주, 뉴햄프셔주, 노스캐롤라이나주, 펜실베이니아주 등의 헌법에도 유사한 조항이 있다.

9) 인용문은 North Carolina Constitution, Declaration of Rights, art. XIV. 메릴랜드주, 매사추세츠주, 뉴햄프셔주, 버지니아주, 펜실베이니아주 등의 헌법에도 비슷한 조항이 있다.

없다. 주들의 권리장전에서는, 규율 있는 민병대는 자유 정부의 적절하고 당연한 방어 수단이며, 평화 시에 상비군은 위험하기에 계속 유지되어서는 안 되고, 민병대는 문민 권력에 엄격히 예속되어야 하고 문민 권력에 의해 통제되어야 한다고 선언하고 있다.[10]

이 헌법에서도 동일한 방어 수단이 필요할 뿐만 아니라 훨씬 더 많이 필요하다. 왜냐하면 중앙정부는 육군을 모집하고 경비를 지출하는 독점적 권한을 가질 것이고, 그 권한을 행사하는 데 어떤 통제도 받지 않기 때문이다. 하지만 새로운 [헌법] 체제에서는 그런 방어 수단 가운데 그 어떤 것도 찾아볼 수 없다.

마찬가지로 유보될 필요가 있는 수많은 다른 권리들의 예를 계속 제시할 수도 있다. 예를 들면, 선거는 자유로워야 한다, 언론 자유는 신성하게 유지되어야 한다 등등. 하지만 이미 제시된 사례들만으로도 [연방헌법의 경우는 권리장전이 필수적이지 않다는] 그 주장이 아무런 근거가 없음이 충분히 증명되었을 것이다. 이뿐만 아니라, 헌법 제정자들이 권리장전을 생략한 이유로 제시한 것은 사실에 부합하지도 않는다. 만일 그것이 진정한 이유라면, 더 중요한 다른 [권리의] 유보는 완전히 생략하면서 어떤 [권리의] 유보 조항을 만들지는 않았을 것이다. 그들은 제1조 9절에서, 반란의 경우를 제외하고는 인신보호영장을 정지할 수 없다, 사권 박탈법 또는 소급 처벌법

10) 민병대에 대한 이런 규정은 버지니아주, 펜실베이니아주, 메릴랜드주, 노스캐롤라이나주, 뉴욕주, 매사추세츠주, 메릴랜드주, 뉴햄프셔주 등의 헌법에서 발견된다. 매사추세츠주, 메릴랜드주, 뉴햄프셔주의 헌법은 "의회의 승인 없이는" 상비군을 유지하지 못하도록 금지한다. 노스캐롤라이나주, 펜실베이니아주, 버지니아주의 헌법은 "평시에" 상비군을 기피하도록 권고한다. 상비군에 대한 푸블리우스의 견해는 「연방주의자」 24번 참조. 이에 대한 브루투스의 비판은 「브루투스 편지」 9번 참조.

을 통과시키지 못한다, 합중국은 그 어떤 귀족의 칭호도 수여하지 아니한다 등을 선언하고 있다. 만일 양도되지 않은 모든 것이 유보된다면, 이런 예외들에는 어떤 타당성이 있는가? 헌법은 인신보호영장을 정지하고, 소급 처벌법을 제정하고, 사권 박탈법을 통과시키며, 귀족 칭호를 수여할 권한을 어딘가에 부여했는가? 명시적 표현으로는 분명 그렇게 하지 않았다. 따라서 할 수 있는 유일한 대답은, 그런 권한은 [중앙정부에 부여된] 일반적 권한에 함축되어 있다는 것이다. 마찬가지로 다음과 같이 말힐 수 있을 것이다. 권리장전이 그 남용을 경계하는 모든 권한들이, 이 헌법에 의해 [중앙정부에] 부여된 일반적 권한에 포함되어 있거나 함축되어 있다.

권리장전이 주 헌법보다 연방헌법에서 덜 필요하다는 것은 진실과 너무나 거리가 멀다. 사실은 분명 그 반대이다. 만일 아메리카 인민들이 이 [헌법] 체제에 동의한다면, 그것은 근본 협약이 될 것이다. 그리고 최종적 협약이기에 당연히 그것에 부합하지 않는 이전의 모든 협약이 무효화될 것이다. 왜냐하면 그것은 인민에 의해 수용되고 비준된 정부의 기본 틀이기에 기존의 모든 다른 방식들은 그것에 따라야만 하기 때문이다. 이는 제6조에 명시적이고 명확하게 표현되어 있다. "이 헌법, 이 헌법에 의거하여 제정된 합중국의 법률, 그리고 합중국의 권한에 의하여 체결되었거나 체결될 모든 조약은 이 나라의 최고법이다. 어떤 주의 헌법이나 법률 중에 이에 배치되는 규정이 있을지라도, 모든 주의 법관은 이 최고법에 따라야 한다."

"앞서 언급한 상원 의원 및 하원 의원, 각 주 의회의 의원, 합중국 및 각 주의 모든 집행관 및 사법관은 선서 또는 확약에 의하여 이 헌법을 지지할 의무가 있다."

따라서 각 주의 헌법은, 연방헌법 및 연방헌법에 의거하여 제정된 합중국의 법률, 그리고 합중국의 권한에 의해 체결되었거나 체결될 모든 조약과 모순되는 한, 폐지되고 완전히 없어지게 된다. 이는 연방헌법에 필연적으로 함축되어 있을 뿐만 아니라 명확히 표현되어 있다. [그렇다면] 각 주의 헌법이 주의 시민들의 권리를 보존하는 데 무슨 도움이 되겠는가? 만일 답변해야 한다면, 그 대답은 다음과 같을 것이다. 즉, 합중국 헌법과 그 헌법에 의거하여 제정된 법률이 최고의 법이며, 중앙정부이든 주 정부이든 모든 입법부와 사법관들은 선서에 의해 이 헌법을 지지할 의무가 있다. 주의 권리장전에 의해 유보되거나 주 정부에 의해 보장된 그 어떤 [인민의] 권리도 이 헌법에 의해 [연방 정부에] 부여된 권한을 제한할 수 없으며, 이 헌법에 의거해 제정된 법률을 제한하지 못한다. 헌법은 독자적 기초 위에서 있으며, 어떤 다른 준거에 의존함 없이 그 자체로 해석되어야 한다. 이럴 것이기 때문에, [권리장전을 통해 인민의] 권리를 가장 엄밀하고 명확하게 선언하고 유보하는 것은 가장 중요한 문제이다.

헌법과 그에 의거해 제정된 법률뿐만 아니라 합중국의 권한에 의해 체결되었거나 체결될 모든 조약이 이 나라의 최고법이고 모든 주의 헌법을 대체할 것을 고려하면, 그런 필요성은 더 커질 것이다. 상원의 3분의 2 이상의 동의를 얻어 조약을 체결할 권한은 대통령에게 부여되어 있다. 나는 이 권한의 행사에 그 어떤 한계나 제약도 발견하지 못했다. 따라서 어떤 주의 헌법이든 그중 가장 중요한 조항이 연방의회의 입법 없이도 폐지될 수 있다. 그렇게 광범위하고 무한한 권력을 부여받은 정부라면 권리 선언에 의해 제한되어야 하지 않겠는가? 분명히 그래야만 한다.

요점은 명백하게 다음과 같다. 주 헌법보다 연방헌법에서 그런 유보가 덜 필요하다고 인민을 설득하려는 사람들은 의도적으로 당신을 기만하고 절대적인 예속 상태로 당신을 이끌고 가려 한다.

브루투스

3번
연방의회: 하원

뉴욕주 시민들에게

여러분이 심사숙고하고 있는 이 헌법을 검토할 때에는 별로 중요하지 않은 조항이나 기만적인 겉모습을 보고서 판단하지 않도록 특별히 조심해야 한다.

헌법을 주의 깊게 검토해 보면, 그다지 중요하지 않은 많은 부분들이 잘 만들어져 있음을 발견하게 될 것이다. 이런 면에서 헌법은 자유 정체의 그럴듯한 외관을 갖추고 있다. 하지만 이것으로는 헌법 채택을 정당화하기에 불충분하다. 금박을 입힌 알약에 치명적인 독이 들어 있는 경우가 종종 발견되기 때문이다.

하지만 완벽한 인간을 기대할 수 없는 만큼이나 완벽한 정체를 기대할 수도 없을 것이다. 따라서 여러분의 시선은 자유 정체를 떠받치는 중심 기둥들로 향해야 한다. 만일 상부구조를 지탱하는 토대 위에 기둥들이 잘 놓여 있다면, 건물에 장식이 다소 부족하더라도 여러분은 만족해야 할 것이다. 그런 장식들은 여러분의 개별적 취향에 맞추어 추가할 수 있을 것이다. 하지만 토대가 불안하거나 중심 기둥들이 부족하거나 제대로 놓여 있지 않다면, 아무리 잘 꾸미고 장식되어 있더라도 그런 건물은 퇴짜를 놓아야 한다.

이런 생각에 따라 여러분으로 하여금 이 [신헌법] 체제의 주된 결함에 주목하도록 하는 것이 지금까지의 나의 목표였다.

대외적 목적뿐만 아니라 대내적 목적을 위해 이렇게 광대한 대륙을 단일 정체하에 통합하는 것이 이 헌법의 분명한 의도인데, 그것은 여러분의 자유를 희생시키지 않고는 성공할 수 없으며, 따라서 그런 시도는 불합리할 뿐만 아니라 극히 위험하다는 사실을 나는 밝히고자 했다. 그리고 이와는 별개로, 이 헌법안이 모든 자유 정체에서 발견되는 기본 원리, 정확히 말해 권리선언을 근본적으로 결여하고 있음을 밝혔다.

이제 이 [신헌법] 체제를 보다 가까이에서 관찰하고 그것의 각 부를 보다 면밀하게 검토함으로써, [정부의] 권한들이 공중의 자유를 보호하기에 적절하게 배치되지 않았음을 밝히고자 한다.

대표의 공평성·형평성 부재

이 [헌법의] 정부 조직에서 가장 중요한 검토 대상은 입법부이다. 이는 양원으로 구성되어 있다. 그 첫 번째는 하원으로 불리며, 각 주의 인민에 의해, 각 주의 주민 수에 비례하여 선출된다. 하원은 65명의 의원으로 구성된다. 의회는 의원 수를 늘릴 수 있는 권한을 가지는데, 주민 3만 명당 한 명을 초과하지 않아야 한다. 두 번째 원은 상원으로 불리는데, 각 주의 의회에서 두 명씩 선출한 총 26명의 의원으로 구성된다.

이 중 전자의 경우, 의원 선정이 외견상 공정해 보인다. 하지만 하원에 관한 조항에서 모호한 표현을 벗겨 보면, [상원은 물론] 하원에서조차 대표의 공평성이 전혀 없다는 사실이 드러날 것이다.

그 조항의 문구는 다음과 같다. "하원 의원 수와 직접세는 연방에 가입하는 각 주의 인구수에 따라 각 주에 할당한다. 각 주의 인구수는 연기 계약 노동자를 포함한 자유인의 총수에, 과세 대상이 아닌 인디언[아메리카 원주민]을 제외하고, 그 밖의 인구수의 5분의 3을 가산하여 결정한다." 다음과 같이 간명하게 표현될 수 있는 사실을 공중의 눈으로부터 숨기기 위해 얼마나 이상하고 불필요한 여러 단어들이 사용되고 있는가. 하원 의원은 각 주에 거주하는 자유인과 노예의 수에 따라 각 주에 할당되는데, 노예 다섯 명은 자유인 세 명으로 간주한다.

유명한 몽테스키외는 "자유로운 국가에서 자유로운 행위자로 여겨지는 모든 사람은 그 자신에 의한 통치에 관심을 가져야 한다. 따라서 입법부는 인민 전체 또는 인민의 대표자에게 귀속해야 한다."고 말한다.[1] 하지만 자유인이 아닌 자들이 어떤 합리적 원칙에 근거하여 스스로 또는 타인을 통해 정부에 관여할 수 있다고 주장 된 적은 한 번도 없었다. 만일 그들에게 정부에 [관여할] 지분이 없 다면, 왜 의원 수가 그들 때문에 증가되어야 하는가? 몇몇 주에서 주민들 재산의 상당 부분이, 노예 상태 — 이는 박애와 정의 그리고 종교의 이상에서 벗어난 것이고, 최근의 명예로운 혁명에서 공언되 었던 모든 자유의 원칙에 반하는 것이다 — 에 있는 다수의 사람들 이기 때문인가? 만일 이것이 대표의 정당한 근거가 된다면, 몇몇 주의 말이나 다른 주의 소들도 대표되어야 할 것이다. 일부 주에서 재산의 상당 부분은 이런 동물이기 때문이다. 그리고 그 동물들도, 위에 인용된 조항에서 "그 밖의 인구"라는 말로 묘사하고자 했던 이들 불쌍하고 비참한 피조물이 그런 만큼은 그 자신의 행동을 스 스로 통제할 수 있기 때문이다. 이런 [의원 수] 할당 방식에 따르면 합중국의 각 지역의 대표는 매우 불공평하게 될 것이다. 남부의 일

---

[1] *The Spirit of Laws*, XI, ch. 6. 인용문은 대표에 관한 몽테스키외의 논의를 요약한 것이다. [원문은 다음과 같다. "자유로운 국가에서는 자유로운 영혼을 가 지고 있다고 여겨지는 모든 사람이 자기 자신에 의해 통치되어야 하므로, 집단으로 서의 인민이 입법권을 가져야 한다. 그러나 이것은 큰 나라에서는 불가능한 일이고 작은 나라에서도 많은 불편을 초래하므로, 인민은 스스로 할 수 없는 모든 일을 자 신의 대표자에게 위임해야 한다." 몽테스키외, 『법의 정신』 1, 진인혜 옮김, 앞의 책, 273쪽.]

부 주에서는 노예의 수가 자유인의 수와 거의 비슷하다. 그리고 이런 노예들[의 존재]에도 불구하고, 그 주들은 [인구수에] 비례하는 의석을 가질 권리를 부여받게 될 것이고, 이로 인해 그 주들은 [중앙]정부 내에서 불합리한 영향력을 갖게 될 것이다. [중앙]정부는 노예들로부터 그 어떤 추가 병력이나 방어물 혹은 방어 수단도 얻어낼 수 없으며, 오히려 그 반대가 될 것이다. 그렇다면 왜 노예들이 대표되어야 하는가?[2] 더 나쁜 것은 이 주들이 1808년까지 비인간적인 노예 수입 무역을 계속하도록 허용되었다는 것이다.[3] 그리고 냉혹하고 부도덕하며 야만적이고 탐욕스럽고 비열한 자들에 의해 자신들의 고향과 친구, 친지로부터 찢겨 나와 이 주들로 팔려 오는 이 불쌍한 사람 화물 하나하나마다, 그 주들은 하원에서 의석 증가라는 이득을 얻게 될 것이다.

통합 정체 구상에 입각할 때 상원 의원을 [각 주에] 할당하는 방식은 한눈에 보아도 명백히 모순적인 것 같다.[4] 형평성과 적절성의 원리에 의하면, 정부에서 대표[의 수]는, 대표되는 사람들이 [정부에] 제공하는 인원수나 [물적] 도움에 정확히 비례해야 한다. 그렇다면 상원에서 델라웨어주가 매사추세츠주나 버지니아주와 동일한 수의 의원을 갖는 것이 얼마나 불합리하고 부당한가? 뒤의 두 주는 10배의 인원을 가지고 있기에 그만큼 더 중앙정부를 돕는 데 기여할 것

---

2) 이에 대한 푸블리우스의 대답은 「연방주의자」 54번 참조.

3) 관련 내용은 「연방주의자」 42번 참조. 신헌법 제1조 9절은 의회가 1808년까지는 노예 수입을 금지하지 못하도록 규정하고 있다. 또한 의회가 수입을 금지해도, 노예제나 국내에서의 노예 거래를 종식하지는 못한다.

4) 하지만 브루투스는 16번 서한에서 상원 의원 할당 방식이 '통합 정체 구상에 의하면 부적절하지만 연방 체제에서는 적절하기에 나는 이를 지지한다.'고 밝히고 있다.

이다. 상원에 부여된 권한이 매우 광범위하고, 또한 일반적 목표와 관련된 권한뿐만 아니라 많은 경우에 주들의 내부 치안과 관련된 권한에서도 상원이 하원을 크게 능가한다는 것을 고려하면, 헌법의 이 조항은 더더욱 문제시될 것 같다. 양원 중 어느 한쪽에서라도 민주주의의 희미한 불꽃을 찾을 수 있으려면, 입법부의 다른 원[즉 하원]은 제대로 조직되고 설립되었어야 한다. 그러나 검토해 보면, 이 원도 진정한 대표의 특징을 갖추고 있지 못하며, 또한 그것이 인민의 수중에 남아 있으리라는 어떤 종류의 보장 ─ 불완전한 것이라도 ─ 도 없음을 발견하게 될 것이다.

인민의 진정한 대표 부재

사회의 행복이 정부의 목표이고, 모든 자유 정부는 계약에 기초한다고 한다. 또한 전체 공동체 구성원이 모이는 것이 불가능하기에, 또는 모일지라도 지혜롭게 숙고하고 신속히 결정하는 것이 불가능하기에, 대표에 의한 입법의 방식이 고안되었다고 한다.

대표라는 용어는, 그 목적을 위해 선출된 사람이나 기관이 그를 임명한 자들을 닮아야 한다는 것을 함축한다. 아메리카 인민의 대표는, 그들이 진정한 대표가 되려면, 인민과 비슷해야 한다. 어떤 나라에 처음 온 사람이 그 나라 대표의 특징을 파악함으로써 그 나라의 특징을 제대로 이해할 수 있도록 대표는 구성되어야 한다. 대표는 표지이고, 인민은 [표지에 의해] 나타내어지는 어떤 것이다. 이와 다른 여타의 원리에 근거하여, 어떤 것이 다른 어떤 것을 대표한다고 말하는 것은 터무니없다. 자유 정부에서 대표의 근거와 이치가 함축하는 바도 마찬가지다. 사회는 전체의 행복을 촉진하기 위해 정부를 설립했다. 권력을 위임할 때 항상 기대하는 큰 목표는 바로 이것이다. [따라서] 인민을 대신하여 공직을 맡은 사람은 인민의 정서와 감정을 지녀야 하고 인민의 이익에 의해 좌우되어야 한다.

달리 표현하면 인민을 최대한 닮는 것이 [대표의] 목표가 되어야 한다.[5] 그는 인민의 자리에 대신 앉혀져 있는 것이다. 의회가 그 나라의 인민을 진정 닮은 것이 되려면 상당히 다수로 구성되어야 한다는 것은 명백하다. 한 사람 혹은 몇 사람이 엄청나게 많은 사람들의 정서나 의견, 특징을 대표하는 것은 도저히 불가능하기 때문이다. 이런 점에서 새 헌법은 근본적으로 결함이 있다. 아메리카 인민의 대표로 의도된 하원은 본질적으로 적합한 대표[기구]가 되지 못할 것이고 또한 그렇게 될 수도 없다.[6] 이 거대한 주민들의 정서를 품고 그들의 감정을 지니며 그들의 요구와 이해관계에 정통한 65명의 사람을 합중국에서 발견하는 것은 불가능하다. 이 광대한 대륙은 여러 다양한 계급의 사람들로 이루어져 있는데, 각 계급이 제대로 된 그들의 대표를 확보하기 위해서는 그들을 가장 잘 알고 있는 사람을 그 목적용으로 선출할 수 있는 기회를 가져야만 한다. 하지만 이렇게 소규모 인원으로는 도저히 그렇게 할 수 없을 것이다. 현재의 의원 수 할당에 의하면, 뉴욕주는 하원에 여섯 명의 의원을 보내게 될 것이다. 감히 단언하건대, 뉴욕주를 구성하는 여러 계급의 사람들을 그대로 닮은 그런 수의 인원을 뉴욕에서 찾기란 불가능하다. 하원에서는 농부, 상인, 직공을 비롯하여 기타 다양한 계급의 사람들이 그 각각의 중요도와 수에 따라 대표되어야 한다. 그리고 대표는 사회 여러 계급들의 요구를 세밀하게 숙지해야 하고, 그들의 이해관계를 파악하고 있어야 하며, 그들의 번영을 촉진하는 데

---

5) [옮긴이] 이는 대표에 의한 인민의 견해의 '정제와 확대'를 주장한 「연방주의자」 10번의 내용과 대조적인 견해이다.

6) 하원이 소규모이기에 인민의 진정한 대표를 확보할 수 없다는 주장에 대한 비판은 「연방주의자」 35, 55~58번 참조.

어울리는 의식과 열정을 가지고 있어야 한다. 이런 면들을 고려할 때, 그렇게 중요한 임무를 수행할 능력을 제대로 갖춘 여섯 명의 사람을 이 주에서 발견할 수 있으리라고 도저히 생각할 수 없다. 하지만 만일 그런 사람을 찾는 것이 가능하다고 가정하더라도, 인민의 선택이 [실제로] 그런 사람들에게로 향하게 될 최소한의 개연성이 존재할까? 인간사의 일반적 추세에 따르면, 그 지역의 자연 귀족들이 [대표로] 선출될 것이다.[7] 부(富)는 항상 영향력을 창출하며, 이런 영향력은 대개 광범위한 가족 연고에 의해 크게 증대된다. 이런 계급은 항상 사회에서 그들에게 의존하는 많은 사람들을 거느릴 것이다. 게다가 그들은 항상 서로를 편들 것이다. 연합하는 것이 그들에게 이익인 것이다. 따라서 그들은 항상 단결하여 자기가 속한 계급의 사람들이 선출되도록 노력할 것이다. 그들은 주의 모든 지역에서 그들의 모든 힘을 한 지점으로 집중할 것이고, 협력을 통해 선거에서 대부분 이길 것이다. 아마 상인들 중에서는 극소수, 그것도 엄청 부유하고 야심 있는 자들만이 자신이 속한 집단의 대표가 될 수 있을 것이다. 대표의 수가 그렇게 한정된 상황에서, 상인들 중에서 주의 유권자들의 주목을 끌 정도로 저명한 인물은 극소수에 불과하다. 지역의 자유농민 대부분은 하원에서 자신들의 차례를 전혀 기대할 수 없다. 그 지위[하원 의원]는 그들이 감히 꿈꿀 수 없을 만큼 너무나 높은 곳에 위치한다. 인민과 그들의 대표 간의 간격이 너무나 커서 아무리 훌륭해도 농부가 선출될 가망은 전혀 없다. 모든 부문의 직공들 역시 하원에서 한 자리도 차지하지 못하고 배제될 것이라고 생각해야 한다. 너무나 높은 지위이기에 주에서 재산이 가장

---

7) 이에 대한 반박은 「연방주의자」 35, 36번 참조. 자연 귀족에 대한 다른 반연방주의자들의 논의는 「연방농부 편지」 7번 참조.

많은 사람들로만 충원될 것이고, 그 결과 민중의 원democratic branch
이라고 불리는 하원에서조차 실제로는 부자를 제외하면 인민의 어
떤 부분도 대표되지 못할 것이 분명하다. 명문가 출신의 자칭 최상
층들은 중간계급 시민의 정서를 알 수 없고, 그들의 능력이나 원하
는 것, 어려운 점을 모르며, 공감이나 동류의식을 결여하고 있다.
하원은 대표성이 불완전할 뿐만 아니라 그렇게 작은 집단에서는 뇌
물과 부패를 막을 안전 장치도 부재하게 될 것이다. 하원은 처음에
65명으로 구성될 것인데, 주민 3만 명당 한 명의 의원을 초과할 수
없다. 그중의 과반인 33명이 의사정족수를 이루며, 다시 그 과반인
17명이면 어떤 법도 통과시킬 수 있다. 따라서 의원 25명이면 [모
든] 주의 시민들의 모든 재산을 나누어 줄 권한을 갖게 될 것이다.
인민의 자유와 재산이 그렇게 소수의 처분에 맡겨져 있는 상황에서
인민에게 어떤 안전이 있을 수 있겠는가? 그것은 문자 그대로 소수
가 장악하여 다수를 억압하고 약탈하는 정부가 될 것이다. 여러분은
그것이, 비슷한 유형의 다른 모든 것들처럼 위력과 부패에 의해 지
배될 것이라고 확실하게 단정지을 수 있을 것이다. 만일 그것이 채
택된다면 머지않아 그렇게 될 것이 확실하다. 왜냐하면 지금도 우
리 중 몇몇 인사들은, 대중적 평판이 높고 헌법 제정 시에 주요 역
할을 했으면서도, 이 헌법이 아메리카인들처럼 자유롭게 사고하는
인민을 통치할 수 있는 유일하게 실행 가능한 정부 형태라고 주저
없이 주장하고 있기 때문이다.[8] 이 정부[즉 새로 수립될 중앙정부]는

---

8) 브루투스는 아마 알렉산더 해밀턴Alexander Hamilton, 거버너 모리스Gouver-
neur Morris 등을 언급한 것 같다. [반연방주의자들은 연방주의자들이 궁극적으
로 귀족정, 심지어 귀족적 전제정을 수립하려 한다는 강한 의혹을 지니고 있었다. 이
문장은 반연방주의자들의 이런 의구심을 잘 보여 주고 있다.]

믹대한 명예와 보수가 걸린 수많은 공직을 그들의 손에 쥐여 줄 것이다. 입법부 구성원들도 [그런 자리의] 임명으로부터 배제되어 있지 않다.[9] 그리고 경우에 따라서 그들 중 25명만 확보되면 어떤 법안도 통과될 수 있다.

이 나라의 통치자들은 역사에 전해지는 그 어떤 나라의 통치자들과도 아주 다른 인물들로 구성되어야 한다. 만일 입법부의 대다수가 그렇게 구성되지 않는다면, 그들은 수년 내에 집행부의 완전한 지배하에 놓이게 될 것이며, [합중국을 이루는] 이 여러 주들은 머지않아 자신들이 직접 선출한 자에 의해 통치된다는 겉모습하에 1인 혹은 소수에 의한 독단적 지배를 받게 될 것이다.

이 문제에 대해 생각하면 할수록, 대표는 단지 명목이고 형식적 허울에 불과하며, 부패와 부당한 영향력을 막을 어떤 안전 장치도 구비되어 있지 않다고 점점 더 확신하게 된다. 자신들을 대표해 법률을 만들 자를 선출했던 자유인들 중에서, 이렇게 소수의 인원에게 신임을 위임한 사람은 지금까지 지구상에 없었다. 영국의 하원은 558명의 의원으로 구성되어 있다. 영국의 주민 수는 어림잡아 800만 명이다. 1만 4000명 남짓한 주민당 의원 한 명인데, 이는 우리 나라가 가질 수 있는 [주민 대 의원] 비율의 배를 넘는다. 게다가 우리에게는 영국보다 인구수에 비해 더 많은 대표가 필요하다. 왜냐하면 이 나라는 훨씬 더 광대하고, 생산품, 이해관계, 풍습, 습관 등에서 훨씬 더 다양하기 때문이다. 내 생각으로 현재 합중국의 각 주들의 입법부 중 민중의 원은 [모두 합해] 거의 2000명으로 구

9) [옮긴이] 이런 지적은 의원들의 입각을 부패로 간주하는 당시의 지배적 생각(영국 헌정의 경험에 기초한)을 반영한 것이다. 연방헌법 제1조 6절은 연방 의원의 겸직을 금지하고 있지만, 이는 임기 중에만 해당된다.

성되어 있다. 주 헌법 제정자들은, 자유를 보호하기 위해서는 이 숫자가 너무 크다고 생각하지 않았다. 주들 가운데 일부는 이 점에서 실수했을 수 있지만, 2000명과 65명 간의 차이는 너무 커서 비교가 불가능하다.

헌법의 이 부분에 대해서는 다른 비판들도 제기되는데, 이는 다음 논설에서 다루고자 한다. 다음 논설에서는, 대표가 불완전하기도 하지만, 그런 희미한 권리[즉 자신의 대표를 가질 권리]의 흔적이라도 인민의 것이 될 수 있게 보장하는 그 어떤 안전 장치도 제공되고 있지 않다는 것을 밝힐 것이다.

브루투스

4번
연방의회: 하원

1787. 11. 29.

뉴욕주 시민들에게

대표 구성의 기본 원리

인민이 자신을 통치할 법률의 제정권을 직접 또는 대리인을 통해 보유하지 못하는 곳에는 자유 정부가 존재할 수 없다.

경험이 인류에게 가르쳐 준 바에 의하면, 대표들에 의한 입법은 모든 나라에서 인민이 이 권리를 신중하게 혹은 유익하게 행사할 수 있는 유일하게 실현 가능한 방식이다. 그런데 대표를 구성할 때 가장 중요한 것은, 그것이 대리하는 사회의 진정한 이익을 이해할 수 있도록 대표가 구성되어야 하고, 또한 인민의 선과 행복을 궁극 목표로 추구하도록 대표가 배치되어야 한다는 것이다. 모든 자유 정부의 목표는 공공선이고, 그보다 작은 모든 이해관계는 공공선에 따라야 한다. [이에 반해] 모든 전제 정부의 목표는 한 사람 혹은 소수의 행복과 권력 강화이며, 다른 모든 이해관계나 공중의 행복은 이에 종속되어야 한다. 정부들 간에 이렇게 차이가 나는 이유는 명확하다. 자유 정부는 전체 인민의 견해와 소망을 통치자들의 견해와 소망 안으로 모을 수 있도록 구성된다. 반면 전제 정부는 통치자들의 이해관계가 피치자의 그것과 분리되도록 구성된다. 그 결과 자유 정부로 하여금 전체의 선을 촉진하게 만드는 자기애의 원리가 전제 정부에 대해서는 그 자체의 사적 이익을 추구하도록 부추길 것이다. 따라서 좋은 헌법을 만드는 최고의 기예는, 권력을 위탁받은 자들이 그들에게 권한을 양도한 인민들과 동일한 감정을 느끼고 동일한 목표를 추구하도록 헌법의 틀을 만드는 것이라 생각된다. 이를 달성할 수 있는 방법은 공평하고 완전하며 공정한 대표에 의한 것 외에는 없다. 이는 정치에서 가장 절실하게 필요한 것이다. 어떤 정부가 아무리 외견상 공정하게 보이고 수천의 그럴듯한 조문이 있고 수많은 장식품으로 치장되어 있더라도, 인민을 완전하고 올바르게 대표한다는 이 기본 원리에 결함이 있다면 그것은 단지 허식적인 무덤과 같은 것일 뿐이다. 이런 대표가 없다면 그것은 자유 정부가 될 수 없기 때문이다. 정부의 운영을 잘하든 못하든 그것은 여전히 정부이겠지만, 인민의 의지를 따르는 정부가 아니라 소수의 의지를 따르는 정부가 될 것이다.

그렇기에 이 원리에 의거하여 신헌법을 검토하는 것이 결정적으로 중요하다. 그것은 국민의 자유라는 시금석으로 헌법을 감정하는 것과 같다. 그리고 지난 서한에서 시작했던 주제, 즉 입법부의 공평하고 완전한 대표의 필요성을 이번 서한에서 계속 이어 가더라도 양해해 주시길 바란다. 지난번 서한에서 나는, 가장 작은 주들이 가장 큰 주들과 같은 수의 의원을 상원에 보내기 때문에, 그리고 정부에 아무런 도움이나 방어 수단을 제공하지 않는 노예들이 [하원] 의원 할당을 증가시킬 것이기 때문에, 대표가 [주 간에] 공평하지 못하다는 것을 밝혔다. 또한 나는, 그것이 진정한 또는 적합한 대표가 아니라는 것을 입증하기 위해, 그렇게 적은 인원으로는 인민을 닮을 수 없고, 인민의 정서와 성향을 확보할 수 없음을 역설했다. 의원 선출은 일반적으로 부자나 뛰어난 자들에게 돌아갈 것이고, 공동체의 중간 계급은 배제될 것이며, 또한 그렇게 작은 대표 기구에는 뇌물과 부패를 막을 안전 장치가 존재할 수 없음을 역설했다.

소규모 대표의 문제: 부패

입법부는 소규모 집단으로 구성되기 때문에, 명예와 보수가 걸린 자리의 제공에 따르는 부패나 부당한 압력의 위험, 또는 보다 직접적인 뇌물의 위험 등에 노출될 것이다. 또한 청렴의 원칙과 노골적으로 충돌하지는 않지만 인민의 자유에 똑같이 위협적인 또 다른 종류의 영향력에 취약하게 될 것이다. 어떤 나라이든 의회에서 개인적 목적을 위해 공공선을 희생시키는 의원이 조금도 없으리라고 기대하는 것은 불가능할 것이다. 이런 기질의 인간들은 대체로 교묘하고 계획적이며, 종종 탁월한 재능과 능력을 지니고 있다. 그들은 일반적으로 한통속을 이루고서 국가의 이권을 자기들끼리 공유하는 데 합의한다. 그들은 목적을 늘 염두에 두고서 그것을 일관되게 추구한다. 그들은 목적을 이루기 위해 외양을 가장하기도 하고, 프로테우스Proteus[1]처럼 어떤 형태로든 변신한다. 그들은, 직접적 뇌물이나 자리 제공 등이 의원들에게 통하지 않을 때에는, 그럴듯한 거짓 논리를 이용해 의원들의 마음을 호도하려 할 것이고, 공공선을 향한 열의인 것처럼 가장하여 의원들의 순진한 정직함을 이용하려 할 것이다. 그들은 비밀 파당을 결성하고 원외에서 모임을 가질 것이다. 그들은 수많은 사소한 배려를 통해 반대편의 호의에 영향을 미칠 것이고, 끈질기게 간청하여 결국 그들이 응낙하도록 만들 것이다. 의회의 의사 처리 방식에 익숙한 사람이라면 술책이나 수완이 법안 처리에 얼마나 중요한지 잘 알고 있다. 최선의 의도와 훌륭한 지식을 가진 사람을 대상으로 할지라도 그러하다. 이런 종류의 부적절하고 위험한 영향력에 대한 가장 확실한 안전 장치는 대규모의 강력한 대표이다. 그러한 [대규모] 원院에서는 개인들의 사적 의도를 달성하기 위해 엄청나게 많은 사람을 자기편으로 끌어들여

---

1) [옮긴이] 그리스신화에 나오는, 자유자재로 변신하고 예언의 힘을 가졌던 바다의 신.

야 하기 때문에 [술책의] 성공 가능성이 희박해질 것이다. 그러나 [신헌법에 제안된] 연방 하원에서 법안 통과에 필요한 것은 17명이 전부이다. 집행부가 줄 수 있는 명예와 보수가 걸린 자리의 수가 얼마나 많을지 고려해 보면, 하원에서 과반수를 형성하는 데 25명 이상이 필요한 경우는 아마 거의 없을 것이다. 그런 자리는, 속셈을 가진 거물들이 술책과 수완, 달콤한 매너와 예의, 가짜 애국심과 결합된 감언이설 등을 이용해 정직하고 순진한 사람들에게 영향력을 행사하는 강력한 요인이 될 것이다. 이런 여러 종류의 영향력이 결합될 경우, 신헌법이 제안하는 것 같은 그렇게 작은 규모의 의회가 그런 압력을 오랫동안 견딜 수 있으리라고는 거의 기대할 수 없을 것이다.

소규모 대표의 문제: 인민 신뢰 부재

대표의 취약성에 관한 또 다른 비판의 이유는 그것이 인민의 신뢰를 획득하지 못하리라는 점이다. 자유 정부에서 법의 집행은 이런 신뢰에 기초해야 한다. 그리고 이런 신뢰는 분명 인민이 입법자들에 대해 갖고 있는 호의적 평가에 근거한다. 모든 정부를 지탱하는 것은, 그 정부에 애착을 갖고 있어서 요청이 있을 때에는 언제든 정부를 지지할 준비가 되어 있는 인민이거나, 아니면 복종을 강제하는 정부 통솔하의 물리력이다. 후자의 방식은 자유 정부의 모든 이상을 파괴한다. 왜냐하면 좋은 법을 준수하도록 강제하는 데 사용될 바로 그 물리력이 인민의 헌법적 자유를 박탈하는 데 사용될지도 모르고 아마 그렇게 사용될 것이기 때문이다. 국내 과세에 필요한, 그리고 [신헌법에서] 제안된 이 정부가 행사할 또 다른 권한 [의 실행]에 필요한 그런 신뢰를 얻을 수 있을 만큼 충분한 규모의 합중국 대표를 확보하는 것이 실현 가능한지는 중대한 문제이다. 나는 분명히 불가능하다고 생각한다. 따라서 나는 첫 번째 논설에서 이 점을 주들의 완전한 통합에 반대하는 이유 가운데 하나로 제시행었다. 이 [신헌법] 체제의 가장 심각한 오류 가운데 하나는 연방정부의 권한을 부적절한 대상에까지 확대한 것이다. 그런 권한의 행사는 공중의 자유를 위협할 것이다. 또한 합중국을 보존하고 국가적 관심사를 관리하기 위해 그런 권한을 보유할 필요도 없다. 이에 대해서는 후속 논설에서 좀 더 자세히 다루고자 한다. 어찌 되었든, 공중이 신뢰할 만한 합리적 근거를 제공할 수 있는 방식으로 연방의회 대표가 구성되어 있지 않다는 점은 분명하다.

인민들이 안선하게 스스로를 통치자에게 맡길 수 있으려면, 인민 스스로가 통치자를 선택해야 할 뿐만 아니라 공적 관심사를 지혜롭게 처리할 통치자들의 능력에 대해서도 자세히 알아야 한다. 인민을 대표할 사람들이 성실하게 공동체의 선을 추구하고, 사적이익 때문에 자신의 의무를 팽개치지 않으며, 부당한 영향력에 의해 부패하지 않고, 자신이 대표하는 사람들을 위한 열정을 가지고있어서 부지런히 공무를 수행할 그런 진실된 사람이라는 것에 대해 인민이 만족할 수 있어야 한다. 그러나 대표의 수가 그렇게 적은 합중국에서 인민은 자신의 대표에 대해 충분히 알 수 없고, 그결과 위의 사항 중 어느 것에 대해서도 합리적 만족을 얻을 수 없을 것이다. 이 주[즉 뉴욕주]의 인민들은 주 대표로 선출될 사람들과 거의 면식이 없을 것이다. 인민의 대부분은 아마 자기 주 의회 의원들의 특징에 대해 모를 것인데, 연방의회 의원 대다수의 특징에 대해서는 더더욱 모를 것이다. 인민들이 이름도 들어 보지 못한 사람들로 대표가 구성될 것이고, 대표들이 어떤 자질을 가지고 있고 공공선에 대해 어떤 관심이 있는지 인민은 전혀 알 수 없을 것이다. 인민들이 자신 가까이에서 선택한, 인민들의 이웃이고 인민들과 같은 계층인 그런 사람은 [대표 중에] 없을 것이기에, 인민들은 자신들의 이해관계를 대표들의 손에 맡기면서 안심할 수가 없을 것이다. 법안 통과 이후에, 지금 하고 있는 것처럼, 인민의 대표들이 인민들과 어울려서 법안 채택 동기를 설명하고 그 유용성을 제시하며 이견을 불식시키고 불합리한 반발을 잠재우는 것 등은 [연방의회에서는] 불가능할 것이다. [연방] 의원 수가 너무 적기 때문에, 지방의 자유민들 중에서 의식과 명망이 높은 극소수만이 대표에 대해 조금이나마 알 수 있을 것이다. 인민들로부터 너무 멀리 떨어져 있고 지위 또한 높고 영향력이 크기 때문에, 인민들은 대표를 야망과 모략을 가진 사람으로 여길 것이다. 인민들은 대표를 그들 자신의 일부가 아니라 그들과 동떨어진, 별개의 이익을 추구하는 집단으로 여길 것이다. 그 결과 인민들은 대표에 대해 끊임없이 경계하는 마음을 갖게 될 것이다. 그들의 행동을 주의 깊게 지켜볼 것이고, 그들이 취한 조치를 세밀히 살펴보고 그들이 만든 법률에 대해 반대하고 회피하거나 마지못해 지킬 것이다. 이런 태도는 자연스러운 것이며, 개인들이 자신의 중요한 일을 맡긴 사람에 대해 취하는 행동과 정확히 일치한다. 만일 그 사람[즉 피고용인]이 고용주와 면식이 있는 친한 이웃이고, 맡은 일을 충분히 처리할 재능이 있음을 고용인이 잘 알고 있으며, 정직과 성실함을 의심받지 않고 주인을 위해 헌신하는 열의와 친분이 확실해서 신뢰받고 있다면, 고용주는 그를 전적으로 믿고서 자신의 일을 맡기고 안심할 것이다. 그 대리인이 처리하는 업무는 가장 좋게 해석될 것이며, 그가 취하는 조치는 만족을 줄 것이다. 그러나 만일 고용주가 피고용인을 한 번도 본 적 없고 능력이나 성실함에 대해서도 충분히 알 수 없는 낯선 사람이라면, 혹은 고용주가 자신의 바람에 더 부합하는 자를 구할 권한이 없기에 부득이하게 고용한 사람이라면, 고용주는 일을 맡기면서도 피고용인을 경계할 것이고 그의 모든 행동을 의심스러워할 것이다.

그래서 만일 이 [중앙]정부가 인민의 호의로부터 지지를 이끌어 내지 못한다면, 정부[의 권한]는 물리력에 의해 집행되어야 하거나, 아니면 전혀 집행되지 못할 것이다. 어느 경우든 그것은 자유의 완전한 붕괴로 이어질 것이다. 제헌회의는 이런 문제를 인식했던 것 같고, 따라서 연방 법률을 집행하기 위한 민병대militia의 소집을 허용했다. 만일 이 [신헌법] 체제가 모든 좋은 자유 정부가 누리는 인민의 존경을 받을 수 있도록 구성되었다면, 이 조항은 불필요했을 것이다. [그런 조항이 없더라도] 인민이 문민 집행관을 지원할 것이기 때문이다.[2] 이런 권한[즉 민병대 소집권]은 자유 정부에는 생소한 것이다. 자유 정부는 법 집행을 위해 자경단Posse Comitatus[3]에 의존해 왔었고, 인민들이 그들 자신이 만든 법을 집행하려는 문민 집행관에 대한 지원을 거부할 것이라고 생각해 본 적이 없었다.[4] 나는 이제 대표의 부적격성에 관한 주제를 마무리하고, 앞에서 약속한 대로 다음과 같은 점을 밝히고자 한다. 즉, 인민들은, 연방의회 — 기껏해야 대표의 흔적이라 할 수 있는 — 를 선출할 자신들의 권리가 제대로 행사될 수 있도록 보장해 주는 그 어떤 안전 장치도, 무기력하게도, 확보하고 있지 못하다.

2) 중앙정부 운영에 군사력을 동원하리라는 주장에 대한 반박은 「연방주의자」 27~28번 참조.

3) [옮긴이] "포세 코미타투스"posse comitatus는 라틴어로 "force of the county" (카운티의 군대)를 뜻한다. 치안유지관(보안관)이 평화 유지, 범죄자 추적, 공공질서 유지 등을 지원하기 위해 신체 건강한 시민들을 동원하던 고대 영국의 제도에서 유래하는 것으로, 관습법상 무법 상태를 진압하고, 시민을 방어하거나, 그 외 재산 및 공공복지 등을 보호하기 위해 동원된 일반 시민들의 집단을 의미한다. 흔히 "민병대"로 번역되기도 하지만, 여기에서는 militia와 구분하기 위해 "자경단"으로 번역했다. militia는 정규군은 아니지만 시민으로 구성된 군사 조직(또는 준군사 조직)을 의미하는 데 반해, posse comitatus는 치안 유지 보조를 위한 순수한 민간 조직이라 할 수 있다.

4) 민병대 소집권이 자유에 위협이 된다는 주장에 대한 푸블리우스의 반박은 「연방주의자」 29번 참조.

선거제도에 대한 헌법적 통제 필요

제1조 4절에 따르면 연방의회는 언제든지 법률에 의해, 상원의원 선거 장소에 관한 것만 제외하고, 상·하원 의원 선거의 시기, 장소 및 방법 등에 관한 규정을 제정 또는 개정할 수 있다. 이 조항에 의해, 선거 그 자체에 관한 권한은 인민으로부터 그들의 통치자로 상당 부분 이전되었다. 최초 협약[즉 헌법]의 기본 조항으로 만들 필요가 있는 어떤 것이 있다면, 그것은 입법부가 의원 선거[제도]를 자유롭게 변경함으로써 입법부 자체를 변경할 수 있는 권한을 갖지 못하도록 입법부를 고정시키는 조항이 될 것이다. 만일 인민이 공정하게 선거를 치를 수 있는 권리를 포기한다면, 싸울 가치가 있는 어떤 것도 남지 않을 것이다.

위의 조항을 이용하여, 연방의회가 어떤 한 부류의 사람들이 선출되도록 유도하는 그런 선거 규칙을 제정할 수 있다는 것은 분명하다. 유감스럽지만 [앞에서 살펴보았던] 대표의 취약성으로 인해 명문가 출신의 부유한 자들에게 모든 명예가 돌아갈 경향이 있다는 것은 너무나도 명백하다. 그런데 위의 조항에서 의회에 부여된 권한은, [그렇게 되도록] 통제할 가능성이 있다는 정도를 훨씬 넘어서, 그런 결과를 거의 확실히 보증하는 방식으로 행사될 수 있다.[5] [신헌법에서] 제안된 연방의회는 전체 주를 하나의 선거구로 만들고, [주의] 수도(예를 들면 뉴욕시)를 투표 장소로 삼을 수도 있다. 그 결과 사회의 최상층만 투표에 참석할 수 있을 것이고, 그들은 자신이 속한 계층의 사람을 확실히 선출하게 될 것이다. 사도 바울Paul이 "누구든지 언제나 자기 육체를 미워하지 않고 오직 양육하여 보호할 뿐이다."[6]라고 말한 것이 진리이듯 [이 점도 진리이다]. 그들은 [과

---

5) 푸블리우스는 「연방주의자」 60번에서 이를 반박한다.

반이 아니라 단순히] 가장 많은 표를 얻은 사람들이 정당한 당선인으로 간주되어야 한다고 선언할 것이다. 그 결과, 주의 내륙지역에 흩어져 살고 있는 사람들은 여러 후보에게 투표하겠지만, 인구 조밀지역에 살고 있는 집단이나 직군은 그들의 이해관계를 결집해 자신들이 선출하고자 하는 자를 손에 넣을 것이다. 이런 방식으로, 주의 대표들은 실제로 투표하는 인민의 10분의 1 정도에 의해 선출될 것이다. 이것은 합법적으로 이루어질 것이며, 눈에 띄지 않지만 정부를 완전히 변형할 만한 변화를 종종 만들어 내는 그런 조용한 작전을 통해 자유 정부를 전복시킬 것이며, 자유민을 그들이 눈치 채기도 전에 쇠사슬로 묶어 버릴 것이다. 인민을 명목상으로뿐만 아니라 진정으로 대표하는 주 의회에 선거 규제 권한이 맡겨진다면, 그 권한은 안전할 것이다. 그러나 주 의회가 그 권한을 박탈당한다면, 연방의회가 법을 이용해 그 권한을 인민으로부터 빼앗지 못하도록 그 권한[의 구체적 내용]을 [헌법에서] 확정해야 한다. 주의 선거구 분할에 관한 규정, 자신이 대표할 선거구에 기본 재산과 주거가 있는 자들 중에서 과반 득표로써 당선자를 선출하도록 하는 조항 등이 [헌법에] 만들어져야 한다.[7]

공정 선거에 관한 기본적 권리를 법을 통해 자신으로부터 박탈할 수 있는 권한을 어떤 집단의 수중에 위임하는 그런 헌법을 아메리카 인민이 받아들이기로 한다면, 그들은 거의 모든 것을 받아들이게 될 것이다. 그 집단을 설득한다는 것은 헛수고일 것이다. 인민들은 버림받을 것이고, 결국 억압을 느끼고서야 반성하게 될 것

6) 「에베소서」 5장 29절.
7) 선거구 및 당선자 결정 방식에 대한 보다 자세한 논의는 「연방농부 편지」 12번 참조.

이다. 인민들은 그때가 되면, 지금은 자신들이 보유하고 있고 보통 정도의 신중함과 단호함만으로도 계속 간직할 수 있는 것을 압제자로부터 되찾기 위해 강력한 수단을 동원해야만 할 것이다.

이 조항에서 우려되는 위험이란 단지 상상에 불과하며, 제안된 연방의회는 적절한 원칙에 입각해 선거를 규정할 것이고 의회의 권한을 신중하게 사용하여 공공선을 촉진할 것이라는 주장들이 있다. 이에 대해 나는, 헌법은 좋은 통치자의 행동을 규제하기 위해 필요한 것이 아니라 나쁜 통치자의 행동을 제지하기 위해 필요한 것이라고 말하겠다. 이 [신헌법] 체계하에서 정부를 운영할 사람들은 당연히 인민의 권리와 이익에 대해 항상 적절한 관심을 쏟을 것이라고 생각한다면, 누구에게 통치권을 부여할 것인가에 대해 논의하고 나서 그들에게 권한을 마음대로 행사하도록 맡기는 것 외에는 더 이상 아무것도 필요하지 않을 것이다. 사람들은 다른 사람의 성향뿐만 아니라 자신의 성향에 대해서도 속는 경향이 있다. 이런 사실은 거의 모든 국가의 역사 기록에 의해 증명된다. 더 정확히 말하면, 재량껏 사용하라고 통치자의 손에 맡겨진 권력은 거의 항상 인민을 억압하고 통치자들의 권력을 강화하는 데 사용되었다. 그럼에도 불구하고 대부분의 사람들은 자신의 손에 권력이 맡겨지면 그런 식으로 권력을 쓰지 않을 것이라고 생각한다. 그래서 예언자 엘리사Elisha가 하자엘Hazael에게 "나는 그대가 이스라엘 자손들에게 어떤 악을 저지를지 알고 있소. 그대는 그들의 요새에 불을 지르고, 젊은이들을 칼로 쳐 죽이고, 어린아이들을 메어치며, 임신한 여자들의 배를 가를 것이오."라고 말했을 때, 하자엘은 자신이 그런 잔인한 짓을 하리라고 생각할 수 없었고, "개와 같은 이 종이 어찌 그런 엄청난 일을 저지를 수 있겠습니까?"라고 예언자에게 말했다. 엘리사는 "주님께서 그대가 시리아의 임금이 될 것임을 보여 주셨소."라고 대답했다. 결과가 입증한 바에 의하면, 하자엘은 그런 무도한 일들을 아무런 제약 없이 저지를 기회만을 기다리고 있었고, 자신은 몰랐지만 그런 일들을 할 성향이 그 자신 속에 내재해 있었던 것이다.[8]

브루투스

---

[8] 「열왕기」 8장 12, 13절. [이는 구약성서 「열왕기」에 나오는 이야기이다. 선지자 엘리사가 다메섹을 방문했을 때, 당시 아람(시리아)의 왕 벤하닷이 장군 하사엘을 엘리사에게 보내 자신의 병의 결과를 묻게 한다. 엘리사는 하사엘에게 왕이 회복할 것이라 말하면서도, 동시에 그가 왕이 되어 이스라엘에 큰 악행을 저지를 것이라고 예언한다. 하사엘은 이를 부인했지만, 결국 예언대로 왕이 된 뒤에 이스라엘을 침략하여 잔혹한 행위를 저지르게 된다.]

연방 정부 권한

1787. 12. 13.

뉴욕주 시민들에게

이번 논설에서는 이 신체제의 구조에 대해 검토하고자 한다. 특히 대통령과 상원의 위험하고도 설익은 결합, 상원에 입법권·집행권·사법권이 혼재되어 있는 문제 등을 자세히 살펴보고자 한다.

연방의회의 무제한적 입법권

그런데 생각해 보면, 각기 다른 종류의 권한을 위임받은 각 부와 그 부에 부여된 권한 사이에는 아주 밀접한 관계가 있기에 먼저 입법부에 부여된 권한의 특징과 범위를 살펴볼 필요가 있을 것 같다.

우리는 이런 검토를 통해, 입법부가 우리의 권리를 보장할 적절한 견제 수단과 제한 장치를 제공할 수 있도록 ─ 또한 권력 남용을 방지할 수 있도록 ─ 구성되었는지에 대해 더 잘 판단할 수 있을 것이다. 수단은 목적에 맞아야 하며, 정부는 그 권한이 미치는 대상을 고려하여 구성되어야 한다. 만일 정부의 권한이 미치는 대상이 많지 않고 또 그 특성상 권한의 행사 과정에서 억압을 일으킬 여지가 적은 경우라면, 대표의 규모를 확대하거나 권한 남용 방지를 위한 특별한 안전 장치를 갖출 필요성은 줄어들 것이다. 하지만 정부의 권한이 광범위하고 엄청나게 다양한 사안을 포함한다면, 보다 많은 대표와 권한 남용 방지를 위한 특별한 장치가 필요할 것이다.[1] 또한 이 [신헌법] 체제를 어느 정도나 연방으로 볼 수 있는지, 아니면 주들의 통합으로 봐야 하는지에 대해 올바로 판단하기 위해서도 정부 권한의 범위를 검토할 필요가 있다. 이 [신헌법] 체제에 대한 지지자나 반대자의 대부분은 합중국에 가장 적합한 정체가 연방이라는 데 의견이 일치한다.[2] 연방 정체 개념은, 다수의 독립적인 주들이 내부적이고 지역적인 문제는 그들 각자의 정부 관리 하에 그대로 둔 채로 공통의 이해관계가 있는 어떤 보편적 관심사를 처리하기 위해 협정을 체결하는 것이다. 하지만 제안된 신체제가 이런 성격의 것인지는, [중앙정부에] 부여하기로 한 권한을 엄밀히 조사해 보지 않고는 판단할 수 없다.

　이 헌법은 여러 주들의 인민을 하나의 통합된 집단으로 간주한다. 그리고 헌법은 근원적 계약으로 의도된 것이기에, 그것과 모순되는 모든 계약을 무효로 만들 것이다. 이는 헌법의 본질에 따른 결과일 뿐만 아니라 제6조에 명확히 선언되어 있다. 또한 헌법의 목적은, "더 완벽한 연방을 형성하고 정의를 확립하며, 국내의 평안을 보장하고 공동방위를 제공하며, 일반 복리를 증진하고 우리와 우리의 후손들에게 자유의 축복을 보장하기 위하여"라고 전문에 나와 있다. 이것이 이 정부가 이루고자 하는 목표이며, 일정한 권한을 정부에 부여한 목표이다. 이런 권한 중에는 "위에 기술한 권한들과, 이 헌법이 합중국 정부 또는 그 부처나 그 부처의 공무원에게 부여한 모든 기타 권한을 행사하는 데 필요하고 적절한 모든 법률을 제정"할 권한도 포함된다[제1조 8절 18항]. 법 해석의 한 가지 원칙은, 입법부가 법을 통과시킬 때 계획했던 목적을 고려하여 그

―――――――――

1) 이 문제에 대한 푸블리우스의 대조적인 견해는 「연방주의자」 23, 31번 참조.
2) 「연방농부 편지」 17번 참조.

런 의도를 촉진하는 해석을 제시해야 한다는 것이다. 같은 원칙이 헌법 해석에도 적용될 것이다. 헌법의 큰 목표는, 공동방위 제공과 일반 복리 증진이라고 하는 포괄적이고 불확정적인 용어로 전문에 선언되어 있다. 그리고 중앙정부에 부여된 모든 권한을 행사하는 데 필요하고 적절한 모든 법률을 제정할 명백한 권한이 입법부에 부여되어 있다. 이로부터 추론하면 당연히 입법부는 공동방위를 위해 그리고 일반 복리를 증진하기 위해 자신들이 필요하다고 판단하는 모든 법률을 제정할 권한을 가지게 될 것이다. 이는 재량껏 법률을 제정할 권한과 같다. 이보다 더 불확정적인 용어는 찾을 수 없다. 그리고 어떤 법률이 그 목적에 적절하고 필요한지는 입법부가 단독으로 판단할 것이 분명하다. 누군가는 이러한 헌법 해석 방식은 헌법을 비틀어 그 원래 의미를 왜곡하는 것이라고 말할지도 모른다. 그러나 그런 식의 해석은 결코 나의 의도가 아니며, 또한 내가 그런 함축적인 권한의 존재를 주장하려는 것도 아니다. 오히려 나는, [정부에] 주어진 권한의 개념은 그런 권한을 부여한 헌법 조항의 명시적 문언으로부터 파악해야 한다고 주장하는 자들과 논의의 출발점을 같이할 것이다. 그리고 앞의 항목[즉 제1조 8절 18항]에 함축되어 있다고 생각되는 바로 그 권한이 명시적으로 부여되어 있음을 증명하는 것은 전혀 어려운 일이 아니다.

세입에 대한 무제한적 통제권

헌법 제1조 8절[1항]에는 "연방의회는 합중국의 채무 지불 및 공동방위와 일반 복리를 위하여 조세, 관세, 수입세 및 소비세를 부과, 징수할 권한을 가진다."고 선언되어 있다. 전문에서 헌법의 의도는 다른 무엇보다 공동방위를 제공하고 일반 복리를 증진하는 것이라고 선언되어 있다. 그리고 이 조항에서 명시적 단어들로 "공동방위와 일반 복리를 위하여" 의회에 권한이 부여되어 있다. 그리고 같은 절의 마지막 항[즉 18항]에 이런 권한을 행사하는 데 필요하고 적절한 모든 법률을 제정하는 명시적 권한이 들어 있다. 따라서 이 헌법에 따라서 입법부가 그들이 적절하다고 생각하는 어떤 법률도 통과시킬 수 있다는 것은 명백하다. 제9절에서 입법부의 권한이 일정한 대상과 관련해 제약되고 있음은 사실이다. 그러나 뒤에서 밝히겠지만, 이런 제약은 아주 제한적이고, 그중 일부는 부적절하며, 어떤 것은 중요하지 않고, 나머지는 쉽게 이해되지 않는 것들이다. 헌법의 이 부분에 대한 내 해석이 사실이 아니며 그 부분의 의도는 공동방위와 일반 복리를 위해 입법부에 조세 등을 부과·징수할 권한을 부여한 것이라는 주장도 있다.[3] 이에 대해 나는, 헌법의 의미와 의도는 헌법의 자구들을 가지고 정리해야 한다고 응답하겠다. 그리고 내가 한 헌법 해석이 가장 자연스럽고 쉬운 것이 아닌지, 그 판단은 공중에게 맡기고자 한다. [설령] 반대 [진영의] 의견이 우세함을 인정한다고 하더라도, 나는 헌법의 다른 여러 조항들에 의해 그것과 마찬가지인 권한들이 실질적으로 중앙정부에 부여되어 있음을 보여 줄 수 있다. 헌법은, 공동방위를 제공하고 일반 복리를 증진하기 위해 조세, 관세, 수입세 및 소비세를 부과·징수하고, 또한 이런 권한을 행사하는 데 필요하고 적절한 모든 법률을 제정할 권한을 입법부에 부여하고 있다. 이런 권한의 범위를 파악하기 위해서는 다음 사항에 대한 검토가 필요하다. 첫째, 조세, 관세, 수입세 및 소비세를 부과·징수할 권한에는 어떤 것이 포함되는가.

둘째, 이런 권한을 행사하는 데 필요하고 적절한 모든 법률을 제정할 권한에는 어떤 것이 포함되는가.

---

3) 「연방주의자」 41번. 브루투스는 6번 서한에서 이 문제를 보다 자세히 다룬다.

셋째, 이런 권한의 행사에는 헌법에 의해 어떤 제한이, 만약에 있다면, 설정되어 있는가.

첫째. 포괄적 용어인 조세, 관세, 수입세 및 소비세 등에 포함되는 세목을 상술하려면 신문 한 면이 아니라 책 한 권이 필요할 것이다. 사실 그것은 내 능력을 훨씬 벗어나는 과제가 될 것이고, 가능한 모든 세입원을 파악할 수 있는 머리를 갖고 있지 않는 한 어느 누구도 해낼 수 없을 것이다. 왜냐하면 그것은 직접세에 의한 것이든 간접세에 의한 것이든 돈을 징수할 수 있는 모든 가능한 방법에 미치기 때문이다. 이 조항에 근거하여 인두세, 토지세, 주택 및 건물세, 창문 및 벽난로세, 가축세 및 모든 종류의 동산에 대한 세금 등이 부과될 수 있다. 모든 종류의 상품에 대해 액수의 한계 없이 관세가 부과될 수 있고, 선박에 대한 용적세와 중량세, 각종 문서, 신문, 연감, 책 등에 대한 인지세 등도 이에 포함된다. 그 조항에는 또한 모든 종류의 독주, 증류주, 포도주, 사과주, 맥주 등에 대한 소비세가 포함되며, 사실상 모든 생필품이나 편의 용품 — 외국산이든 국내산이든 농산물이든 공산품이든 — 에 대한 관세 또는 소비세가 포괄된다. 간단히 말해서, 정부가 인민으로부터 돈을 징수할 수 있는 어떤 방식을 생각해 내든 그것은 세 가지 포괄적 용어 중 어느 하나에 포함된다. 그렇다면 이 조항은 합중국 내에서 상상할 수 있는 모든 세입원을 연방의회의 수중에 맡겼다고 말할 수 있다. 그 용어들은 아주 포괄적이고 엄청나게 많은 대상에 미칠 뿐만 아니라, 부과하고 징수하는 권한도 그 범위가 매우 넓다. 이 권한은 엄청나게 많은 법률의 통과로 이어질 것이고, 그 결과 주의 시민들의 사적 권리에 영향을 미쳐서 재산에 대한 벌금이나 압류, 생명의 위험 등을 초래할 것이다. 또한 그것은 세무 공무원을 떼거리로 임용하는 길을 열게 될 것이고, 그들은 공동체의 정직하고 근면한 구성원들을 먹잇감으로 삼아 그들의 자산을 먹어 치우고, 국가의 이권에 탐닉할 것이다.

둘째, 다음으로 이런 권한을 행사하는 데 필요하고 적절한 모든 법률을 제정할 권한에는 어떤 것이 포함되는지에 대해 알아보도록 하자. 이런 권한을 완벽히 정의하는 것은 아마 절대 불가능할 것이다. 첫 번째 조항[즉 제1조 8절 1항]에서 부여된 권한은, 세금을 징수할 수 있는 모든 개별적 사례를 살펴봐야 그 전모를 이해할 수 있다. 그런 사례들의 수와 종류는 무한하기에 그것을 모두 열거할 수 있는 사람은 현존하는 자들 중에는 아직까지 없다. 세계 최고의 천재들이 그런 사례를 조사하는 데 오랫동안 매진해 왔고, 이제 이 주제를 모두 다루었다고 생각하던 바로 그때, 현대에 들어와 특히 영국에서 이루어진 이 주제의 정교한 발전에 사람들은 놀라지 않을 수 없었다. 그래서 이런 권한의 대상을 모두 파악할 수 없다면, 그 권한을 행사하는 데 필요하고 적절한 모든 법률을 통과시킬 수 있는 권한의 범위를 파악하는 것이 어떻게 가능하겠는가? 그것은 정말로 불가능하다. 이런 권한에 포함되지 않는 사례를 생각하기란 불가능하다. 세입 문제가 정부학에서 가장 어렵고 방대한 분야라는 것은 잘 알려진 사실이다. 정치인의 뛰어난 자질과 입법부의 방대하고 정확한 규정[제정]이 요구되는 분야이다. 한 국가의 세입에 대한 통제권은 그 국가의 모든 것에 대한 통제권을 제공한다. 지갑을 손에 넣은 자는 칼을 손에 넣게 될 것이고, 이 두 가지를 모두 장악한 자는 모든 것을 장악한 것이다. 따라서 그 나라의 모든 자원을 끌어내는 데 필요하고 적절한 모든 법률을 제정할 권한과 함께 모든 자금원을 손에 넣은 입법부는 사실상 모든 권력을 장악하게 될 것이다.

세부 사항을 살펴보게 되면, 이런 권한이 실제 작동하면서 어떻게 각 주들의 모든 권한을 완전히 파괴하게 될지를 쉽게 입증할 수 있을 것이다. 하지만 자기 마음대로 판단하는 사람들에게 이런 입증은 필요하지 않을 것이다. 무조건 믿는 이들에게 그것은 무용지물일 것이다. 가혹한 탄압이 반성을 강제하기 전까지는 그 어떤 것도 사람들을 반성하도록 일깨우지 못할 것이다.

나는 다만, 연방의회에 주어진 이런 권한이 주 의회의 모든 권한을 곧바로 무력화할 것이라는 점만 언급하고자 한다.[4] 정치에서, 세입 통제권이 없는 정부의 권한에 대해 말하는 것보다 더 어처구니없는 일은 없다. 그것은 피 없는 동물, 식량 없는 생존을 말하는 것만큼이나 어리석은 일이다.[5] 이제 중앙정부가 가능한 모든 세입원을 장악하고, 또한 그것을 [인민으로부터] 끌어내거나 징수를 촉진하는 데 필요하다고 생각되는 모든 법률을 통과시킬 권한을 장악하게 되면, 어떤 세입원도 주의 손에 남지 않게 될 것이다. 만일 어떤 주가 법률로써 자금을 조달하려 하면, 중앙정부는 실행을 취소시키거나 저지할 수 있다. 왜냐하면 중앙정부의 모든 법률은 이 땅의 최고법이기 때문이다. 의회 문지기 급료를 지불할 자금 조달권이 없어도 정부가 존속할 수 있다고 믿을 만큼 귀가 얇은 사람이라면, 신헌법이 시행되더라도 주 정부가 존속할 수 있다고 믿을 것이다.[6]

---

4) 푸블리우스는 이 주장에 대해 「연방주의자」 32, 34번에서 대응한다.
5) 푸블리우스도 "돈이 정치체의 사활이 걸린 본질적 요소로 간주되는 것은 당연하다. 돈은 정치체의 생명과 활동을 지탱하며, 정치체가 그것의 가장 본질적 기능을 수행할 수 있도록 해 주기 때문이다."라고 지적하고 있다. 「연방주의자」 30번.
6) 이에 대해 푸블리우스는 다음과 같이 주장한다. "이런 식의 추론은, 어떤 경우는 중앙정부의 권리 침탈이 있으리라는 가정에 기초한 것 같고, 또 다른 경우는 장차 중앙정부 권한의 합헌적 운용으로부터 단지 연역적으로 추론한 것처럼 보이기도 한다. 그런 추론이 공정하다는 주장을 그나마 인정할 수 있는 것은 오직 후자의 경우이다. …… 권리 침탈의 위험에 근

이 신체제의 지지자들 대다수는 합중국에 적합한 정체는 연방 정체여야 한다는 데 동의한다. 또한 각 주는 그들이 갖고 있는 주권의 일부를 계속 유지해야 하고, 그들의 입법부의 형태를 보존해야 할 뿐만 아니라 일정한 내부 관심사를 처리할 권한도 유지해야 한다는 데 동의한다. 문제는 주들이 계속 보유하게 될 권한이 어디까지인가이다. 이 헌법에 관한 한 이 주제에 많은 시간을 허비할 필요는 없다. 자금 조달권이 없는 정부는 단지 명목상의 정부에 불과하기 때문이다. [신헌법히에서는] 각 주의 입법부가 주 정부 유지 수단을 확보하기 위해 중앙 의회의 의사에 완전히 의존해야 한다는 것은 명백하다. 합중국 의회는 모든 주의 모든 세입원을 다 써버릴 수 있는 권한과 함께 그것을 실현하는 데 방해가 되는 주의 법률을 모두 무효화할 권한을 가질 것이다. 따라서 주 정부가 자체 공무원 유지용 자금 없이도 존속할 수 있다고 가정하지 않는 한, 주 정부는 중앙 의회가 정하는 선 이상으로는 생존할 수 없을 것이라고 결론짓지 않을 수 없다. 자체적인 [생존] 유지 수단을 확보하지 못한 채 독자적 정부로서 살아가는 정부라는 개념은 어떤 측면에서도 모순이다. 따라서 만일 이 헌법이 그 제정자나 지지자들이 주장하는 바[즉 연방 정체]를 정말로 지향한다면, 각 주에 일정한 정부 권력의 행사를 보장해야 한다. 세입원 중 일부를 확실하게 주 정부 손에 맡겨야 한다. 중앙정부가 자금을 조달할 수 있는 영역의 한계를 설정하고, 중앙정부가 넘어서는 안 될 경계선을 정하며, 그 경계 밖의 다른 수단들은 주에 맡겨서 주 정부 유지를 위한 필요품을 조달하거나 각자의 부채를 갚을 수 있도록 해야 한다. 이런 주장에

거한 모든 주장은 정부의 권한의 성격이나 범위가 아니라 정부의 구성과 구조에 주목해야 한다." 「연방주의자」 31번.

대해서는, 중앙정부는 합중국의 목표에 부합하는 권한을 가져야 한다는 반박이 제기된다. 즉, 중앙정부는 공동방위를 제공해야 하고 합중국의 부채를 상환해야 하며 외무 및 내무 관청을 유지해야 하는데, 이런 것들을 행하기 위해서는 목표에 적합한 자금을 조달한 권한을 가져야 한다는 것이다. 이에 대해 나는, 주 정부 역시 부채를 지고 있고, 공무원을 유지할 자금이 필요하다고 말하겠다. 만일 주 정부들이, 가용한 모든 방법으로 자금을 조달할 수 있는 권한을 중앙정부에 넘겨준다면, 또한 연방의회가 적절하다고 생각할 때마다 주 의회의 자금 조달을 금지할 수 있는 통제권도 함께 넘겨준다면, 주 정부들이 어떻게 그런 일들을 할 수 있겠는가.[7] 다시 다음과 같은 반박이 제기된다. 즉, 이 주제와 관련해 중앙정부 권한과 주 정부 권한을 구분하는 것은, 불가능하지는 않지만, 아주 어려운 문제이다. 또한 중앙정부는 합중국의 목표에 필요한 자금을 조달할 권한을 가져야 하며, 만일 그런 권한이 일정한 대상으로 한정된다면 공적 요구를 충족할 세입이 불충분할 것이기에 중앙정부는 자유재량권을 가져야만 한다 등등. 이런 점들을 고려할 때, 두 정부의 권한 사이에 쉽고 정확하게 경계선을 그을 수 [있는 방법이] 있다. 대외세와 내국세의 구분은 이 나라에서 새로운 것이 아니라 평이한 것이고 쉽게 이해될 것이다.[8] 대외세에는 모든 수입 물품에 대한 수

---

7) 푸블리우스는 중앙정부나 주 정부 어느 쪽도 다른 쪽의 징세권을 무효화할 법적 혹은 헌법적 권한이 없다고 주장한다. "그리고 실제로 어떤 불편도 걱정할 이유가 거의 없다. 왜냐하면 얼마 안 가 주의 필요품은 아주 좁은 범위 내로 축소될 것이기 때문이다. 그리고 그 사이에 합중국도, 개별 주들이 의지하게 될 대상에서는 완전히 손을 떼는 것이 편리하다는 사실을 깨달을 개연성이 높기 때문이다." 「연방주의자」 34번.

8) 푸블리우스는 「연방주의자」 30번에서 이런 구분에 대해 논박한다.

입세가 포함된다. 이런 종류의 세금은 중앙정부가 부과하는 것이 적절하다. 그렇게 하면 여러 측면에서 우려되는 위험을 없앨 수 있다. 수입세는 단지 몇몇 장소에서, 소수 인원에 의해 확실하고 신속하게 징수될 수 있다. 수입세 징수를 위해서는 단지 소수의 관리들만 임용하면 되고, 세금 부과 시에 탄압의 위험도 없다. 왜냐하면 무역이 감당할 수 있는 정도보다 높게 수입세를 부과하면, 상인들이 수입을 중단하거나 물품을 밀수할 것이기 때문이다. 따라서 우리는 이런 종류의 세금으로 인해 과중하고 참을 수 없는 부담이 부과되는 것을 자연스럽게 막아 줄 충분한 안전 장치를 확보할 수 있다. 그러나 직접세에 관한 한 사정은 전혀 다르다. 여기에는 인두세, 토지세, 소비세, 문서에 대한 세금, 우리가 먹고 마시고 입는 모든 것에 대한 세금 등이 포함된다. 직접세는 모든 유형의 자산을 움켜잡고, 모든 사람의 가정과 우편물에까지 다다른다. 그것은 종종 너무나 억압적이어서 가난한 자들의 얼굴을 짓밟고 보통 사람들의 삶에 무거운 짐을 지울 것이다. 이런 종류의 세금으로 인한 억압에 맞서서 인민이 확보할 수 있는 강력하고 유일한 방어물은 그들의 대표에게 달려 있다. 대표의 수가 많아서 유권자들의 사정과 능력을 잘 알고 있고 인민에 대한 적절한 관심을 가지고 있다면, 인민은 안전할 것이다. 중앙 의회는 앞의 논설에서 말했듯이 이런 데에 적격이 아니기 때문에 직접세 징세권을 행사해서는 안 된다. 수입세 징세권으로 충분하지 않다면, 다른 세입 조달 방법을 중앙정부에 할당해야 한다. 중앙정부 권한이 정확하게 규정되고 제한될 만한 여러 방법을 제안할 수 있다. 센트당 일정 비율을 초과하지 않는 선에서 수출품에 관세를 부과·징수할 수 있는 권한을 중앙정부에 부여하는 것이,[9) 이 나라의 모든 종류의 자원을 중앙정부에 양도 — 주 정부의 완전 폐지에 이를 정도까지 — 하는 것보다 훨씬 낫다. 만일 그렇게 양도한다면 수많은 법률과 명령, 벌금과 처벌, 법정과 판사, 징수원과 세무원의 도입을 초래할 것이기에, 누군가가 그것을 센다면 하늘의 별을 세게 될 것이다.

나는 다음 논설에서 이 주제를 계속 다룰 것이다. 세부 사항에 대한 논의를 통해, 그런 권력이 행사되면 모든 주의 권한을 파괴하고 인민을 억압하게 될 것임을 보여 줄 것이다. 또한 헌법에는 그런 권한의 가혹함을 완화해 줄 제약 장치가 전혀 없고 오히려 그 반대임을 입증할 것이다.

브루투스

---

9) 이에 대한 푸블리우스의 비판은 「연방주의자」 35번 참조.

6번
연방 정부 권한

합중국의 주 정부들을 모두 흡수·통합하는 식으로 중앙정부를 만들어야만 하는가? 그 반대로, 주 정부가 주의 내부 치안에 관한 모든 권한을 유지하고, 중앙정부의 권한은 일정하게 한정된 국가적 목표로 국한하면 안 되는가? 이는 중요한 질문이다.

나는 앞의 논설에서, 소박하고 자유로운 정부는 이런 전체 대륙 규모에서는 작동할 수 없기 때문에, 자유를 포기하고 전제 정부에 복종하든지 아니면 연방안에 입각한 헌법을 만들든지 둘 중에서 선택해야 함을 입증하기 위해 여러 다양한 논거를 제시했다. 이런 주장을 입증하기 위해 추가적인 근거를 역설할 수도 있다. 하지만 그것은 불필요할 것 같다. 왜냐하면 신헌법의 주요 지지자들도 이런 입장을 받아들이기 때문이다. 따라서 양측 모두 동의하듯이, 우리 사이의 쟁점은 이 [신헌법] 체제가 주 정부를 바로 무력화하게끔 만들어졌는지 또는 시행되면서 분명히 그런 결과를 초래하게끔 만들어졌는지 등의 여부이다. 만일 그렇다는 답변이 나오면, 그런 결과를 방지할 수 있는 수정 작업 없이 이 체제를 선택해서는 안 될 것이다. 반대로 주 정부들이 주의 내부 치안을 관장할 권한을 그대로 유지할 수 있는 것으로 밝혀진다면, 신헌법에 대한 우리의 검토는 정부 구조 및 권력 오남용 방지 규정 등에 대한 것으로 국한되어야 한다. 위의 질문에 답하기 위해서는 이 헌법이 통치자에게 부여하려는 권한의 본질과 범위를 충분히 검토할 필요가 있다.

지난 논설에서 나는 이 주제에 대한 여러분의 주의를 환기한 바 있다. 그리고 내 생각으로는, 제1조 8절에서 입법부에 부여한 권한에는 연방의회의 신중함 외에는 그 어떤 제약도 없다는 사실이 명백히 입증되었다고 생각한다. 신헌법 지지자들이 원하는 대로 아무리 호의적으로 해석하더라도, 그 항목은 의회의 재량에 따라 조세, 수입세, 관세, 소비세를 부과·징수할 권한 및 이런 권한을 행사하는 데 적절하고 필요하다고 그들이 판단하는 모든 법률을 제정할 권한을 [연방의회에] 양도하고 있음이 밝혀졌다. 나는 그것이 주 정부의 모든 권한을 완전히 파괴할 것이라고 주장했다. 이런 주장을 뒷받침하기 위해서, 몇몇 개별적 사례에서 정부가 어떻게 작동할지 추적해 볼 가치가 있다.

무제한적 징세권 독점

중앙정부는 조세, 관세, 소비세를 부과하고 징수할 권한을 부여받을 것이다. 각 주의 경우도, 연방의회의 동의 없이는 수출입품에 대한 관세를 부과할 수 없는 것을 제외하면, 조세, 관세, 소비세를 부과할 권한을 마찬가지로 가질 것이다. 그렇다면 두 정부는 공동 관할권concurrent jurisdiction[1]을 가지게 된다. 양자 모두 이런 종류의 세금을 부과할 수 있는 것이다. 그러나 중앙정부는 이 권한 외에, 이상의 권한을 행사하는 데 필요하고 적절한 모든 법률을 제정할 수 있는 권한을 추가로 갖는다. 그렇다면 만일 두 정부가 모두 조세,

---

1) [옮긴이] "concurrent jurisdiction"이란 두 개 이상의 주체가 동시에 같은 사안에 대해 관할권을 가진다는 의미이다. 학술적 용어로는 "동시적 관할권"으로도 번역하지만, 보다 일상적 표현이고 또 직관적으로 이해하기 쉽게 "공동 관할권"으로 번역했다. 다만 "공동"의 의미가 '합의하여 함께 행사한다'는 의미는 아님을 밝혀 둔다. 사법 분야에서 주와 연방 정부의 '공동 관할권'에 대해서는 「브루투스 편지」 12(2)번, 「연방농부 편지」 3번 참조.

관세, 소비세를 부과하려 하는데 그것이 너무 과중해서 인민이 납부할 수 없거나 혹은 납부를 거부할 경우, 중앙 의회는 필연적으로 주의 세금 징수를 중지시키려고 하지 않을까? 분명 그럴 것이다. 왜냐하면, 만일 인민들이 두 정부 모두에는 세금을 낼 수 없거나 또는 세금을 내려 하지 않을 경우, 주에 대한 세금 납부를 면제받아야 하기 때문이다. 그렇지 않으면 중앙정부에 대한 세금이 징수될 수 없을 것이다. 따라서 각 주 정부는 연방의회의 승인 없이는 어쨌든 난 1실링의 자금 조달권도 가질 수 없다는 결론이 불가피하다. 주 정부 운영자들에게 지불할 충분한 자금을 조달할 수 있는 능력이 없더라도 주가 언제까지든 입법권을 행사하고 시민들 사이에서 법을 집행할 수 있다고 거짓 주장을 할 사람은 아무도 없으리라 생각한다.

만일 이것이 사실이라면, 또한 주는 중앙정부의 승인에 의해서만 자금을 조달할 수 있다면, 결국 주 정부는 그들의 생존을 중앙정부의 뜻에 의존하게 될 것이다.

연방의회가 갖는 이런 권한의 효력을 유효하고 확실하게 만드는 것은, 법률을 실행할 [중앙]정부의 완벽한 사법권과 집행권이다. 이는 개별 주의 사법 및 집행권을 압도한다. 따라서 이 사안에 관한 주의 입법부, 법원, 집행부의 모든 개입은 허사가 될 것이다. 그들은 중앙정부에 종속될 것이다. 선서를 통해 그것을 지지하기로 약속하고 헌법적으로 그들의 결정에 따라야만 하기 때문이다.

중앙 의회는 자신들이 원하는 세금을 부과하고, 세입법을 위반하는 행위에 대해 자신들이 원하는 형벌을 부과하며, 세금 징수를 위해 적절하다고 생각하는 만큼 공무원을 임명할 권한을 가질 것이다. 또한 세입 징수를 도급으로 맡기고, 그 징세 도급인 — 하급자들을 거느린 — 이 적합하다고 생각하는 어떤 방식으로든 세입을 징수할 무제한의 권한을 그들에게 부여할 권한도 가질 것이다.

또한 연방의회가 설치 권한을 갖는 연방 법원은, 세입법에 따라 발생하는 모든 소송사건과 세입 징수에 종사하는 모든 관리들의 업무에 대해 재판권을 가질 것이다. 그리고 이들 법원의 관리들은 법원의 판결을 집행할 것이다. 따라서 연방의회가 주 정부를 파괴하고자 할 경우, 인민이 봉기하여 완력으로 합헌적 법률의 집행을 저지하거나 중지시키지 않는 한, 이를 막을 방법은 없다. 이런 저항에 대한 두려움으로 말미암아 중앙정부는 당분간 적절한 한계 안으로 억제되리라 생각하지만, 오래지 않아 중앙정부는 세입과 무력을 장악할 것이고, 그렇게 되면 그런 것에 대한 걱정을 치워 버릴 것이다.

관세와 소비세를 부과하고 징수하는 중앙정부의 권한이 어느 정도나 주 정부를 해체하고 인민을 억압하는 식으로 운용될지를 [지금] 추정하기란 불가능하다. 유럽 국가들에서 이런 종류의 세금이 겨냥했던 다양한 과세 대상과 그런 대상에 관해 각국이 통과시켰던 무수한 법률을 검토해 본다면 이 사안을 올바로 평가하는 데 크게 도움이 될 것이다. 아마 여유 시간이 허락한다면, 차후에 몇몇 논설에서 시도해 볼 수도 있을 것이다.

지난 논설에서 살펴보았듯이, 관세 및 소비세를 부과·징수할 권한은 모든 생필품과 편의 용품에 대해 관세 및 소비세를 부과할 권한을 연방의회에 부여할 것이다. 관세 및 소비세를 부과할 때 정부의 주된 목표는 자금의 조달일 것이기 때문에, 정부는 분명 가장 일반적으로 사용되고 소비되는 물품을 선택할 것이다. 왜냐하면, 과세 대상이 될 물품이 엄청 많이 사용되는 것이 아니라면 세입이 많을 수 없기 때문이다. 따라서 과세 대상이 될 그런 종류의 물품은 진짜 생필품이거나 아니면 관습이나 습관상 그렇게 생각되는 것들일 것이다. 그런 상품일 것 같은 우리 나라의 생산품 몇 가지를 꼽아 보겠다.

사과주는 소비세 부과 대상이 될 개연성이 가장 높은 물품이다.

이 나라에서 엄청 많이 생산되고, 아주 일반적으로 이용되고 엄청난 양이 소비되며, 또한 진짜 생필품은 아니라고 할 수 있는 물품이기 때문이다. 이 품목에 대한 소비세를 통해 합중국은 거액의 자금을 조달할 것이다. 사과주에 대해 소비세를 부과·징수할 권한 및 그것을 시행하기 위해 적절하고 필요한 모든 법률을 통과시킬 권한은 그 시행 과정에서 실제로 어떻게 작동할까? 사과주 소비세를 징수하기 위해서는, 각 카운티마다 한 사람에게 사과주 공장을 설립·운영할 독점권을 부여하고, 그에게 소비세 납부 보증과 담보를 제공하도록 의무화할 수 있다. 그렇지 않으면, 해당 주류를 제조할 공장들에게 면허를 부여하고 소비세 납부 책임을 다할 보증을 요구할 수도 있다. 이도 아니면, 제조되는 사과주를 감시하고 세금을 징수하기 위해 다수의 공무원을 채용해야 할 것이다.

포터주, 에일주를 비롯한 모든 종류의 맥주도 소비세 대상이 될 수 있는 품목이다. 그런 소비세를 징수하기 위해서는 제조량이 확인되도록 제조 공장을 규제해야 할 것이다. 그렇지 않으면 소비세 납부에 대한 보증이 확보될 수 없다. 모든 양조장이 허가를 받아야 하며, 양조장 생산량을 조사하고 판매되기 전에 소비세가 납부되도록 하기 위해 관리를 임용해야 한다. 이런 종류의 과세 대상이 될 수많은 다른 물품을 거론할 수 있지만, 열거하지는 않겠다. 아마 이 [신헌법] 체제의 지지자들은, 이런 사안에 대한 기존의 논평들이 단지 상상에 불과한 위험을 두려워하여 인민의 정서를 의도적으로 자극하려 한다고 말할 것이다. 연방의회가 그들의 권력을 그런 식으로 행사하리라고 걱정할 그 어떤 근거도 없다고 말할 것이다. 이에 대해 나는 다만, 이런 종류의 세금이 [실제로] 영국에 존재하고 인민들은 그것을 가혹하게 느끼고 있다고만 말하겠다. 불과 수년 전에 그 나라에서 사과주와 배주에 대해 소비세가 부과되었고, 그것이 얼마나 큰 소동을 야기했는지는 그 사건의 역사를 알고 있는 모두

의 기억 속에 남아 있다.[2]

아무런 제약도 받지 않고 행사될 이런 권한은 도시와 시골의 구석구석까지 침투할 것이다. 그것은 화장하는 숙녀 옆에서 기다릴 것이고, 그녀들의 모든 가사에 간섭할 것이고, 무도회, 연극, 사교 모임에 따라갈 것이다. 그녀들이 누구를 방문하면 함께 가려 할 것이고, 마차 안에서는 언제나 옆에 앉으려 할 것이고, 교회에서조차 혼자 내버려두지 않을 것이다. 그것은 모든 신사들의 집에 들어와서 지하 저장고를 감시하고, 주방에서 요리사 옆에서 기다리다 하인을 따라 응접실로 들어와 식탁에서 주인 노릇을 하고, 그가 먹고 마시는 모든 것을 기록할 것이다. 그것은 침실에까지 따라와 잠든 그를 지켜볼 것이다. 전문직 남성이 사무실이나 서재에 있을 때도 감시할 것이다. 상인이 경리실이나 가게에 있을 때도 지켜볼 것이고, 직공을 따라 그의 작업장이나 직장까지 들어올 것이다. 그의 가정이나 침대에까지 출몰할 것이다. 근면한 농부가 일하는 동안 항상 따라다닐 것이고, 집이나 들판에서 항상 그와 함께하면서 양손의 노역과 이마의 땀을 주시할 것이다. 그것은 가장 외진 오두막에까지 들어올 것이다. 그것은 최종적으로 합중국의 모든 사람의 머리 위에 머물 것이다. 이 다양한 계층의 모든 사람들에게, 그들을 따라다닌 이 모든 상황에서, 그것은 사람들에게 다음과 같이 말

---

2) [옮긴이] 여기서 언급된 것은 1763년 사과주 소비세 사건이다. 1763년 조지 그렌빌George Grenville 내각은 재정 수입 확대를 위해 사과주 및 배주에 물품 소비세를 부과하는 법을 제정했다. 기존에는 이런 주류에 대한 과세가 경미했으나, 새 세법은 가정 내에서 소규모로 생산되는 주류에도 세금을 징수하고, 세무 공무원들이 생산자의 집과 저장소를 수색할 수 있도록 허용하는 등 강력한 징세 권한을 부여했다. 이로 인해 서부 잉글랜드에서 광범위한 민중 폭동과 시위가 발생했다.

할 것이다. 내놔! 내놔!

상상할 수 있는 모든 상황에서 공동체의 모든 사람들에게 미치고, 또한 그들이 소유하는 모든 종류의 재산을 포착하며, 권한 행사자의 신중함 외에는 그 어떤 제약도 받지 않을 그 권한은 필연적으로 주 정부의 모든 권한을 집어삼킬 것이다.

나는 이 주제에 대해 딱 한 가지 논평만 추가하고자 한다. 두 사람 혹은 두 집단이 동일한 대상에 대해 무제한의 권력을 갖는다는 것은 내가 보기에 실수인 것 같다. 그것은 "어떤 사람도 두 주인을 섬기지 않는다."[3]라는 성경의 격언과 모순된다. 둘 중 어느 한 권력이 반드시 우세하게 되거나, 아니면 서로를 파괴하여 둘 중 어느 쪽도 목적을 이루지 못할 것이다. 그것은 동일한 동체 위에서 서로 반대 방향으로 움직이는 두 개의 기계 동력 장치에 비교될 수 있을 것이다. 그 결과, 만일 두 힘이 같다면 동체는 정지 상태로 지속될 것이고, 어느 한쪽의 힘이 다른 쪽보다 우세하면 더 강한 쪽이 승리하여 약한 쪽의 저항을 극복할 것이다.

그러나 이 [신헌법] 체제의 지지자들 중 일부는 다음과 같이 주장한다. "연방의회가 마음대로 세금을 부과할 수 있다는 견해는 사실이 아니다. 헌법 전문이 합중국의 목표를 선언한 것이라는 견해는 전적으로 지지받고 있지는 않다. 정의 등을 확립하고 공동방위 등을 제공하는 데 필요하지 않은 그 어떤 권력을 장악하는 것도 위헌이 될 것이다. 게다가, 관세와 조세의 징세권을 부여한 바로 그 조항을 보면, 자금 사용 목적이 채무 지불 및 공동방위와 일반 복리를 위한 것으로 구체적으로 명시되어 있다."[4] 나는 이렇게 추론

---

3) 「마태복음」 6장 24절, 「누가복음」 16장 13절.
4) [원주] 연방헌법의 주요 원리를 고찰한, 필라델피아에서 출판된 팸플릿 34

하는 사람들에게, 채무 지불 및 공동방위와 일반 복리를 위한 것이라는 그 용어 밑에 어떤 개념들이 포함되는지 규정해 보라고 요청하고자 한다. 이 용어들이 확정적인 것이고, 모든 사람들에 의해 같은 방식으로 이해되고 같은 경우에 적용되는가? 어느 누구도 그렇다고 주장하지 않을 것이다. 일반 복리에 무엇이 도움이 되는지는 견해의 문제이다. 그리고 연방의회가 이 문제의 유일한 심판관이다. 일반 복리를 위한다는 것은 추상적 진술로서, 그에 대한 설명은 사람마다 다를 것이다. 그 어떤 정치적·도덕적 진술이 제시되더라도 그에 대한 설명은 사람마다 다를 것처럼 말이다. 서로 다른 정파들이 정반대 대책을 추구하면서, 양측 모두 일반 복리를 지향한다고 주장할 수도 있다. 양측의 주장이 모두 정직한 것일 수도 있고, 아니면 모두 악의를 가지고 있을 수도 있다. 신헌법을 지지하는 자들은, 자신들을 좌우하는 것은 일반 복리에 대한 고려임을 강조한다. 신헌법에 반대하는 사람들도 자신들이 같은 원리에 의해 움직인다고 단언한다. 나는 양측의 상당수가 정직하게 그런 주장을 하리라고 믿어 의심치 않는다. 그러나 이 헌법의 채택과 채택 거부라는 두 대안 모두가 일반 복리를 증진할 수는 없다는 사실보다 더 분명한 것은 없다.

"공동방위와 일반 복리를 위하여"라는 일반적 표현에 의해 연방의회의 권한이 제한되리라고 주장하는 것은, 헌법에서 연방의회는 마음대로 세금 등을 부과할 권한을 가진다고 규정하면 연방의

쪽을 참조. A Citizen of America (Noah Webster), "An Examination into the Leading Principles of the Constitution"(Oct. 17, 1787), P. L. Ford, ed., *Pamphlets on the Constitution of the United States published during its Discussion by the People, 1787-1788*, Brooklyn, N.Y, 1888, p. 50. 인용문은 원문에서 약간 수정된 것이다.

회 권한이 제한되리라고 말하는 것만큼이나 어리석은 일이다. [누군가는,] 그런 권한이 주어지더라도 입법부는 헌법하에서 부당한 조치를 취할 수 없고, 공공의 선과 행복을 추진하기 위한 조치 외에는 그 어떤 것도 추구할 수 없을 것이라고 말할지도 모른다. 모든 사람은, 비통치자는 물론 통치자도, 불변의 신법과 이성의 법에 의해 항상 올바른 것을 원하도록 되어 있기 때문이라는 것이다. 만인의 통치자가 공동방위와 일반 복리를 위해야 한다는 것은 분명 옳고 타당하다. 때문에 세상의 모든 정부는, 심지어 최고의 독재자도, 권력의 행사에서 제한을 받는다. 그러나 이런 논증이 아무리 지당하다고 해도, 실제로는 가장 보잘것없는 제약만이 발견될 뿐이다. 정부는 항상 자신들의 조치가 공공선을 촉진하기 위한 것이라고 말할 것이다. 그리고 정부와 인민 사이에 그 어떤 심판관도 존재하지 않기에, 통치자들 자신이 스스로 판단해야 하고 항상 그렇게 할 것이다.

무제한적 징세권 옹호론 반박

이 [신헌법] 체제의 다른 지지자들 중에는, 그 체제하에서 세입에 관한 연방의회의 권한에 제한이 없을 것이며 또 그래야만 한다고 주장하는 자들이 있다.

그들은 이렇게 말한다. "육군을 소집하고, 해군을 건립하고 무장시키며, 두 군대의 예비대를 준비하는 권한 등에는 제약이 없어야 한다. 왜냐하면 국가적 위기의 규모나 종류 또는 그런 위기를 해결하는 데 필요한 수단의 규모나 종류를 예측하거나 한정하는 것이 불가능하기 때문이다."

"이는 편견 없는 올바른 사람에게 자명한 진리의 하나가 될 것이다. 이는 보편적인 만큼이나 단순한 공리에 기초하고 있다. 수단은 목표에 비례하도록 맞추어져야 하고, 그들의 활동을 통해 어떤 목표를 달성해 주리라는 기대를 받고 있는 사람들은 그것을 이룰 수단을 보유해야만 한다."[5]

　　같은 저자는, 제헌회의가 공표한 헌법안에 반대하는 사람들은 그 헌법안에서 제안한 [연방] 정부 권한의 범위에 대해 반대함에 있어서 솔직함의 부족을 드러낸다고 넌지시 말한다. 또한 권한은 그것이 미치는 대상과 관련해서 무제한이어야 하는데, 이런 입장은 만일 자명하지 않다면 최소한 앞의 추론 방식에 의해 명백히 입증되었다고 자신만만하게 주장한다. 그러나 나는, 이 저자의 더 나은 판단에는 굴복하겠지만, 송구스럽게도 이 추론은 검토해 보면 견실하기보다는 허울만 그럴듯한 것으로 드러나리라고 생각한다. 이 신사는 수단은 목표에 비례하도록 맞추어져야 한다고 말한다. 이 주장이 사실임을 받아들이더라도, 그로부터 어떤 올바른 결론을 도출하기 위해서는 무엇이 합중국 정부의 목표인가를 물을 필요가 있다. 그 목표가 오직 중앙정부만 보존하고 연방만의 공동방위와 일반 복리를 위하는 것인가? 분명 그렇지 않다. 그 외에 주 정부도 유지되어야 하고, 주 정부에 할당된 주 내부 관심사의 관리를 위한 대비도 이루어져야 하기 때문이다. "우리 나라의 상황으로 말미암아 단순하지 않고 복합적인, 단일하지 않고 연방적인 정부가 요구된다."는 것, 그리고 각각[즉 중앙정부와 주 정부]의 목표가 강조되어야 하고 각 정부는 그들에게 부여된 권한을 실행할 충분한 권한을 가져야 한다는 것은 그도 인정하고 있다.[6] 그렇다면 정부가 그 본질

5) [원주] 「연방주의자」 23번 참고. 원문에서 약간 수정된 것이다.
6) 푸블리우스가 전적으로 이를 인정한 것은 아니다. 그는 다음과 같이 말한다. "만일 우리 나라의 상황으로 말미암아 단순하지 않고 복합적인, 단일하지 않고 연방적인 정부가 요구된다면, 조정되어야 할 가장 중요한 문제는, 권력의 각 영역이나 부문[즉 연방 정부나 주 정부]에 귀속될 목표를 되

싱 복합적인 것이기에, 정부가 계획하는 목표 역시 그러할 것이다. 그리고 중앙정부가 그러하듯, 주 정부도 그들에게 기대되는 목표를 달성할 수단을 보유해야 할 필요가 있다. 정부의 목표를 촉진하기 위해 행해져야 할 고유 권한 모두를 중앙정부나 주 정부 어느 한 쪽에만 부여해서는 안 된다. 권한은 양자 사이에서 나뉘어야 한다. 어떤 목표들은 한쪽에 의해 달성될 수 있고, 다른 목표들은 다른 쪽에 의해 달성될 것이다. 그리고 이를 합치면 좋은 정부의 모든 목표들이 포함될 것이다. 사정이 이러하다면 결론은 다음과 같다. 각 정부[즉 중앙정부와 주 정부]는, 그 정부를 만든 목표인 바로 그것을 달성할 수단을 [각각] 제공받아야 한다.

이런 추론을 세입 사례에 적용해 보자. 중앙정부는 합중국의 부채 지불, 중앙정부 유지, 합중국의 방위 등을 책임진다. 이런 목표를 달성하기 위해 수단이 제공되어야 한다. 하지만 거기에서 중앙정부가 합중국의 모든 세입을 장악해야 한다는 결론이 나올까? 그렇지 않다는 것이 너무나 명백하다. 만일 그러하다면[즉 중앙정부가 모든 세입을 장악해야 한다면], 중앙정부에 맡겨진 목표들만큼이나 이 나라의 행복에 필수적인 다른 목표들을 달성하기 위한 수단들이 남아 있지 않을 것이기 때문이다. 각 주들도 갚아야 할 부채가 있고, 주의 입법부와 집행부도 유지해야 하며, 주 안에서의 법 집행을 위한 준비도 해야 한다. 이런 목표를 위한 권한은 중앙정부에 없다. 중앙정부가 그렇게 해서도 안 된다. 그렇다면 분명한 것은, 주들이 달성해야 할 목표에 부합하는 그런 세입은 주가 통제해야 한다는 것이다. "국가의 안전을 위협하는 상황은 무한하다."고 하면서 이

도록 구별하고, 각각의 책임에 따라 부여된 목표를 달성할 수 있는 충분한 권한을 부여하는 일이 될 것이다." 「연방주의자」 23번.

로부터 주들의 모든 세입원을 중앙정부에 양보해야 한다고 추론하는 것은 확실한 논증이 아니다. 왜냐하면 연방의회는 공통적 관심사만을 관리할 권한을 부여받았고, 지역적이거나 내부적인 관심사를 규제할 권한은 없기 때문이다. 그리고 이런 지역적·내부적 관심사의 관리는 공통적 관심사의 관리만큼이나 필수적으로 요구된다. 공동체의 평화와 행복은, 외부 침략자를 막기 위한 유능한 준비조치만큼이나, 주 내부 문제의 신중한 관리 및 주들 상호 간의 정당한 법 집행과 밀접히 연관되어 있다. 정말로 더 그러하다.

주 정부는 그들 정부의 본질적 요구에 어울리는 세입을 조달할 수 있는 통제되지 않는 권한을 가져야 한다. 전체적으로 이보다 더 명확한 입장은 존재할 수 없다고 나는 생각한다. 그리고 내 생각에, 이 헌법은 그런 권한을 주 정부에 전혀 남겨 주지 않았다.

브루투스

7번
연방 정부 권한

1788. 1. 3.

앞의 두 서한에서 우리의 논증 결과는 다음과 같다. 중앙정부와 주 정부 사이에 권한이 분할되는 연방 정체에서는, 정부의 생존에 필수적인 나라의 세입도 중앙정부와 주 정부 간에 분할되어야 하며 또한 중앙정부와 주 정부의 본질적 필요에 부합하도록 그 각각에 배분되어야 한다. 인간의 지혜로 그런 분할과 배분을 달성할 수 있는 한 그러하다.

이 헌법에서는 그런 배분 없이 모든 재원을 연방의회가 통제하고 있다. 따라서 만일 이 [신헌법] 체제가 단순 정체가 아닌 복합 정체를, 완전한 통합 정체가 아닌 연방 정체를 의도한다면, 이 체제는 그 자체의 붕괴의 확실한 씨앗을 내포하고 있음이 명백하다. 따라서 다음 두 사태 가운데 하나가 반드시 일어날 것이다. 신헌법은 단지 구두 약속에 불과해질 것이고, 현재의 연합[체제]에서 발생하고 있는 것처럼 헌법에 따른 통치자의 모든 권한은 거부당할 것이다. 아니면, 각 주들은 권한을 완전히 탈취당해 그 어떤 정부 권한도 없이 단지 형태만 유지하게 될 것이다. 새로운 이 정체는, 만일 그것이 채택된다면, 이 두 결말 중 어느 하나를 향해 신속히 나아갈 것이다.

무제한적 징세권 옹호론 반박

그러한 세입원의 분할은 필연적으로 공공의 안전을 위협할 것이라는 주장이 있음을 나는 알고 있다. 어느 필자[알렉산더 해밀턴]는 다음과 같이 말한다. "공공의 안전에 영향을 미칠 수 있는 상황들이 어떤 한정된 범위 내로 제한될 수 있음을 증명하지 못하는 한, 또는 이런 견해와 반대되는 명제를 타당하고 합리적으로 논박할 수 없는 한, 그 필연적 결론으로서 다음과 같은 원리를 인정해야만 한다. 즉, 공동체의 방어와 보호를 준비하고 제공해야 하는 권력에는 …… 제약이 있을 수 없다."[1]

[신헌법은] 공동체의 방어와 보호를 오로지 중앙정부에 단독으로 위임하려 한 적이 없으며, 필자 자신 역시 그렇게 해서는 안 된다고 시인한 점 등을 고려하면, 이 필자의 거짓 논증은 바로 허물어질 것이다. 이 [신헌법] 체제가 외세와 그들의 침략, 공해상의 해적 행위와 중범죄, 그리고 국내 반란 등에 맞서 공동체를 보호하고 방어할 임무를 중앙정부에 맡긴 것은 사실이다. 중앙정부는 또한 일정한 공통 관심사 및 기타 몇몇 공통 사안들 — 내 생각에는 그렇지 않다고 생각되는 — 에서도 법 집행을 위한 권한을 부여받고 있다. 그러나 사적 폭력이나 개인 간의 범죄에 맞서 시민을 방어하고 보호하는 것은 주 정부에 그대로 맡겨 두어야 한다. 살인자, 강도, 도둑, 사기꾼, 불법행위자 등으로부터의 보호와 방어는 각 주 정부가 제공할 것이다. 따라서 이 문제에 대한 올바른 추론의 방향은 이렇게 될 것이다. 중앙정부는 외부 공격 등에 맞서 공동체를 보호하고 방어해야 하며, 따라서 이런 일을 수행하기에 충분한 권한을 가져야 한다. 하지만 이는 [주 정부의 임무인] 우리의 내적 보호 및 방어의 제공과 양립하는 한에서이다. 주 정부는 주의 시민들 사이의 법 집행 및 다른 내부 관심사의 관리 등을 책임지며, 따라서 이 목표에 적합한 권한을 유지해야 한다. 내부 평화와 질서의 유지 및 정당한 법 집행은 모든 정부의 제1 관심사가 되어야 한다. 인민

1) [원주] 「연방주의자」 23번 참조.

의 행복은, 국가의 눈부신 군사적 업적을 통해 획득한 영광이나 위엄보다 이런 것에 훨씬 더 많이 의존한다. 그리고 이런 일에 충분히 힘써 왔던 국가들 중에서 외부 침략자에게 정복당했던 사례는 거의 없었음을 역사가 제시해 주리라고 나는 믿는다. 법에 대한 정당한 존중과 복종이 우리 나라의 모든 계층에게 보편화된다면, 그리고 공적·사적 정의와 절약과 근면의 정신이 인민을 움직인다면, 장차 있을지 모르는 외침에 대한 격퇴 준비 외에는 우리가 걱정해야 할 일은 없을 것이다. 나는 정부로부터 그 이상을 원하지 않는다. 방어 전쟁은 내가 정당하다고 생각하는 유일한 전쟁이다.[2] 내가 이런 말을 하는 것은, 외적에 맞서 나라를 보호·방어할 권한이 정부에 부여되어서는 안 된다는 것을 입증하기 위함이 아니라, 그것이 정부가 돌볼 가장 중요한 목표는 아니며, 유일한 목표는 더더욱 아니라는 것을 지적하기 위해서이다.

유럽의 정부들은 거의 모두 무기와 전쟁을 위해 구성되고 운영된다. 자신들의 주된 영광이 여기에 있는 것처럼 말이다. [하지만] 그들은 정부의 목표를 오해하고 있다. 정부는 사람의 생명을 파괴하기 위해서가 아니라 보호하기 위해 구상되었다. 우리는, 우리 자신의 시민 제도_civil institutions_[3] 속에서 덕성과 행복의 달성을 주된 목표로 삼는 위대한 인민의 본보기를 전 세계에 보여 주어야 한다. 사적인 원한을 갚기 위해 혹은 아내나 정부情婦, 총신에게 가해진 모욕을 응징하기 위해 국가를 황폐화하고 수천 명의 무고한 시민을 살

---

2) 푸블리우스는 "국가이성에 근거한 공격 전쟁을 하지 못하도록 정부의 손발을 묶는" 정책을 "새롭고 어리석은 정치 실험"이라 부른다. 「연방주의자」 34번.

3) 시민 제도란 군사적 목적이 아닌 시민적 목적을 달성하기 위한 정치제도 전반을 의미한다.

육하는 나라라는 영광은 유럽의 군주국들이 나누어 갖도록 내버려 두자. 나는 그들이 그런 영광을 차지하는 것을 전혀 부러워하지 않으며, 이 나라가 그런 영광을 갈망하지 않기를 하늘에 기도한다.[4] 차르 피터czar Peter[5]는 자신의 무력으로 큰 영광을 얻었다. 그러나 그 모든 것은 그가 얻은 진정한 영광, 즉 미개하고 야만적인 자기 백성을 문명화하고 백성들 사이에 지식을 확산시키며 삶의 예술을 확립하고 장려함으로써 얻은 영광에 비하면 아무것도 아니다. 그는 전자로는 여러 나라를 황폐화하고 대지를 피로 물들였지만, 후자로는 인민의 사나운 기질을 순화하고 그들에게 인간 행복의 방도를 알려 주었다. 그렇다면 정부의 가장 중요한 목표는 국내 정책과 경제의 적절한 관리가 될 것이다. 이는 주 정부의 영역이다. 이런 영역은 주 정부가 통제해야 한다는 것은 명백하며, 또한 정말 [모두가] 인정하는 바이다. 그렇다면 사회의 평화와 질서[의 유지]에 필수적인 권한이 주 정부에 부여되었는데도 불구하고, 주 정부로부터 그 자체의 유지 수단을 박탈한다는 것은 말도 안 되는 것 아닌가, 너무나 불합리하지 않은가?

"공공의 안전에 영향을 미칠 수 있는 상황들이 어떤 한정된 범위 내로 국한될 수 없기 때문에" 세입과 관련된 연방의회의 권한에 제한이 없어야 한다는 생각은 합중국 정부에 관한 완전히 새로운 개념이다. 현행 연합[체제]의 취약성에서 연유하는 폐해는 이전부

---

4) 국가 간의 적대 행위의 원인에 대한 흥미로운 논의는 「연방주의자」 6번 참조.

5) [옮긴이] 표트르 1세는 1682년부터 1721년까지 재위한 러시아제국의 초대 황제이다. 대외적으로 스웨덴과의 대북방전쟁 승리, 러시아 해군 토대 마련, 영토 확장 등을 통해 제국의 기반을 확립하는 한편으로 대내적으로는 급진적인 서구화 개혁을 추진한 개혁 군주로 평가받고 있다.

터 파악된 바 있고, 연합 체제 채택 직후부터 감지되었었다. 연합은 자금 징수를 강제할 권한이나 수단 없이 자금을 [각 주에] 요구할 권한만 가지고 있었는데, 공동방위나 국채 상환, 정부 유지 등을 이런 권한에 의존할 수 없다는 사실이 곧 드러났다. 따라서 연합회의는 일찍이 1781년 2월에, 모든 수입품에 대해 가격의 5퍼센트에 해당하는 수입세를 부과할 수 있는 권한을 연합회의에 부여하는 안을 주들에 제시했었다. [여기에서 나올] 자금은 이미 체결했거나 또는 장차 [녹립] 전쟁 지원을 위해 체결할 채무의 상환에 충당될 것이고, 채무를 완전히 그리고 최종적으로 상환할 때까지 [수입세가] 지속되도록 되어 있었다. 이 조치에는, 조세, 관세 및 소비세를 징수할 무제한의 권한을 합중국에 부여할 필요가 있다는 엉뚱한 생각은 존재하지 않았다. 가장 긴급한 위험과 고통의 시기였음에도 불구하고 말이다. 그 당시의 구상은 이러했다. 즉, 성격이 확실하고 풍부하며 징수가 쉬운 어떤 한정된 자금이 합중국에 할당되면, 합중국은 자신의 [채무 상환] 약속을 이행하고 방어를 제공할 수 있을 것이기에, 5퍼센트의 수입세를 그런 목적을 위한 용도로 고정한다는 것이었다.

동일한 문제가 1783년 겨울과 봄에 다시 등장했고, 이 문제에 대한 심사숙고 끝에 많은 안들이 제안되었다. 그 결과물이 1783년 4월의 세입 체제 권고안이었는데, 여기에서도 세입에 관한 무제한의 권한을 합중국에 승인할 필요가 있다는 개념은 제안되지 않았다. 이 권고안에 대해 다양한 개정안이 제안되었고 그중 일부는 의사록에 기록되어 있지만, 그중 어느 것도 중앙정부에 자금 조달의 자유재량권을 부여하도록 제안한 것 같지는 않다. 그 반대로, 그 개정안들은 모두 중앙정부의 권한을 한정된 목표로 제한했고, 중앙정부가 넘을 수 없는 한계를 정했다. 이 권고안은 종전 무렵 통과되었는데, 국가 총부채에 대한 추정액에 기초한 것이었다. 수입세 외에

150만 달러만 더 있으면 부채의 연례 이자를 지불하면서 원금을 서서히 갚기에 충분한 것으로 계산되었다. 결과적으로 그 추산은 충분히 여유 있게 산정된 것으로 판명되었다. 국내 부채는 정산이 이루어진 결과, 당초 추정액보다 적은 것으로 나타났기 때문이다. 또한 이 시기부터 국내 부채의 원금 가운데 상당 부분이 서부 토지 판매 [대금]에 의해 상환되었다. 연합회의와 여러 인사들은 최근까지도 지속적으로, 만일 권고안대로 이 세입이 주들에 의해 승인되었더라면 합중국의 본질적 요구에 충분했으리라고 주장해 왔다. 그런데 [긴급한 위험과 고통의 시기를 넘긴] 지금, 외적에 맞서 우리를 보호하고 방어하기 위해 설립할 그 조직체가 이 나라의 모든 재원을 통제해야 한다는 주장이 제기되고 있다. [그렇게 되면] 각 주의 부채와 주 정부의 유지는 운과 우연에 맡겨지게 될 것이다. 만일 중앙정부가 자신들이 조달하는 자금 전부를 필요로 하지 않는다면 주를 위한 몫을 남겨 줄 수 있지만, 이는 다만 호의와 배려 차원의 문제일 것이 분명하다. 사방에서 강력한 적의 압박을 받고 있었고 앞으로 다시는 겪을 일이 없을 만큼 고생해야 했던 당시에도, 이 같은 주장에 대해서는 합중국의 어떤 주도 귀담아듣지 않았을 것이다. 공표된 이 헌법안을 만든 제헌회의의 능력과 명성은, 그것을 지지하는 모든 연사들과 필자들에 의해, 헌법을 채택하도록 설득하는 강력한 논거로서 끊임없이 전파되고 있다. 하지만 전쟁의 위기 속에서 수많은 회의를 이끌었던 애국자들은 그들과 같은 존경을 받을 만한 자격이 없었다는 말인가. 수많은 회의 가운데 어느 것도, 세입 징수권을 아무 제약 없이 중앙정부에 위임해야 한다는 이런 진리 — 명백히 논증 가능하다고 가정되는 — 를 깨닫지 못하는 일이 어떻게 일어날 수 있었던가? 그 사람들은 이해력이 모자라고 논증 능력이 없어서 추론을 할 수 없었던가? 진실은, 그럴 필요성이 전혀 없었다는 것이다. 공동방위를 위한 적정한 수단을 중앙정부가 보유하면서도 중앙정부의 세입 권한에 제한을 두는 것은 실행 가능한 일이고, [헌법안 지지자들이] 주장하는 것처럼 그렇게 어려운 일이 결코 아니다.

국가 안보를 위태롭게 할 수 있는 모든 다양한 상황을 인간의 지혜로 예견할 수 없다는 것은 인정할 수 있다. 그리고 이와 대등한 사실로서 다음과 같은 사항을 추가할 수 있다. 즉, 한 국가가 최대한으로 힘을 발휘해도 그 국가를 공격하는 세력을 물리치기에 부족할 수 있으며, 더욱이 예상치 못한 예외적 공격을 통상적인 자원과 힘으로 대항하기란 훨씬 어려울 수 있다는 것이다. 하지만 모든 국가는, 맞서 싸워야 할 개연성이 있는 모든 적으로부터 국가를 보호하고 방어하기에 충분한 힘이 어떤 것인지에 대해 합리적인 판단을 내릴 수 있다. 예외적인 공격을 받았을 경우, 모든 국가는 그 주민들의 용기와 특별한 분투에 의존해야 한다. 그리고 이러한 인민들의 비범한 노력은, 현명하고 신중한 내정 운영으로부터 인민들이 경험한 행복과 좋은 질서에 의해 크게 좌우될 것이다. 아마 세상의 모든 국가들과 마찬가지로, 주들도 이런 점에 대해 정확한 판단을 내릴 능력이 있을 것이다.[6] 우리 주변에는 강대국이 없다. 아마 우리가 전쟁을 하게 된다면, 토착 원주민이 아니면 유럽 국가들과 하게 될 것이 틀림없다. 전자는 이 대륙 전체와의 싸움을 감당할 수 없을 것이다. 따라서 그들에 대해서는, 이 나라 중심부에 대해 가해 올 수 있는 어떤 압박보다는 국경에서 일으킬 약탈을 염려해야 할 것이다. 유럽 국가들의 일부는 우리와 국경을 맞댄 식민지를 가지고 있는 것이 사실이다. 그러나 유럽의 군대로부터 지

---

6) 주 정부와 연방 정부의 운영의 장점에 대한 비교는 「연방주의자」 27번 참조.

원이 없다면, 이 식민지들에 대해 두려워할 것은 없다. 만일 그들 중 누군가가 우리를 공격하려면, 막대한 비용을 들여 대서양을 건너 군대를 수송해야 할 것이다. 반면 우리는 필수품이 넉넉한 우리 나라에서 방어하게 될 것이다. 우리에게 가해질 개연성이 있는 어떤 공격이든, 그에 대비한 방어를 위해 쉽게 견적서를 작성할 수 있을 것이다.

누군가는 나에게, 연방의 수요에 부합하는 충분한 세입을 중앙정부가 조달할 수 있는 재원을 제시해 보라고 요구할 수 있을 것이다. 많은 것을 제안할 수 있겠지만, 나로서는 이 문제에 대해 내 의견을 고집할 생각이 없다. 대상이 정확히 정해지고, 합중국의 각 지역에 거의 동일한 부담이 부과되도록 운용된다면 만족할 것이다.

중앙정부가 단독으로 통제해야 할 것으로 합의된 한 가지 세입원이 있다. 외국으로부터 수입되는 모든 상품에 대한 수입세가 그것이다. 이것은 저절로 상당한 세입을 가져다줄 것이고, 쉽고 확실히 징수될 수 있다. 이것은 또한 계속 증가할 재원이다. 이 나라의 생산과 함께 교역이 증가할 것이기 때문이다. 외국 상품에 대한 소비를 포함하여 인구 증가와 함께 이것도 증가할 것이다.[7] 누군가는, 수입세로는 중앙정부의 수요를 충족할 충분한 액수를 만들어 낼 수 없다고 말한다.[8] 아마 그럴 것이다. 그렇다면 중앙정부에 다른 어떤 재원 — 수입품과 마찬가지로 정확히 정해질 수 있는 — 을 할당할 수 있다. 이는 분명 실행 가능하다. 왜냐하면 연합회의에서 1783년 4월 세입 체제[개혁안]가 논의되었을 때, 그런 구체적 과

---

7) 이에 대해 푸블리우스는, 소비용 수입품의 증가가 인구 및 경제의 성장과 같은 비율로 이루어지지 않을 것이라고 지적한다. 「연방주의자」 41번.

8) 「연방주의자」 41번 참조.

세 대상들이 몇몇 의원들에 의해 제안되었기 때문이다. 그 당시에, 측량된 토지에 대해 1달러의 90분의   비율로 부과되는 토지세,[9] 주택 1채당 0.5달러의 가옥세 등의 징수권을 합중국에 부여할 것이 제안되었다. 내가 이에 대해 언급하는 것은, 이런 방식의 세입 조달에 찬성하기 때문은 아니다. 그러한 세금은 징수하기 어렵고, 운영하기 불편하리라 생각된다. 그러나 이런 사례들이 보여 주는 것은, 지금 중앙정부의 무제한 세입권을 주장하고 있는 인사들 가운데 일부는 그 문제에 있어 중앙정부의 권한은 한정되고 제한적이어야 한다는 의견을 지금까지 지녀 왔었다는 사실이다. 이 문제에 대한 나의 견해는, 중앙정부가 세입 징수 권한을 갖게 될 [과세] 대상은 소수의 관리가 단순한 법률로써 명확하고 신속하게 징세할 수 있는, 그리고 주의 내부 치안과의 충돌을 최소화하는 식으로 징세할 수 있는 그런 유형의 것이어야 한다는 것이다. 이런 유형에 속하는 것이 수입품에 대한 수입세이다. 그리고 수출품에 대한 관세도 이런 유형인 것 같다. 따라서 내가 찾을 수 있는 것으로는 이것이 중앙정부에 양도할 최상의 세입원이 될 것이다. 내가 알기로, 신헌법 아래에서는 연방의회도 주 의회도 [수출품에 세금을 부과하는] 이런 방식으로는 세입을 조달할 권한이 없다.[10] 하지만 나로서는 그 규정의 근거를 이해할 수 없다. 수출품에 대한 과세는 분명, 우리가 기대할 수 있는 어떤 과세만큼이나 거의 평등할 것이고, 어떤 직접세보다 더 용이하고 적은 비용으로 징수할 수 있을 것이다. 하지만 나는 이런 방식을 주장하지는 않는다. 그것은 내가 생각하지

9) [옮긴이] 공란은 원문 그대로이다.

10) [옮긴이] 연방의회는 헌법 제1조 9절 5항에 따라, 주 의회는 제1조 10절 2항에 따라 수출품에 대한 관세 부과가 금지되었다.

못한, 근거 있는 반론에 취약할 수 있다. 이 외에 꽤 많은 방식이 실천 가능하리라는 것을 주장하고자 한다. 그리고 이 문제에 있어 중앙정부와 주 사이에 경계가 설정되어야 한다. 그렇지 않으면, 이런 권한을 행사하는 연방의회가 주 의회로부터 생존 수단을 박탈하게 되거나, 아니면 주들이 중앙정부의 헌법적 권한에 저항함으로써 그것을 무효로 만들어 버릴 것이기 때문이다.

브루투스

8번
연방 정부 권한

1788. 1. 10.

이 헌법이 중앙정부에 부여한 다음 권한으로서 이번에 검토해 볼 것은 "합중국의 신용으로 금전을 차입하고, 육군을 모집하고 유지"할 권한이다. 나는 이 두 권한을 함께 다룰 것이고, 또한 조세, 관세, 수입세 및 소비세를 부과하고 징수하는 권한과 관련지어 다룰 것이다. 왜냐하면 이 권한들의 범위와 그것의 행사로 말미암아 야기될 위험은 이들을 서로 연관 지어 살펴보지 않으면 충분히 이해할 수 없기 때문이다.

금전 차입권의 문제

금전을 차입하는 권한은 포괄적이고 무제한이다. 또한 앞에서 자주 언급되었던 조항[즉 제1조 8절 18항]은 이 권한을 행사하는 데 적절하고 필요한 모든 법률을 제정할 권한을 부여하고 있다. 이 권한에 따라 연방의회는 합중국 세입의 일부 혹은 전부를 저당 잡혀서 자금을 대출할 수도 있고, 이런 식으로 이자가 1년 세입과 맞먹는 금액을 외국으로부터 빌릴지도 모른다. 이런 방법으로 연방의회는 국가의 상환 능력을 넘어설 만큼의 많은 국가 채무를 만들어 낼지도 모른다. 나는 상환 능력을 초과하는 부채보다 이 나라에 닥칠 수 있는 더 큰 재앙은 결코 생각할 수 없다. 이것이 온당한 지적이라면, 아무런 한도나 제한 없이 마음껏 돈을 빌릴 수 있는 권한을 중앙정부에 부여하는 것은 앞날을 생각하지 않는 어리석은 일이 될 것이다.

나라의 안전이나 복리를 위해 돈을 빌릴 필요가 있을 수 있고,

그런 필요가 생기면 중앙정부가 그 권한을 행사해야 하는 것은 타당하다. 그러나 그런 권한은 가장 긴급한 경우에만 행사되어야 하며, 그럴 때에도 가능하다면 외국인으로부터는 빌리지 않아야 한다.

따라서 헌법은 이 권한의 행사를 제한하여 정부가 이 권한을 행사하기 매우 어렵게 만들었어야 했다. 현재의 연합[규약]은 이 권한을 비롯하여 연합[회의]의 많은 주요 권한의 행사에 아홉 개 주의 동의를 요구하고 있다. 이 신헌법에서 자금 차입에 의원 3분의 2의 동의가 필요하도록 했다면 분명 현명한 규정이 되었을 것이다. 자금 차입의 필요성이 불가피하다면 이런 동의는 항상 이루어질 것이며, 그 밖의 다른 이유로 동의가 이루어져서는 안 될 것이다.

상비군의 위험성

[이 헌법에 의하면] 육군을 모집하는 권한은 무기한이고 무제한이다. 전시는 물론 평화 시에도 군대 모집을 허용한다. 이 권한을 행사하는 데 적절하고 필요한 모든 법률을 제정할 권한을 연방의회에 부여한 조항이 강제 징집 권한을 연방의회에 부여하게 되지 않을까라는 질문은 숙고해 볼 가치가 충분하다. 만일 연방의회가 군대 모집을 일반 복리를 위한 것이라 판단했는데 병력을 자원입대로 조달할 수 없다면, 부족한 병력을 보충하기 위해 민병대로부터 징발하는 것이 그 권한을 행사하는 적절하고 필요한 조치가 될 것이 분명해 보인다.

이 권한들을 연계하면, 결국 중앙정부가 합중국의 모든 재화와 군사력에 대해 무제한의 권한을 갖는다는 결론에 이르게 된다. 연방의회의 뜻에서 벗어나면 주 정부는 국가의 자산과 군사력 가운데 어떤 부분도 통제할 수 없을 것이다. 그럼에도 불구하고 이 [신헌법] 체제의 지지자들이 주 정부에 어떤 종류의 자유나 독자성이 남아 있음을 입증할 수 있다면, 그들은 이 세계에 새로운 발명품을 선사하게 될 것이다. 내가 보기에 그것은, 내 재산을 모두 남에게 양도하여 그의 소작인이 되고 평생 그를 섬기는 고용계약을 스스로 맺으면서도 나는 자유롭고 독립적이라고 주장하는 것만큼이나 어리석은 일이다. 평시에 상비군을 유지할 수 있는 권한은 위험하고 경솔한 것으로서 당연히 이 [신헌법] 체제에 대한 반대 이유로 제시되어 왔다.[1] [하지만] 상비군을 지지하는 글을 썼던 저술가 중 일부는 반대 견해에 대해 마치 뇌의 이상에서 비롯된 것인 양 비웃고 있다.[2] 다른 일부는 그것이 헌법에서 통치자에게 적합하게 부여한 권한임을 보여 주려고 애써 왔다.[3] 여러분이 이 문제에 대해 올바른 견해를 형성할 수 있도록 하기 위해, 나는 먼저 이 권한이 제한되어야 함을 입증하는 데 도움이 될 논의를 제시할 것이고, 그런 다음 이 권한을 정당화하려고 제시되어 왔던 주장들을 비판할 것이다.

인민은, 만일 행해지면 자신에게 위험하게 작용할 수 있는 어떤 것을 통치자가 할 수 있도록 절대 허가해서는 안 된다. 나는 이를 정치의 공리로서 당연한 것으로 받아들인다.

이와 마찬가지로 분명해 보이는 것이 있다. 즉, 어떤 권한이 주어지고 행사될 경우 일반적으로 공동체에 해악만 끼치고 이익은 거의 가져다주지 못할 경우, 또는 그 권한이 행사된 결과 아주 빈번하게 정부에 큰 피해를 입혀 왔고 종종 정부의 총체적 파괴를 초래했음이 경험으로 입증될 경우, 그런 권한은 이왕 주어졌다면 그것의 작동으로 인한 부작용을 방지하도록 가능한 한 제한되어야 한다

---

1) 이런 비판에 대한 푸블리우스의 대응은 「연방주의자」 24~29번 참조.
2) 「연방주의자」 24번 참조.
3) 「연방주의자」 24번 참조; James Wilson, "Address to Citizens of Philadelphia"(Oct. 6, 1787), 앞의 글.

는 것이다.

그러면 이렇게 질문해 보자. 평시의 상비군은 우리 나라에 언제나 유익할까. 일부 비상한 경우에 필요할지라도, 상비군은 대체로 국가의 재앙의 원인이자 자유의 파괴자로 판명되었음이 사실이지 않는가.

나는 모든 나라에서 자유의 친구들이라면 보편적으로 동의할 주장을 입증하기 위해 여러분의 시간을 많이 빼앗지 않겠다. 다음은 영국 하원에서 풀트니Pulteney 의원이 군대 감축을 발의하면서 행했던 발언에서 발췌한 것인데, 간단명료하고 또 내가 할 수 있는 어떤 말보다 낫기 때문에 양해를 얻어 인용하고자 한다.[4] 그는 다음과 같이 말한다. "나는 어떤 종류의 상비군에 대해서도 항상 반대해 왔고 앞으로도 항상 반대할 것입니다. 의회군으로 불리든 다른 어떤 명칭으로 불리든 상관없이, 나에게 그것은 끔찍한 것입니다. 어떤 이름으로 불리든 상비군은 여전히 상비군입니다. 그것은 인민의 대부분과 전혀 다른 조직체입니다. 그들은 다른 법률에 의해 통치되는데, 지휘관의 명령에 대한 맹목적이고 전적인 복종이 그들의 유일한 원칙입니다. 우리 주변의 국가들은 바로 그 수단에 의해 벌써 노예가 되었고, 지금까지 그런 상태로 남아 있습니다. 그 국가들은 모두 상비군에 의해 자유를 상실했습니다. 대규모 상비군이 유지되는 곳에서는 어떤 국가이든 인민의 자유가 보존될 수 없습니다. 그렇다면 우리는 외국을 본보기로 삼아 정책을 취해야 할까요? 결코 아닙니다. 그 반대로 우리는 그들의 불운으로부터 배워

---

4) 윌리엄 풀트니William Pulteney(1684~1764)는 휘그파로서 월폴Sir Robert Walpole 정부에 대한 비판을 주도했다. *Cobbett's Parliamentary History of England* (London 1811), VIII (1722-33), pp. 904-910.

서 그들을 좌초시킨 그런 암초를 피해야만 합니다.

자기 나라를 노예화하는 조치에 가담하리라고는 상상할 수 없는 그런 신사가 우리 군대를 통제할 것이라고 말해 봐야 그것은 내게 아무런 의미가 없습니다. 아마 그럴 수 있습니다. 지금 군대에 있는 많은 신사분을 나는 아주 긍정적으로 평가하고 있습니다. 나는 그들이 그런 조치에 가담하지 않으리라 믿습니다. 하지만 그들의 수명은 불확실하고, 그들이 얼마나 군을 지휘하게 될지도 확신할 수 없습니다. 그들 모두 한순간에 면직되고, 순전한 권력의 도구가 그들 자리에 배치될 수도 있습니다. 그뿐만 아니라 여러분, 우리는 사람의 정념에 대해 알고 있기에, 가장 훌륭한 사람에게 너무 많은 권력을 위임하는 것이 얼마나 위험한지 잘 알고 있습니다. 율리우스 카이사르Caesar[5]가 통솔한 군대보다 더 용감한 군대가 어디 있었습니까? 지금까지 자기 조국을 그보다 더 충직하게 섬긴 군대가 어디에 있었습니까? 그 군대의 지휘자들은 대체로 로마의 가장 훌륭한 시민들이었고, 그 나라에서 최고의 부와 명성을 지닌 사람들이었습니다. 하지만 그 군대가 자기 나라를 노예로 만들었습니다. 국가에 대한 군인들의 헌신, 하급 장교들의 명예와 진실성 등은 믿을 바가 못 됩니다. 군법에 의한 법 집행은 너무나 신속하고 처벌이 가혹하기에 장교도 병사도 감히 최고 사령관의 명령을 거스를 엄두를 낼 수 없습니다. 그들은 자신의 의향을 생각해서는 안 됩니다. 만일 어떤 장교가 자기 부친을 이 원에서 끌어내라는 명령을 받는다면, 그는 그렇게 해야만 합니다. 감히 불복할 수 없으며, 조

---

5) [옮긴이] 가이우스 율리우스 카이사르Gaius Julius Caesar(B.C. 100~B.C. 44)는 로마 공화국의 정치인, 장군으로 로마 공화국이 로마제국으로 전환되는 데 결정적 역할을 했다. 공화정 복원을 희망한 브루투스에 의해 암살당했다.

금만 항의해도 그 결과는 분명 바로 죽음일 것입니다. 만일 어떤 장교가, 총검으로 무장한 병사들과 함께, 우리가 무엇을 해야 하고 어떻게 투표해야 할지를 고지하라는 명령을 받고서 청원 법원court of request[6]에 파견된다면, 나는 이 원의 의무가 무엇인지 알고 있습니다. 그것은 로비 입구에서 그 장교를 교수형에 처하도록 명하는 것이 될 것입니다. 하지만 의원님, 나는 의문입니다. 그런 인물을 이 원에서 찾아볼 수 있을지 혹은 장차 있을 영국의 어떤 하원에서 찾아볼 수 있을지 심히 의문입니다.

여러분, 나는 가상의 일이 아니라 영국 하원에서 영국군에 의해 일어났던 일 — 단지 영국군일 뿐만 아니라, 바로 그 하원이 소집하고 하원이 경비를 지급하고 하원이 임명한 장군이 지휘했던 군대에 의해 일어났던 일 — 에 대해 말하고 있습니다.[7] 따라서 우리는 의회의 권한에 의해 모집되고 유지되는 군대는 항상 의회에

---

6) [옮긴이] 청원 법원은 15세기 말부터 17세기 중반까지 존재했던 형평법 사안을 다룬 소규모 재판소로서, 웨스트민스터 궁전(영국 의회와 동일한 건물)에 위치했다.

7) [옮긴이] 여기에서 말하는 것은 1648년 12월 6일 영국 의회에서 발생한 프라이드의 숙청Pride's Purge 사건이다. 1642년부터 시작된 1, 2차 영국 내전에서 의회파가 승리했지만, 의회 내에는 여전히 찰스 1세와의 협상을 통해 내전을 종결하려는 의원들이 다수 존재했다. 이에 반해 신형군(민병대를 대체하여 조직된 상비군)의 지휘관들은 찰스 1세의 제거만이 분쟁을 종식할 수 있다고 확신했다. 신형군은 1648년 12월 5일 런던을 장악한 뒤 프라이드 대령의 지휘 아래 하원 앞에서 장로파 의원 45명을 체포하고 78명의 등원을 저지했으며, 나머지 20명은 스스로 등원을 거부했다. 이로써 의회 내 장로파 세력이 일소되었고, 이후로는 독립파를 중심으로 한 잔부의회가 되었다. 잔부의회는 1649년 1월 찰스 1세를 처형했고, 1653년 크롬웰의 호국경 통치가 시작되었다. 프라이드의 숙청은 영국 역사상 유일한 쿠데타로 간주되고 있다.

순종적일 것이라는 헛된 상상을 그만두어야 합니다. 만일 군대의 규모가 커서 의회를 위압하는 힘을 갖게 되면, 군에서 인기 있는 장군을 의회가 자극하지 않는 한 군은 복종할 것입니다. 하지만 그런 일이 발생할 경우, 의회가 군을 해고하는 것이 아니라 군이 의회를 해고할까 두렵습니다." 이 위인의 추론이 타당하다면, 상비군을 유지하는 것은 공동체의 자유와 행복에 가장 위험한 일이 되리라는 결론에 이르게 된다. 그렇다면 중앙정부는 그렇게 할 권한을 보유해서는 안 된다. 어떤 정부도, 만일 행해진다면 공중의 자유를 파괴하는 경향이 있는 어떤 것을 행할 수 있는 권한을 부여받아서는 안 되기 때문이다.

브루투스

1788. 1. 17.

평시 상비군: 유해한 권한

시민 정부의 목적은 인민의 권리를 보호하고 행복을 촉진하는 것이다.

이 목적을 위해 통치자들은 권한을 부여받는다. 그러나 우리는 이로부터, 이런 권한이 무제한적이어야 한다는 논리를 당연하게 추론할 수는 없다. 인간이 가진 권리들 중에는 정부가 그 어떤 통제도 가해서는 안 되는 일정한 권리들이 있다. 왜냐하면 정부 기구의 목표를 달성하기 위해 통치자들이 그런 통제를 해야 할 필요는 없기 때문이다. 통치자들이 절대로 해서는 안 될 어떤 것들이 있다. 통치자들이 그것을 하면 인민들에게 이익이 아니라 피해를 야기하기 때문이다. 동일한 추론 원칙에 의하면, 어떤 권한의 행사가 일반적으로 혹은 대부분의 경우에 공동체에 피해를 끼치는 것으로 드러난다면, 가능한 한 위험을 막기 위해, 그런 권한을 행사하지 못하게 입법부를 제한해야 한다. 이런 원칙들은 상식의 명백한 명령인 듯하며, 모든 아메리카인들로 하여금 그런 명령을 받아들이게 했다. 이 원칙들은 지난 혁명의 대원칙이었고, 우리의 모든 주 헌법의 제정자들에게 영향을 미쳤다. 따라서 모든 주 헌법이 형식을 갖춘 [별도의] 권리장전을 갖추고 있거나, 아니면 헌법 본문에 동일한 목적의 제한 규정을 두고 있음을 발견할 수 있다. 우리의 새로운 정치학자들 가운데 몇몇은 이런 제한이 모든 선출 정부에 필요하고 타당하다는 생각을 사실상 거부한다. 특히 중앙정부에 그런 제한이 필요함을 거부한다.[1]

하지만 이 신[헌법]체제의 기획자들은 그와 반대되는 의견이었음이 명백하다. 왜냐하면 그들은 중앙정부가 몇몇 권한을 행사하는 것을 금지했고, 또한 다른 권한의 행사에 대해서도 제한을 가하고 있기 때문이다.

나는 두 가지 사례를 제시할 것인데, 이것들은 전술한 내용이 사실임을 확인해 줄 뿐만 아니라 내가 말한 의미를 설명해 줄 것이다.

[제1조] 9절에는 [연방의회는] "사권 박탈법을 통과시키지 못한다."고 선언되어 있다. 이 조항은 의회가 [별도의 재판 없이] 법률로써 특정인에게 유죄를 선고할 수 있는 권한을 전면 금지하고 있다. 의회에 이 권한의 행사를 허용하지 않는 것은 적절하다. 왜냐하면 이 권한은 좀처럼 공동체에 유익하게 행사되지 않고, 대체로 해가 되기 때문이다.

같은 절에 [연방의회는] "반란 또는 침략의 경우에 공공의 안전상 필요한 때를 제외하고는, 인신보호영장에 관한 기본권을 정지할 수 없다."고 규정되어 있다. 이 조항은, 시민으로부터 인신 보호 권리를 박탈할 수 있는 의회의 권한을 특정한 경우, 즉 반란과 침략의 경우로 제한한다. 이유는 분명하다. 다른 어떤 경우에도 이 권한은 공익을 위해 행사될 수 없기 때문이다.

이런 지적을 평시의 상비군에 적용해 보자. 상비군이 대체로 인민의 행복과 자유를 파괴하는 것으로 드러난다면, 의회는 그것을 유지할 권한을 갖지 않아야 한다. 혹은 그런 권한을 갖더라도, 그것을 제한함으로써 그런 권한의 행사로부터 야기될 위험으로부터 인민을 보호해야 한다.

1) 「연방주의자」 84번.

상비군이 인민의 자유에 위험하다는 것은 지난 논설에서 입증했었다. 만일 필요하다면, 세계의 거의 모든 나라의 역사가 이 주장의 진실성을 확인해 줄 것이다. 자유를 향유해 온 모든 시대 모든 나라의 걸출한 애국자들을 이런 의견을 뒷받침하는 목격자로 제시할 수도 있다. 하지만 아메리카 인민들에게 이 같은 주장을 입증해 보이기 위해 힘들여 논쟁하는 것은 쓸모없는 일이 되리라 생각한다. 그들은 이미 오래전부터 이런 주장을 일종의 공리로 받아들여 왔기 때문이다.

상비군 옹호론 반박

신체제의 지지자들 가운데 일부는, 자유 정부에 관한 최고 저술가들의 거의 모든 기존 견해를 부정하듯이, 이런 주장 역시 부정한다. 다른 일부는 비록 평시 상비군의 위험성을 명백히 부정하지는 않지만 중앙정부에 그런 권한이 부여되는 것은 적절하다고 주장하면서 이들에 동조한다.[2] 나는 이제, 그들이 자신들의 견해를 뒷받침하기 위해 제시하는 주장을 검토해 볼 것이다.

이 체제를 지지하는 한 저자는 [상비군에 대한] 이런 반대를 터무니없는 것으로 치부한다. 그런 반대는, 튀르키예 친위 보병을 도입하거나 코란을 신앙의 규범으로 삼는 것에 대한 대비책으로나 적절할 것이라고 그는 말한다.[3]

이 저자는 절대적이고 독단적인 태도로 자신의 견해를 전하고 있다. 또한 자신의 의견에 대한 이의 제기에도 그런 태도로 답하고

---

2) 「연방주의자」 24번 참조.

3) A Citizen of America (Noah Webster), "An Examination into the Leading Principles of the Federal Constitution"(Oct. 17, 1787), 앞의 글.

있다. 이를 보면 그는, 항상 자기 말을 무조건 믿는 학생들에게 자신의 독단적 견해를 전하는 데 익숙한 상당히 현학적인 교육자일 것이라고 판단된다.

하지만 왜 그런 대비책이 터무니없는가? 저자는 그것이 불필요하기 때문이라고 말한다. 하지만 왜 불필요한가? "아메리카인들의 능력은 물론 그들의 원칙과 습성이 전적으로 상비군에 반하기 때문이다. 회교 설립을 금지할 필요성이 거의 없듯이 헌법으로 상비군을 경계할 필요성도 거의 존재하지 않는다."라고 그는 말한다. 이렇게 평시의 상비군이 해악이라는 것이 인정된다면, 왜 이 정부에 해악을 행하는 것을 허용해야 하는가? 만일 이 나라 인민들의 원칙과 습성이 평시의 상비군에 반대한다면, 평시의 상비군이 공공선에 기여하지 못하고 공공의 자유와 행복을 위태롭게 할 것이라면, 왜 정부에 그런 권한을 부여해야 하는가? 만일 행해질 경우 인민의 원칙과 습성에 반하고 공공의 안전을 위태롭게 만들 어떤 것을 행할 수 있는 권한이 왜 통치자들에게 부여되어야 하는가? 이에 대해 어떤 이유도 제시될 수 없다. 이와 반대로, 통치자들이 그런 권한을 행사하지 못하도록 금지해야 할 온갖 이유가 세상에 존재한다. 그럼에도 불구하고 이 저자는, 이 권한의 행사로부터 우려될 수 있는 어떤 위험도 없을 것이라고 가정한다. 왜냐하면, 군대를 유지할 경우 그것은 인민들 자신에 의한 군대일 것이고, 따라서 그에 대비한다는 것은 어떤 사람이 "자신의 동의 없이는 군대를 그의 가정에 숙영시키지 못하도록 하는 법을 그의 가정에서 제정"하는 것만큼이나 어리석은 일이 되리라는 것이다. 이런 추론은 중앙정부가 아메리카 인민 스스로에 의해 운영될 것이라고 가정하고 있다. 하지만 그런 생각은 근거 없고 어리석은 것이다. 인민과 그의 통치자 간에는, 설령 통치자가 인민의 대표일지라도, 분명 차이가 존재한다. 그들은 분명 똑같이 동일하지 않다. 이를 반박하기란 불가능하다.

그와 반대로, 그들이 동일한 의견을 갖지 않고 동일한 이해를 추구하지 않는 일이 발생할 수 있고 또 종종 발생하고 있다. 이 정부가 설립되었지만, 인민과 그 통치자들의 이해관계가 동일하리라고 기대할 수 있는 근거가 거의 없음을 입증했다고 나는 생각한다.

이뿐만 아니라, 만일 통치자들에 의한 권리침해를 막을 유일한 방어 수단으로 아메리카 인민의 습성과 정서에 의존할 수 있다면, 헌법의 모든 제한 규정은 불필요할 것이다. 정부 권력의 행사를 누구에게 위임할지를 공표하는 것 외에는 다른 어떤 것도 필요하지 않을 것이다. 또한 누가 위임받을지에 대해서도 그리 신경 쓸 필요가 없을 것이다. 왜냐하면 인민의 습성과 원칙이 모든 권력 남용을 저지할 것이기 때문이다. 이 신체제를 지지하는 많은 사람들의 생각이 그런 것처럼, 이것이 그 저자의 생각인 것 같다. 이 같은 견해는, 정부학에 명성이 높은 모든 저술가들의 생각에 반하는 만큼이나 아메리카 인민의 원칙과 습성에 전적으로 반하는 것이며, 또한 이성의 원칙 및 상식에 어긋나는 것이다.

신헌법 아래에서 상비군이 창설될 위험이 없다는 것은 전혀 근거 없는 견해이다.

이 [신헌법] 체제의 창설자들 가운데 상당수가, 또한 이 체제가 채택될 경우 정부 운영에 주요하게 참여할 인사들 중 다수가 상비군을 공공연히 지지한다는 것은 익히 알려진 사실이다. 그들은 공통적으로 이렇게 말한다. "정부가 인민을 위압하여 복종시킬 수 있는 군대를 갖지 못한다면, 인민을 질서 있게 유지하기란 불가능할 것이다. 정부의 위엄을 지탱하기 위해서는 군의 상비 편제를 갖추는 것이 필수적이다."[4] 상비군 모집을 정당화할 그럴듯한 다양한

---

4) 이런 직접적 표현은 발견되지 않지만, 푸블리우스는 군대가 국내 치안 문

이유가 모자라는 일은 없을 것이다. 변경 지역의 인디언이나 인접한 유럽 식민지 등 우리가 처한 여러 위협이 그런 이유의 근거가 될 것이다. 그리고 추가할 것이 있다. 너무 나태해서 책임과 근면성이 요구되는 직업에 종사할 수 없거나 너무 가난해서 어떤 일이든 하지 않고는 살 수 없는 많은 가정의 젊은이들에게 괜찮은 생계수단과 흡족한 직업을 군대가 제공하리라는 것이다. 이 정부가 군의 급료로 지불할 자금을 확보할 수 있게 되면 곧바로 우리가 대규모 상비군을 갖게 되리라는 것은 의심의 여지가 없다.

신헌법 지지자들의 자랑인 한 저술가는, 이 권한을 중앙정부에 부여하는 것이 적절하고 필요함을 입증하기 위해 엄청난 노력을 기울여 왔다.

그는 반론을 제기하는 사람들의 정직성과 진실성에 의문을 제기하면서, 반대자들이 논증을 통해 인민이 이해하도록 설득하기보다는 인민의 정념을 자극해 오도하려 한다는 교묘한 말로 논의를 시작한다.[5]

타인의 잘못을 나무라는 사람은 자기 스스로 그런 잘못을 범하고 있지 않나 주의해야 한다. 이 필자가 어느 정도나 정직성을 보여 주고 있는지 그리고 이 문제에 대해 공정하게 추론하고 있는지

제에 개입할 수 있음을 인정한다. "종양과 발진이 인체에서 떼어 낼 수 없는 질병이듯이 선동과 반란 역시 불행히도 정체로부터 분리할 수 없는 병폐일 것이다. 또한 항상 온전히 법의 힘으로 통치한다는 이상(이는, 우리가 들어 왔던, 유일하게 인정되는 공화정부의 원칙이다)은, 너무 총명해 경험적 가르침의 충고를 무시하는 정치학 박사들의 몽상에서만 가능할 것이다"(「연방주의자」 28번). 군대가 연방 법을 강제하리라는 우려는 반연방주의자들의 주요 관심사였다. 「연방농부 편지」 2번 참조.

5) 「연방주의자」 24번 참조.

는, 그의 주장들이 공중 앞에서 검사받게 되면 편견 없는 공중이 판단할 것이다.

그는 먼저 반대자들이 제시하는 이유가 무의미하고 위선적임을 증명하려 한다. 현재의 [연합] 정체하에서도 두 주를 제외한 합중국의 모든 주의 입법부에 평시 상비군 유지 권한이 부여되어 있다는 것이다. 하지만 이는 사실과 너무나 거리가 멀다. 현재의 연합규약 [제6조]에는 "어떠한 주도 평시에 상비군을 유지할 수 없다. 다만, 연합회의가 판단하기에, 그 주의 방위를 위하여 필요한 요새에 주둔할 필요가 있다고 인정되는 인원수는 예외로 한다."라고 명백히 선언되어 있다.[6] 여러분의 [주] 의회가 그 어떤 병력도 모집·유지할 권한을 갖고 있지 못한 것이 진실인데, [앞으로] 중앙정부가 갖게 될 권한이 여러분 자신의 [주] 의회가 갖고 있는 바로 그 권한이라고 공중을 설득하는 것이 과연 정직하고 솔직한 자세인가?

그는 다음으로, 이 사안에서 [신]헌법이 [연방의회에] 부여한 권한이 현재의 연합하에서 연합회의가 갖고 있는 권한과 비슷하다고 말한다.[7] 이 주장에는 앞의 주장과 마찬가지로 조금의 정교함도 보이지 않는다.

나는 평시 상비군 유지 권한이 연합회의에 부여되어 있는지 여부에 대해 조사하지 않을 것이다. 그것은 강화조약 이후 수차례나

---

6) 푸블리우스의 서술은 다음과 같다. "주 헌법들을 검토한다면, 그중 오직 두 개만이 평화 시 상비군 금지 내용을 담고 있고, 나머지 11개는 이 문제에 대해 완전히 침묵하거나 아니면 상비군 존속을 인가하는 입법부의 권한을 명시적으로 인정하고 있음 ……." 「연방주의자」 24번; 푸블리우스는 「연방주의자」 25번에서, 주가 연합회의의 승인 없이 평시에 상비군을 유지하는 것을 금지하는 연합규약의 조문에 대해 언급하고 있다.

7) 「연방주의자」 25번.

연합회의에서 격렬한 논쟁의 주제가 되어 왔다. 그리고 합중국에서 가장 큰 주 가운데 하나는 연합회의가 그런 권한을 갖고 있지 않다고 확신했고, 만일 연합회의가 그런 권한을 행사하려 할 경우 엄중히 항의하도록 주 대표에게 명확히 지시했던 사실이 의사록에 나와 있다.

더구나, 연합회의가 그런 권한을 보유함을 인정한다고 하더라도, 권한 행사를 가능케 하는 제약 조건에서 현행의 연합회의와 제안된 [연방] 정부 산에는 현저한 차이가 있다. 따라서 [두 사례를] 비교하는 것은 제안된 정부에 부여된 그 권한을 정당화하기보다는 오히려 그것의 부적절함을 입증하는 데 기여하게 될 것이다.

이 저자도 인정하듯이, 현행 연합하에서 연합회의의 권한은 권고의 권한에 지나지 않는다. 만일 연합회의가 병력 모집을 결정한다면, 그들은 주 의회의 권한을 통해 그것을 실행해야 한다. 이는 우선 병력 모집 명령에 맞서 [주 의회가] 연합회의에 가할 수 있는 가장 강력한 제한이 된다. 그럼에도 연합회의가 인민의 여론과 바람에 반해 모병을 의결한다면, 각 주의 의회가 병력을 모집하지 않을 것이다. 그 밖에도, 현재의 연합회의는 대표를 파견하는 주 의회의 뜻에 따라 자신들의 입장을 정해야 한다. 그리고 13개 주 중에서 아홉 개 주의 동의에 의해서만 병력을 모집할 수 있다. 이 항목에서 신헌법이 연방의회에 부여한 권한을 현행 연합회의의 그것과 비교해 보면, 편견 때문에 판단력을 잃지 않은 최소한의 안목이라도 있는 사람이라면, 두 경우가 전혀 유사하지 않음을 인지할 것이다. 현행 연합 체제하에서는 13개 주 가운데 아홉 개 주의 대표가 병력 모집에 동의해야 하며, 그렇지 않으면 병력을 모집할 수 없다. 제안된 헌법에 따르면, 하원에서 두 개 주의 대표보다 적은 수의 의원, 상원에서 3.5개 주의 대표, 그리고 대통령의 동의가 있으면 자신들이 원하는 대로 병력을 모집할 수 있다. 현재의 연합회의는 모집 목적이 공공선에 명백히 반할 경우 주 의회 — 모집이 실행되려면 이들의 권한을 통해서만 가능하다 — 가 모집 요구에 응하지 않으리라는 것을 알고 있고, 이런 고려 사항은 연합회의로 하여금 이 권한을 부당하게 행사하지 못하도록 제한한다. 제안된 헌법은, 연방의회가 인민과 그들 사이에서 다른 어떤 기구의 간섭도 받지 않고 자신들의 결정을 실행할 수 있는 권한을 연방의회에 부여한다. 현행의 연합회의[의원]는 [자신을 임명한] 각 주 의회에 복종할 의무가 있고 각 주 의회에 의해 해임될 수 있으며 1년 임기로 선출된다. 제안된 헌법은 연방의회 의원을 주 의회에 책임지거나 주 의회에 의해 해임될 수 있게 만들지 않았다. 그리고 그들은 한 원은 6년, 다른 원은 2년 임기로 선출되며, 아무리 잘못해도 임기 종료 때까지 면직되지 않는다. 독자들은 이상의 비교를 통해, 그 필자가 공정한 태도를 지니고 있는 양 가장하며 내세우는 주장이 과연 얼마나 정당한지 판단할 수 있을 것이다. 한편 나는 그와 이 [신헌법] 체제의 지지자들에게 나 역시 어느 정도의 공정함을 지니고 있음을 납득시키기 위해, 만일 상비군 모집 권한이 현재의 연합 체제에서처럼 [신체제에서도] 제한된다면 상비군에 대한 모든 반대를 철회할 것을 맹세한다. 또한 확신컨대, 나뿐만 아니라 신체제 반대자 모두가 그보다 완화된 제한만으로도 충분히 만족할 것이라고 자신 있게 단언할 수 있다.

브루투스

10번
연방 정부 권한

1788. 1. 24.

뉴욕주 시민들에게

상비군의 위험성: 역사적 사례

인민의 자유는 대규모 상비군으로 인해 위험에 처하게 된다. 통치자들이 권력 — 자신들이 행사해야 된다고 생각하는 — 을 찬탈하면서 자신을 엄호할 목적으로 상비군을 이용할 수 있기 때문만이 아니라, 군대가 자신들을 모집한 정부를 전복하고서 군의 지도자가 원하는 형태의 정부를 수립하려 할 위험이 크기 때문이다.

우리는, 믿을 수 있는 역사 기록을 통해, 그런 사건이 빈발했음을 잘 알고 있다. 앞의 논설[8번]에서는 두 가지 사례를 언급했었다. 그 사례들은 너무 놀라운 것이어서 모든 자유 애호가들이 주의 깊게 주목할 만한 가치가 있다. 그 사례들은 지상에 존재했던 가장 강력한 나라, 그들이 누렸던 자유와 헌법의 탁월함으로 유명했던 나라의 역사에서 가져온 것이다. 내가 말하고자 하는 나라는 로마와 영국이다.

먼저 국가의 자유를 파괴하고 헌정을 전복한 것은, 합법적 국가 권력에 의해 지휘관에 임명되었던 율리우스 카이사르가 이끈 군대였다. 카이사르는 자신을 임명한 그 국가를 자유 공화국 — 그 명성이 자자하여 전 세계가 지금까지도 찬양하는 — 에서 가장 절대적인 전제 국가로 변화시켰다. 상비군이 이런 변화를 초래했고 세대를 이어 가며 그것을 지탱했다. 이 모든 것은 가장 끔찍한 잔학 행위와 유혈 및 대학살 — 지금까지 인간 본성을 뒤흔들고 수치스럽게 만들었던 여러 일들 가운데 가장 사악하고 끔찍하고 비인간적인 악덕 ─ 과 함께 역사의 연보에 기록되어 있다.

영국에서는 전제군주의 폭정과 권리침해로부터 인민의 자유를 해방했던 바로 그 군대가 자신들의 사령관인 크롬웰[1]을 도와서 그들이 그렇게 비싼 대가를 치르고 획득한 자유를 인민으로부터 빼앗았다.

여러분은 아마 이런 사례들이 우리에게는 해당되지 않을 것이라는 이야기를 들을 것이다. 그러나 여러분에게 이렇게 믿도록 설득하려는 사람들은 여러분을 기만하려 하거나 아니면 이 문제를 스스로 숙고해 보지 않았을 것이다.

나는 이 세상의 그 어떤 나라도, 지난 [독립] 전쟁에서 정말 유능하게 이 나라에 복무했던 군대보다 더 애국적인 군대를 가졌던 적은 없다고 굳게 믿고 있다.

그러나 만일 그 군대를 지휘했던 사령관[2]이 율리우스 카이사르나 크롬웰과 같은 기질을 지니고 있었더라면, 이 나라의 자유는 전쟁과 함께 끝났을 개연성이 아주 크다. 혹은 자유가 유지되었더라도 영국과의 전투에 쏟았던 것보다 더 많은 피와 돈이 들었을 것이다. 전쟁이 끝나 갈 무렵 한 익명의 필자가 장교들에게 정의[즉 정당한 보상]가 실현되기 전에는 무장을 해제하지 말 것을 권유하는

---

1) [옮긴이] 올리버 크롬웰Oliver Cromwell(1599~1658)은 영국 내전 당시 의회파의 군사 지휘관으로서 의회파의 군사적 승리에 결정적 기여를 했다. 1649년, 찰스 1세 처형 이후 군주제를 폐지하고 공화정부인 '잉글랜드 공화국'을 수립했지만, 의회를 해산하고 종신 호국경이 되어 군사적 독재를 펼쳤고, 그의 사후 다시 왕정이 복원되었다. 군대가 크롬웰을 도왔다는 내용은 「브루투스 편지」 8번의 각주 7 참조.

2) 조지 워싱턴George Washington(1732~99)을 말한다.

글을 보냈을 때, 그것이 미친 반향은 잘 알려져 있다. 그것은 전기 충격과도 같이 장교들에게 강렬한 영향을 미쳤다. 그는 흡사 카이사르처럼 썼는데, 만일 최고사령관과 조금 더 많은 장교들이 그런 조치에 동조했더라면 해산을 거부하는 극단적 결정이 취해졌을 것이다. 그런 결정의 결과가 어떠했을지는 오직 신만이 아실 것이다. 그 군대는 활력과 사기가 충만한 상태였고, 규율이 있었고, 군 비품과 장비를 모두 장악하고 있었다. 그들은 국내에서 막대한 병력을 추가로 확보했을 것이다. 우리의 공화정부 형태에 반감을 가졌던 사람들(그 당시 우리 사회의 고위층 중에도 그런 자들이 있었다)은 그들에게 최대한의 지원을 아끼지 않았을 것이다.[3] 우리는 아마도 군대

3) [옮긴이] 저자가 언급한 것은 뉴버그 음모Newburgh Conspiracy 사건이다. 전쟁 종결과 대륙군 해산이 가까워지면서, 오랫동안 봉급을 받지 못한 병사들과 장교들은 연합회의가 체불 봉급과 연금 지급 약속을 지키지 않을 것을 우려했다. 1782년 내내 이 문제는 군 내부와 연합회의 사이의 주요 쟁점이었고, 포병 사령관 헨리 녹스Henry Knox 소장 휘하 장교들의 각서를 비롯해 수많은 청원서가 의회에 제출되었다. 한편 재정 문제로 분열된 연합회의 내에서는, 수입세 징수권 등 권한 강화를 모색하던 세력들이 군의 불만을 정치적으로 활용하려 했고, 이들과 장교들 사이에 일정한 연계가 형성되었다. 1783년 2월 파리에서 예비 평화협정이 체결되었다는 소문이 퍼지자 불만은 고조되었고, 3월 10일 뉴욕주 뉴버그에 주둔하고 있던 대륙군 부대에 익명의 서신이 돌았다. 군대의 열악한 상황과 연합회의의 지원 부족을 비난하면서 연합회의에 최후통첩을 보내자는 내용이었다. 이어 11일 야전 장교 회의를 열자는 제안이 익명으로 제출되었다. 이에 워싱턴은 즉시 개입해 회의를 무산시키고, 15일 장교 회의에서 이른바 '뉴버그 연설'을 통해 군의 정치 개입 시도를 단호히 차단했다. 이후 연합회의가 5년분 급료의 일시불 지급을 결정하면서 사태는 수습되었다. 대부분의 역사가들은 이 사건을, 군에 대한 연합회의의 약속 이행을 강요하기 위해 연합회의 일부 세력이 주도한 것으로 해석하지만, 일부는 군 내부에서 실제로 일종의 쿠데타가 검토되었다고 본다.

앞에서 무력에 의해 강요된 헌법과 법률을 받아들여야 했을 것이다. 그리고 우리가 그토록 격렬하게 투쟁했던 목표인 자유를 순식간에 강탈당했을 것이다. 그런 조치들이 제안되지 않았었는지 혹은 현 체제를 만드는 데 큰 영향을 미친 몇몇이 최소한 그것을 묵인했었는지 등은 아직 밝혀지지 않은 비밀로 남아 있다. 이 나라를 위해서는 정말 운 좋게도, 군 수뇌부에는 장군이자 애국자가 있었고, 주요 장교들 가운데 군인의 기질을 갖게 되면서 시민의 기질을 내버린 사람은 거의 없었다. 그래서 그 계획은 무산되었다. 하지만 항상 그럴 것이라고 기대할 수 있을까? 우리가 다른 시대, 다른 나라 인민들보다 훨씬 더 뛰어나기에 그들을 본분에서 벗어나게 만든 바 있던 권력과 위대함에 대한 유혹이 우리에게는 아무런 영향을 미치지 못할까? 그런 생각은 터무니없고 비현실적이다. 만일 우리가 그런 헛된 믿음을 품고 있었다면, 지난 짧은 기간 동안에 일어났던 일만으로도 충분히 깨닫게 되었을 것이다. 권세와 권력, 그리고 영예에 대한 욕망은, 하늘 아래 모든 나라에서 그러했듯이, 우리 사회의 상류층의 가슴에도 강력한 영향을 미친다는 사실을 말이다. 만일 그와 같은 기회가 다시 찾아올 경우, 당시 그런 제의를 거부했던 모든 이들이 다시 또 그렇게 할 것이라고 기대한다면, 우리는 아마 크게 실망하게 될 것이다.

이런 점들을 고려하면, 평시의 대규모 상비군으로부터 우리가 우려해야 할 해악은, 통치자들이 자신의 야심을 이루기 위해 상비군을 이용할지도 모른다는 두려움에서만 발생하는 것이 아님이 명백해진다. 우리는 그와 동일한, 어쩌면 더 큰 위험을 우려해야 하는 것이다. [군의] 지도자들이 정부의 합헌적 권력을 전복하고서, 자신들이 원하는 형태의 정부를 [인민에게] 명령할 수 있는 권력을 장악하는 데서 발생하는 두려움이 그것이다.

상비군 옹호론 반박

[신헌법에서] 제안된 정부의 이런 권한을 지지하는 권력 옹호자들은 평시의 군 상비 체제에 관한 의회의 재량권을 제한하는 것은 부적절하다고 주장한다. 왜냐하면 인디언의 약탈에 대비하고, 스페인이나 영국이 가해 올 수 있는 침략이나 침입을 격퇴할 준비를 하기 위해 변경에 소규모 요새를 유지할 필요가 있기 때문이라는 것이다.[4]

이 저지의 주장은 엄청난 상광설로 장식되어 있는데, 그것을 제거한 주장의 요지는 다음과 같다.

아마도 인디언이나 스페인과 영국의 급습에 대비하기 위해 방어할 필요가 있는 몇몇 요새에 배치할 소규모 부대를 유지할 필요가 있을 것이다. 그래서 평시에 아무 제한 없이 자유재량에 따라 상비군을 모집하고 유지할 권한을 중앙정부에 부여해야 한다.

고백하건대 나는 이런 전제로부터 이 결론이 어떻게 나오는지 이해할 수 없다. 논리학자들은 특수한 전제로부터 보편적 결론을 추론하는 것은 좋은 논증이 아니라고 말한다. 나는 대단한 논리학자는 아니지만, 이 주장이 바로 그런 종류의 논증인 것 같다.

영국 의회에서 애국자들이 강력한 논리와 수사학의 모든 힘을 동원해 평시 상비군 유지[주장]에 맞서 싸울 때, 침략 위협이 있는 강대국 근접지나 국경 지역에 소규모 요새를 두거나 혹은 공공 병기창을 지키는 경비대를 두는 것까지 금지할 생각은 결코 없었음이 분명하다.

이 권한의 지지자들은 더 나아가, 근대에 들어와 공식 선전포고가 폐기되었는데, 이런 환경 변화로 말미암아 [적국의] 공식 선전포

---

4) 「연방주의자」 24번.

고 이전이라도 적의 공격을 격퇴할 준비를 갖추기 위해 군대 모집이 필요하게 될 수 있고 또 아마 그렇게 될 것이기 때문에, 그런 [즉 평시 상비군 유지] 권한이 필요하다고 주장한다.[5] 또한 그들은 다음과 같이 주장한다. 즉, 헌법에 의해 전쟁이 실제로 개시될 때까지 군대 모집이 금지되어 있다면, 이는 적이 영토 안으로 침략해 들어올 때까지도 국가 방위를 준비할 수 있는 권한을 정부로부터 박탈하게 될 것이다. 헌법이 비상시의 군대 모집까지는 제한하지 않고 [평시의] 군대 유지만 제한한다면, 결국 의회의 재량권에 문제가 맡겨지게 될 것이고 [그 결과] 의회는 침략 위험이 존재한다는 핑계 하에 그들이 적절하다고 판단하는 동안 군대를 유지하게 될 것이다. 그렇기 때문에 의회는 어떤 제한도 받지 않고 군대를 모집하고 유지할 권한을 가져야 한다는 결론이 도출된다는 것이다. 그러나 이런 전제들로부터 도출될 수 있는 결론은, 예를 든 그런 비상 상황이 발생할 경우에 군대 모집 권한을 행사하지 못하게 의회가 제한받아서는 안 된다는 것 이상은 아니다. 거기에서, 전시뿐만 아니라 평시에도 정부가 재량껏 상비군을 모집하고 유지할 권한을 부여받아야 한다는 결론이 나오지는 않는다. 만일 그 어떤 제한도 받지 않고 군대를 모집·유지할 수 있는 포괄적이고 무제한적인 권한을 중앙정부에 부여하지 않고는 중앙정부에 병력 모집 — 변경의 요새에 수비대를 배치하고, 병기창을 지키고, 공격을 준비하는 세력을 목격하고서 그것을 격퇴할 채비를 갖추기 위한 — 의 권한을 부여하는 것이 불가능하다면, 그런 추론이 무게를 가질 수 있을 것이다. 그러나 이는 입증된 적이 없고, 입증될 수도 없다.

　　[평시의] 상비군 유지가 금지된 상태에서 비상시의 상비군 모집

5) 「연방주의자」 25번.

권한만 중앙정부에 부여하는 것으로는 위협에 충분히 대비할 수 없으리라는 사실은 인정된다. 또한 그런 [즉 비상시임을 판단할] 재량권은 규정의 효력을 회피할 여지를 주게 될 것이다.

전쟁이 실제로 발발한 경우 외에는 군대 모집을 절대적으로 금지하는 것이 부적절하리라는 것도 역시 인정된다. 중요한 변방 요새에 수비대를 배치하기 위해, 그리고 병기창을 경비하기 위해 소규모 병력을 모집하고 유지하는 것은 필요할 것이기 때문이다. 그리고 외세의 공격 위험이 너무 임박하기에 저항할 채비를 갖추기 위해 군대를 모집하는 것은 매우 적절할 수 있다. 그러나 그런 목적을 위해 그리고 그런 경우에 군대를 모집하고 유지하는 것이, 평화 시기에 상비군을 유지한다는 개념에 포함되는 것은 아니다.

그런 경우에 대비할 충분한 권한을 정부에 부여하면서 동시에 상비군의 폐해를 막을 합리적이고 충분한 안전 장치를 제공하는 것은 진짜 실행 가능한 일이다. 다음의 취지에 맞는 규정이면 이 목표에 부응할 것이다.

평시의 상비군은 자유에 위협이 되며 또한 종종 최선의 헌정 구조를 전복시키는 수단이 되어 왔기 때문에, 어떤 상비군도 또는 어떤 종류의 병력도 의회에 의해 모집·유지되어서는 안 된다. 단, 합중국 병기창의 경비대와 변경 요새의 수비대에 필요한 만큼의 병력은, 주민을 지키고 보호하며 인디언과의 교류를 촉진하기 위해 절대적으로 필요한 것으로 간주될 것이기 때문에 예외이다. 합중국이 외세로부터 공격이나 침공의 위협을 받을 때, 의회는 공격을 격퇴할 채비를 갖추기 위해 병력을 모집할 권한을 부여받아야 한다. 단, 양원 의원 3분의 2의 동의 없이는 평시에 어떤 병력도 모집해서는 안 된다.

이와 유사한 조항이면, 정말 필요한 모든 경우에 군대를 모집할 수 있는 충분한 정도의 자율권을 의회에 제공함과 동시에 저 위험한 독재의 엔진인 상비군 확립을 막을 만족할 만한 안전 장치도 제공할 것이다.

내가 앞서 논평했던 주장을 제기한 바로 그 저자는, 연방의회가 군대 모집·유지 권한을 재량껏 사용할 수 있어야 함을 입증하기 위해 여러 다른 주장들을 펼치고 있는데, 그중 어떤 것은 기이하다. 그는 평시 상비군 유지의 필요성을 보여 주기 위해 매사추세츠주와 펜실베이니아주의 군대 모집을 예로 든다.[6] 정직한 사람이라면 조금만 생각해도 이 두 사례가 그의 의도에 전혀 맞지 않다는 것을 확신하게 될 것이다. 매사추세츠주는 6개월간 복무할 병력을 소집했고, 그 기간이 만료되면 당연히 해산하도록 되어 있었다. 이는 상비군과 비슷한 점이 거의 없는 것처럼 보인다. 더구나 그 주가 당시에 평화 상태였던가? 그들은 평화는커녕 극심한 혼란과 소요에 휩싸여 있었고, 주 의회는 주 내부에 부자연스러운 반란이 일어나고 있음을 공식적으로 선포했었다.[7] 펜실베이니아주의 상황도 비슷했다.[8] 무장한 다수의 사람들이 주의 권위에 맞서 전쟁을 개시했고, 주에 대한 충성을 철회할 의도를 공공연히 밝혔었다. 그 저자가 어떤 의도로, 전쟁과 반란의 짧은 기간 동안 군대를 모집했던 주들의

---

6) 「연방주의자」 25번.

7) [옮긴이] 1786년부터 이듬해까지 매사추세츠주에서 발생했던 셰이스의 반란Shays's Rebellion을 말한다. 독립 전쟁 참전 용사 대니얼 셰이스Daniel Shays 대위가 주도한 것으로 알려져 있는 이 반란은 매사추세츠주 서부에서 채무를 짊어진 농민들이, 강제로 채무 수금 및 압류를 시도한 채권자들과 주 법원에 대항해 일으킨 무장 봉기였다. 반란의 절정기에는 1200여 명이 모여 스프링필드의 연방 무기고 탈취를 시도하기도 했다.

8) [옮긴이] 1787년 펜실베이니아주 서부의 일부 지역이 분리 독립하여 새로운 주를 설립하려고 반란을 시도했고, 펜실베이니아주 의회는 반란 진압을 위한 주지사의 민병대 소집 요구를 승인했다.

사례를 평시 상비군 유지의 적절성 문제에 가져왔는지는 공중이 판단할 것이다.

더구나 그는 중앙정부의 손에 맡겨진 이 권한으로부터 어떤 위험도 발생할 수 없다고 말한다. 주 의회가 중앙정부의 권한 남용을 방지하는 견제 수단이 될 것이기 때문이라는 것이다.[9]

주 의회에 어떤 힘이 있는지는 이후 내용에서 좀 더 자세하게 검토할 것이다. 지금은 단지, 주 의회가 어떻게 연방의회에 대한 헌법적 방식의 견제 수단을 가질 수 있는지 상상하기 어렵다는 것만 말하고자 한다. 연방의회는 그들의 권한이 미치는 모든 사안에서 주 의회에 대한 완벽한 통제권을 가지고 있다. 주 의회는, 어떤 사안에서도, 중앙정부에 의한 법률 제정 및 집행 — 헌법이 중앙정부에 그 권한을 부여한 — 을 법률이나 결의안으로써 혹은 당연한 권리를 이용해 막거나 저지할 수 없다. 그렇다면 주 의회가 연방의회를 견제할 수 있는 유일한 방법은, 인민으로 하여금 합헌적 법률에 저항하도록 선동하는 것밖에 없다. 이런 방식으로는 그 어떤 개인이나 조직이라도 — 그들이 인민에 대해 갖는 영향력에 비례하여 — 모든 종류의 정부를 견제할 수 있을 것이다. 하지만 이 같은 방식의 견제는, 때로는 정부의 권력 남용을 교정하겠지만, 더 많은 경우는 모든 정부를 파괴하게 될 것이다.[10]

나아가 그 저자는, 이 권한은 인민의 대표의 손에 위임될 것이기 때문에 권한의 행사로부터 우려될 수 있는 그 어떤 위험도 없

---

9) 「연방주의자」 26번.

10) 푸블리우스는 주가 연방의회에 대한 헌법적 견제 수단을 가지고 있지 않다는 것에 동의할 뿐만 아니라 사실상 이를 주창한다. 「연방주의자」 15, 16번 참조.

다고 주장한다. 만일 대표들이 이 권한을 남용한다면, 그들을 쫓아내고 인민의 이익을 추구할 다른 대표를 선출할 권한이 인민에게 있다는 것이다.[11] 나는, 행해지면 해로운 것으로 드러날 어떤 것을 행할 수 있는 권한을 통치자에게 부여하는 것은 누구에게도 현명하지 못하다는, 앞에서 했던 말을 되풀이하지는 않겠다. 나는 앞의 논설 몇 편에서, [신헌법에서] 제안된 정부의 대표는 실체 없는 그림자에 불과할 것임을 입증했다. 나는 이런 평가가 충분한 근거에 기반하고 있다고 자신한다. 만일 그것[즉 신헌법안]과 무관한 주변 상황을 배제한 채 그 자체의 시시비비만을 공정하게 논의해 채택과 기각 여부를 결정한다면, 대표의 권한을 지금보다 훨씬 좁은 대상으로 제한하지 않을 경우 합중국에서 분별력 있는 사람 20명 가운데 19명은 그것을 거부하게 되리라고 확신한다.

브루투스

---

11) 「연방주의자」 26번.

11번
연방 사법부

1788. 1. 31.

이 헌법이 승인을 제안한 합중국의 사법권의 특징과 범위는 특별한 관심을 요한다.

신체세의 이 수제에 대해서는 양측에서 많은 것을 말하고 써 왔지만 사법권에 대해 정확하게 논한 저술가는 아직 보지 못했다. 게다가 명백한 것은, 사법부의 권한과 운용 방식에 대한 철저한 조사 없이는, 이 정부의 향후 작동 방식이나 그것이 사법권 — 현재는 각 주에 있는 — 의 배분 방식 및 내부 치안의 변화에 미칠 영향 등을 제대로 이해할 수 없다는 것이다. 이 정부는 법률의 제정뿐만 아니라 법률의 집행이라는 점에서도 완결된 체제이다. 그리고 이 정부에 의해 설치될 법원은, 헌법과 그에 의거하여 만들어질 법률에 따라 판결을 내릴 뿐만 아니라, 그 모든 판결을 법원에 속한 관리를 통해 집행할 것이다. 따라서 이 정부 체제의 실질적 영향력은, 사법권이라는 매개를 통해 인민들이 절실히 느낄 수 있게 전달될 것이다.[1] 사법권의 특징과 범위를 주의 깊게 검토하는 것은 더더욱 중요한데, 왜냐하면 사법권을 위임받을 자들이 자유국가에서는 전례가 없는 지위를 가질 것이기 때문이다. 그들은 지위와 급료 양 측면

---

[1] 2개월 전 푸블리우스는 다음과 같이 주장했다. "연방 정부는 정부의 힘을 시민 개개인에게까지 확장해야만 한다. 연방 정부는 중간에 개재하는 어떤 입법의 도움 없이도 성립해야 하며, 연방 정부의 결정을 집행할 상임 집행관이라는 힘을 사용할 수 있는 권한을 가져야 한다. 중앙 권위의 통치권이 법원이라는 매개를 통해 표명되어야만 한다." 「연방주의자」 16번.

에서 인민과 의회 양자로부터 완전히 독립적이 될 것이다. 그들이 어떤 실수를 범해도 그것을 교정할 수 있는 그 어떤 상위 권력도 존재하지 않는다. 설령 그런 권력이 있더라도, 그들은 아무리 많은 잘못된 판결을 해도 그로 인해 면직당하지 않는다. 그들이 면직당할 유일한 이유는 반역죄, 수뢰죄, 그리고 중대 범죄와 비행 등으로 유죄판결을 받는 경우이다.

[헌법]안의 이 부분은, 법원이 [헌법에 의해] 명확히 부여된 권한을 행사할 뿐만 아니라 그런 권한이 부족하거나 모호하게 표현된 경우 법원 자체의 판단으로 부족분을 보충할 수 있도록 만들어졌다.

이 문제에 대해 정확한 판단을 내릴 수 있도록, 나는 다음 사항을 살펴볼 것이다.

첫째. 사법권의 특징과 범위를 검토한다.

둘째. 사법권을 행사할 법원이, 그 권한을 공공선을 위해 행사하리라는 합리적인 신뢰의 기반을 제공하게끔 구성되었는지에 대해 조사한다.

사법권의 특징 및 범위와 관련해, 나는 이 주제에 어울리는 충분하고도 상세한 설명을 제공할 능력이 부족함을 한탄하지 않을 수 없다. 그렇게 할 수 있으려면, 내가 가진 척하는 것보다 훨씬 높은 수준의 법률 지식을 가져야 한다. [신헌법] 체제의 이 부분에는 어려운 단어들과 전문적 표현들이 많이 사용되고 있으며, 법에 조예가 깊은 신사들도 그 의미에 대해 의견을 달리한다.

이 체제의 지지자들은 이런 표현들을 어떻게 이용할지 잘 알고 있다. 그들은, 사법부에 부여된 권한에 대해 반론이 제기될 경우, 그런 반론을 피할 수 있도록 전문용어의 의미를 설명해 왔다.

나는 정부의 이 부에 주어진 권한에 대해 완벽히 설명할 수 있는 능력은 안 되지만, 그 주요 특징의 일부를 추적해 보고자 한다. 그 결과 나는, 그 권한들이 주의 사법권의 완전한 전복을 가져올 것이고, 그렇지 않다면 주의 입법권에 그런 결과를 초래할 것이라 추정하게 되었다.

헌법 해석권의 위험성

제3조 2절에는, "사법권은 이 헌법과 합중국 법률에 따라 발생할, 그리고 합중국의 권한에 의하여 체결되었거나 체결될 조약에 따라 발생할 모든 보통법law 및 형평법equity상의 소송사건 …… 등에 미친다."라고 쓰여 있다.[2]

이 권한이 미치는 첫 번째 대상은 이 헌법에 따라 발생할 보통법 및 형평법상의 모든 소송사건이다[강조는 역자].[3]

---

[2] [옮긴이] 독립 이후 아메리카의 각 주는 기본적으로 영국의 보통법과 형평법 이원 구조를 이어받은 사법 체계를 갖추고 있었는데, 구체적 양상은 주별로 달랐다. 버지니아와 뉴욕 등 일부 주는 보통법 법원과 형평법 법원을 구분하여 두 체제를 모두 운영했고, 어떤 주들은 두 체계를 구분하지 않고 하나의 법원에서 보통법과 형평법을 모두 다루기도 했다. 연방헌법 제정자들은 이런 점을 고려하여 두 체계 모두를 연방 사법권의 범위에 포함함으로써, 연방 법원이 보통법적 분쟁과 형평법적 분쟁 모두를 처리할 수 있게 했다. 한편 영국에서 보통법은 관습법, 즉 판례를 중심으로 축적된 법을 의미했지만, 독립 이후 미국에서 보통법은 관습법에 국한되지 않고, 식민지 시절과 독립 후 새로 제정된 성문법까지를 모두 포괄하는 개념이었다. 따라서 당시 미국에서 보통법은 성문법이나 판례에 의해 확립된 권리와 의무를 적용하여 분쟁을 해결하는 법 영역을 가리켰다. 배심재판이 보장되고, 구제 수단은 엄격한 법적 구제로 한정되었다. 그런데 보통법은 지나치게 엄격하거나 형식적이어서, 현실적으로 정의를 실현하지 못하는 경우가 많았고, 이를 보완하기 위해 영국에서 발전한 것이 형평법 제도였으며 미국도 이를 계승했다. 형평법이란 보통법으로는 충분하지 않은 경우에 형평과 정의를 실현하기 위해 허용되는 특별 구제를 뜻했는데, 일반적으로 배심 없이 판사 단독으로 이루어졌다.

[3] [옮긴이] 연방 사법부의 관할권은 ① 헌법에 따라, ② 법률에 따라, ③ 조약

이 문구에 대한 해석의 여지가 어디까지인지는 추정하기 어렵다. 언뜻 보기에 이 문구는, 중앙정부에 속한 법원은 보통법 법원의 권한뿐만 아니라 형평법 법원의 권한까지 행사한다는 것 이상을 의미하는 것은 아니라고 생각할 수 있다. 이는 [지금] 각 주에서 그런 권한이 일반적으로 행사되는 방식이다. 하지만 이것이 이 문구의 의미가 될 수는 없다. 왜냐하면 [헌법안은] 그다음 문구에서 [연방] 법원에 대해, 합중국의 법률에 따라 발생할 보통법 및 형평법상의 모든 소송사건에 대한 관할권을 갖도록 위임하고 있기 때문이다. 이 부분은 주 법원의 권한과 같은 권한을 연방 법원에 부여한 것으로 생각된다.

[그런데] 헌법에 따라 발생할 소송사건은 법률에 따라 발생할 소송사건과는 다를 것이 분명하다. 그렇지 않다면 위의 조항의 두 문구["이 헌법"과 "합중국 법률"]는 정확히 동일한 것을 의미하게 된다.

헌법에 따라 발생할 소송사건은 헌법의 의미에 대한 질문을 포함하게 될 것이 분명하고, 또한 헌법에 따라 각 부에 부여된 권한의 특징과 범위에 대한 해석을 요구하게 될 것이다.

따라서 이 조항은, 보통법이든 형평법이든, 헌법의 해석을 둘러싼 모든 소송사건에서 발생할 수 있는 모든 문제를 해결할 권한을 [연방] 법원에 부여한 것이다.

첫째, 법원은 보통법에서 헌법의 의미를 둘러싸고 일어날 수 있는 모든 문제를 결정할 권한을 부여받았다. 이 조항은 헌법에 법적 해석을 부여할 권한 또는 법 해석의 정해진 규칙에 따라 헌법을 해

에 따라 발생할 모든 소송사건에 미친다. 이 중 헌법에 따라 발생할 소송사건은 11, 12(1), 12(2)번 서한에서 다루고, 법률에 따라 그리고 조약에 따라 발생할 사건은 13번 서한에 다루고 있다.

석할 권한을 법원에 위임하는데, 그런 규칙은 일정한 정도의 해석의 자유를 제공한다. 이러한 해석 방식에 따라, 법원은 문구의 문법적 특성보다는 일반적이고 대중적인 용법을 고려하여, 그 문구들이 통상적·일반적으로 수용되는 바와 가장 잘 어울리는 의미를 헌법에 부여할 것이다. 문구가 모호할 경우에는 문맥에 따라 해석될 것이다. 조항의 목적에 주목하게 될 것이고, 문구는 그 목적을 지향하는 것으로 해석될 것이다. 아무런 의미를 갖지 않거나 혹은 터무니없는 의미를 갖도록 해석되지 않을 것이다.

둘째, 법원은 보통법에서 헌법의 의미에 관해 발생하는 문제를 결정할 뿐만 아니라 형평법에서도 역시 그러할 것이다.

이에 의해 법원은, 문구 혹은 자구에 국한되지 않고, 헌법의 이성적 정신에 따라 헌법을 해석할 권한을 부여받는다.[4]

"그들의 이성에 의해 법을 해석하는 이런 방식으로부터 우리가 형평법이라고 부른 것이 발달하기 시작한다"(라고 블랙스톤Blackstone은 말한다). 흐로티위스Grotius는 형평법을 "법의 보편성 때문에 법에 결함이 있는 경우 이를 정정하는 것"이라 정의한다. 법에서 모든 사건을 예견하거나 표현할 수 없기 때문에, 법령이 개별적 소송사건에 적용될 수 없을 때에는 입법자들이 표현했었을 그런 상황 — 이것이 예견될 수 있었다면 — 을 정의하도록 위임받은 권한이 어딘가에 있어야만 한다. 흐로티위스가 말했던 "법이 정확히 정의하지 않지만 선량한 사람의 재량으로 허용한다."는 경우들이 이런 것들이다.

박식한 그 저자는, "형평법은 이렇게 기본적으로 개별 소송사건

---

4) 이와 대조적인, "형평법" 재판관할권에 대한 푸블리우스의 좁은 해석은 「연방주의자」 80번 참조.

에 의존하기에, 형평법의 본질을 파괴하거나 형평법을 실정법으로 변형하지 않고는 형평법의 확고한 규칙이나 고정된 원칙을 정할 수 없다."고 말한다.[5]

이런 언급들로부터, 이 조항에 따른 법원의 권한과 업무를 이해할 수 있을 것이다.

법원은 수시로 그들 앞에 나타나는 헌법의 모든 조문의 의미를 제시할 것이다. 그리고 그런 판결에 있어서, 어떤 고정되거나 확립된 규칙에 얽매이지 않고, 헌법의 이성 혹은 정신으로 여겨지는 바에 따라 결정할 것이다. 연방 대법원의 판결 이유는, 그것이 무엇이든, 법의 효력을 갖게 될 것이다. 왜냐하면 그들의 실수를 정정하거나 판결을 통제할 수 있는, 헌법에 규정된 그 어떤 [상위] 권력도 존재하지 않기 때문이다. 대법원 이후는 상고도 없다. 그리고 내 생각으로는, 입법부 그 자체도 대법원의 판결을 무시할 수 없을 것이다. 왜냐하면 대법원은 헌법에 의해 최종적 판결을 내릴 권한을 부여받았기 때문이다. 헌법이 의회에 의해 통제되는 것이 아니라, 의회가 헌법에 의해 통제되어야 한다. 따라서 의회가 대통령으로부터 육해군 최고 지휘권을 빼앗아 다른 누군가에게 맡길 수 없듯이, 의회가 헌법의 해석과 관련해 선고된 [법원의] 판결을 무시할 권리도 가지고 있지 않다. 이유는 명백하다. 사법부와 집행부는 자신들의 권한을, 입법부가 자신의 권한의 원천으로 삼은 바로 그 원천으로부터 끌어오기 때문이다. 따라서 헌법에 의해 한 부가 다른 부에 책임지거나 혹은 다른 부에 의해 통제되도록 되어 있지 않는 한, 각 부들은 완전히 서로 독립적이다.

5) William Blackstone, *Commentaries on the Laws of England*, vol. I(1765), pp. 61, 62.

사법권은 가장 확실하지만 조용하고 눈에 띄지 않는 방식으로 헌법의 명백한 의도, 다시 말해 개별 주들의 입법·집행·사법권을 완전히 파괴하는 결과를 가져올 것이다. 중앙정부의 본질과 범위를 둘러싸고 일어날 수 있는 모든 문제에 대해 연방 대법원이 내리는 판결은 주의 관할권의 범위에 영향을 미칠 것이다. 중앙정부가 권한 행사를 확대하는 것에 비례해 주의 권한은 제한될 것이다.

　　합중국의 사법권은 중앙정부 쪽으로 강하게 기울 것이고, 중앙정부의 관할권 확대에 유리한 헌법 해석을 제공하리라는 것은, 다음 여러 사항을 고려해 볼 때, 너무나 명백하다.

　　첫째. 헌법 자체가 그런 방식의 해석을 강력히 지지한다. 상당히 중요한 권한들을 [중앙정부에] 양도하는 이 [신헌법] 체제의 조항은 대부분 포괄적이고 불확정적인 용어들로 표현되어 있다. 이런 용어들은 애매모호하거나 혹은 그 의미의 범위를 밝히는 긴 정의를 필요로 한다. 정부에 위임되는 가장 중요한 두 가지 권한인 세금 징수권 및 군대 모집·유지권에 대해서는 이미 살펴보았는데, 이 권한들은 입법부의 재량을 제외한 그 어떤 것에 의해서도 제한받지 않을 것으로 밝혀졌다. 주어진 권한을 행사하는 데 적절하고 필요한 모든 법률을 통과시킬 권한을 [연방의회에] 부여한 그 조항은, 입법부에 그들의 판단으로 최선인 모든 것을 자유롭게 할 수 있도록 위임한 것이라는 사실도 밝혀졌다. 이 조항은, 만일 이 조항이 없었더라면 의회가 가질 수 없었을 어떤 권한을 의회에 부여한 것이 전혀 아니라는 주장[6]이 있음을 나는 알고 있다. 나는 이런 주장이 사실이 아니라고 생각하지만, 만일 그렇다고 인정한다면 그 주장은 헌법을 엄격하게 문자 그대로 해석해서는 안 되며 헌법에는 표현된

6) 「연방주의자」 33번.

것보다 더 많은 권한이 내포되어 있다는 의미가 될 것이다. 그리고 이 조항을 새로운 권한을 부여한 것이라기보다는 주어진 권한의 범위를 설명한 것으로 간주한다면, 이 조항은 다음과 같은 사실을 천명한 것으로 이해할 수 있다. 즉, 권한을 부여한 조문을 해석할 때에는, 일반적으로 수용되는 자구[의 의미]뿐만 아니라 그 조항의 정신, 의도, 구상 등에도 주목해야 한다는 것이다.

이 헌법이 표방하는 위대한 목적과 의도를 참작할 경우, 이 헌법은 형평법적 해석을 채택하기에 충분한 근거를 제공한다. 헌법 전문에 따르면, 헌법의 목적과 의도는 "더 완벽한 연방을 형성하고 정의를 확립하며, 국내의 평안을 보장하고 공동방위를 제공하며, 일반 복리를 증진하고 우리와 우리의 후손들에게 자유의 축복을 보장"하는 것인 듯하다. 이 [신헌법] 체제의 의도는 여기에 표현되어 있으며, 이런 목표의 완성을 가장 잘 촉진할 그런 의미를 [헌법의] 각 부분에 부여하는 것이 타당할 것이다. 전문을 읽으면 자연스럽게 떠오르는 이런 생각은, 법원으로 하여금 헌법이 구상했던 목표를 가장 효과적으로 촉진할 그런 의미를 각 조문에 부여하도록 할 것이다. 이런 헌법 해석 방식이 실제로 어떻게 작동할지는 다음 탐구의 주제가 될 것이다.

둘째. 헌법이 법원으로 하여금 이 같은 해석 방식으로 기울도록 정당화할 뿐만 아니라, 법원[스스로]도 이런 해석의 자유를 활용하는 데 관심을 가질 것이다. 공직을 부여받은 모든 인간 조직은 권력에 집착한다. 그들은 타산적으로 생각하게 되고, 따라서 자신들의 직위를 온갖 권리 및 특권과 함께 온전히 후임자들에게 넘겨주려는 것이 일종의 공리가 된다. 동일한 원리가 그들로 하여금 자신들의 권한을 확대하고 권리를 강화하도록 이끌 것이다. 이 원리는 법원에도 강하게 작용하여, 법원으로 하여금 그들 자신의 권한의 범위를 확대할 그런 의미를 모든 소송사건 — 어떻게든 그것이 가능한 — 에서 헌법에 부여하도록 할 것이다. 사법권의 확대와 마찬가지로 연방의회 권한의 확대 역시 법원의 권한을 증대할 것이다. 그리고 법관의 위엄과 중요성은 그들이 행사하는 권한의 범위와 중요성에 비례하게 될 것이다. 추가한다면, 법관의 보수도 그들이 처리해야 할 업무 및 그 중요도의 증가와 함께 증가할 개연성이 아주 크다. 이런 점들을 고려할 때, 법관들은 법원의 권한을 확대하고, 가능한 한 법원에 유리한 방식으로 헌법을 해석하는 데 관심을 갖게 될 것이며, 그들이 그렇게 할 개연성은 커 보인다.

셋째. 그들은 법원의 권한 확대를 옹호하고 정당화해 줄 선례를 갖게 될 것이다. 영국의 법원이, 그 자신의 권한을 이용하여, 원래 설립 시 부과된 한계를 훨씬 초월하여 또한 영국의 법률에 의해 정해진 범위를 훨씬 넘어 자신들의 관할권을 확장해 왔던 사실은 잘 알려진 사실이다.

재무법원Court of Exchequer은 이를 보여 주는 대표적 사례이다. 이 법원은 본래 주로 국왕의 채무를 회수하고 왕실 재정을 관리하기 위한 목적으로 설립되었다. 또한 보통법상의 관할권을 지녔는데, 이는 오직 국왕의 회계 담당 관리들의 편의를 위해 마련된 것이었다. 블랙스톤의 설명에 따르면, 이 법원의 소송 절차는 퀴 미누스[7]라 불리는 영장에 근거한다. 여기에서 원고는 자신이 국왕의 세금 징수 도급인 또는 국왕의 채무자라고 진술하고, 피고가 그에게 고소의 원인이 된 손해를 가해 그로 인해 자신이 왕에게 빚을 갚을 능력이 줄어들었다고 주장한다. 이러한 소송은 럿랜드법[8]에 따라, 국

---

7) [옮긴이] 퀴 미누스quo minus 영장은 13세기 초에 생겨난 절차적 허구로, 재무법원이 본래의 재정 사건 외에 일반 민사사건까지 관할할 수 있게 한 법적 장치였다. 1883년 사법제도법Judicature Act으로 폐지되었다.

왕 또는 재무청의 관리들과 직접 관련된 사건으로 제한되어야 한다고 명시되었다. 또 헌장조항에 관한 조문[9]에서는, 대헌장의 규정에 반해 일반 민사사건을 이 법원에서 다루어서는 안 된다고 규정했다. 그러나 현재는 누구든 재무법원에 소송을 제기할 수 있다. 국왕에게 빚을 진 것으로 간주하는 '채무자 추정'은 이제 단지 형식상의 절차 문구에 불과하며, 이 법정은 모든 국민에게 개방되어 있다.

의회 제정법에 반해 그 관할권을 확대했던 그런 법원의 선례를 눈앞에 갖게 될 때, 특히 헌법에 명백히 그것[즉 관할권 확대]을 금하는 내용이 없고 헌법의 의미를 해석할 권한이 그들에게 부여되어 있으며 어떤 통제도 받지 않는 상태일 경우, 법원이 자신들의 권한을 확대하려 할 것이라고 예상할 수 있지 않을까?

사법부의 이런 권한은 그들로 하여금 정부를 자신들이 원하는 거의 모든 형태로 만들 수 있게 해 줄 것이다. 이것이 어떤 방식으로 이루어질지는 다음 논설에서 검토하고자 한다.

브루투스

---

8) [옮긴이] 럿랜드법Statute of Rutland, 1278은 에드워드 1세 치하에서 제정된 법으로, 재무법원의 소송을 국왕 또는 그의 재무청 관리들과 관련된 사건으로 제한했다. 이후 이 규정은 법원의 관할 남용을 막는 근거로 자주 인용되었다.

9) 헌장조항에 관한 조문Articuli super Cartas, 1300은 대헌장의 집행을 강화하기 위해 제정된 법으로, 재무법원이 일반 민사사건을 다루지 못하도록 한 규정을 포함한다.

12(1)번[1]
연방 사법부

지난 글에서 나는, 제3조[2] 2절 1항에 따라 합중국의 사법부는 헌법 해석 — 자구 그대로의 해석뿐만 아니라 헌법의 정신과 의도에 따른 해석 — 의 권한까지 부여받게 될 것임을 밝혔다. 그리고 이런 권한을 갖는 사법부는, 중앙정부 권한을 최대한 확대 — 주 권한의 축소 및 궁극적 파괴에 이를 정도로 — 하는 그런 해석을 헌법에 부여하려고 할 것임도 밝혔다.

나는 이제 이 권한이 어떻게 작동해 이 같은 결과를 만들어 낼지 밝혀 보고자 한다. 그 권한이 어느 정도까지 영향을 미칠지를 파악하기 위해 다음을 살펴볼 것이다.

첫째. 그 권한은 어떻게 해서 입법권을 확대하는 데 기여하게 될 것인가.

둘째. 그 권한은 어떤 방식으로 법원의 관할권을 확대할 것인가.

셋째. 그 권한이 연합한 주들의 입법권과 사법권을 모두 어떤 식으로 약화하고 파괴할 것인가.

헌법 해석권이 입법부에 미칠 영향

첫 번째로, 사법권이 어떻게 입법권의 확대를 초래할 것인지 검

---

1) [옮긴이] 원문에는 12(1)번과 12(2)번이 모두 12번으로 표기되어 있는데, 혼란을 줄이기 위해 역자가 12(1)번과 12(2)번으로 구분했다.

2) [옮긴이] 원문에는 제8조로 되어 있는데 제3조의 오기인 듯하다.

토해 보자. 아마 사법부가 직접적이고 명시적인 결정을 통해 입법부를 지시하는 것은 불가능할 것이다. 왜냐하면 법적 변론 과정에서 법원이 입법부가 특정 권한 — 지금까지 행사하지 않았지만 판결에 따라 행사해야 할 — 을 가지고 있다고 선언하는 판결을 내릴 수 있는 사안이, 어떤 방식으로 법원에 제기될 수 있을지를 미리 상정하기 어렵기 때문이다. 그러나 사법부는 판결을 통해 어떤 원칙을 확립할 수 있고, 이것이 입법부에 의해 수용될 경우 입법권의 범위가 모든 한계를 넘어 확대될 수 있으리라는 점은 어렵지 않게 예상할 수 있다.

앞서 말했듯이, 대법원은 헌법의 의미와 해석을 둘러싸고 법적 변론 과정에서 제기될 수 있는 모든 문제를 판결할 최종적 권한을 가지고 있다. 이러한 권한은 헌법에 의해 부여된 것이며, 입법부로부터 독립적으로 행사된다. 입법부는 이 권한을 대법원으로부터 박탈할 수 없다. 이는 마치 입법부나 사법부가 단독으로든, 양자가 공동으로든, 대통령의 권한 — 상원의 동의를 얻어 조약을 체결하거나 대사를 임명할 수 있는 — 을 빼앗을 수 없는 것과 마찬가지이다.

이런 [즉 헌법의 의미와 해석을 둘러싼] 재판을 판결함에 있어 법원은, 판결을 구상하는 어떤 원리 — 이로부터 추론하게 될 — 를 상정해야 하고 또 그렇게 할 것이다. 판결 과정에서 확립될 이런 원리 — 그것이 무엇이든 — 는 입법부에 의해 채택될 것이며, 입법부가 자신들의 권한을 설명하는 원리가 될 것이다. 이런 점들을 고려할 때 다음의 사항이 확실해 보인다. 즉, 만일 사법부가 판단하기에 헌법에 의해 그런 권한이 부여되지 않은 법률을 입법부가 통과시킨다면, 법원은 그것을 존중하지 않을 것이다. 왜냐하면 헌법이 최고의 법이라는 사실이 부정되지는 않을 것이기 때문이다.[3]

그리고 법원은, 그들 앞에 제기된 모든 소송사건에서 헌법이 의미하는 바를 판결할 최고의 통제받지 않는 권한을 부여받고 있다.

따라서 법원이 상위법으로 하여금 하위법에 양보하도록 할 수 있을 것이라고 우리가 가정할 수 없는 한, 법원은 자신들이 보기에 헌법에 반한다고 판단되는 법률을 집행할 수 없을 것이다. 따라서 입법부는, 법원이 판결할 입법부[권한]의 한계를 넘어가려 하지 않을 것이다. 그리고 기회와 상황이 허락하는 한, 입법부는 그런 경계까지 나아가려 할 것이고 또한 자신들이 그렇게 하는 것이 타당하다고 판단할 것이다. 이는 의심의 여지가 없다. 왜냐하면 입법부는, 한편으로는 법원이 집행하지 않으리라 생각되는 법을 선뜻 통과시키지 않을 것이지만, 다른 한편으로는 그것이 적절하다고 판단할 때에는 항상, 법원이 시행하려 하리라 생각되는 법을 망설임 없이 통과시킬 것이 확실하기 때문이다.

이렇게 볼 때, 헌법에 대한 사법부의 판단은 입법부가 자신들의 권한을 해석함에 있어 입법부를 지도하는 원칙이 되리라고 생각된다.

법원이 채택할 원리가 어떤 것이 될지를 우리가 추정하기란 불가능하다. 그러나 지난 논설에서 내가 설명했던 대로, 이 조항[즉 제3조 2절 1항]에 따라 법원이 갖게 될 권한을 받아들이면, 그 원리는 아주 개방적인 것이 될 수 있고 또 아마 그러할 것이라고 어렵지 않게 예상할 수 있다.

앞에서 보았듯이, 법원은 헌법의 자구에 구애받지 않고 헌법의 정신과 이성에 따라 해석할 수 있는 권한을 부여받을 것이다.

헌법의 정신을 찾아내기 위해 우선해야 할 것은 헌법이 세운 원

---

3) 사법 심사권은 다수의 반연방주의자들과 연방주의자들이 당연하게 받아들였지만, 브루투스와 푸블리우스처럼 깊이 있게 논의하지는 않았다. 이에 대한 푸블리우스의 논의는 「연방주의자」78번 참조.

칙과 의도에 주목하는 것이다. 이는 전문에 다음과 같이 표현되어 있다. "우리 합중국 인민은, 더 완벽한 연방을 형성하고 정의를 확립하며, 국내의 평안을 보장하고 공동방위를 제공하며, 일반 복리를 증진하고 우리와 우리의 후손들에게 자유의 축복을 보장하기 위하여, 이 아메리카합중국헌법을 제정한다." 정부의 목적을 이 문구 ― 명백히 그 목적을 선언하기 위해 구상된 ― 로부터 알 수 있다면, 이 정부는 모든 [다른] 정부가 품고 있는 모든 목표를 계획하고 있음이 분명하다. 내부 평화의 보존, 정당한 법 집행과 공동체 방위의 제공은 정부의 모든 목표를 포괄하는 것 같다. 만일 그러하지 못하다면, "일반 복리를 제공"한다는 말 속에는 분명 모든 것이 포괄될 것이다. 나아가, 만일 비준된다면 이 헌법은 주들이 법인의 자격으로 참여하는 협약이 아니라 합중국 인민들이 하나의 거대한 단일 정치 집단으로서 맺는 협정이 될 것이다. 이 점을 고려하면, 헌법의 심원한 목표 ― 그것을 표명한 전문으로부터 추측할 수 있다면 ― 가, 모든 정부의 설립 목표인 국내외의 모든 사안에 [권한이] 미치는 정부를 수립하는 것이라는 사실은 의문의 여지가 없다. 따라서 법원은 이것을 헌법 해석의 원리로 삼을 것이고, 헌법에 따른 각 부府의 활동에 자유로운 재량권을 제공할 그런 해석을 헌법의 모든 부에 제공할 것이다. 그 결과 법원은 합중국의 보편적이고 전국적인 관심사에 영향을 미칠 문제뿐만 아니라, 사법私法의 집행이나 각 지역[즉 주]의 내부적·국부적 사안의 규제 등과 관련된 모든 문제에 대해 재판관할권을 갖게 될 것이다.[4)]

4) [옮긴이] 반연방주의자들은, 아메리카는 연방 정체를 원리로 해야 하는데 신헌법은 단일의 통합 정체를 추구한다고 비판한다. 연방 정체하의 중앙정부는 단일 정체하의 중앙정부와 달리 한정된 권한만을 가져야 하는데, 신

그런 해석의 원칙은 헌법 전문의 일반적 정신과 일치할 뿐만 아니라 전문의 다른 구절을 좀 더 자세히 검토해 봐도 확인할 수 있다.

헌법이 구상하는 첫 번째 목표로 선언된 것은 "완벽한 연방을 형성"하는 것이다. 주목해야 할 것은, 완벽한 연방이란 주들의 혹은 법인체들의 연방이 아니라는 점이다. 만일 그랬더라면 주 정부의 존속은 보장될 것이다. 그러나 완벽한 연방이란, 이 헌법 — 만일 채택된다면 — 을 비준할 하나의 단일 집단으로 간주되는 합중국 인민의 연방이다. 이런 종류의 완벽한 연방을 형성하기 위해서는, 모든 하위 정부를 폐지하고, 모든 용도에 맞는 완벽한 입법·집행·사법권을 중앙정부에 부여할 필요가 있다. 따라서 법원은, 연방을 완벽하게 만들거나 혹은 주 정부로부터 법 제정과 집행의 모든 권한을 박탈하는 데 가장 도움이 될 그런 해석을 부여하는 것을 헌법 해석의 원칙으로 수립할 것이다. 두 번째 목표는 "정의를 확립"하는 것이다. 여기에는 정의의 규칙을 수립하거나 권리의 척도나 규칙이 될 법률을 제정하는 것뿐만 아니라 이런 규칙의 적용을 규정하거나 그 규칙에 따라 법을 집행하는 것도 포함된다. 그리고 이에 따라 법원은, 판결에서 정부의 권한을 가능한 모든 경우로 확대할 것이다. 그렇지 않으면 헌법의 의도로 보이는 바를 수행하는 데 있어, 즉 [합중국 전역에 걸쳐] 사람들 간의 정의의 보편적 배분을 위해 법을 통과시키고 그 집행을 가능케 하는 데 있어 제약을 받게 될 것이다. 공표된 또 다른 목표는 "국내의 평안을 보장"하는 것이다.

헌법상의 중앙정부는 무제한의 권한을 가지고 있으며, 특히 연방 사법부는 헌법 해석권을 통해 단일 통합 정체로의 변화를 뒷받침할 것이라고 비판하고 있다.

이는 모든 대중적 소요나 전면적 반란뿐만 아니라 모든 사적 위반 행위에 대한 대비까지 포함한다. 그리고 이 구절의 목표를 완전히 달성하려면, 정부가 이 문제에 대한 입법권을 행사해야 하고, 또 그 것을 집행할 권한을 가진 집행관을 임명해야 한다. 그리고 법원은 [헌법] 해석에서 그런 개념을 채택해야 한다. 전문의 다른 구절을 계속 검토할 수도 있겠지만, 그것들을 같이 묶어 검토한 것과 마찬가지로 개별적으로 고찰해도 다음과 같은 생각에 이르게 될 것이다. 즉, 전문에 공표된 목표와 의도로부터 이 [신헌법] 체제의 정신을 파악할 수 있다면, 그것은 주 정부의 모든 권한을 전복하고 폐지하는 것이며 또한 모든 정부가 미치는 모든 대상을 포괄하는 것이다.

헌법의 정신은, 그 의도를 선언한 전문에 제시되어 있듯이, 그와 동일한 개념을 품고 있는 헌법의 각 부문에서 계속 이어진다. [연방의회] 권한의 대부분이 열거되어 있는 제1조 8절을 주의 깊게 숙독한 사람이라면, 그 권한이 명시적으로든 암묵적으로든 입법권의 대상이 될 수 있는 모든 사안에까지 미친다는 사실을 파악하게 될 것이다. 하지만 이러한 형평법적 해석 방식을 헌법의 이 부문에 적용한다면, 그 앞에서 어떤 것도 버틸 수 없을 것이다.

이런 해석 방식에 따르면, 분명 그 조의 첫 조항[즉 제1조 8절 1항]은 입법부의 판단으로 일반 복리 제공에 이바지할 것 같은 모든 것을 할 수 있는 권리를 입법부에 부여한 것으로 해석될 것이며, 이는 모든 사안에서 포괄적이고 무제한적인 입법권과 동일하다. 고백컨대 이는 내가 생각하기에 가장 자연스럽고 또 문법적으로 타당한 해석이다. (다음 편으로 계속)

12(2)번
연방 사법부 권한

1788. 2. 14.

(지난번 목요일 편에서 계속)

　이와 같은 헌법 해석 방식은, '위에 기술한 권한들을 행사하는 데 필요하고 적절한 모든 법률을 제정'할 권한을 의회에 부여한 같은 절 18항의 의미 — 아주 중요한 의미 — 를 명확하게 해 줄 것이다. 이 [신헌법] 체제를 지지하는 글을 다수 작성한 어느 저자는 이 조항이 아무것도 의미하지 않는다고 공중을 설득하느라 무진 애를 써 왔다. 여기에 명시된 것과 똑같은 권한들이 헌법의 다른 부문들에 함축되어 있기 때문이라는 것이다.[1] 아마 그럴 것이다. 그렇지만 이 조항은 분명 법원이 헌법의 정신과 이성을 찾아내는 것을 돕는 탁월한 보조자가 될 것이고, [구체적] 권한을 부여한 다른 조항들에 적용될 경우 그로부터 [헌법의] 정신을 추출하는 데 큰 영향을 미칠 것이다.

　형평법적 방식으로 해석할 경우 [중앙]정부의 권한을 모든 사안에까지 확대하고 주 의회를 형해화할 많은 헌법 조문들을 예시할 수 있지만, 지나치게 장황한 언급이 될 것이다. 그리고 법원이 이 [헌법 해석] 권한을 행사함에 있어서, [연방] 입법부에는 그 어떤 한계 — 헌법이 부과하는 한계 및 각 주 의회가 자신들의 지역 관심사를 관리하기 위해 보유할 어떤 가상의 권리가 [연방의회에] 부과하

---

1) 명백하게 「연방주의자」에 대한 언급이다. 특히 33, 44번 참조.

는 한계 ─ 도 없다고 판결할 수 있는 충분한 근거를 법원이 갖고 있음을 밝히기 위해 충분히 많은 이야기를 했다고 생각된다.

나는 두 번째 문제로 나아가, 이 권한[즉 헌법 해석권]이 어떤 방식으로 법원의 관할권을 확장할지에 대해 검토하고자 한다.

주 사법권 붕괴

내가 여기에서 주목하고자 하는 것은, [연방 법원의] 사법권은 같은 주의 시민들 간에 발생하는 것을 제외한 모든 민사사건에 미치지만, 같은 주의 시민들 간에 발생하는 소송사건 중에서 각기 다른 주로부터 불하받은 토지의 권리에 관한 소송사건은 예외로서 합중국의 사법부가 관할권을 갖는다는 것이다. 따라서 이 헌법에 따라 모든 민사사건에 대한 완전한 관할권을 [연방] 법원에 부여하는 데에는, 앞서 언급한 예외[즉 각기 다른 주로부터 불하받은 토지에 관한 소송]에 속하지 않는 같은 주의 시민들 간의 소송사건만 제외하면, 그 어떤 요건도 더 이상 필요하지 않을 것이다.[2]

이런 요건을 충족하는 것은 전혀 어렵지 않으리라 생각된다. 소송을 제기하는 당사자가, 피고가 속한 주와 다른 주의 시민임을 소송절차상 제시하기만 하면 다른 어떤 것도 필요하지 않은 것이다. 그러면 법원은 틀림없이 그 사건에 대한 관할권을 갖게 될 것이다. 법원이 그렇게 하면 누가 법원을 저지할 수 있겠는가?[3] 사실 허심탄회하게 말하자면, [연방] 법원은 헌법의 권한에 따라 그런 소송사

---

2) [옮긴이] 즉, 같은 주의 시민들 간의 소송사건(이 중에서 각기 다른 주로부터 불하받은 토지에 관한 소송사건은 연방 법원이 관할)을 제외한 모든 민사사건이 연방 법원의 관할권에 속한다.

3) 연방농부는 같은 문제를 다루면서, 연방 도시가 연방의 재판관할권을 확대하는 법적 허구로 이용될 것이라고 주장한다. 「연방농부 편지」 18번 참조.

건에 대한 관할권을 가져야 한다는 것이 나의 확고한 생각이다. 왜냐하면 헌법의 심원한 목표 가운데 하나는 "정의를 확립"하는 것이기 때문이다. 이런 목표는, 기존의 주 정부하에서는 그것이 이루어질 수 없음을 상정한 것이다. 같은 주에 거주하는 개인들이 각기 다른 주에 거주하는 개인들만큼이나 정의를 누려야 할 합당한 이유가 분명히 존재한다. 더욱이 헌법은 명백히 "각 주의 시민은 다른 어느 주에서도 그 주의 시민이 향유하는 모든 기본권 및 면책권을 가진다."고 선언하고 있다. 따라서 어떤 주의 시민이 소송에서 자신을 다른 주의 시민이라고 주장하는 것은 허구가 아닐 수 있다. 한 나라의 모든 기본권과 면책권을 누릴 자격이 있는 그는 그 나라의 시민이기 때문이다. 실제로 이 헌법하에서 한 주의 시민은 모든 주의 시민이 될 것이다.

그런데 만일 [어떤 소송사건의] 당사자가 자신은 다른 주의 시민이라고 우기면서 [법적] 허구에 의존하여 소송을 시작할 경우, 잘 알려져 있듯이, 법원은 그런 허구에 의해 [그들 앞에] 제기된 소송을 허용함에 있어서 그런 허구를 변호하고 정당화할 고도의 권한을 가지고 있다. 앞의 논설에서 보았듯이, 재무법원은 그런 [법적] 허구를 통해 모든 소송사건을 재판했었다. 영국의 왕좌법원Court of King's Bench[4] 역시 동일한 방식으로 그 관할권을 확장했다. 원래 이 법원

---

[4] [옮긴이] 왕좌법원은 과거 영국의 세 상급 보통법 법원 중 하나였다. 그 기원적 명칭은 The Court of the King Before the King Himself로, 국왕 앞에서 재판이 열렸던 시기 — 왕이 순회재판을 행하던 Curia Regis(왕의 궁정) — 의 전통을 이어받았다는 데서 유래한다. 처음에는 공공질서 침해 행위를 다루는 형사사건과 일부 민사사건, 그리고 다른 법원의 전속관할에 속하지 않는 사건을 다루었으며, 국왕의 사법권을 대표하는 기관으로서 하급법원과 행정기관에 대한 감독권도 행사했다. 19세기 초까지 재무법원,

은 폭행 및 기타 무력에 의해 행해졌다고 주장되는 불법행위에 관한 민사사건만을 심리했다. 그러나 블랙스톤의 설명에 따르면, 왕의 궁정Aula Regia이 분리된 이후,[5] 왕좌법원은 본래부터 (지금은 거의 사용되지 않는 부동산 관련 소송을 제외한) 그 밖의 모든 종류의 민사소송을 관할할 수 있었던 것으로 보인다. 단, 피고가 이 법원의 관리이거나, 혹은 평화 침해 등의 이유로 이 법원 집행관이나 교도관의 구금하에 있는 경우에 한했다. 그 후 시간이 흐르면서, 법적 허구judicial fictions[6]에 의해 이 법원은 모든 종류의 민사소송을 심리하기 시작했다. 즉, 피고가 실제로는 범하지도 않은 어떤 가상의 불법행위로 인해 체포되어 이 법원의 집행관의 구금하에 있다는 가정 아래, 원고가 그를 상대로 다른 개인적 불법행위에 관한 소송을 제기할 수 있게 된 것이다. 그리고 이러한 "피고가 법원 집행관의 구금 상태에 있다."는 법적 가정에 대해서는 피고가 이를 다투거나 부인할 수 없게 되었다. 합중국 법원의 소송은 훨씬 약한 [법적] 허구로도 같은 주의 시민들 간의 사건에까지 미치게 될 것이다. 나는 이 주제에 대해 더 이상 다루지 않겠지만, 이 권한이 어떤 식으로 주의 입법권과 사법권을 모두 약화하고 파괴할지에 대해 간략히 언급하고자 한다.

보통법 법원과 함께 잉글랜드의 주요 상급법원으로 존재했다.

5) 왕의 궁정Aula Regia은 노르만정복 이후 영국 국왕의 궁정 내에서 행정·사법·재정 기능을 함께 수행하던 최고 기관으로, 12세기경 세 개의 상급법원 ― 왕좌법원, 보통법 법원, 재무법원 ― 으로 분리되었다.

6) [옮긴이] 법적 허구는 '사실과는 다르지만 법의 운용을 위해 그 사실을 사실로 간주하는 법적 가정'을 말한다. 법원이나 입법자가 어떤 규칙을 적용하거나 관할권을 확보하기 위해 의도적으로 사실관계를 가정할 때 사용한다. 주된 이유는 절차적 편의, 관할권 회피·확보, 기존 규범의 틀을 깨지 않으면서 새로운 목적을 달성하려는 실무적 필요성 등이다.

이 [연방] 법원들은, 그들 앞에 제기된 모든 소송사건에서, 어떤 주의 법률이든 그 유효성을 판단할 권한을 가질 것이 분명하다. 헌법이 중앙정부에 배타적 관할권을 부여한 영역일 경우, 법원은 그런 소송사건에서 주가 만든 모든 법률을 처음부터 무효라고 판결할 것이다. 헌법이 중앙정부와 주에 공동 관할권을 부여한 부문에서는, 합중국의 법률이 우월해야 한다. 그것이 최고의 법이기 때문이다. 따라서 그런 경우에, 주 입법부에서 제정한 법률은 폐지되거나 제한되어야 한다. 혹은, 농일한 사안에 관한 연방 법률이 충분한 효력을 발휘하도록 해석되어야 한다. 이상의 논의들로부터 쉽게 예상할 수 있는 것은, 판사들이 헌법에 부여하는 자유로운 해석에 따라 중앙정부가 권한과 관할권을 [더 많이] 차지하게 될수록 주 정부들은 권리를 상실하게 될 것이고, 결국 주 정부는 별 의미가 없는 사소하고 하찮은 것이 되리라는 것이다. 이 [신헌법] 체제를 운영할 사람들이 이런 결과가 올 것을 신중하게 예상한 만큼이나 신속하게 이 체제가 이런 결과를 가져오지 않는다면 나는 크게 실수한 셈이 될 것이다. 사법권에 대한 나머지 반대 이유는 다음 글에서 살펴볼 것이다.

브루투스

13번
연방 사법부

앞의 두 편에서는 헌법 해석과 관련된 사법권의 특징과 경향에 대해 검토했다. 이제 사법권이 관할하는 다른 문제들에 대한 고찰로 나아간다. [제3조 2절 1항의] 그다음 문구[1]는 사법권의 권한을 합중국의 법률에 따라 발생할 모든 보통법 및 형평법상의 소송사건에까지 확대한다[강조는 역자]. 내가 이해하는 한 이 권한은 타당하다. 내가 생각하기에 어떤 정부에서든 사법권의 고유 영역은 무엇이 이 나라의 법인가를 선고하는 것이다. 그것은 최고 권력이나 입법부가 통과시킨 법률을 해석하고 집행하는 것이지, [앞 편에서 보았듯이] 무엇이 입법부의 권한인가를 선고하는 것이 아니다.[2] 내가 생각하기에, 법률에 따른 형평법상의 소송사건이란 대법원에 제기된 소송사

---

1) [옮긴이] "사법권은 이 헌법과 합중국 법률에 따라 발생할, 그리고 합중국의 권한에 의하여 체결되었거나 체결될 조약에 따라 발생할 모든 보통법 및 형평법상의 소송사건 ……"이라고 되어 있는 제3조 2절 1항 조문 중에서 "이 헌법과" 다음에 나오는 "합중국 법률에 따라"를 말한다.

2) 푸블리우스는 이와 동일한 전제로부터 다른 결론을 이끌어 낸다. "법률의 해석은 법원의 본래의 그리고 고유한 영역이다. 헌법은 사실상 법관에 의해 근본법으로 간주되고 있으며 또 그렇게 간주되어야 한다. 따라서 입법부에서 만든 모든 개별 법률의 의미는 물론이고 헌법의 의미를 확인하는 것은 법관에 속한다. 만일 양자 간에 양립할 수 없는 불일치가 발생한다면, 더 우위의 구속력과 효력을 갖는 것이 당연히 선택되어야 한다. 달리 말하면, 법령보다는 헌법이, 인민의 대리인의 의사보다는 인민의 의사가 우선되어야만 하는 것이다." 「연방주의자」 78번.

건에 대한 보통법상의 관할권뿐만 아니라 형평법상의 관할권까지 대법원에 부여한 것으로, 달리 표현하면 보통법 법원이 지금 행사하는 권한뿐만 아니라 형평법 법원이 지금 행사하는 권한까지 대법원에 부여한 것으로 해석되어야 한다. 만일 이것이 그 구절의 의미라면, 입법권의 과도한 확대로 인해 발생하는 문제 외에는 내가 이 권한에 대해 달리 반대할 이유는 없다. 왜냐하면 사법권은 입법권과 상응해야 한다고 생각하기 때문이다. 다른 말로 표현하면, 연방대법원은 합중국의 법률에 따라 발생하는 재판을 판결할 권한을 가져야 하는 것이다.

다음 문구는 조약에 따라 발생할 모든 보통법 및 형평법상의 소송사건에 대해 판결할 권한을 부여하는데[강조는 역자], 이는 나로서는 이해하기 어렵다. 조약에 따른 소송사건을 판결한다는 것이 무엇을 의미하는지는 바로 이해할 수 있다. 조약은 이 나라의 법이 될 것이기에 조약에 의해 보호되는 권리 또는 특권을 가진 모든 개인은 그것을 되찾는 데 있어 법원의 도움을 받을 것이다. 그러나 나는 조약에 따라 발생할 형평법이 무엇을 의미하는지 이해할 수 없다. 조약에 따라 주장할 수 있는 모든 권리는, 조약의 어떤 조항 ― 분명하고 명확한 자구로써 권리를 부여한 ― 에 의거하여 주장되어야 한다고 생각된다. 또는 최소한 조약을 해석하는 원칙이 확정되어 있어서 형평법적 해석에 의존할 필요가 없어야 한다고 생각된다. 만일 이 권한에 따라 법원이, 자신들이 조약의 정신이라 생각하는 바에 따라 조약을 해석한다면, 이는 그들이 적절하다고 판단하는 대로 조약의 의미를 확대해석할 수 있는 권한과 다름없다. 이는 위험하고 부적절한 권한이다.[3]

---

3) [옮긴이] 여기에서의 문단 구분은 역자가 독해의 편의를 위해 한 것이다.

주를 상대로 한 개인의 소송

대사, 외교사절 및 영사에 관한 소송사건, 해상법 및 해상 관할에 관한 소송사건, 합중국이 한편의 당사자가 되는 분쟁, 주 사이에 발생하는 분쟁 등이 합중국 법원의 관할권에 속해야 하는 것은 타당하다. 중앙정부만이 이런 문제들에 대한 법률을 제정할 수 있고 또 제정해야 하기 때문이다. 그러나 사법권을 한 주의 시민과 다른 주 사이에서 발생하는 분쟁에까지 확대한 것은 그 자체 부적절하며, 만일 행사된다면 가장 치명적이고 파괴적인 것으로 판명되리라 생각된다.

그것은 부적절하다. 그런 권한은 주州로 하여금 법원에서 개인이 제기한 소송에 응해야 하도록 만들기 때문이다.[4] 이는 정부로서는 굴욕적이고 모멸적인 것이며, 어떤 주의 최고 권위도 그런 권한에 복종한 적은 없다.

지금은 어떤 주도 그런 소송을 당하지 않는다. 개인이 주와 맺는 모든 계약은 주의 신뢰와 신용에 입각해 이루어졌으며, 개인들이 [주] 정부의 약속 이행을 강제할 수 있는 어떤 방식을 기대했던 적은 없다.

그런 권한의 행사로 인해 나타날 나쁜 결과는 그것이 어떻게 작동할지를 추적해 보면 가장 잘 드러날 것이다. 헌법은 개인이 주에 대해 소송을 개시할 방법이나 [그 소송에 대한] 법원의 판결을 집행할 방식을 규정하고 있지 않지만, 입법부에 그런 목적을 위해 적절하고 필요한 모든 법률을 통과시킬 수 있는 완전한 권한을 부여하고 있다. 그리고 입법부는 그런 목적에 맞는 규정을 만들 것이 틀

---

4) 1793년에 실제로 이런 판결(Chisholm v. Georgia, 2 Dall. 419)이 이루어졌고, 그로 인해 수정 헌법 제11조가 제정되었다.

림없다. 그렇지 않으면 사법부의 권한은 쓸모없게 될 것이다. 사법부가 [소송사건의] 당사자들을 소환할 수 있는 방법이 없다면, 사법부의 권한이 무엇을 위해 존재하겠는가? 혹은 사법부가 판결을 내린 후에 그것을 집행할 권한이 없다면, 사법부가 당사자들을 소환해 답변하도록 하는 것이 무슨 소용이 있겠는가? 따라서 결론적으로, 입법부는 이와 관련된 적절한 법률을 제정할 것이 틀림없다. 그렇게 되면 어느 주의 한 개인은 자신이 속하지 않는 다른 주에 대해 권리 청구를 할 법적 구제 방법을 확보하게 될 것이다. 합중국의 모든 주는 개인들에게 대체로 빚을 지고 있다. 이런 부채의 상환을 위해 주들은 그 소지자에게 지불해야 하는 채권을 교부한다. 최소한 이것이 [지금의] 주의 상황이다. [그런데] 이런 채권의 하나를 소유하게 된 다른 주의 어떤 시민이 중앙정부의 대법원에 소송을 개시할 수 있다. 그가 [채권을] 회수하는 것을 저지할 수 있는 방법을 나로서는 찾을 수 없다. 이런 일이 한번 발생하면, 주의 채권은 이 주의 시민들 손에서 다른 주의 시민들 손으로 빠르게 유통될 것이다.

그리고 다른 주의 시민들이 채권을 갖게 되면, 그들은 채권[회수]을 위해 주를 상대로 소송을 제기할 수 있다. 이런 방식을 통해서 주의 부채 전부를 갚으라는 판결이 내려지거나 집행이 이루어질지도 모른다. 주가 최대한 노력하더라도 상당한 기간 동안 채무를 상환하지 못할 것이 분명하며, 아마 최상의 관리하에서도 상환에는 20년에서 30년이 소요될 것이다. 이 신[헌법]체제하에서는 주가 자력으로 부채를 [모두] 갚을 수 있는 시기가 더 뒤로 미루어질 것이다. 왜냐하면 내국세에서 나오는 것을 제외하고 주의 모든 재원이 중앙정부로 이관될 것이기 때문이다.

주는 비참한 상황에 처하게 될 것이다. 이 체제에 의해 주들은 모든 자금 징수 수단을 중앙정부에 넘겨줌과 동시에, 혁명 수행 과정에서 체결했던 채무의 회수를 노리는 소송을 당할 것이다.

각 주들의 부채의 총액은 합중국의 국내 부채를 상회할 것이다. 이런 [엄청난] 부채가 그들에게 남을 것이고, 중앙정부의 사법권은 그들에게 상환을 강제할 수 있다. 반면 중앙정부는, 주의 자금원인 가장 생산적인 재원에 대한 통제권과 함께 주의 권한에 무엇보다 중요한 다른 모든 세입원에 대한 통제권까지 장악하게 될 것이다.

누군가는 이렇게 말할 수 있다. 사법권이 이런 식으로 작동할 것이라는 걱정은 단지 망상에 불과하다. 그런 결과를 초래할 법률을 입법부가 결코 통과시키지 않을 것이기 때문이다. 혹은 그렇게 하기로 결정하더라도 주에 대한 강제집행을 가능케 할 수는 없을 것이다. 관리들이 어디에서 압류할 자산을 찾을 것인가라는 문제 때문이다.

이런 주장에 대해 나는 다음과 같이 대응하겠다. 만일 그것이 집행되지 않을 혹은 집행될 수 없는 권한이라면, 그런 권한을 사법부에 부여하는 것은 쓸모없고 어리석은 짓이다. 행사하기에 현명하지 못한 혹은 불가능한 권한을 무슨 목적으로 부여하는 것인가? 정부가 어떤 권한을 행사하는 것이 부적절하다면, [애초에] 정부에 그런 권한을 부여하는 것은 부적절하다. 그리고 정부가 달성할 수 없는 것을 행할 권한을 정부에 부여하는 것은 현명하지 못하다.

입법부가 주에 대한 차압을 가능하게 할 수 없을 것이라는 발상에 대해서는 그 근거가 불충분하다고 나는 생각한다. 헌법 제1조 8절 마지막 조항은, 사법부에 부여된 권한의 집행을 위해 적절하고 필요하다고 판단되는 모든 법률을 제정할 명백한 권한을 연방의회에 부여하고 있다고 생각된다. 그리고 연방의회는 이런 권한을 행사해야만 한다. 그렇지 않으면 법원은 그들에게 부여된 권한을 행사할 수 없을 것이다. 헌법은 법원이 고소나 당사자 소환, 사건 재판, 판결 집행 등을 어떤 방법으로 할지에 대해 지시하고 있지 않다. 만일 법률이 그런 것들을 지시하지 않는다면, 법원이 관할권을 갖는 소송사건에서 어떻게 그것들을 진행할 수 있겠는가? 연방의회는 개인이 당사자인 경우와 마찬가지로 주가 당사자인 경우에도 이런 문제에 관한 법규를 제정할 권한을 가지고 있다. 유일한 난점은, 주가 당사자인 경우 누구에게 소환장을 송달할 것인지, 그리고 어떻게 집행할 것인지 등이다. 첫 번째 문제와 관련해서는 쉬운 방법이 있다. 주의 집행부나 입법부 중 어느 한쪽에 통지하고, 통지문 송달이 증명되면 법원은 소송사건의 심리를 진행할 수 있을 것이다. 집행은 주의 이떤 사산 ─ 부동산이든 동산이든 ─ 에 대해서도 부과될 수 있다. 주에 대한 판결을 이행하기 위해, 중앙정부 관리가 자금을 압류할 수도 있고, 혹은 주의 토지나 자산을 압류나 공매의 대상으로 삼을 수도 있다. 주에 대한 판결의 이행을 위해 시민 개인 재산에 대해 책임을 물을 수 없는지는 숙고해 볼 가치가 있는 문제이다. 일부 법인에서는 그런 경우가 있다.

그 조항에 따라 사법부의 권한이 위에서 언급한 소송사건들에까지 미친다면 극도의 혼란을 낳을 것이고, 주들은 사법권의 무게에 짓눌릴 것이다. 그리고 만일 그 권한이 그런 사건에 미치지 못한다면, 고백컨대 그 권한이 도대체 어떤 의미가 있는지 나로서는 전혀 이해할 수 없다. 만일, 어떤 주의 시민이 입법부에서 제정한 정식 법률에 따라 발행된 채권 문서 ─ 그 소지자에 대해 채무를 인정하고 지불을 약속하는 ─ 를 소유하고 있지만, 대법원을 통해 채권 회수를 받아 낼 수 없다면, 채권을 회수할 수 있는 다른 어떤 상황을 상상하기란 불가능하기 때문이다. 그리고 강제집행 수단을 제공하지 않으면서, 주를 상대로 한 판결을 받아 낼 수 있게 [개인에게] 허용하는 것은 터무니없는 처사로 보인다.

브루투스

14(1)번[1]
연방 사법부 권한

1788. 2. 28.

제3조 2절 2항은 이렇게 되어 있다. "대사와 그 밖의 외교사절 및 영사에 관계되는 소송사건과 주가 당사자인 소송사건은 연방 대법원이 1심의 재판관할권을 가진다. 위에 언급된 그 밖의 모든 소송사건에서 연방 대법원은 법률문제와 사실문제 모두에 관하여 상소심의 재판관할권을 가진다. 다만 이 경우 연방의회가 정하는 예외는 제외되며, 또한 연방의회가 정하는 규정에 따라야 한다."

중앙정부의 법원이 대사, 외교사절 및 영사에 관계되는 모든 문제에 대해 관할권을 갖는 것은 타당하지만, 이런 종류의 모든 소송사건에서 1심 재판관할권을 대법원에 부여한 것이 적절한지는 의문이다.

대사 및 그 밖의 외교사절은 그 자신이나 부하의 일정한 특권과 면제를 주장하며 또 국제법에 의해 그런 권리를 부여받고 있다.

대사의 최말단 부하도 국제법에 의해 부채로 인한 피소로부터 면제된다. 만일 어떤 시민이 실수나 정보 부족으로 그런 사람에 대해 소송을 제기하면, 그는 대법원에서 소송을 해야 한다. [그 소송과 관련된] 소환장 발부 및 집행에 관여한 모든 관리들도 같은 소송에 연루될 책임을 지게 될 것이다. 이렇게 하여, 어떤 주의 시민이 대사의 최말단 부하에게 정당한 부채 상환을 요구하는 소를 부주의

---

1) [옮긴이] 원문에는 14(1)번과 14(2)번이 모두 14번으로 표기되어 있다. 혼란을 줄이기 위해 역자가 14(1)번과 14(2)번으로 구분했다.

로 시작한 것 때문에, 많은 비용과 불편을 감내하면서 대법원에 제기된 소송에서 자신을 방어해야 할 수도 있다.

형사사건 상소의 위험성

이 조항[즉 제3조 2절 2항]에서 대법원에 부여된 상소심 재판관할권은 이 헌법에서 반대의 여지가 가장 많은 부분 가운데 하나로 생각된다. 연방 대법원이 1심 재판관할권을 갖게 될 약간의 경우를 제외하면, 사법권이 미칠 모든 소송사건에서 이 권한에 따라 하급법원에서 대법원으로 상소가 허용된다.

이 조항에 따르면, 민사사건뿐만 아니라 모든 형사사건에서도 연방 대법원을 향한 상소가 성립될 것이다. 이런 해석에 대해서는 일부 인사들이 이의를 제기해 왔음을 나는 알고 있다. 하지만 이 조항과 앞 조항[즉 제3조 2절 1항]과의 관계에 주목한 사람이라면, 문제의 핵심을 분명하게 파악할 수 있을 것이라고 생각한다. 앞 조항에는, 민사사건이든 형사사건이든, 사법권이 미치는 모든 소송사건이 열거되어 있다. 연방 사법권이 미치는 형사사건은, 이 조항에 규정된 사건 유형 중 어느 하나에 해당하지 않는다면, 존재하지 않는다. 왜냐하면 이 조항은 [연방] 사법권이 미치는 모든 종류의 소송사건을 규정하려고 하기 때문이다. 그리고 [제3조 2절 2항에서] 이들 모든 소송사건에 대해 — 대사와 그 밖의 외교사절 및 영사에 관계되는 사건 및 주가 당사자인 사건을 제외하고 — 대법원은 상소심 재판관할권을 갖는다고 선언되어 있다. 따라서 만일 이 절[즉 제3조 2절]이 [연방] 사법권을 형사 소송사건에까지 확장한다면, 그것은 곧 형사 소송사건에서 상소를 허용한다는 것을 뜻한다. 만일 이 절에 의해 [연방] 사법권이 형사사건에까지 확대된 것이 아니라면, [연방] 사법권이 형사사건에 대한 관할권을 갖고 있다는 것이 이 [신헌법] 체제의 어느 부분에 의해 드러나고 있는가?

형사사건에서 상소를 허용한 것은 새롭고 이례적인 것이라 생각된다. 그것은 우리의 법률 정신에 배치되며, 시민의 생명과 자유를 위협하는 것이다. 현재 우리의 법에 의하면, 범죄행위로 기소된 자는 자신이 속한 지역의 배심원단에 의해 공정하고 공평한 재판을 받을 권리를 가진다. 그리고 그들의 평결은 최종적이다. 그가 무죄를 선고받으면, 다른 어떤 법원도 동일한 범죄에 대해 답변하도록 그를 소환할 수 없다. 그러나 이 [신헌법] 체제에 의하면, 아무리 공정한 재판을 받고, 아주 존경할 만한 그 지역의 배심원단에 의해 무죄 평결을 받았다 하더라도, 공소를 제기하는 정부 관리가 대법원에 상소할 수 있다. 사건 전체가 두 번째 심리를 받을 수 있다. 이것이 의미하는 바는, 중앙정부 집행자의 뜻을 거슬렀을 수 있는 사람은 엄청난 억압을 당할 수 있다는 것이다. 그들은 장기간 파멸적인 구금 상태에 놓일 수 있으며, 거주지로부터 멀리 떨어진 곳에서 증인을 소환하고 방어 수단을 마련하기 위해 막대한, 감당할 수 없는 비용을 지출하도록 강요받을 수 있다.

사려 깊은 합중국 시민들에게 숙고할 충분한 시간이 주어진다면, 형사사건에까지 확장된 이러한 상소심 재판관할권에 대해 찬성할 사람이 있으리라고 나는 믿을 수 없다.[2]

---

2) [옮긴이] 당시 영국과 식민지 전통에서는, 배심원의 무죄 평결은 최종적이었고, 국가가 이를 뒤집기 위해 상급법원에 다시 가져갈 수 없었다. 한 번 무죄를 선고받으면 동일한 범죄로 다시 기소되거나 재판받지 않는다는 원칙이 법 문화에 깊이 자리 잡고 있었던 것이다. 브루투스는 여기에서, 연방헌법이 대법원에 광범위한 사법권을 부여함으로써 형사사건에서 상소를 허용하는 제도가 도입될 수 있다고 비판하고 있다. 즉, 형사사건에서 정부 측 검사가 무죄판결에 불복하여 상소할 수 있는 가능성을 문제 삼고 있다. 브루투스가 경고한 우려는 수정 헌법 제5조의 "이중 위험 금지" 조항("누구라도 동일 범행으로 생명이나 신체상으로 재차 유죄를 선고받지 아니하며")으로

민사사건 배심재판 부정

민사사건에 관한 상소심 재판관할권이 시민의 권리를 해치거나 또는 아메리카인들이 신성하게 유지해 왔던 기본권을 파괴하는 것으로 판명되지는 않을지, 그리고 법 집행을 견딜 수 없게 부담스럽고 복잡하고 더딘 것으로 만들지는 않을지 등은 이 권한의 본질과 효능을 검토할 경우 분명히 밝혀질 것이다.

반박 불가능한 반론이 제기되었던 다른 대부분의 조항들과 마찬가지로, 이 조항은 헌법 지지자들과 반대자들에 의해 서로 다른 방식으로 해석되어 왔다. 이 [신헌법] 체제의 지지자들이 이 조항의 의미를 어떻게 해석해 왔는지 나로서는 알 수 없다. 어떤 출판물에서도 이 조항을 검토하고 숙고한 것을 보지 못했기 때문이다. 하지만 그들이 헌법 반대자들의 해석을 수용하지 않는 것은 분명하다. 그렇지 않다면 그들이 그렇게 자주 반대자들에 대해 정직하지 못하다고 비난하지는 않을 것이다. 그들이 비난하는 이유는, 헌법이 배심재판을 없애 버렸다고 반대자들이 주장한다는 것이다. 민사 법

명문화되었다고 볼 수 있다. 이중 위험 금지란 동일한 범죄 사실에 대해 한 번 무죄판결 또는 유죄판결을 받은 후 다시 기소되거나 재판받는 것을 금지하는 원칙을 말한다. 이 원칙은 대륙법 체제의 일사부재리 원칙보다 훨씬 폭넓게 피고인의 권리를 보호한다. 일사부재리에서 일사—事란 확정 판결이 난 사건을 의미하며, 1심 판결은 아직 확정되지 않았으므로, 검사는 2심, 3심까지 사건을 다툴 수 있다. 최종심 판결이 확정된 시점에서 비로소 일사부재리의 효력이 발생한다. 이에 반해 영미법 전통의 이중 위험 금지는 배심의 무죄 평결이 내려지는 순간 바로 효력이 발생한다. 즉, 1심 배심이 무죄를 선고하면 그 판결은 곧바로 확정적이 되며, 검사는 상소할 수 없으며, 2심, 3심은 불가능하다. 다만, 절차적·법률적 쟁점이나 형량 문제에 대해서는 검사의 상소가 가능하고, 또한 형사소송과는 별도로 민사소송이 가능하다.

14(1)번. 연방 사법부 권한

원에서 행해지고 있는, 하급법원에서 상급법원으로의 상소는 잘 알려져 있다. 이들 법원에서 판사는 법률문제와 사실문제 모두에 대해 판결한다. 그리고 하급법원에서 상급법원으로 모든 [사항의] 시비에 대한 상소가 허용된다. 상급법원은 법률문제는 물론 사실문제에 대해 모두 재검토하려 하고, 종종 새로운 사실이 도입되어 상소법원에서의 소송이 하급법원에서의 소송과 아주 다르게 되는 경우가 빈번하다.

대법원의 상소심 재판관할권이 위와 같은 의미로 이해된다면, 그 조항은 완벽히 이해될 수 있다. 그 조항의 의미는, 열거된 모든 민사 소송사건에서 대법원이 사실문제와 법률문제 모두에 관해 사건의 시비 전체를 배심원단의 개입 없이 재검토할 권한을 가진다는 것이다. 이것이 이 [신헌법] 체제의 이 부분의 의미라는 것은, "위에 언급된 그 밖의 모든 소송사건에서 연방 대법원은 법률문제와 사실문제 모두에 관하여 상소심의 재판관할권을 가진다."라는 명시적 문구로부터 분명히 드러난다. 누가 최고법원인가? 그것은 판사들로 구성되지 않는가? 그리고 그들은 법률문제에 대해 관할권을 갖듯이 사실문제에 대해서도 동일한 관할권을 가질 것이다. 따라서 그들은 법률문제를 판결할 권한을 가지듯이 사실문제를 판결할 동일한 권한을 가질 것이다. 그리고 대법원 상고에서는 어떤 공간도 배심원단에게 주어지지 않는다.[3]

3) [옮긴이] 수정 헌법 제7조는 브루투스를 비롯한 반연방주의자들의 이런 비판에 대응하여 삽입된 권리장전 조항이다. 연방헌법 본문에는 민사사건에서의 배심재판권이 명시되어 있지 않았기 때문에, 수정 조항을 통해 "배심에 의해 심리된 사실은, 보통법의 규정에 따른 것 이외에는 합중국의 어느 법원에서도 재심받지 아니한다."고 명시하여, 배심제도의 권한을 헌법적으로 보장하게 된 것이다.

만일 상소심 재판관할권의 의미를 달리 이해하게 되면, 그 의미를 파악하는 데 큰 혼란이 초래될 것이다. 그런 관할권은 보통법에서는 생소한 것이다. 우리의 보통법 법정에서는 소송사건의 시비에 대한 항소는 존재할 수 없다. 하급법원에서 상급법원으로 올라갈 수 있는 유일한 방법은 공판 전의 구속적부심 청구권, 하급법원에서 판결받은 후의 이송 명령 또는 오심 명령 등에 의한 것밖에 없다. 상급법원으로 올라가면, 어떤 경우에도 사실문제에 대한 재검토는 없다. 사실문제는 항상 하급법원에서 확증된 것으로 간주된다.

(다음 편으로 계속)

14(2)번
연방 사법부 권한

1788. 3. 6.

(앞 편에서 계속)

여전히 누군가는 다음과 같이 주장할 수 있다. 즉, 이 조항이 상소심에서 배심재판을 박탈한 것은 아니며, 상소심 재판관할권을 행사할 법원이 지켜야 할 법규나 제한 조건을 연방의회로 하여금 정하도록 한 구절[1])에 따라, 연방의회가 배심재판에 대해 규정할 것이다.

[하지만] 그 구절의 자연스러운 의미는, 연방의회가 어떤 소송사건은 [연방 대법원의] 상소심 재판관할권의 대상이 아니라고 공표할 수 있다는 것, 그리고 법원이 사건을 그들 앞에 소환하는 기소 방식, 사실확정을 위한 증인 조사 방법, 법정 절차 등을 연방의회가 지정할 수 있다는 것, 그 이상은 아닌 것 같다. 그런데 일단 소송사건이 법원의 심리 대상이 되면, 연방의회가 법원으로부터 법률문제에 대한 판결권을 박탈할 수 없는 것과 마찬가지로, 사실문제에 대한 판결권도 박탈할 수 없다고 생각된다. 왜냐하면 법원은 법률문제에 대해 재판관할권을 가지듯이 사실문제에 대해서도 재판관할권을 갖기 때문이다. 더구나 이 조항[의 하단 구절]에 따라 연방의회가 배심재판을 상소심에 수립할 것이라고 가정하더라도, 이 조항의 문제점이 현저히 줄어드는 것은 아닌 것 같다. 어느 한 법정과 배심원단으

---

1) [옮긴이] 제3조 2절 2항 하단의 "다만 이 경우 연방의회가 정하는 예외는 제외되며, 또한 연방의회가 정하는 규정에 따라야 한다."는 부분을 말한다.

로부터 다른 법정과 배심원단으로 상소하는 것은 우리 주의 법에서는 완전 생소한 것이고, 합중국의 대부분의 주에서도 그러하다. 이런 종류의 관행은 동부의 주들에서 널리 행해지고 있다. 그곳에서는 하급법원에서 소송이 시작된다. 그리고 모든 문제의 시비를 두고 하급법원에서 상급법원으로 상소가 있게 된다. 그 결과는, 잘 알려져 있듯이, 극소수의 소송만이 하급법원에서 확정된다. 조금이라도 중요한 소송은 상소를 통해 대법원까지 가지 않는 경우가 드물고, 하급법원의 재판관할권은 단지 명목적인 것에 불과하다. 이는 매사추세츠주의 인민들에게 너무나 부담스러운 것으로 판명되었고, 지난해에 그 주에서 폭동을 촉발한 주요 원인의 하나였다.[2] 그 주의 합리적이고 온건한 사람들은 거의 모두, 하급법원이 아무런 쓸모가 없으며, 마땅히 갚아야 할 채무조차 지불할 능력이 없는 가난한 채무자들에게 비용만 가중하는 것 외에는 하급법원이 어떤 목적에도 부합하지 않는다는 데 동의할 것이다.

[2] [옮긴이] 여기에서 말하는 폭동은 1786년 가을부터 1787년 초까지 매사추세츠 서부 지역에서 발생한 농민 봉기(일명 셰이스의 반란. 이에 대해서는 10번 서한의 각주 7 참조)인데, 브루투스는 매사추세츠주의 사법제도가 반란의 한 원인이 되었음을 말하고 있다. 매사추세츠주에서는 하급법원에서 판결이 내려져도, 패소한 쪽은 거의 모든 사건을 항소할 수 있었고, 항소는 단순한 법률심이 아니라 사실 문제까지 포함한 전면적 재심이었다. 즉, 상급법원에서 처음부터 다시 증거조사와 배심재판을 거칠 수 있었고, 그 과정에서 막대한 법정 비용, 보증금, 변호사 비용이 들었다. 농민들은 이 부담을 감당할 수 없었고, 사법제도 전체가 자신들을 파멸시키고 있다고 느꼈다. 1786년 여름부터 농민들은 "법원이 열리지 못하게 하라!"라는 구호 아래 결집했다. 8월 매사추세츠 서부 노샘프턴Northampton 카운티에서 처음으로 군중이 법원 청사를 점거했고, 이런 법정 폐쇄 운동은 워체스터Worcester, 그린필드Greenfield, 스프링필드Springfield 등지로 확산되었다. 주 정부는 이를 "내란"으로 규정하고 진압군을 소집했다.

감당할 수 없는 비용과 불편

그런데 합중국의 최고법원에서 상소심 재판관할권을 운영하는 것은, 단일 주에서의 그런 권한보다 엄청나게 더 많은 폐해를 야기할 것이다.

당사자들의 불편과 비용은 끝이 없고 견딜 수 없을 것이다. 최고법원이 어디에서 개정할지 그 누구도 말할 수 없지만, 중앙정부 소재지에서 개정할 것이 틀림없으리라 추정할 수 있다. 이 경우 당사자들은 소송을 제기하거나 변호하기 위해 증인 및 변호사와 함께 수백 마일을 이동해야 한다. 중산층 중에 그런 소송비용을 감당할 수 있는 사람은 아무도 없다. 그렇기에 [연방] 대법원의 재판관할권에 속하게 될 소송사건일 경우, 빈곤 계층이나 중간 계층의 시민들은 부유하고 거만한 자들의 요구에 굴복하지 않을 수 없을 것이다. 이런 압박을 방지하기 위해 대법원을 합중국의 여러 지역에 둘 수 있다고 말한다면, 그것은 단지 그런 압박을 다소 견딜 만하게 할 뿐이지 빈곤 계층이나 중간 계층에게 공정한 기회를 제공할 정도는 아니라고 응답할 수 있다. 합중국의 모든 지역에서 증인과 함께 재판하러 법원에 가는 것이 편리하거나 최소한 견딜 만한 정도가 되도록 연방 대법원이 여러 지역으로 이동해 다닌다는 것은 절대로 불가능한 일이다. 연방 대법원에서 증언할 증인을 먼 거리에서 부르는 비용이나 불편을 피하기 위해 서면의 증언 녹취록을 가지고 가는 편법을 채택할 수도 있지만, 문제를 해결하는 데 도움이 되지 못할 것이다. 진실을 전부 드러내기 위해서는 당사자들이 증인을 반대신문할 공정한 기회를 가져야 하고 증인에 대해 대질심문을 할 수 있어야 한다는 것은 법 집행에서 아주 중요한 문제이다. 증인이 직접 증언하는 그 방식에는 종이에는 담을 수 없는 무엇 — 증언을 문서로 할 때 전달할 수 있는 것과는 아주 다른 관점을 종종 증거에 부여해 주는 — 이 있다. 이뿐만 아니라 서면 증언을 받는 비용도 막대할 것이다. 서면으로 모든 증거를 채택하는 법정에서 발생되는 비용에 익숙한 사람이라면, 그것이 증인을 구두 심문하는 보통법 법정의 비용보다 비교할 수 없을 만큼 많다는 것을 잘 알 것이다.

법정에서 발생하는 비용은 일반적으로 법원의 등급과 함께 증가한다. 따라서 우리의 주 법정에서의 소송비용이 연방 대법원 소송에 비해 훨씬 적을 것이고, 또 이 비용은 형평법 법원의 [소송]비용에 비해 훨씬 적을 것이다. 사실 형평법 법원의 비용은 많은 경우에 너무 과도하고 소송절차도 너무 시간을 끌기 때문에, 원고는 소송을 진행하는 것보다 차라리 청구를 포기하는 편이 나을 것이다. 연방 최고법원의 비용이 우리 [주] 법원 어느 것보다 많을 것이라고 추정할 충분한 이유가 있다. 연방 법원 관리들은 주 법원 관리들보다 더 위엄을 갖출 것이고, 최고 유능한 법률가들이 그곳에서 일할 것이기에 그에 따르는 문제와 비용도 훨씬 클 것이다. 이 모든 것을 감안하면 연방 대법원에서 소송을 하는 데에는 너무 막대한 비용이 수반되기에, 그곳에서 소송을 하는 것은 빈곤층과 중간 계층 시민들의 능력을 벗어나는 일이 될 것이다.

따라서 [연방] 사법부의 권한에 의한 법 집행은 더디고 너무나 많은 비용이 들 것이기 때문에, 모든 정부에서 법의 보호를 가장 필요로 하는 빈곤층과 중산층 인민으로서는 사실상 법을 부정당하는 것이나 다름없게 될 것이다. 그리고 우리 자신은 물론 우리 선조들의 당연한 자랑거리였던 배심재판은 [연방 사법부의] 권한에 의해 폐지될 것이다.

주 사법권 무력화

[연방 최고]법원의 이런 특별 권한에 대해 반대할 또 다른 이유가 있다. 적절하고 공평한 법 집행을 확보하기 위해 그런 특별 권한

이 전혀 필요하지 않을 것 같기 때문이다.

능력이나 진실성의 부족, 혹은 모든 소송인에게 정의를 실천하려는 성향의 결핍 등이 각 주 법원에 대한 비판의 이유로 제기된 적은 아직 없었다. 내가 아는 한, 모든 주의 법원은 항상 그곳의 법률에 따라 신속하고 공평하게 법을 집행하려고 해 왔다. 몇몇 주에서 지폐가 발행되어 명령서에 의해 채무자들이 평가 절하된 지폐로 부채를 상환할 수 있도록 허용되었으며, 채권자로 하여금 청구 집행 시에 금전[3] 이외의 다른 재산으로 변제받도록 강제하는 변제법 tender laws이 통과되었던 것은 사실이다.[4] 또한 몇몇 주에서 채권자에게 불리하고 소유권을 불안하게 만드는 경향이 있는 법률이 제정되었던 것도 사실이다.

그러나 이런 폐해들이 주의 사법부의 결함 때문에 발생한 것은 아니었다. 사실 법원은 이런 법률들을 준수할 의무가 있으며, 중앙정부의 법원도 연방 입법부가 제정한 법률이 헌법에 모순되지 않는 한 이를 준수할 의무를 지게 될 것이다. 그러나 지금까지 [주의] 사법부는 이런 종류의 법률에 과도한 해석의 여지를 허용하기보다

---

3) [옮긴이] 지폐가 아닌 경화를 의미한다.

4) [옮긴이] 독립 전쟁 동안 각 주와 대륙회의는 전비 조달을 위해 대량의 지폐를 발행했다. 종전 무렵에는 인플레이션과 신뢰 상실로 이 지폐들은 사실상 휴지 조각이 되었고, 채권자와 채무자 간 갈등이 심해졌다. 많은 채무자(특히 농민과 중소 상인)들은 빚을 갚기 쉽게 하기 위해 정부가 종이돈이나 다른 자산을 법정화폐로 인정해 주길 원했다. 이런 배경에서 1780년대여러 주(매사추세츠주, 뉴욕주, 버지니아주, 노스캐롤라이나주, 사우스캐롤라이나주)에서 특정한 지급 수단(예: 지폐, 물품, 주식 등)을 법적으로 채무 변제의유효한 수단으로 인정하는 tender laws(법정화폐법, 변제법)가 제정되었다. 어떤 주에서는 지폐를 거부하는 상인을 처벌하기까지 했다(로드아일랜드주에서 특히 논란이 컸다).

는 언제나 그 반대 방향으로 강하게 기울어 왔다. [주] 법원은, 그런 양상을 띠고 있다고 비난받아 왔던 우리 [주] 입법부의 모든 법률에 대해 일관되게 가장 엄격한 해석을 했었고, 엄격히 자구 그대로 적용될 수 있는 소송사건에만 그런 법률을 적용해 왔다. 이런 식으로 우리 법원이 그런 법률을 회피했다고 말하지는 않겠지만, 그 법률의 운용을 제한함으로써 발생 가능한 부정의를 최소화했다. 이와 같은 일이 로드아일랜드주에서 발생했었다. 그 주는 지폐 체제에 대한 십요한 집작으로 악명이 높았다.[5] 그곳에서 판사들은, [의회 제정] 법률을 자구대로 해석하는 것은 그들의 법과 헌법의 근본 공리에 모순된다는 원칙에 입각해, 그런 법률의 자구에 반하는 판결을 내렸었다.[6]

따라서 연방 대법원에 그런 [재심 관할] 권한을 부여하는 것을 정당화할 어떤 구실도 [주] 법원의 행위로부터 만들어 낼 수 없다. 지금까지 [주] 법원들의 판결은, 그들이 앞으로도 공정의 원칙을 굳게 지킬 것이라고 믿을 수 있는 확실한 근거를 제시해 왔기 때문이다. 그리고 이 [신]헌법하에서, 소유권의 안전 문제와 관련해 그동안 항의받아 마땅했던 그런 폐해를 막기 위해 [연방] 법원에 [재심 관할] 권한을 위임할 필요도 전혀 없다. 왜냐하면 헌법에서, "어떠한 주도 화폐를 주조하거나, 신용증권을 발행하거나, 금화 및 은화 이

---

5) [옮긴이] 로드아일랜드주 정부는 채무를 진 농민들의 곤경을 완화하기 위해 지폐를 남발했고, 채권자에게 가치가 하락한 이 지폐를 받도록 강제했다. 1787년 연합회의는 로드아일랜드주의 행위에 대해 항의했다.

6) [옮긴이] 로드아일랜드주 대법원은 '트레벳 대 위든 사건'Trevett v. Weeden 1786에서 지폐에 관한 주 법률이 주 헌법에 위배된다는 판결을 내렸다. 이 판결은 사법 심사에 관한 '마버리 대 매디슨 사건'Marbury v. Madison 1803의 선례가 되었다.

외의 것으로써 채무 지불의 법정 수단으로 삼을 수 없다."고 규정하고 있기 때문이다. 헌법은 또한 "어떠한 주도 계약상 의무를 침해하는 법률을 제정할 수 없다."고 천명하고 있다. 이런 금지 조항은, 언급하기 유감스럽지만, 몇몇 주들이 채권자에 대한 채무자 측의 사기를 허용하는 법을 제정함으로써 소유권을 너무나 제멋대로 공격해 왔던 것에 대한 가장 완벽한 안전 장치를 제공해 준다. 왜냐하면 "이 헌법은 이 나라의 최고법이며, 어떤 주의 헌법이나 법률 중에 이에 배치되는 규정이 있을지라도, 모든 주의 법관은 이 최고법에 따라야" 하기 때문이다.

따라서 각 주의 법원이 사람들 간의 모든 소송사건 — 같은 주의 시민이든 다른 주의 시민이든, 외국인과 시민 간이든 — 을 판결한다 해도 안심하고 맡길 수 있을 것이다. 그리고 정말 당연히 합중국의 헌법과 법률에 따라 일어날 수 있는 모든 소송사건은 우선 주 법원에서 재판이 이루어져야 한다고 생각한다. 주 사이에서 발생하는 것, 대사와 외교사절에 관계되는 것, [각기] 다른 주로부터 불하받은 토지의 권리를 다투는 것 등은 예외로 하고 말이다. 합중국 법률이 관련되는 모든 소송사건과 외국인이 한쪽 당사자인 모든 소송사건에 대해, 영국의 법원과 이 주[즉 뉴욕주]의 관례에 따라 주 법원에서 합중국 최고법원으로의 오심 명령이 허용된다면, 주 법원은 충분히 통제될 수 있을 것이다.

이런 방식은 구래의 좋은 법 집행 방식을 보존해 주고 모든 사람의 문 앞에 법을 가져다줄 것이며, 배심재판이라는 더없이 귀중한 권리를 보존해 줄 것이다. 그것은, 내가 거의 유일하게 영국 정부로부터 베끼고 싶은 영국 법원의 관례를 우리 상황이 허용하는 한 뒤따르게 할 것이다.

그러나 이 [신헌법] 체제가 성립되면, 연방의회가 적절하다고 생각하는 만큼 여러 하급법원들이 생길 것이고, 이 법원들이 이 조[즉

제3조]에 기술된 모든 소송사건들을 시작하고 또 우선 재판할 권한을 부여받게 될 것인데, 이들 법원에서는 배심재판이 이루어지리라는 보장이 전혀 없다. 하급법원의 재판은 머지않아, 매사추세츠주의 하급법원이 그러하듯이, 단지 형식에 불과해질 것이다. 왜냐하면 본안 전체에 대해 대법원으로 상소할 것이기 때문이다. 대법원은 법률문제와 사실문제에 관해, 보통법과 형평법상의 소송사건을 판결할 권한을 갖게 될 것이다. 그리고 이 법원은 정부 내의 어떤 권력보다 우월할 것이고 아무런 통제도 받지 않을 것이다. [법관의 지위는] 확고해서 탄핵에 의하지 않고는 면직되지 않는다. 뒤에서 보겠지만, 이는 절대 면직되지 않는 것과 거의 같다.

[신헌법 지지자들은] 연방 사법권에 대한 이런 반론을 잠재우기 위해, [연방 대법원의] 상소심 재판관할권에 관한 규정과 예외를 정할 권한을 가진 연방의회가 이 조항으로 인해 우려되는 모든 폐해에 대한 대책을 만들 것이라고 주장해 왔다. 이에 대해 나는 다음과 같이 응답하겠다. 그 권한에 대한 반론에 대해 이런 식으로 대응하는 것은, 그 권한 자체가 아무 제한이 없다면 부적절하리라는 것을 인정함을 의미한다. 만일 그렇다면 왜 그런 권한을 먼저 제한하지 않는가.

정부에 주어진 어떤 권한이든 그것을 제대로 조사하는 방법은, 그 권한이 행사되고 있다고 가정하고 그것의 작동을 검토하는 것이다. 만일 조사 결과, 그 권한이 행사되면 해로울 것같이 보이면 그런 권한이 주어져서는 안 된다. 정부에 주어진 권한에 대한 반대 의견에 대해, 그것이 결코 행해지지 않을 것이라고 대답하는 것은, 그 권한은 행사되어서는 안 되며 따라서 주어져서도 안 된다는 것을 실제로 인정하는 것과 다름없다.

브루투스

15번
연방 사법부: 책임 없는 권력의 위험성

1788. 3. 20.

(앞 편에서 계속)

나는 지난 편지에서, 이 헌법하에서 연방 대법원은 정부의 다른 어떤 권력보다 우월하고 아무런 통제도 받지 않을 것이라고 말했다. 이번 편지의 과제는 이에 대해 설명하고, 그로 인해 야기될 위험을 제시하는 것이다. 시대를 막론하고 이 세계에서 그렇게 막강한 권한을 부여받았지만 그렇게 책임지지 않는 위치에 있는 법원을 본 적이 있는지 의문이다. 법원은 가장 신중한 기관이라는 믿음을 우리에게 가르쳐주었던 영국과 몇몇 주의 경우, 법원은 분명 전혀 다른 기반에 근거하고 있다.

영국의 법관이 적법행위를 하는 한 그 직을 유지하는 것은 사실이다. 하지만 그들의 판결은 상원에 의해 정정될 수 있다. 그리고 그들의 권한은 결코, 제안된 합중국 대법원의 권한만큼 그렇게 광범위하지 않다. 확신하건대 영국의 법관들은 어떤 경우에도 의회 제정법을 헌정 체제에 부합하지 않는다는 이유로 무효화할 권한을 가지고 있지 않다. 그들은 스스로가 그 나라의 기존 법률에 따라 판결해야만 한다고 생각하며, 법률들을 헌정 체제와 모순된다는 판단하에 통제하려고 기도하지 않는다. 하물며, 헌정 체제에 형평법상의 해석을 부여할 권한을 부여받은 것은 더더욱 아니다.

영국의 법관들은 의회의 통제하에 있다. 왜냐하면 그들은 의회가 제정한 법률에 따라 판결하도록 구속되어 있기 때문이다. 그러나 이 [신]헌법하의 법관들은 의회를 통제할 것이다. 연방의회 권한의 범위를 최종적으로 결정할 권한이 연방 대법원에 부여되어 있기 때문이다. 그들은 헌법에 해석을 부여할 것이고, 그들의 판결을 부효화할 수 있는 그 어떤 상위 권력도 존재하지 않는다. 이 헌법의 제정자들은, 적법행위를 하는 한 법관의 직을 보장함으로써 법관을 독립적으로 만드는 데 있어서는 영국의 헌정 체제를 따랐던 것 같다. 하지만 법관들의 실수를 정정할 수 있는 재판소의 설치에 있어서는 영국의 헌정 체제를 따르지 않았다. 또한 이 [신헌법] 체제하의 사법부가 입법부를 능가하는 권한 — 하늘 아래 그 어떤 자유 정부가 사법부에 부여했던 권한보다 큰 권한 — 을 가지고 있다는 점에도 주의를 기울이지 않았다.

나는 법관이 적법행위를 하는 한 그 직을 유지하는 것에 반대하지 않는다. 그들이 적절한 책임을 진다면 이것이 적절한 규정이라고 생각한다. 하지만 내가 말하는 것은, 이 [신헌법] 체제는 이 점에서는 영국 정부를 본받았지만, 법관을 독립적으로 만든다는 생각 때문에 영국 법체계의 다른 모든 원칙을 대부분 저버렸다는 것이다. 영국 정체에서 법관이 독립적이라는 것은, 법관들이 적법행위를 하는 한 직이 유지되고 고정된 급료를 받는다는 의미일 뿐이다. 그들은 그 말의 충분한 의미에서 법관을 독립적으로 만들었다. 우리의 경우, 법관의 판결의 일부라도 통제할 수 있는, 법관 상위의 권력은 존재하지 않는다. 그들을 면직할 수 있는 어떤 권위도 존재하지 않는다. 그들은 입법부의 법률에 의해 통제당하지 않는다. 간단히 말하면, 그들은 인민으로부터, 입법부로부터, 그리고 하늘 아래의 모든 권력으로부터 독립적이다. 이런 위치에 있는 사람은 일반적으로 머지않아 자신이 하늘 그 자체로부터 독립적이라고 느끼게 될 것이다. 이런 주장이 사실임을 설명하기 이전에, 한 가지만 언급하고자 한다. 법관이 적법행위를 하는 한 그 직을 유지해야 한다고 나도 생각하지만, 영국에서 이런 법관 제도를 선택했던 이유가 우리 나라에는 적용되지 않는다는 것이 나의 분명한 생각이다.

영국에서 법관이 적법행위를 하는 한 그 직이 유지되어야 했던 가장 큰 이유는, 그렇게 해야만 국왕에 의해 좌우되어 그의 권한과 특권을 강화하는 판결을 내려야 하는 상황에서 벗어날 수 있기 때문이었다. 법관들은 그의 직은 물론 급료까지 국왕에 의존하기에, 국왕의 뜻에 따라 그 자리를 유지하는 한 부당한 모든 압력에 종속되지 않을 수 없는 것이다. 만일 국왕이 원하는 바를 관철하고자 하는 데 법원의 도움이 필요하다면, 그의 뜻이 법관에게 표명될 것이다. 그리고 법관이 국왕의 뜻에 반하는 판결을 하는 데에는 순교자의 정신이 필요할 것이다. 법관은 자신의 직위와 생존 모두를 그에게 전적으로 의존하고 있기 때문이다. 평생 자신의 직위를 유지하고 후세에게 그 직위를 유산으로 물려주는 국왕은, 일정한 기간 동안 혹은 평생 동안 직위를 보유하는 자들보다 자기 직위의 특권을 강화하려는 훨씬 더 강한 유인을 가지게 된다. 이런 이유로 영국 국민은 자유를 뒷받침할 중대한 핵심 요소를 쟁취했었다. 즉, 적법행위를 하는 한 [직위가 유지되는] 판사의 임명을 영국 국민들이 확보했을 때, 그들은 국왕으로부터 양보를 획득했던 것이다. 그것은, 왕의 특권의 범위를 확대하고 인민의 자유를 침해할 수 있는 가장 강력한 수단을 국왕으로부터 박탈한 것이었다. 그러나 이런 이유는 세습 군주가 없는 우리 나라에는 적용되지 않는다. 판사를 임명하는 자가 자신의 지위를 평생 갖거나 자녀에게 물려주지도 않는다. 따라서 적법행위를 하는 한 판사 직위의 유지를 옹호하는 주장은 아메리카의 상태나 조건에 적용될 때에는 그 무게의 상당 부분을 잃게 된다. 하물며, 우리 정부의 특성 때문에 모든 이유를 불문하고 어떤 통제도 받지 않을 만큼 더 독립적인 법원이 요구된다고는 더더욱 주장할 수 없을 것이다.

나는 이 [신헌법] 체제하에서 법관은 절대적 의미에서 독립적일 것이라고 말한 바 있다. 이를 입증하기 위해 나는, 그들의 판결을 통제하거나 실수를 정정할 수 있는 그들 상위의 그 어떤 권력도 존재하지 않는다는 점, 오류나 능력 부족을 이유로 그들을 면직하거나 혹은 감봉할 수 있는 어떤 권위도 부재하다는 점, 그리고 많은 경우에 그들의 권한이 입법부의 권한보다 우월하다는 점 등을 밝히고자 한다.

첫째. 그들의 오심을 시정하거나 그들의 판결을 통제할 수 있는 그들 상위의 어떤 권력도 존재하지 않는다. 이 법원의 판결은 최종적이며 되돌릴 수 없다. 이 법원 위에는 오심에 대해서든, 본안에 대해서든 상소를 할 수 있는 어떤 법원도 없기 때문이다. 이런 점에서 이 법원은 영국의 법원과 다르다. 영국에서는 상원이 최고법원이며, 최고법원들로부터 이곳으로 오심에 대해 상고가 이루어지기 때문이다.[1]

둘째. 그들은 판결에서의 오심이나 능력의 부족 때문에 면직되거나 감봉당하지 않는다.

그들은 "그 직무에 대하여 정기적으로 보수를 받으며, 그 보수는 재임 중에 감액되지 아니한다."라고 헌법에 명백히 선언되어 있다.

헌법에서 법관 면직을 가능하게 하는 유일한 조항은 "합중국의 대통령, 부통령 그리고 모든 문관은 반역죄, 수뢰죄 또는 그 밖의 중대 범죄와 비행 등으로 탄핵을 받거나 유죄판결을 받는 경우 그 직에서 면직된다."고 언명한 것이다. 이에 의하면, 법관을 포함하

---

1) [옮긴이] 18세기 후반 영국의 사법 체계는 보통법 법원과 형평법 법원의 이원 구조로 되어 있었는데, 이들 보통법 법원과 형평법 법원의 판결을 최종 심리하는 최고법원의 기능은 상원이 수행했다. 즉, 상원이 사실상의 최고 항소법원이었다. 상원의 사법권은 대법관Lord Chancellor과 법률 귀족에 의해 실질적으로 수행되었다.

는 문관은 오직 범죄로만 면직될 수 있다. 반역죄와 수뢰죄는 거명되었고, 나머지는 중대 범죄와 비행이라는 일반적 용어에 포함된다. 재판에서의 오심이나 직무 수행 능력의 부족은 중대 범죄와 비행이라는 단어에 포함되는 것으로 결코 생각할 수 없다. 판결을 내리면서 사건을 잘못 판단할 수도 있고 판사의 직무를 수행하기에 무능함이 드러날 수도 있지만, 부패하거나 성실성이 부족한 흔적은 드러나지 않을 수 있다. 혐의를 입증하려면, 그 판사가 사악하고 부패한 동기에서 오심을 저질렀음을 입증할 수 있는 사실을 증거로 제시해야 할 것이다.

셋째. 이 법원의 권한은 많은 경우에 입법부의 권한보다 우월하다. 나는 앞의 글에서 이 법원이 헌법의 의미 — 헌법 자구의 자연스럽고 명백한 의미에 따른 것뿐만 아니라 헌법의 정신과 의도에 따른 것까지 — 를 결정할 권한을 부여받게 될 것임을 밝혔다. 이런 권한을 행사함에 있어 이 법원은 입법부에 종속되지 않고 그보다 우위에 서게 될 것이다. 이 정부의 모든 부는 자신들의 권한을 그 근원인 인민으로부터 직접 부여받지만, 그 권한은 어디까지나 헌법에 표현된 것까지이다. 입법부는 헌법에 의해 부여된 권한만을 행사할 수 있을 뿐이고, 사법부에 속하는 권한은 그 어떤 것도 맡을 수 없다. 입법부에 입법부의 권한을 부여한 바로 그 권위가 사법부에도 사법부의 권한을 부여했다는 간단한 이유 때문이다. 양 부는 동일한 근원으로부터 비롯되었고, 따라서 똑같이 정당한 것이다. 입법부가 사법부로부터 독립적으로 자신들의 권한을 유지하듯이, 사법부도 입법부로부터 독립적으로 그들의 권한을 유지하는 것이다. [그런데] 그 위에 연방 대법원은, 입법부로부터 독립적으로, 헌법과 헌법의 모든 부문에 해석을 부여할 권한을 갖는다. 그리고 이 [신헌법] 체제에는 연방 대법원의 해석을 정정하거나 폐기할 어떤 권한도 규정되어 있지 않다. 따라서 만일 입법부가 연방 대법원 판사들이 헌법에 부여한 의미와 모순되는 어떤 법률을 통과시켰을 경우, 법원은 그 법률이 무효임을 선고할 것이다. 따라서 이런 점에서 사법부의 권한은 입법부보다 우월한 것이다.[2] 영국의 경우 법관들은 상원이 오심을 이유로 그들의 판결을 무효화하는 것을 받아들여야 한다. 이뿐만 아니라, 법관들이 법률이나 헌정 체제에 대해 의회의 의도와 상반하는 해석을 내릴 경우, 의회가 법원의 판결 자체를 무효화하지는 않지만 새로운 법률을 제정함으로써 종전의 법률의 의미를 다시 설명할 권한을 가지고 있고, 이와 같은 방식으로 그런 판결이 일반적으로 수용되는 것을 방지할 수 있다.[3] 그러나 [신헌법하에서] 우리 입법부에는 이런 권한이 없다. 법관이 최고 권위이

---

2) 푸블리우스는 이를 부정한다. 입법부에서 만든 법률을 무효화할 수 있는 권한이 "결코 입법부에 대한 사법부의 우위를 상정하지는 않는다. 그것이 상정하는 것은 다만, 인민의 권력이 양 부보다 우월하다는 것이고, 또한 법률로 공표된 입법부의 의사가 헌법에 공표된 인민의 의사와 충돌할 경우에 법관은 전자보다는 후자에 따라야 한다는 것이다. 법관은, 근본적이지 않은 법률보다는 근본법에 따라 자신의 판결을 규제해야 한다." 「연방주의자」 78번.

3) [옮긴이] 영국 의회는 법원이 판결을 통해 내린 법 해석이 의회가 원래 의도한 바와 달랐을 경우, 입법으로써 교정하는 방식을 취했다. 즉, 기존 법률의 의미를 명확히 하는 새로운 법을 제정함으로써 법원의 판례의 영향력을 사실상 제거하고, 법원의 판결을 입법에 의해 간접적으로 무력화했다. 이를 입법적 해석권legislative interpretation 혹은 입법적 교정권legislative correction이라 한다. 이는 그 이전부터 점진적으로 형성된 것으로, 18세기에는 영국 헌정의 핵심 원리인 의회 주권의 한 요소로 자리 잡았다. 따라서 영국에서 법원의 법 해석은 의회가 동의하는 한에서만 지속적 효력을 가졌고, 헌법적 의미를 결정하는 것은 언제나 의회의 입법 행위였고, 사법적 헌법 해석권이라는 개념이 존재하지 않았다. 브루투스는 이와 대조적으로 연방헌법에서는 사법부가 헌법의 해석과 의미를 최종적으로 결정하는 권력을 갖게 될 것임을 비판하고 있다.

며, 헌법을 해석하는 어떤 법률도 법관을 구속하지 못할 것이다.

사법부가 앞으로 취할 정책들은, 이 [신헌법] 체제의 사법권에 대해 지금까지 언급했던 내용들을 통해 충분히 파악할 수 있을 것이다.

이 헌법에 대한 관찰을 통해 나는, 헌법의 의도가 주 정부를 완전히 폐지하는 것이고, 또한 대외적이고 국가적인 목적뿐만 아니라 대내적이고 지역적인 목적을 위해서도 주들을 완전한 단일 정체로 통합하는 것이라고 주장해 왔고, 또 그것을 밝히고자 했다. 이 체제의 반대자들은 이 의견에 대체로 동의했고, 지지자들은 공개적으로는 일관되게 이런 견해를 부정해 왔다. 사실 지지자들 중 일부는 이 헌법에 그런 경향이 있음을 고백했을 터이지만, 그것이 자기들이 원하는 바라고 서슴없이 말하지는 않았다. 나는 예언가의 혼은 없지만 감히 예견하건대, 이 헌법[안]이 수정 없이 혹은 채택 직후 수정을 보장하는 예방책 없이 채택된다면, 재능과 능력을 이용하여 대중들의 마음을 이 [헌법]안의 채택 쪽으로 움직이는 데 성공했던 바로 그 신사들이, 동일한 재능과 능력을 이용해서, 쓸모없고 짐만 되는 주 정부를 폐지하는 것이 인민들에게 유익하다고 인민들을 설득할 것이다.

주 정부의 폐지를 촉진하는 데 사법부 조직보다 더 나은 것을 아마 생각해 낼 수 없었을 것이다. 사법부는 중앙정부의 범위를 감지되지 않을 정도로 서서히 점진적으로 확장할 수 있을 것이고, 인민의 성향에 맞추어 스스로를 조절할 수 있을 것이다. 헌법의 의미에 대한 법원의 판결은, 공중들에게는 대체로 생소한 개인 간의 소송사건에서 대개 이루어질 것이다. 하나의 판결은 다음 것의 판례를 형성할 것이고, 다음 판결은 다시 그다음 것의 판례가 될 것이다. 이런 소송사건들은 즉각적으로는 개인들에게만 영향을 미칠 것이다. 그래서 인민들이 알아채기도 전에 아마 일련의 판결들이 이루어질 것이다. 그사이에, 그런 변화를 원하는 자들은 자신들의 의견에 동조하는 사람들을 만들어 내는 데 온갖 술책과 수완을 동원할 것이다. 그들은 인민에게, 주 의회가 제정하는 모든 법률들은 연방의회도 똑같이 잘 만들 수 있기에 주 의회와 주의 관리들은 어떤 실익도 제공하지 않는 부담이고 비용일 뿐이라고 떠들어 댈 것이다. 변화를 원하는 사람들에게 그들로부터 영향을 받을 사람들이 보태지면, 또한 세금 경감을 가져올 정부 개조는 어떤 것이든 받아들일 그런 사람들 — 설득당해서 그럴 것이라고 믿는 — 이 보태지면, 주 정부 폐지를 찬성하는 집단은 결코 무시할 수 없는 세력이 될 것이다. 이런 상황에서 연방의회는, 연방의 관할권을 확대하고 주의 관할권을 축소하는 법률을 잇달아 통과시킬 것이다. 그리고 의회의 일련의 행위를 인가하는 사법부 — 헌법에 의해 헌법 해석 권한을 부여받은 — 에 의한 판결이 뒤따를 것이다. 만일 주가 항의하더라도, 법의 합법성을 판결하는 합헌적 수단은 연방 대법원의 수중에 있고, 인민도, 주 의회도, 연방의회도 그들을 면직하거나 그들의 판결을 뒤집을 수 없다.

만일 헌법 해석이 입법부에 맡겨져 있다면, 입법부는 그들의 책임하에 헌법을 해석할 것이다. 입법부가 자신의 권한을 넘어서거나 혹은 자구에 표현된 것 이상을 헌법의 정신 속에서 찾으려 하면, 입법부의 권한의 원천인 인민이 그들을 물러나게 할 수 있고, 인민 스스로 권리를 행사할 수 있을 것이다. 정말 나는 이런 종류의 권리침해에 대해, 인민이 통치자에 맞서 확보할 수 있는 다른 어떤 구제책은 생각할 수 없다. 헌법은 인민과 그들의 통치자 간의 계약이다. 만일 통치자가 계약을 파기하면, 인민은 그들을 파면하고 스스로 정의를 행할 권리가 있고 또 그렇게 해야 한다. 그러나 인민이 이를 좀 더 수월하게 할 수 있으려면, 인민에 의해 일정 기간 동안 선택된 자들에게 계약의 의미를 최종 판결할 권한이 주어져야 한다. 만일 그들이 [계약의 의미에 대해] 인민의 해석과 반대되는 판결을 하면, 통치자 선출 시기에 인민을 향해 상고가 이루어질 것이고, 인민은 해악을 교정할 수 있을 것이다. 하지만 이 권한이 인민과 인민의 대표로부터 독립적인, 헌법상으로 여론에 책임지지 않는 그런 사람들의 수중에 맡겨진다면, 신의 힘을 제외하고는 그들을 통제할 어떤 방법도 남지 않게 될 것이다.

브루투스

16번
연방의회: 상원

1788. 4. 10.

정부 구성의 원리

중요하고 비상한 권한이 어떤 사람 혹은 집단에 부여될 경우에는, 그런 권한이 행사되는 과정에서 인민을 억압할 수 있기에 남용을 막을 수 있는 강력한 견제 수단을 만드는 것이 아주 중요하다.

아마도 [자신보다] 우위의 어떤 권력에 책임지는 데에서 나오는 것보다 더 강력한 억제력은 없을 것이다. 따라서 공화정부의 진정한 원리는, 정부에 관여하고 있는 모든 사람들로 하여금 그 직무에 대해 상급의 누군가에게 책임지도록 하는 식으로 정부를 구성하는 데 있다. 이 책임은 궁극적으로 인민에게 귀속되어야 한다. 정부가 모든 부문에서 잘 운영되도록 하려면, 정부의 각 부가 분리되어 가능한 한 각기 다른 세력에게 맡겨져야 한다. 입법권은 한 집단에게, 집행권은 다른 집단에게, 그리고 사법권은 이 둘과 또 다른 누군가에게 맡겨져야 한다. 그렇게 해도, 이들 각 집단은 자신들의 행동에 대해 책임져야 한다. 따라서 아마 이들 각 부 사이에 완전한 구분을 유지하는 것은 실행 불가능할 것이다. 왜냐하면 입법부와 사법부를 어느 정도 결합하지 않고는, 정부의 각 관리들에게 책임을 묻기가, 불가능하지는 않더라도, 어려울 것이기 때문이다. 자유 공화국에서 입법부는 정해진 기간 동안 인민에 의해 선출되며, 그들의 책임은 인민에게 복종하는 데에 있다. 임기가 만료될 때 인민이 그들의 [임기 중의] 업무 수행에 대해 동의하지 않는다면 인민은 그들을 대체할 기회를 갖게 될 것이다. 하지만 사법부를 선거로 선출하는 것은 부적절할 것이다. 법관의 직무에는 어느 정도의 법률

지식이 요구되고, 이는 정규 교육을 통해서만 습득될 수 있기 때문이다. 이 외에도 그들은 판결에 있어 단호함과 일관성을 유지할 수 있도록 일정 정도 독립적 지위를 갖는 것이 적합하다. 따라서 인민이 판사를 선출해서는 안 되기에, 판사들이 인민에게 즉각 순종하는 것은 불가능하다. 그렇기에 인민의 직접 선택으로부터 기원하지 않는 모든 다른 공직자와 마찬가지로, 복종의 의무를 확보할 다른 방식이 이들을 위해 고안되어야 한다. 그것은 다른 법원을 예하에 두는 [상급]법원을 만들고 이들에게 모든 공직자의 행위에 대한 재판관할권을 부여함으로써 달성될 것이다. 이런 방안에서 우리는 결국, 인민 자체를 제외하고는 그들을 통제할 어떤 권력도 없는, 어떤 최고의 것에 도달하게 된다. 이 최고의 통제 권력은 인민이 선택할 수 있어야 한다. 그렇지 않으면 아무런 복종의 의무가 없는 독자적 권위를 수립하게 될 것이고, 이는 자유 정부의 원리에 모순된다. 이런 원리에 부합하려면, 그 직위를 인민에게 의존하는 어떤 집단이 최고법원의 모든 비행에 대해 책임을 추궁할 수 있어야 한다. 또한 어떤 상위의 공직자에게도 복종할 의무가 없는, 주의 다른 모든 고위 공직자들에 대해서도 역시 책임을 추궁할 수 있어야 한다. 신[헌법] 체제의 제정자들도 몇몇 조치들에서 이런 방책을 고려했던 것 같고, 이에 따라 탄핵 법정 제도가 만들어지게 된 것 같다. 이 법정이 그들에게 맡겨진 신임을 집행할 자격을 어느 정도나 제대로 갖췄는지는 후속 논설에서 검토할 과제이다. 그 준비 작업으로 여기에서는 탄핵 재판권이 부여될 상원의 구성과 권한에 대해 논평하고자 한다.

상원의 구성과 권한

상원의 구성에 관해서는 다음 사항들을 이야기할 수 있다.

첫째, 의원은 인민이 아니라 주 의회에 의해 선출되며, 각 주는 같은 수의 의원에 의해 대표된다.

둘째, 의원의 임기는 6년이지만, 최초 선출된 의원 중에서 3분의 1은 2년 만기 시에, 3분의 1은 4년 만기 시에, 3분의 1은 6년 만기 시에 직을 떠나야 한다. 그 후에도 이런 순환은 유지되지만, 모든 의원은 6년 임기 동안 복무할 것이다.

셋째, 만일 어떤 주에서든 주 의회의 휴회 중에 사직 또는 그 밖의 원인으로 상원 의원의 결원이 생길 때에는, [그 주의] 집행부가 수 의회의 다음 회기 때까지 임시로 상원 의원을 임명할 수 있다.

넷째, 연령이 30세에 미달하거나, 합중국 시민으로서의 기간이 9년이 되지 아니하거나, 또는 선거 당시에 선출될 주의 주민이 아닌 자는 상원 의원이 될 수 없다.

주들 간의 상원 의원 할당은 주의 인구수나 중요성과 무관하게 동일하다. 통합 정체 구상에 의하면 이는 불공평하고 부적절하지만, 연방 체제에서는 적절하다. 이런 원리에 따라 나는 이를 지지한다. 이는 사실 연방 정체의 헌법에서 유일하게 중요한 특징이고, 제헌 회의에서 주 정부의 보존을 지지했던 쪽이 격렬한 투쟁 끝에 확보한 것이었다. 하지만 유감스럽게도 그들은 [마찬가지로 중요한] 다른 원리들은 헌법안에 불어넣지 못했고, 각 주 정부를 지키지도 못했다. 주 정부와 중앙정부 간의 경계를 충분히 정확하게 설정하지도 못했다.

상원 의원의 임기는 내가 판단하기에 너무 길다. 그리고 교체에 관한 규정을 만들지 않은 것은 위험한 결과를 가져올 것이다.

상원 의원의 임기를 정확히 정하기는 어렵다. 이것은 여론의 문제이고, 이 문제에 대한 우리의 의견을 일정한 원칙에 주의하면서 수립해야 한다. 상원이 수행하게 될 몇몇 직무들을 감안하면, 그들의 임기를 하원 의원보다 길게 하는 것이 분명 적절해 보인다. 그 밖에도 그들은 이 나라의 [자연] 귀족을 대표하도록 고안되었기에 민중을 대표하는 원보다 더 안정성을 가져야 하고 그래서 더 긴 임기를 갖는 것이 온당한 것 같다. 조약 체결이나 기타 상원에 맡기는 것이 적절한 몇몇 직무들은 그들에게 경험을 요구하는데, 그런 경험을 쌓기 위해서는 직위를 상당 기간 동안 유지해야 한다. 그렇지만, 똑같이 중요한 것이 있다. 자신을 빚어낸 손[즉 유권자]을 잊어버릴 만큼 또는 그들의 관심사에 무감각해질 만큼 오랫동안 재임해서는 안 된다는 것이다. 사람들은 오랫동안 공직에 있게 되면 스스로 독립적이라고 느끼기 쉽고, 자신의 임명자와 무관한 이해관계를 형성하고 추구하기 쉽다. 상원의 경우 더더욱 그렇게 되기 쉬울 것이다. 그들은 대부분의 시간 동안 자신이 대표하는 주에 없을 것이고, 중간 계층 인민의 정서와 동떨어진 그런 동료들과 어울릴 것이기 때문이다. 명심해야 할 것은, 연방 도시가 나타날 것이고 이 땅의 지체 높고 힘 있는 자들이 그곳의 주민이 되리라는 점이다. 이런 이유들 때문에, 나라면 그들의 임기를 4년으로 축소하겠다. 6년은 고향을 떠나 있기에 너무 긴 시간이어서, 상원 의원을 선거구민으로부터 떼어놓게 될 것이다.

상원[의원]의 교체 역시 크게 유용하리라 생각된다. 현재의 [신헌법] 체제대로라면, 주의 대표로 일단 선출된 상원 의원이 공직을 평생 이어 갈 개연성이 크다. 그 지위는 이익이 생기지는 않는다 하더라도 명예를 가져다줄 것이다. 그 자리를 차지한 자는 아마 계속 거기에 있으려 할 것이고, 따라서 공직에 계속 머무르기 위해 자신이나 친구들의 모든 영향력을 동원할 것이다. 그의 친구들은 수도 많아지고 강력해질 것인데, 그들에게 큰 이권을 제공할 수 있는 힘을 그가 갖게 될 것이기 때문이다. 게다가 오래지 않아 재선 실패는 불명예로 간주될 것이다. 그러므로 그를 다시 선출하지 않는 것은 상원 의원의 품격과 관련된 미묘한 문제로 간주될 것이다. 공무에 익숙한 사람이라면, 오랫동안 재임한 사람을 공직에서 물러나게 하는 것이 얼마나 어려운지 알고 있을 것이다. 중대한 비행을 저지른 경우가 아니면 좀처럼 물러나지 않으며, 능력 부족으로 물러나는 일은 드물다. 이런 폐단을 방지하기 위해서는, 헌법이 정한 일정 기간 동안 봉직하면 상원 의원 피선거자격이 박탈되도록 하는 것이 현명하리라 생각된다. 아마 세 번이면 충분할 것이다. 이런 제도적 장치에는 추가적인 이득도 있다. 그것은 더 많은 사람들이 나라에 봉사할 수 있는 기회를 제공할 것이다. 또한 임기를 채운 자들을 자기 주로 복귀시킬 것이고, [그렇게 함으로써] 유권자들의 상황이나 정치 동향을 더 잘 알게 되는 이점을 그들에게 제공할 것이다. 나아가 주 의회는, 현재의 연합하에서 가지고 있는, 자기 주 의원에 대한 소환권을 유지하는 것이 적절해 보인다. 어떤 사람이 다른 사람에게 자기 대신 업무를 수행할 권한을 부여할 때에는, 자신의 뜻에 따라 업무를 수행하지 않을 경우 그를 해고할 수 있는 권한을 보유해야만 한다. 이는 이성의 명백한 명령처럼 보인다. 연합하에서 주 의회의 이런 권한이 정부에 해롭게 행사된 적은 없었다. 신체제하에서도 그렇게 해롭게 행사되리라는 어떤 위험 요소도 보이지 않는다. 그것은 공공의 이익에 크게 도움이 될 것이다.

이상의 간략한 논평이 상원 조직에 대해 말하고자 하는 전부이다. 상원에 부여될 권한은 좀 더 상세한 조사를 요구할 것이다.

이 조직은 입법과 집행 그리고 사법 권한이 기묘하게 혼합된 권한을 가지고 있는데, 내 의견으로 이것들은 여러 경우에 서로 충돌할 것이다.

1. 상원은 입법부의 한 원이며, 이 점에서 하원과 모든 문제에서 동등한 권한을 보유할 것이다. 세입 징수에 관한 법률안의 발의권을 하원에 부여한 조항은 단지 명목적인 것으로 생각된다. 수정안을 발의하거나 수정을 가해 동의할 수 있는 권한을 상원에 허용하고 있기 때문이다.

2. 대사와 외교사절의 임명에서, 그리고 달리 규정이 없는 그 밖의 모든 관리들의 임명에서 상원은 집행부의 한 부문이 된다. 상원이 대통령과 함께 참여하는 조약의 체결이 입법부에 속하는지, 집행부에 속하는지, 혹은 어디에도 속하지 않는지는 중요하지 않다.

3. 상원은 탄핵 법정을 구성하기 때문에 사법부의 한 부분이 된다.

정부의 입법부, 집행부, 사법부가 구분되어야 한다는 것은 오래 전에 확립된 공리이다. [헌법안 지지자들이] 그렇게 하는 것은 불가능하며 따라서 그 공리는 적절하지 않거나 또는 적어도 정부의 일정한 핵심 특징에만 적용되어야 한다고 주장하는 것을 나는 알고 있다. 나는 이런 구분이 완벽하게 지켜질 수 없다는 것을 인정한다. 적절하게 균형이 잡힌 정부에서는 집행부에 제한적인 입법권을 부여하고, 또한 입법부나 입법부의 한 원에 최종적인 사법권을 부여하는 것이 아마 절대적으로 필요할 것이다. 또한 어떤 특별한 경우에, 국가적으로 엄청 중요한 조치를 행할 때에는 입법부 혹은 입법부의 한 원을 집행부와 결합하는 것이 바람직할 것이다. 하지만 여전히 그 공리는 타당하고, 이런 권력의 분리는 가능한 한 추구되어야 할 것이다. 이 [신헌법] 체제의 지지자들 가운데 누군가가, 이런 모든 권한들을 상원에 모을 필요가 있다는 거짓 주장을 하리라고는 도저히 상상할 수 없다.

상원이 입법권을 갖는 것은 적절하다. 이것은 그들을 임명할 때부터 고려한 주된 목적이다. 입법권을 두 원으로 분리한 문제에 대해서는, 빈번히 그리고 훌륭하게 제시되어 온 주장들을 여기서 반복할 필요는 없다. 분리를 지지하는 논거들이 확실하다고 나는 생각한다. 하지만, 입법부의 한 원에 관리 임명권을 부여해서는 안 된다는 것도 마찬가지로 명백하다고 나는 생각한다. 이 권한을 상원에 부여한 것은 아주 부적절하다. 그 이유들은 다음 논설에서 상술

하고자 한다.[1]

브루투스

---

1) 출간된 후속 논설은 없다.

연방농부 편지

제1부
논평¹⁾

---

1) [옮긴이] 1부, 2부 구분과 각 부의 제목은 역자가 붙인 것이다. 1부는 『최근 회의에서 제안된 정부 체제에 대한 공정한 검토 및 몇 가지 필수적 수정을 위한 논평: 연방농부가 공화주의자에게 보내는 편지』*Observations Leading to a Fair Examination of the System of Government Proposed by the Late Convention; and to Several Essential and Necessary Alterations in It. In a Number of Letters from the Federal Farmer to the Republican*라는 제목의 소책자로 1787년 11월 초에 출간되었다.

1번
서론

1787. 10. 8.

귀하에게

헌법안 검토의 원칙

합중국에 적합한 균형 있는 중앙정부라는 주제로 지난겨울에
여러분에게 보냈던 편지는 자유로운 연구의 결과물이었다.[1] 나는
그 주제로부터 교역, 세입, 지난 정부 등에 관한 연구로 나아가면
서, 제헌회의가 제안한 정부안을 자세히 검토하면서 내가 [지금] 느
끼고 있는 그런 문제점들에 대해 이미 살펴본 바 있었다. 제헌회의
의 안은 연방의 특징을 일부 유지하고 있는 것 같지만, 단일의 통합
된 합중국 정체로 나아가는 중요한 첫걸음으로 보인다. 또한 그런
정체를 강력히 지향하는 것처럼 보인다. 그 안은 정부의 권한과 인
민의 대표를 중앙정부와 주 정부 간에 너무나 비정상적으로 할당해
놓았기에 우리 체제의 운영이 아주 불안정해질 것이 틀림없다. 나
는 연방을 일관되게 지지하며 소유권 보호 및 안정된 법 집행에 대
해 관심을 갖고 있다. 만일 내가 어떤 편견을 가지고 있다면 그것은
그런 장점을 보증해 줄 중앙 체제에 대한 편애일 것이다. [현재의]
우리 법률의 불안정성은 견고하고 안정된 정체에 대한 나의 갈망을
증대하고 있다. 하지만 나는, 공동체 내 모든 계층의 사람들의 권리

---

1) '지난겨울에 보냈던 편지'라는 구절은 이 글의 필자를 확인할 수 있는 단
   서로 여겨져 학자들의 관심을 끌었지만, 그런 편지로 추정되는 글은 아직
   발견된 바 없다.

를 똑같이 보호하리라고 생각되지 않는 정체에 대해서는 결코 동의할 수 없다. 나의 목표는 안정적이고 적절한 정부 운용을 통해 우리 정체의 단점을 메우려고 노력해 온 사람들 편에 서서 함께 행동하는 것이었다. 하지만 나는 오랫동안, 한편에서는 사기꾼 같은 채무자들과 궁핍한 자들이 다른 한편에서는 공화주의적 평등에 적대적인 자들이, 인민들 사이에 불안을 야기해, 냉정하고 신중한 정체 개혁이 아니라 특정 계층의 이익 촉진을 도모하는 데 유리한 상황을 만들어 내지 않을까 염려해 왔다. 만일 내가 신체제 수립 과정에서 그 어떤 역할로부터도 면제된다면, 나는 그 체제 ─ 만일 채택된다면 ─ 가 신중히 운영되는 것을 바라보는 것으로 만족해할 것이다. 사실 나는 "가장 잘 운영되는 것이 가장 좋은 것"이다.[2]라는 포프Pope의 공리가 진리라고 확신하기에, 경험해 보고 나서 [좋으면] 신체제에 기꺼이 동의할 것이다. 나는 [정체의] 형태를 두고 지나치게 다툴 마음은 없다. 나는 우리가 위기 상황에 있으며, 최선을 다해야 함을 알고 있다. 어떤 유형이든 연방 정부는 필수 불가결하다. 우리는 활력이 쇠퇴해 가는 현실을 겪어 왔다. [지금의] 연합[체제]이 어떤 유익한 목적에 부응할 수 있는 능력을 갖고 있었는지, 아니면 애당초 그럴 여지가 없었는지의 여부는 이제 조금도 중요하지 않다. 변화를 향한 길 ─ 아마 인민 전반에게 그다지 우호적이지 않을 정부로 나아가는 ─ 을 준비하는 데 있어 중추적 역할을 해 왔던 사람들과 주들에 대해 나는 상관하지 않을 것이다. 이제 [새로운] 헌법이 제안되어 있다. 우리는 그것을 거부할 수도 있고, 아니면 채택 ─ 수정과 함께 또는 수정 없이 ─ 할 수도 있다. 문

---

[2] Alexander Pope, *Essay on Man*, epistle 3, lines 303-304. 이 구절은 「연방주의자」 68번에도 인용되고 있다.

제는 우리가 어느 선까지 시도해야 하는가이다. 이 문제를 올바로 결정하기 위해서는 [헌법안] 체제 자체를 주의 깊게 검토해야 하고 또한 두 가지 방안 [즉 거부와 채택] 각각의 예상되는 결과도 검토해야 한다. 나는 이 일을 가능한 한 정직하고 공정하게 행하려고 노력할 것이다. 그리고 내 의견의 타당성과 논거의 무게, 결론의 논리성 등에 대한 판단은 여러분에게 맡길 것이다. 현시점에서 다른 사람은 어떻게 행동하든, 나는 제안된 헌법의 시시비비에 대해 성급하고 절내석인 판단은 하지 않을 것이다. 나는 설득을 수용할 것이며, 모든 것을 고려할 때 공동체의 행복을 위해 최선인 것처럼 보이는 것을 항상 채택할 것이다. 우리가 반드시 인정해야 할 것이 있다. 정부 체제를 성급하고 맹목적으로 채택하게 되면 마찬가지로 성급하고 맹목적으로 그것을 변경하거나 폐지하게 될 것이고, 이렇게 변화가 연이어 발생하게 됨으로써 공동체의 온건한 대다수 구성원들이 소요와 무질서에 지친 나머지 안정과 견고함을 약속하는 정부라면 아무리 전제적일지라도 그것을 수용하려 하리라는 사실이다.

떠오르는 첫 번째 질문은, 우리 상황을 고려할 때 헌법안 채택을 서둘러야 하는가이다. 우리가 냉정과 침착함을 유지한다면 어떤 소요가 발생할 당면한 위험은 존재하지 않는다. 우리는 완벽한 평화 상태에 있고 침략의 위협도 없다. 주 정부들은 그들의 권한을 충실히 집행하고 있다. 교역 규제나 신용 확보, 공채 이자 지급 등에서의 일부 사례를 제외하면, 우리 정부들은 당면한 모든 과제들에 잘 대응하고 있다. 우리가 변화를 3개월 후에 택하든 9개월 후에 택하든, 개인들의 사적인 상황에는 거의 영향을 미치지 않을 것이다. 그들의 행복과 번영은 결국 그들 자신의 노력에 주로 달려 있다. 우리는 길고 고통스러운 전쟁에서 이제 막 벗어났다. 농부나 어부 등은 전쟁이 남긴 폐허를 아직 완전히 복구하지 못하고 있다. 근면과 검소함이 다시 제자리를 찾고 있다. 개인 채무는 줄고 있고, 전쟁이 초래한 공적 채무는 여러 수단에 의해 감소하고 있다. 공공 토지들은 이제 공적 채무를 훨씬 더 줄이는 생산적 원천이 되었다. 내가 알기로, 불안해하면서 몹시 서두르는 사람들은 이 모든 사실을 인정하지 않고 있다. 하지만 이것들은 우리 나라 사정에 정통한 모든 이들에게 잘 알려져 있는 사실이다. 우리 연합 체제에 결함이 있고 일부 주 정부들이 잘 운영되지 못하고 있다는 사실은 인정해야겠지만, 우리는 대부분 명백히 지난 전쟁의 결과물인 여러 폐해나 곤란 등을 모두 우리 정부의 결함 탓으로 돌리고 있다. 우리는 비슷한 모든 경우에 그러하듯, 현재 상황에서도 [비판을 앞세우기보다] 사람들이 일을 할 수 있도록 두어야 한다. 그들은 자신들의 목표에 부합하는 수많은 요구를 양측[즉 연합과 주 정부]에 촉구할 것이다. 우리는 어떤 사람이 자신의 처지를 바꾸어 나가기를 원할 때, 그 사람이 처한 상황을 비참하고 끔찍하며 혐오스러운 것으로 묘사하곤 한다. 그리고 그 사람이 새로 받아들이기를 바라는 상황은 매력적으로 묘사한다. 또한 그 반대를 원한다면, 상황을 거꾸로 묘사한다. 아우성이 일어나고 게을렀던 사람들이 일을 시작하려 할 때에는 사실을 조심스럽게 살펴볼 필요가 있다. 그들[의 노력]이 거짓이 아닌지 부당하게 의심하지 말고, 그들이 어떤 생각으로 행동하는지 주의 깊게 살펴보고 알아보는 것이 필요하다. 정치적 관심사에서 사람들은 사실을 있는 그대로가 아니라 자신이 원하는 대로 말하는 경우가 너무나 많다. 과거의 장면을 기억한다면, 거의 모든 사람들이 이것이 사실임을 발견하게 될 것이다.

제안된 [신헌법] 체제를 시간을 가지고서 충분히 숙고하고 검토해 나간다면, 야심 있고 조급하고 무질서한 자들의 정념을 제외한 그 어떤 것도 우리를 소동에 빠뜨리지 못하리라 생각된다. 자신의 [현재] 상황에서 안락함을 느끼는 사람들, 또한 제안된 변화의 결과에 대해 낙관적으로 기대하지 않는 사람들은 기존 정부하에서 조용히 있을 것이다. 불안해하는 다수의 부유한 자들과 상인들은 정당한 이유가 없지 않기에 존중받아야 하고, 그들이 기대하고 희망하는 바를 결코 부당하게 좌절시켜서는 안 된다. 그러나 신헌법하에서 일자리를 기대하는 사람들, 혁명을 통해 항상 이득을 기대하지만 곤경에서 벗어나도 또 다른 곤경에 빠지기 마련인 우둔하고 과격한 자들은 고려할 가치가 거의 없다. 그리고 이런 취약성과 격정을 의도적으로 이용하는 사람들은 경멸받아 마땅하다. 어떤 조치를 서둘러 채택하려는 사람들은 당연히 지금이 위기라고 말한다. 지금이 움켜잡아야 할 결정적인 순간이며, 그렇지 않으면 모든 것을 잃게 되리라 주장한다. 또한 그들은 제안된 대책에 결함 — 시간이 있고 조사를 하면 십중팔구 드러날 — 이 있음을 의식할 때에는 어김없이, 자유로운 조사를 가로막기 위해 문을 닫아걸어야 한다고 말한다. 이는 모든 시대의 폭군과 그 부하들의 습성이었다. 자주 언급되듯이, 이 나라 인민들이 자신들의 상황을 더 나쁘게 만들 리가 없음이 사실이라면, 나는 그들이 여전히 상황을 개선하기 위해 신중하게 노력해야 할 의무가 있다고 생각한다. 어느 사회에서나 변덕스럽고 과격한 이들은 전제 정부를 수립하는 데 적합한 수단이 된다. 반면 자유의 원칙에 입각해 정부를 수립하고 지켜 낼 사람은 신중하고 분별 있는 자들이다. 그들은 제안된 안에 대해 결정을 내리기 전에, 그것이 인민에게 축복이 될지 저주가 될지 따져 볼 것이다.

지금 이 순간 우리 문제는 새로운 국면을 맞고 있다. 지금까지 우리의 목표는, 공동체에 평화와 질서, 그리고 정의를 확립하기 위해 연합 체제를 개혁하고 정부를 강화하는 것이었다. 하지만 이제 새로운 목표가 제시되었다. 지금 제안된 정부 구상은 조만간 우리 인민의 조건을 완전히 바꾸도록 계획된 것이 분명하다. 그것은 분명, 연방 지도부하에 13개의 공화국이 존재하는 것이 아니라, 우리를 통합된 단일 정체로 만들도록 설계되었다. 나는 이 주제를 다룰 후속 편지들에서 이 점에 대해 여러분을 충분히 설득시킬 수 있으리라 생각한다. 주들의 이런 통합은 얼마 전부터 이 나라의 몇몇 사람들이 목표해 온 바였다. 그런 변화가 어떤 방식으로든 이루어질 수 있을지, 격변이나 내란 없이 그런 변화가 이루어질 수 있을지, 그런 변화가 이 나라의 자유를 완전히 파괴하지 않을지 등은 오직 시간만이 결정할 수 있을 것이다.

헌법안 제정의 배경과 경과

우리 앞에 놓인 정부를 제대로 파악하기 위해서는, 그리고 제안된 [헌법]안이 의도하는 목표가 통합 정체임을 입증하기 위해서는, 제안된 안에 대한 조사뿐만 아니라 그 안의 역사와 특정 지지자들의 책략에 대한 조사가 필요하다.

연합은 개인과 각 주들의 자발적 노력을 전적으로 신뢰했던 시기에 만들어졌다. 그리고 그 입안자들은 [주와 인민의] 권리에 대한 침해를 막기 위해 [연합회의] 권한을 너무 제한하고 억제했기에, [연합 체제는] 여러 측면에서 합중국의 긴급 상황에 대처하기에 부적합했다. 따라서 연합 체제가 채택되자마자 곧 연합회의의 구성원들은 그것의 변경을 촉구했다. 수입세 부과, 무역 규제 등의 권한을 연합회의에 부여하자는 안이 초기부터 제시되었다. 그러나 그런 [개혁]안들은 [기존] 권력을 잃게 될 주들의 경계 대상으로 여겨졌고, 부여될 권한조차도 여러 가지 견제와 제한을 받도록 제안되었었다. [독립] 전쟁 시기의 전반적인 혼란과 지폐 도입 등으로 인해 사람들은 정부와 신용에 대해 허황된 생각을 갖게 되었다. 우리는 평화의 회복으로부터 너무 많은 것을 기대했고 당연히 실망했다. 우리 정부들은 신생 정부였고 불안정했다. 몇몇 [주의] 의회는 법정화폐, 지급정지, 지폐 관련 법률 등을 제정하여 채권자들에게 불안을 야기했다. 이를 비롯한 여러 원인으로 인해 우리 사회의 여러 계층의 사람들이 점차 정부를 개조하고자 했다. 그리고 바로 이런 주 의회의 권력 남용은 몇몇 경우에 공동체의 민중적 구성원들 탓으로 돌려졌고, 귀족적 인사들에게 자신들이 원하는 목표를 신속히 달성할 수 있는 바로 그런 무기, 그런 수단을 제공했다. 만일 제안된 변화가 억압적 정부로 귀결된다면, 후대의 사람들은 소수의 거만하고 부도덕한 사람들뿐만 아니라 주 안에서 그들의 권력을 오용한 일당들에게도 비난을 퍼붓게 될 것이다.

지폐 [남발] 및 법정화폐법에서 몇몇 주 의회들이 보인 행태[3]는, 여러 정직한 사람들로 하여금 그런 상황이 아니었다면 생각지도 못했을 [급격한] 정부 개조를 각오하게 만들었다. 한편에서는 [그런 조치의] 폐해로 인해 다른 한편에서는 교묘한 자들의 비밀 선동으로 인해 사람들의 마음이 충분히 동요되었을 때, 대담한 조치 — 대개는 혁명이나 내란으로 이어질 — 가 취해졌다. 단지 상업적 목적만을 위한 전국 회의가 제안되었다. 이 방책의 제안자는, 사람들의 관심이 오로지 연합 체제의 수정에만 쏠려 있으며, 만일 총체적 변화를 향한 구상이 표명된다면 아마 어떤 주도 회의에 대표를 지명하지 않으리라는 사실을 간파했다. 궁극적으로 주 정부를 파괴하고 단일 통합 체제를 수립한다는 구상은 수용될 수 없었다. 따라서 단지 교역 규제 권한을 연합회의에 부여하기 위한 회의가 제안되었다. 이는 상업도시들에는 만족스러운 것이었지만, 토지 소유자들은 거의 또는 전혀 관심이 없었다. 1786년 9월에 중부의 주들에서 온 몇몇 사람들이 아나폴리스Annapolis에 모였고, 연합 체제를 전반적으로 수정하기 위한 회의를 1787년 5월에 개최하자는 제안이 긴급히

---

3) 이에 대해서는 「브루투스 편지」 14(2)번의 각주 4 참조.

이루어졌다. 이 제안은 매사추세츠주와 기타 다른 주의 대표들이 도착하기 전에 이루어졌고, 구 헌법을 폐기하고 신헌법을 제정하는 것에 대한 이야기는 한마디도 없었다. 아직 이상한 낌새를 눈치채지 못한 주들은 자신들이 루비콘강을 건너고 있다는 사실도 모른 채, 연합 체제의 개정·수정이라는 오직 그 명시적 목적만을 위해 새로운 회의에 보낼 위원을 임명했다. 아마 [제헌회의 시작 이후] 10일 혹은 12일째까지도, 낡은 배는 폐기되어야 하며 제안된 새 배에 탑승하거나 그렇지 않으면 침몰 위기에 처하거나 둘 중 하나를 선택해야 한다고 생각한 사람은 합중국에서 1만 명 중 한 명도 없었을 것이다. 내가 생각하기에 주들이 보편적으로 예상했던 것은, 그 회의에서 연합 체제를 수정하는 안을 보고하고, 연합회의에서 검토를 거쳐 합의가 이루어지면, 모든 주의 의회에 의해 비준을 받거나 아니면 기각되는 것이었다. 버지니아주는 매우 존경할 만한 인물을 지명했고, 그 선두에 아메리카 제일의 사람[조지 워싱턴]을 임명했다. 임명에는 정치적인 인물도 섞여 있었다. 하지만 펜실베이니아주는 귀족적이라고 평가받는 사람들을 주로 임명했다. 이때 몇몇 사람들이 정체를 바꾸기에 좋은 순간을 포착했고, 그들은 연설을 통해 그 순간을 장악했다. 대표를 지명한 다른 10개 주들은 주로 상업 및 사법 분야의 인사들을 선정했지만, 다수의 훌륭한 공화주의 인물들도 지명했었다. 그들이 모두 참석했더라면 보다 나은 체제가 제안되었으리라 확신한다. 회의의 일원으로 지명된 여덟아홉 명이 불참한 것은 합중국에 매우 불행한 사건이라고 나는 생각한다.[4] 만일

---

4) 저자가 생각하는 인물들은 뉴저지주의 에이브러햄 클라크Abraham Clark, 노스캐롤라이나주의 리처드 캐스웰Richard Caswell, 윌리 존스Willie Jones, 버지니아주의 패트릭 헨리Patrick Henry, 토머스 넬슨Thomas Nelson, 리처드 헨

그들이 참석했더라면 회의의 결과가, [헌법]안의 모든 부분에서 지금 확인할 수 있는 것처럼 그렇게 강력한 귀족정의 경향을 띠지는 않았으리라 확신한다.[5] 헌법안이 제안한 것처럼 그렇게 많은 권한, 특히 이 나라의 내부 치안과 관련된 권한이 소수의 손에 모두 주어지지는 않았을 것이고, 결집한 귀족들과 젊은 몽상가들[의 영향력]이 더 억제되었을 것이다. 11개 주가 회의에 참석했고, 4개월 동안 세심한 주의를 기울인 끝에 인민이 채택하거나 혹은 거부할 신헌법을 세안했나. 공농체의 불안정하고 변덕스러운 구성원들은 어떤 형태의 정체라도 기꺼이 받아들이려 할지 모른다. 그러나 계몽되고 견실한 구성원이라면, 채택받기 위해 제출된 어떤 헌법에 대해서도 솔직하고 철저하게 검토할 것이고, 또한 그토록 중요한 체제를 무기력하고 경솔하게 서둘러 채택하려 하는, 속셈이 있거나 혹은 아무 생각 없는 사람들을 침묵시킬 것이라 생각된다. 우리는 그 회의를 적절히 존중할 것이다. 그리고 능력과 진실성을 지닌 인물들이 그 회의에 참석했음을 상기하는 동시에, [그 회의에서] 공동체의 민중적 부분과 귀족적 부분이 얼마나 불균형적으로 대표되었는지를 기억해야 한다. 아마도 신헌법에 대한 현명한 지지자와 반대자라면, 신헌법을 오직 그 자체의 장점에 의거하여 지지하거나 아니면 그 자체의 결함을 이유로 비판하는 것이 최선이라는 데 동의할 것이다.

　우선 나의 전제는 다음과 같다. 즉, 제안된 안은 협상의 안이며,

　리 리Richard Henry Lee 등이다. 이들은 모두 헌법안에 대해 비판적이었는데, 당초 제헌회의 대표로 선입되었으나 참석을 거부했거나 혹은 참석하지 못했다.

5) 여기서 말하는 귀족은 전통적 귀족이 아니라 자연 귀족이다. 이에 대해서는 3번 및 7번 서한 참조.

우리가 자유와 협약에 기초한 정부의 확보를 기대할 수 있는 것은 오직 이런 [협상의] 방식을 통해, 그리고 우리 의견의 일부를 포기함으로써 가능하다는 점이다. 솔직한 사람이라면 이 주제를 논의함에 있어 항상 이 점을 염두에 둘 것이다.

합중국의 이상적 정체

제안된 안은 부분적으로는 연방적인 것처럼 보이지만, 기본적으로는 주들을 궁극적으로 통합된 단일 정체로 만들려고 한다.

따라서 제기할 첫 번째 흥미로운 질문은, 주들을 자유의 원칙에 기초하여 어디까지 완전한 단일 정체로 통합할 수 있는가이다. 이 문제를 고려할 때에는 [정부가 추구해야 할] 포괄적인 목표를 염두에 두어야 하고, 정체의 중대한 변화가 초래할 모든 결과에 대해 세심한 주의를 기울여야 한다. 모든 정직한 정치가들의 가장 큰 목표는 일반 대중의 행복이 되어야 하며, 그의 모든 활동을 이 지점으로 향해야 할 것이다. 우리가 인민으로서 단일 정체하에서 평등한 행복과 이익을 누릴 수 없는 상황에 놓이게 된다면, 주들의 통합은 결코 받아들일 수 없다.

합중국이 하나의 국가로 존재할 수 있는 세 가지 상이한 형태의 자유 정체가 있다. 아마 지금이야말로 우리 의견을 어느 쪽으로 향하게 해야 할지 결정할 때이다. 1. 연합의 지도부 아래 결합한 별개의 공화국들. 이 경우에는 각 주 정부들이 인민 권리의 주된 수호자가 되어야 하고, 그들의 내부 치안을 배타적으로 통제해야 한다. 정부의 균형은 주 정부들에 달려 있다. 주들의 회의체 또는 연합 지도부는, 각 주의 지시에 따르고 각 주에 의해 해임 가능한 대표들로 구성되어야 한다. 이 회의체는 포괄적인 통제권을 가져야 하는데, 주들에 인력과 자금을 요구하고, 조약을 체결하고, 전쟁과 평화를 결정하며, 군대의 작전을 지휘하는 권한 등이 그것이다. 이렇게 정체를 연합식으로 변형한다면, 회의체의 권한은 강제적이기보다 권고적이 될 것이다. 2. 우리는 각 주 정부들을 폐지하고, 모든 주들을 하나의 집행부, 하나의 사법부, 하나의 입법부를 가진 완전한 단일 정체로 만들거나 통합할 수 있다. 입법부는 합중국의 모든 지역에서 모은 상원 의원과 하원 의원들로 구성된다. 이 경우 주들은 완전히 통합될 것이다. 3. 우리는 일정한 전국적 목표와 관련해서는 주들을 통합하지만, 일반적으로 내부 치안에 관해서는 주들을 각기 별개인 독립적 공화국들로 놓아둘 수 있다. 중앙정부는 집행부, 사법부, 그리고 균형 잡힌 입법부로 구성된다. 그 권한은 모든 대외적 문제들, 교역과 관련해 해상에서 발생하는 소송사건, 수입輸入, 군대, 해군, 인디언 문제, 평화와 전쟁, 그리고 몇 가지 공동체 내부 관심사들, 예를 들면 주화, 우체국, 도량형, 민병대에 관한 일반 계획, 귀화, 그리고 아마 파산 등의 문제에 배타적으로 미친다. 다른 한편, 공동체의 내부 치안은 전적으로 주 정부들에 맡긴다. 내부에서 발생하는 모든 소송사건에서 법의 집행, 내국세의 부과와 징수, 정해진 일반 계획에 따른 민병대 구성 등이 그것이다. 이 경우 특정한 목표와 관련해서만 완전한 통합이 이루어진다.[6]

첫 번째, 즉 연합안에 대해서는 지지할 게 많다고 생각되지 않는다. 국가의 힘을 결집할 효율적인 강제 권한을 갖지 못한 그런 국가의 주권에 항상 의존해서는 정부의 목적을 실현할 수 없는 것이다. 그리고 주권적인 주들의 대표로 구성된 회의체에서는 필연적으

---

6) 이렇게 '연합', '완전한 통합', '부분적 통합'이라는 세 가지 방식의 구분은 당시의 표준적 구분으로 「연방주의자」 39번에서 푸블리우스가 내린 구분과 기본적으로 동일하다. 그런데 저자는 6번 서한에서 "연합안" 주창자를 "가짜 연방주의자"라고 칭하고, "부분적 통합" 지지자를 "진정한" 혹은 "정직한 연방주의자"라고 부른다.

로 동일한 세력의 손에 권한이 불합리하게 결합될 수밖에 없다.[7]

두 번째, 즉 완전한 통합안에 대해서는 이 기회에 모든 아메리카인들이 신중하게 검토해야 마땅하다. 만일 그것이 실행 불가능한 것이라면, 궁극적으로 그쪽을 지향하면서 우리 정부를 설계하는 것은 치명적 오류가 될 것이다.

세 번째 안, 즉 부분적 통합이 내가 생각하기에 인민의 자유와 행복을 보장할 수 있는 유일한 방안이다. 나는 한때 두 번째 방안이 실행 가능하리라는 어떤 막연한 생각을 가지고 있었다. 하지만 오랜 관심과 제헌회의의 활동을 보면서, 세 번째 방안이 안전하고 적절하게 진행할 수 있는 유일한 안이라는 사실을 완전히 받아들이게 되었다. 이 안을 기준으로 삼아 신헌법에서 부적절해 보이는 부분들을 솔직하고 공정하게 지적하는 것이 나의 목표이다. 제헌회의는 분명히, 합중국의 모든 권력을 궁극적으로 완전한 단일 정체로 모으려는 의도를 가지고 부분적 통합을 제안한 것처럼 보인다. 그리고 제안된 [헌법]안의 가장 큰 결함은 바로 그런 의도로부터, 또한 상원에서 동등한 표를 차지하려는 작은 주들의 고집으로부터 비롯된 것 같다.

자유로운 선거제 정부는 거대한 영토로 확장될 수 없다는 것이 많은 위대한 저자들의 견해이다. 이와는 별도로 조금만 생각해 봐도 단일 정체와 [중앙정부에 의한] 전국적 입법만으로는 합중국의 모든 구성원들에게 동등한 혜택을 제공할 수 없다는 것이 명백해질 것이다. 각각의 주에는 상이한 법률과 관습, 의견 등이 존재하는데, 획일적인 법체계는 이런 것들을 부당하게 침해할 것이다. 합중국은

7) [옮긴이] 이 부분은, 입법권과 집행권이 결합되어 있었던 연합회의의 문제점을 지적한 것이다.

약 100만 제곱마일[약 256만 제곱킬로미터]에 이르고, 반세기 안에 아마 1000만 명의 사람들을 포함하게 될 것이며, 중앙에서 가장 먼 곳까지 약 800마일[약 1280킬로미터]이 된다.

주 정부들을 폐지하기 전에, 혹은 주 정부들을 폐지하고 주들을 완전한 단일 정체로 통합하는 쪽으로 나아갈 그런 조치들을 채택하기 전에, 몇 가지 원칙에 대해 숙고하고 사실을 확인해야만 한다. 나는 다음 서한에서 이에 대해 살펴볼 것이며, 또한 제안된 헌법안의 핵심 부문에 대해서도 검토할 것이다.

경의를 표하며

연방농부

2번
헌법안의 근본 문제

1787. 10. 9.

귀하에게

자유 정부의 핵심 요소 부재

자유롭고 좋은 정부의 필수 요소는 입법부에서 인민을 완전하고 동등하게 대표하는 것과 법의 집행에서 인근 지역 주민에 의한 배심재판(jury trial of the vicinage)[1]을 하는 것이다. 완전하고 동등한 대표란, 인민들이 모두 모일 경우 인민들 스스로가 가질 것과 동일한 이해관계, 감정, 의견, 관점 등을 갖는 그런 대표이다. 따라서 공정한 대표는, 공통의 선거 과정에 따라 공동체의 모든 계층의 사람들이 [공정한] 대표의 몫을 차지할 수 있도록 규정되어야 한다. 전문직, 무역상, 상인, 농부, 직공 등이 각각 자신들 중에서 가장 견문이 넓은 자를 공평한 비율로 입법부에 보낼 수 있으려면 대표 기구가 상당히 많은 인원으로 구성되어야 한다.[2] 지금 합중국에는 약 200명의 주 상원 의원이 있다. 만일 전체 합중국을 대표하는 오직 하나의 의회만 있을 경우, 연방 대표의 수가 그보다 적으면 내국세와 치

---

1) [옮긴이] 영국 및 식민지 전통에서 '범죄 발생지 인근의 주민들이 배심을 구성하여 진행하는 재판'을 의미한다. 이는 당시 영미법 전통에서 핵심적인 인민의 권리였다.

2) 대표는 연방농부의 가장 중요한 주제 중 하나이다. 자유롭고 동등한 대표 문제에 대해서는 3, 5~12, 15번 서한 참조. 또한 「브루투스 편지」 1번도 참조. 이 문제에 대한 연방주의자들의 견해는 「연방주의자」 35, 36번 참조.

안 문제에서 인민을 완전히 대표할 수 없음이 명백하다. 사회의 주변 지역이 중심 지역만큼 충분히 대표될 수 없다면 대표는 평등할 수 없으며, 그런 인민의 환경은 단일 정체에 적합할 수 없다. 이렇게 광대한 나라에서 그렇게 되는 것은 명백히 실현 불가능하다. 정부 소재지로부터 500마일[약 800킬로미터], 600마일[약 960킬로미터], 700마일[약 1120킬로미터] 떨어져 있는 지역의 대표를 [한곳에] 모으기란 대단히 어렵기 때문이다.

단일 중앙정부하에서는 하니의 사법부, 즉 하나의 대법원과 적절한 수의 하급법원만 존재할 수 있다. 이 경우 적절한 법의 집행과 인근 지역 주민에 의한 배심재판의 실질적 혜택을 보존하는 것은 전혀 불가능하다고 생각된다. 현재 합중국의 각 주에는 대법원이 있다. 그리고 각 대법원에 종속된 다수의 카운티 및 기타 법원들이 있다. 이들 대법원과 하급법원들은 대부분 순회하며, 매년 각 주와 카운티 및 디스트릭트의 여러 지역들에서 법정을 연다. 이렇게 온갖 이동 법원들이 있음에도 불구하고, 나라의 광대한 규모로 인해 시민들은 법 집행 장소를 찾기 위해 집에서 먼 거리를 여행해야 한다. 나는 소송 제기 유혹을 낳을 정도로 법관을 개인 가까이에 가져다주는 것에는 찬성하지 않는다. 그렇지만, 시민들이 합리적인 거리 ― 아마도 집에서 하루 거리 이내 ― 에서 법원을 찾을 수 있는 것이 좋은 정부의 가장 큰 이점 중 하나라고 생각한다. 그러면 시민들은 큰 불편과 막대한 비용 지불 없이도 증인과 배심원의 이점을 누릴 수 있을 것이다. 단일 사법부로부터 이런 이점을 얻는 것은 불가능할 것이다. 단일 대법원은 합중국의 중심에 자리할 것이고 기껏해야 1년에 한 번 정도 동쪽과 남쪽 변방 지역의 중심지로 이동할 수 있을 것이다. 이럴 경우 시민들은 이 법원을 찾기 위해 평균 150~200마일[약 240~320킬로미터]을 여행하게 될 것이다. 하급법원은 합중국의 여러 카운티와 디스트릭트에 적절하게 배치될 수 있겠지만, [연방 대법원이 갖는] 상소심 관할권은 감당할 수 없는 부담과 막대한 비용을 인민에게 지울 것이다.

설령 주들을 통합하면서 [동시에] 자유 정체의 특징을 보존하는 것이 가능하다고 해도, [중앙]정부 소재지 주변 지역이나 중부 주들은 큰 이점을 누리겠지만 멀리 떨어져 있는 주들은 원격 지역의 불편함을 크게 겪게 될 것이다. 부와 공직, 정부의 혜택이 중앙에 모일 것이고, 변방의 주들과 그 주요 도시들은 훨씬 덜 중요해질 것이다.[3]

자유의 원칙에 기초한 단일 통합 정체라는 구상의 근거가 취약함을 입증해 줄 또 다른 이유가 있다. 자유 정부의 법률은 인민의 신뢰에 기초해 부드럽게 운영되는데, 그 영향력을 아주 먼 곳까지 확장하는 것은 불가능하다. 정부가 주는 혜택으로 말미암아 사람들이 자발적으로 정부를 지지하게 되는 중심지 부근에서는 법률이 자유의 원칙 위에서 실행된다고 하더라도, 변방에서는 공포와 힘의 원칙에 따라 시행될 수밖에 없다. 이것이 모든 광대한 공화국이 겪은 현실이었고, 이에 대해 우리는 자세히 설명할 수 있다.

권리장전 부재, 중앙정부의 무제한적 권한

사회 협약을 맺을 때 명시적으로 확인하고 확정해야 하는, 양도할 수 없는 일정한 기본적 권리들이 있다. 자유롭고 계몽된 인민은 사회 협약을 맺을 때 자신의 모든 권리를 통치자에게 양도하지 않으며, 자신의 입법자들과 통치자들에게 한계를 부과할 것이다. 이런 한계는 머지않아 통치자들은 물론 피치자들에 의해 분명히 인식될 것이다. 그리고 통치자들은, 피치자들에게 들키지 않고 경보음도 울리지 않으면서 그 한계를 넘어갈 수 없음을 알고 있다. 이런 권리들

---

3) 이에 대한 반박은 「연방주의자」 14번 참조.

은 모든 헌법의 기초가 되어야 한다. 만일 인민들이 그런 권리를 확인하고 확정하는 데 있어 동의할 수 없는 상황에 처하거나 서로 다른 의견을 가지고 있다면, 이는 그들이 완전한 단일 사회를 형성하고 오직 하나의 법체계하에서 살아가려고 하는 시도에 반대할 매우 강력한 이유가 될 것이다. 고백하건대 나는 각 주의 인민들이 이런 사항에서 근본적으로 의견이 다를 것이라고 생각해 본 적이 없다. 그들은 이 모든 권리를 하나의 공통 원천, 즉 영국 체제로부터 끌어왔으며, 각 주의 헌법을 작성하면서 이런 권리에 관한 그들의 생각이 매우 유사함을 발견했었다. 그런데 지금 들리는 바에 의하면, 주들은 이런 사항들에서 — 심지어 배심재판이라는 중요 조항에서도 — 근본적 이견을 가지고 있으며, 제헌회의에 모였을 때 배심재판을 비롯한 여러 기본권들을 사회 협약의 근본 조항으로 확정하고 확립할 그 어떤 문구에도 합의할 수 없었다고 한다.[4] 만일 그렇다면 우리는 아무런 확고한 기반도 없이 주들을 통합해 가고 있는 것이다.

　　그러나 나는, 권리장전을 신헌법의 기초로 삼지 않은 것과 관련해 [신헌법 지지자들이] 둘러대는 핑계에 대해 크게 신경 쓰지 않을 것이다. 나는 여전히 연방의 완전한 권리장전이 실행 가능하다고 믿는다. 그럼에도 불구하고 나는, 제헌회의의 일련의 활동을 살펴본 결과, 주들의 완전한 통합에 반대할 새롭고 강력한 이유를 갖게 되었다. 그들이 내게 확신시켜 주는 바는, 제헌회의는 [병행 추진해야 할 두 측면 중에서] 어느 한 측면에서만 훨씬 더 많이 — 다른 측면에서 나아갈 수 있는 정도보다 — 나아갔는데, 그렇게 해서는 일이 제대로 추진될 수 없다는 사실이다. 즉, 그들은 중앙정부에 매우 광범위한 권한 — 전부는 아니더라도 지갑과 칼에 대한 거의 완전

---

4) 이는 비준 논쟁 동안에 연방주의자들이 빈번히 주장했던 것이다.

하고 무제한적인 권한 — 을 부여할 것을 제안했다. 하지만 중앙정부의 조직 구조를 보면, 그런 권한을 지지하고 집행할 적절한 정부의 수족이나 기관을 적절한 원칙에 따라 (혹은 그런 권한이 안전하게 위임되도록) 수립하지 못했다는 강력한 증거가 발견된다. 모든 사회에서 그런 권한들은 반드시 어딘가에 부여되어야 한다. 하지만 그것은 인민의 힘과 수호자들이 모인 곳에 부여되어야 한다. 자유로운 나라에서 그 권한들은, 유능한 집행부와 사법부, 존경받는 상원, 그리고 안전하고 완전하며 동등한 인민의 대표 등에 의해서만 집행되거나 안전하게 사용될 수 있다. 나는 내가 전제하거나 제시한 원칙들의 근거가 확실하며, 공정한 추론자라면 누구도 거부하지 않으리라 생각한다. 우리는 이런 원칙을 비롯해 여타 견고한 다른 원칙들을 바탕으로 헌법을 검토할 것이다. 몇 마디의 민주적 문구나 잘 구성된 몇 가지 특징이 헌법의 장점을 입증해 줄 수 있는 것은 아니다. 지각 있는 사람들 사이에서 헌법 거부를 초래하는 것은 몇 가지 작은 누락이 아니다. 지각 있는 사람이라면 다음 사항들을 검토할 것이다. 공동체에서 핵심적인 권한은 무엇이며 명목적인 권한은 무엇인가? 정부를 확보하고 [동시에] 진정한 자유를 확보하기 위해서는 핵심적 권한을 어디에 어떻게 맡겨야 하는가?

주 정부·중앙정부 권한의 불균형

제안된 헌법을 주의 깊게 살펴보면, 그런 [핵심적] 권한들이 인민의 진정한 대표[즉 주 정부]로부터 비정상적으로 분리되어 있음을 분명히 깨닫게 된다. 주 정부는 주지사, 상원 의원, 하원 의원, 공무원 및 필요경비 등을 갖추고서 존속할 것이다. 인민의 대표의 20분의 19는 주 정부에 존재할 것이다. 주 정부는 인민과 긴밀한 관계를 가질 것이며, 그 구성원들은 인민들 바로 옆에서 인민과 직접 교류할 것이다. 그리고 주 정부는 인민의 신뢰를 얻고 일반적으로 인민의 직접적 수호자로 여겨질 개연성이 크다.

중앙정부는 새로운 종류의 집행부, 소규모 상원, 아주 작은 하원으로 구성될 것이다. 대부분의 시민들은 중앙정부 소재지로부터 가깝더라도 300마일[약 480킬로미터] 이상 떨어져 있을 것이다. 중앙정부는 엄청난 비용을 들이지 않고서는 판사나 공무원 수를 크게 늘릴 수 없을 것이다. 헌법안을 정부 조직의 어떤 수정도 없이 [그대로] 채택한다면, 주 정부와 중앙정부는 지금 말한 것 같은 상태가 될 것이다. 그러나 권한에 관해서는 중앙정부가 최소한 서류상으로는 핵심적 권한을 모두 소유하게 될 것이고, 주 정부는 권한의 그림자만 갖게 될 것이다. 그러므로 인민들이 내부 치안 문제에 관한 중앙정부의 권한 — 내국세를 배타적으로 부과·징수하고, 민병대를 통제하고, 그들 자신의 법률에 대해 그들 자신의 법정이 최종 판결하는 권한과 같은 — 을 주 정부로 되돌리려는 노력을 하지 않는 한, 균형은 오래 유지될 수 없다. 주 정부는 소멸되거나 아니면 아무런 목표 없이 존재만 이어 갈 것이다.

하지만 중앙정부에 부여된 핵심적 권한의 대부분이 독점적으로 부여되지 않았다는 점은 인정해야 한다. 그리고 중앙정부가, 각 주에서 여전히 행사할 수 있는 그런 권한들의 행사를 자제할 만큼 신중함을 보일 수도 있다. 그러나 이런 사정들이 그런 권한의 부적절한 부여를 정당화할 수는 없다. 왜냐하면 신중한 사람은 그런 권한을 행사하지 않겠지만, 경솔한 자는 자유 정부에 파괴적인 방식으로 그것을 행사하려 하거나 십중팔구 행사할 수 있기 때문이다. 중앙정부 — [헌법안] 그대로 조직된 — 가 여러 유용한 목표에 적합할 수도 있고, 몇몇 경우에는 적절한 원칙에 기초해 법률을 집행할 수도 있을 것이다. 하지만 중앙정부의 가장 열렬한 지지자일지라도, 헌법안에서 중앙정부에 위임하도록 제안하고 있는 모든 권한을 중앙정부가 군대의 지원을 요청하지 않고도 집행할 수 있으리라고 주장하지는 않을 것이다. 그리고 그런 군대는 얼마 지나지 않아 이 나라의 모든 선출 정부를 파괴할 것이고, 무정부 상태를 야기하거나 아니면 전제정치를 확립할 것이 틀림없다. 제안된 체제가 어떻게 작동할지에 대해 지금 완벽히 알아낼 수는 없다. 하지만 일반적인 순리에 따라 생각해 보면 웬만큼은 알 수 있을 것이다. 중앙정부에 부여된 권한들은, 만일 그것이 행사된다면, 주들의 대외적 관심사뿐만 아니라 내부 치안에도 밀접한 영향을 미칠 것이 틀림없다. 그리고 여러 주 정부와 그들의 연고 세력들이 연방 법률 — 그때까지 자신들이 직접 관리해 왔던 내부 사안들을 집행하려는 — 에 대해 우호적으로 대하리라고 기대할 수 있는 근거는 어디에도 없다. 오히려 훨씬 더 많은 근거를 가지고서 다음과 같이 예상할 수 있을 것이다. 즉, 인민들로부터 멀리 떨어져 있고 그 구성원이 빨라야 2년에 한 번씩 선출되는 중앙정부는 인민들에 의해 잊히거나 무시될 것이다. 또한 끊임없이 수많은 관리와 군대를 인민에게 과시하고, 그들을 이용해 법 집행을 강제하고 중앙정부를 두려워하고 존경하도록 만들지 않는다면 정부의 법률은 많은 경우에 무시될 것이다. 법률이 무시되거나 법률을 군사적으로 집행하는 것은 필연적으로 혁명과 자유의 파괴로 이어질 수밖에 없다. 이보다 더 진실된 견해는 없다. 법이 무시되면 먼저 무정부 상태와 혼란으로 이어질 것이다. 그리고 군사적인 법의 집행은 동일한 지점, 즉 독재 정부에 이르는 지름길일 뿐이다.[5]

경의를 표하며

연방농부

---

[5] 이런 주장에 대한 연방주의자들의 대응은 「연방주의자」 27번 참조.

3번
연방 정부 조직과 권한

1787. 10. 10.

귀하에게

헌법안 수정의 불가피성

자유민의 주요 목표는, 법에 대한 신뢰와 존중을 만들어 낼 수 있는 정부와 법을 수립하고 운영하는 것이어야 한다. 또한 그렇게 함으로써, 공동체의 합리적이고 덕성스러운 일원들이 법에 대한 지지를 표명하고, 값비싼 군사력[의 동원] 없이도 법을 유지하도록 하는 것이어야 한다. 고백컨대 별로 기대는 않지만, 나는 신헌법하에서 연방의회가 제정할 법률도 그렇게 되기를 바란다. 나는 우리가 [헌법안과는] 다른 원칙에 따라 중앙정부를 조직해야 하며, 또한 중앙정부의 주요 부분들을 좀 더 효율적으로 만들고 그 안에 공동체의 다양한 이해관계들을 좀 더 완전하게 확보해야 한다고 확신한다. 그렇게 하지 못한다면, 적어도 그런 조직의 실행 가능성이 밝혀질 때까지는, 중앙정부에 부여하도록 제안된 일부 권한을 주 정부에 그대로 남겨 두어야 한다. 나는 연방이 잘 운영되리라고 낙관적으로 예상할 수 없기에, 그리고 주들의 통합과 동시에 전체 인민의 권리를 보존하는 것이 불가능하다고 믿기에, 여전히 인민을 실제로 대표할 주 정부에 그런 권한의 일부를 계속 남겨 두어야 한다고 생각한다. 또한 중앙정부에 위임하도록 제안된 일부 다른 권한을 좀 더 신중하게 규정하고, 중앙정부에 주어질 권한이 적절히 행사되도록 보장할 몇 가지 원칙을 확립해야 한다고 생각한다. [헌법안에 대한] 반대의 이유를 늘리거나, 사소한 권한이나 수정 사항을 둘러싸고 다투는 것은 나의 목표가 아니다. 나는 약간의 수정을 거쳐 이 체제가 채택되기를 바란다. 하지만 그런 수정은 필수적이다. 수정 없이 채택되더라도 훌륭한 시민들은 모두 묵묵히 따를 것이다. 하지만 그럴 경우 우리 [주] 정부들의 존속과 인민의 자유는 중앙정부를 어떻게 운영하느냐에 따라 크게 좌우될 것이다. 정부를 현명하고 정직하게 운영한다면 어떤 정부하에서도 인민을 행복하게 만들 수 있을지 모른다. 하지만 사악하고 무모하거나 야심을 가진 자들에게 권력 남용의 길을 열어 주는 것은 오직 불가피한 상황에서만 정당화될 수 있다. 나는 이런 판단을 내리기 위해, 첫째, 제안된 정부의 조직을 검토할 것이다. 둘째, 어떤 권한이 부적절하게 적어도 성급하게 중앙정부에 부여되었는지를 정확히 검토할 것이다. 셋째, 불확정적인 권한에 대해, 넷째, 안전하고 적절한 근거에 기초해 행사되리라는 보장이 없는 권한에 대해 조사할 것이다.

하원 구성의 한계

첫째, 조직에 대해 말하자면, 민중의 원이라 불리는 하원은 65명으로 구성된다. 주민 5만 명당 대표 한 명 정도인데, 2년마다 선출된다. 연방의회는 이 수를 각 주에서 주민 3만 명당 한 명까지 늘릴 수 있는데, 분수는 절삭한다. 33명의 의원이 의사정족수를 구성하며, 출석 의원 과반수가 원의 의사를 정한다. 300만~400만 인민의 이해관계와 생각, 견해 등이, 특히 내국세를 다룰 때에, 그런 원에 어떻게 수렴될 수 있을지 도무지 알 수 없다. 세상일이 그렇듯이, 열에 아홉 번은 공동체의 상류층 인사들만 선출될 수 있을 것이다. 예를 들면 코네티컷주는 다섯 명의 하원 의원을 가지게 될 것인데, 공정히 계산해 보면 주 의회의 민중의 원을 구성하는 100명의 의원 중에서 단 한 명도 그 다섯 명 중에 들지 못할 것이다. 어떤 의미에서 이 나라의 인민은 모두 민중에 속할 것이다. 그러나 소수의 부유하고 능력 있는 자들과 인민의 대부분인 중간층·하층을 적절히 구분하고, 전자를 이 나라의 자연 귀족natural aristocracy으로, 후자를 민중democracy으로 간주한다면, 연방 하원에는 민중이 거의 존재할 수 없을 것이다. 심지어 이 소규모 대표 기구조차도 적절한 원칙에 기초하리라는 보장이 없다. 입법부의 양원은 근본 협약[즉 헌법]의 핵심 부분이기에, 인민에 의해 고정되어서 입법부가 의원 선출[방식]을 수정함으로써 스스로를 변경할 수 없도록 만들어야 한다. 그런데 연빙의회는 [헌법] 제1조 4절에 따라 이런 변경을 할 수 있다. 연방의회는 분명 특정 유형의 인사들의 선출이 보장되도록 선거를 규제할 수 있다. 예를 들면, 주 전체를 하나의 선거구로 만들고, 주의 수도나 어떤 특정 장소를 투표 장소로 삼고 나서, 최다 득표자 다섯 명(또는 몇 명이든 주에서 선출할 인원)을 당선자로 선언할 수 있는 것이다. 이 경우, 내륙의 소읍에 흩어져 사는 사람들은 자신들의 표를 각기 다른 여러 사람들에게 [나누어] 줄 것이다. 반면, 도시에 거주하면서 어떤 계층이나 직업에 속한 소수의 사람들은 연합하여 자신들이 원하는 다섯 사람을 후보들 중에서 최선두로 올릴 수 있다. 어떻게 그렇게 될지는 쉽게 간파할 수 있다. 이 모든 것은 합헌적으로, 그리고 일반 인민들이 바로 인식하지 못할 은밀한 작업을 통해 이루어질 것이다. 연방의회가 공정하고 정당한 원칙에 따라 선거를 규제할 것이라는 주장이 있음을 나도 알고 있다. 이는 사실일 수 있다. 선한 사람은 어떤 헌법하에서도 대체로 바르게 통치할 것이다. 그러나 사회체제의 기초를 놓으면서 왜 부적절한 규제의 문을 쓸데없이 열어 둘 필요가 있는가? 그것은 매우 막연하고 부주의한 조항이며, 연방의회에 선거 규제 권한을 부여한 그 조항에서 많은 해악이 발생할 수 있다. 만일 그 조항을 삭제한다면, 인민을 진정으로 대표하며 마땅히 그곳에서 선거를 규제해야 할 각 주에서 단독으로 선거 규제를 하게 될 것이다. 그뿐만 아니라, 헌법을 제정하면서 공동체의 모든 구성원들로부터 대표를 확보하기 위해서는, 각 주를 적절한 수의 선거구로 나누고 유권자들로 하여금 각 선거구에 항구적 이해관계와 주거를 가진 사람만을 선출하도록 해야 한다. 또한 이런 근본적 목표를 실현하기 위해서는, 투표한 유권자들 표 중에서 과반을 얻어야 대표로 당선될 수 있게 해야 한다.

합중국의 모든 부문으로부터 인민의 완전하고 동등한 대표를 확보할 수 있으려면, 공간적 광활함과 함께 이 나라의 광범위한 지역들에서 공통으로 나타나는 상이한 의견과 관습, 견해 등을 고려해야 한다. 이뿐만 아니라 동부 주, 중부 주, 남부 주들의 고유한 여러 차이들도 고려해야 한다. 이런 차이들은, [헌법안에 따라 구성될] 연방의회 의원들이나 주에 대한 일반 정보만을 가진 인사들보다는, 제대로 된 민중의 원을 구성할 의원들 사이에서 더 잘 감지될 수 있을 것이다. 동부의 주들은 매우 민중적이며, 주로 온건한 자유 토지 소유자들로 구성된다. 부자는 적고 노예는 없다. 남부 주들은 주로 부유한 농장주들과 노예들로 구성된다. 온건한 자유 토지 보유자는 소수이고, 일반적으로 방탕한 귀족들이 지배적인 영향력을 갖고 있다. 중부의 주들은 부분적으로는 동부의 특징을, 부분적으로는 남부의 특징을 띠고 있다.

[그런데] 연방 하원을 세금 징수 등과 같은 중대 목표를 맡기기에 적합한 대규모 인원으로 구성한다면, 다른 어떤 조직보다 혼란스럽고 통제 불가능하고 무능한 것이 되어서 조화롭고 신속한 의사 진행이 불가능하게 될 것이다. 그런 [대규모] 의원들이 협력하여 행동할 수 있을지, 그들이 몇 년 동안은 그럭저럭 해 나가겠지만 그 후에는 합중국 구성원들을 분열시키는 수단이 되지는 않을지 등은 중대한 문제가 아닐 수 없다. [따라서] 이 체제의 가능한 모든 형태를 검토해 볼 때, 가장 적절해 보이는 것은 다음과 같다. 즉, 연방 정부는 각 주들의 내부 법률로는 관할할 수 없는 국가적 목표에 대

해서만 포괄적이고 완전한 권한을 보유해야 하며, 그렇기에 이 연방 정부[즉 연방의회]는 그렇게 많지 않은 인원의 원들로 구성되어도 되는 것이다.

상원과 부통령

하원은 통합 [체제] 구상에 근거하지만, 상원은 전적으로 연방 [체제] 구상에 기초하고 있다. 상원에서 델라웨어주는 합중국의 가장 근 주만큼의 헌법적 영향력을 갖게 될 것이다. 그리고 상원에는 입법, 집행 및 사법 권한이 부여되어 있다. 합중국에서 10개 주들이 자신들을 작은 주라고 주장하는데, 그중 아홉 개 주가 제헌회의에 참석했다. 그들은 각 주가 동등한 몫의 권한을 갖게 될 상원의 수중에 많은 권한을 결집하는 데 관심을 가졌다. 소위 세 개의 큰 주들이, 이와는 다른 어떤 원칙에 따라 상원을 수립하기란 불가능했으리라 생각된다. 그런데 이런 양상이 보여 주는 것은, 우리가 평등하고 공정한 원칙에 기초하여 단일의 중앙정부를 수립하는 것은 불가능하며, 또한 그런 원칙에 기초한 중앙정부 수립이 가능하리라고 확신하기 전에는 그렇게 광범위한 권한을 중앙정부에 부여해서는 안 된다는 것이다. 상원은 각 주에서 온 두 명의 의원으로 구성되는데, 이들은 6년마다 주 의회에 의해 선출된다. 하원 의원 선거와 관련해 앞에서 언급했던 그 조항은, '상원 의원의 선거 장소를 제외하고' 상원 의원 선거를 규제할 수 있는 권한을 역시 연방의회에 부여한다. 따라서 [공정하고 평등한 원칙에 따라 선거가 규제되리라는] 보장이 상원 의원 선거에서도 하원 의원의 경우에 비해 나을 것이 거의 없다. 14명의 상원 의원이 의사정족수를 구성하고, 출석 의원 과반이 의결정족수를 이룬다. 다만, 탄핵에 대한 판결을 내리고, 조약을 체결하고, 의원을 제명하는 경우에는 출석 의원 3분의 2 이상이 동의해야 한다. 양원의 의원은, 그들이 스스로 설치하거나 봉급을 인상한 자리를 제외하고는, 군 또는 문민 공직에 선출되는 데서 배제되지 않는다. 각 원은 출석 의원 3분의 2의 찬성으로 의원을 제명할 수 있다.[1] 상원은 의회의 독립적인 원이고, 탄핵을 심판하는 법정이다. 또한 모든 조약의 체결과 거의 모든 관리의 임명에 거부권을 행사하는 집행부의 일원이다.

부통령은 체제의 불필요한 부분은 아니더라도 그다지 중요하지 않다. 그는 어떤 때는 상원의 일원이 되고, 다른 때에는 최고 집행관으로 행동한다. 합중국의 대통령 선거는 물론이고 부통령 선거의 적정성은 확보된 것 같다.[2] 그러나 대통령의 권한과 집행부의 형태를 살펴보면, 중앙정부는 이 부분에서 귀족정, 또는 소수에 의한 정부로의 경향이 강함을 알 수 있다. 조금이라도 중요한 일의 처리에서는 사실상 대통령과 상원이 집행부가 된다. 대통령은 상원과 연결되어 있거나 상원에 매여 있다. 그는 항상 상원과 행동을 같이할 수 있지만, 결코 효과적으로 상원의 견해에 대항할 수 없다. 대통령은 상원이 동의하지 않는 어떤 군 또는 문민 관리도 임명할 수 없다. 이렇게 한 것은, 그토록 중요한 사람[즉 대통령]의 의지가 쉽게 통제되지 않을 것이며 또한 그 사람이 아주 능숙하게 자신의 권한을 행사하리라는 가정에 따른 것이다.

연방 정부 구성의 문제

사법부의 경우, 균형이 잘 잡힌 정부라면 항상 뚜렷하게 구별될

---

1) [옮긴이] 의원 제명의 경우 출석 의원이 아니라 재적 의원 3분의 2 동의가 필요하다.
2) 푸블리우스는 「연방주의자」 68번에서 이 부분에 대해 "출판되어 나온 가장 믿음직한 것은, 대통령 선출이 아주 신중하다고 황공하게 인정해 주기까지 했다."라고 언급하고 있다.

권한들이 동일인들의 수중에 부적절하게 뒤섞여 있다. 보통법과 형평법, 사실문제 등이 연방 대법관에게 맡겨져 있는 것이다. [헌법안에서] 제안한 중앙정부의 세부 조직들을 조사할 필요는 없을 것이다. 제헌회의에는 중재되어야 할 다양한 이해관계, 특히 큰 주와 작은 주, 총기 소지 찬성 주와 반대 주, 더 민중적인 주와 덜 민중적인 주 등의 이해관계가 존재했다. 제헌회의는 헌법안의 주요 부분들을 구성하는 데 막대한 노력과 주의를 기울였다. 그럼에도 불구하고 이 헌법의 핵심 부분에 근본적 결함이 많이 있다는 것이 정평이다. 하지만 그런 문제점들은 우리가 처한 상황의 산물이라고 말해지며, 이 문제를 충분히 검토해 본 결과 나도 그렇게 믿게 되었다. 그렇다면 제헌회의에서 힘들게 살펴보고 내린 결정들은 무엇을 입증하는가? 만일 그 결정들이 어떤 것을 입증했다면, 그것은 우리가 제대로 된 원칙 위에서 주들을 통합하기가 불가능하다는 사실이다. 제안된 정부 조직은, 모든 권력을 안전하게 위임할 수 있는 중앙정부를 우리가 수립할 수 없음을 입증한다. 그리고 제안된 정부의 주요 부분에 조금만 관심을 기울인다면, 정부에 부여하도록 제안된 모든 권한들이 정부의 목표를 위해서도, 자유의 보존이라는 목표를 위해서도 제대로 위임되지 못하리라는 점을 분명히 알 수 있을 것이다. 내가 [바람직하게] 생각하는 것은, 권력 남용에 대한 대비가 잘 이루어져 있지 않는 경우에는 [애당초] 권력 남용[의 가능성]을 없애는 것이다. 즉, 자체 구성원의 선거에 대한 규제 권한을 중앙정부[즉 연방의회]에 부여한 문구를 헌법안에서 삭제하거나, 혹은 각 주에서 자유로운 선거구 선거가 충분히 보장되도록 함으로써 헌법에서 규정하는 소규모 대표 기구를 가능한 한 공정하고 평등한 것이 되도록 만드는 것이다. 또한 사법부는 가능한 한 헌법에 의해, 미래의 법률에 의해, 순수한 원칙에 따라 규제되도록 하고, 이 나라의 상황에 부합하도록 하는 것이다. 제안된 헌법안에 열거된 모든 권한들이 부여된다면, 권한들은 지나치게 중앙에 축적될 것이다. 헌법안은 잘 균형 잡힌 정부를 제시하지 못하고 있다. 입법부의 상원과 집행부는 실질적으로 통합되어 있다. 대통령 혹은 최고 집행관은 상원의 권리가 취약해질 경우 상원을 지원할 수 있지만, 민중의 원의 권리는 아무리 억눌러도 효과적으로 지원할 수 없다. 내가 생각하기에, 균형이 잘 잡힌 정부의 장점은, 그것이 충분히 강력하고 독립적인 별개의 부들로 구성되어서 각 부가 자신의 지위를 유지하면서 때로는 도움이 필요한 다른 부를 지원할 수 있는 데 있다.

제헌회의는 하원이 소규모가 아닐 경우 비경제적이 될 것이고 또한 상당히 많은 수의 대표를 모으는 것이 실행 불가능하리라고 판단했다. 이 문제에 대한 제헌회의의 결정뿐만 아니라 주들의 상황이 입증해 주는 바는, 어느 한 지점에 제대로 된 대표를 모으는 것이 실현 불가능하다는 것이다.

따라서 상원의 구성[의 문제점]과 하원의 왜소함은 우리가 처한 조건과 현실적 상황의 결과이기 때문에, 이런 중앙정부에서 많은 권한을 행사할 때 수반될 해악은 치료제가 없으리라 생각된다.

모든 관리들의 탄핵은 오직 상원에서, 즉 그들을 임명하거나 임명에 동의한 사람들에 의해 이루어진다. 탄핵에 대한 유죄판결은 상원 의원 3분의 2의 동의에 의해 내려질 수 있다. 그렇기에 하원에 있는 탄핵 권한은 별로 중요하지 않을 수 있다. 하원이 범죄자에게 종종 탄핵 결정을 내릴 것이라고는 기대할 수 없을 것이다. 따라서 아마도 그 권리를 좀처럼 행사하지 않거나 전혀 행사하지 못할 것이다. 앞서 언급했던 이런 [소규모] 조직에 따르는 위험과 폐단 외에도, 부패와 위력의 치명적 결과로부터 인민을 보호하기가 거의 불가능할 것이다. 대통령과 여덟 명의 상원 의원, 그리고 17명의 하원 의원이면, 헌법에 열거된 주요 사안들에 대해 어떤 법률이든 제정할 수 있는 권한을 갖게 될 것이다. 이렇게 대표가 소규모인 곳에서는 법안 통과의 필요 충분 인원들이 뇌물과 알선, 예의상 하는 말 등으로부터 쉽게 영향을 받을 수 있다. 그들은 용이하게 사적 파당과 장외 모임을 결성하고서 법안에 동의하고 익명투표로 그것을 통과시킬 수 있다.

무제한 징세권 제한 필요

나는 연방 정부를 올바른 원칙에 따라 구성하는 데 얼마나 많은 어려움이 있었는지를 파악하고서, 또한 그렇게 힘들게 노력했어도 연방 정부가 그토록 부실하게 조직된 것을 보면서 큰 충격을 받았다. 따라서 그 정부에 권한을 부여할 때는 각별한 주의와 신중함이 필요하다고 믿게 되었다.

그러므로 두 번째로 꼭 필요한 것은, 연방 정부에 부여하도록 제안된 광범위한 권한들 중에서 일부 권한의 범위와 예상되는 운영을 검토하는 것이다. 이런 입법·집행·사법의 권한은 대외적 사안은 물론이고 대내적 사안에도 관련된다. 모든 외교 사안, 교역, 수입세, 해상에서 발생하는 모든 소송사건, 평화와 전쟁, 인디언 문제 등처럼 대외적 사안과 관련된 권한들은 연방 정부가 아닌 다른 어떤 곳에도 적절하게 위임할 수 없다. 대내적 사안에 관한 많은 권한들도 분명 연방 정부에 맡겨야 한다. 예를 들면, 주들 간의 교역, 도량형, 주화 또는 통화, 우편국, 시민권 부여 등을 규제하는 권한이 그것이다. 이 권한들은 각 주의 내부 치안에 본질적 영향을 미치지 않고서도 행사될 수 있다. 그러나 내국세를 부과·징수할 권한, 민병대를 구성할 권한, 파산법을 제정할 권한, 각 주의 내부 법률에 따라 제기되는 재판과 상소심에 대해 판결할 권한 등은 매우 중대한 것들로서 거의 모든 다른 권한을 수반한다. 다른 권한들과 연관된 이런 권한들, 그리고 연방 정부에 부여하도록 제안된 육군 모집 및 해군 양성 권한 등은 공동체의 모든 필수적 권한을 포괄하는 것처럼 보이며, 주에 남겨질 권한은 별 중요성이 없을 것이다.

재량에 따라 세금을 부과하고 징수하는 권한은 그 자체로 매우 중요하다. 정부는 세금을 통해 국민의 재산 전체 혹은 일부를 통제할 수 있다. 세금에는 다양한 종류가 있겠지만, 대외세와 내국세 간에는 큰 차이가 있다. 대외세는 수입품에 부과되는 수입세·관세이다. 이는 일반적으로 몇몇 항구도시에서 징수하며, 궁극적으로는 소비자가 지불하겠지만 소수의 개인들로부터 징수할 수 있다. 그것은 소수의 관리들이 징수할 수 있는데, 무역이 감당할 수 있는 수준 혹은 밀수가 허용하는 수준 이상으로는 유지될 수 없다. 즉, 교역의 성격상 수입세에는 한계가 정해지는 것이다.[3] 그러나 인두세, 토지세, 소비세, 모든 종류의 문서에 부과되는 인지세 등과 같은 내국세는 공동체의 모든 사람과 모든 유형의 재산에 부과될 것이며, 그 기간과 세율도 얼마든지 확대될 수 있다. 또한 그렇게 확대될수록, 내국세를 사정하고 징세를 집행하기 위해 수많은 관리를 채용해야 한다. 네덜란드 연합United Netherlands[4]에서는 대외세의 과세에 대해서는 중앙정부가 완전한 권한을 갖지만, 내국세에 관해서는 지방[정부]에 징수를 요청한다. 우리의 경우, 나라가 광대하기 때문에 내국

---

3) [옮긴이] 과도한 수입세나 관세는 무역상의 이윤을 감소해 대외 교역을 위축시킬 것이며, 또한 밀수를 조장함으로써 수입품에 대한 수요 감소(이로 인한 관세 수입 감소)를 야기한다는 것이 저자의 논리이다. 수입세에 대한 보다 자세한 논의는 「연방주의자」 35번 참조.

4) [옮긴이] 정식 명칭은 '네덜란드연합주'The United Provinces of the Netherlands (1579~1795)이다. '네덜란드 공화국'Dutch Republic으로도 알려져 있다. 스페인 통치에 저항하기 위해 네덜란드 북부 일곱 개 주 사이에 1579년 형성된 위트레흐트 연합Union of Utrecht에서 기원하며, 약 두 세기 동안 존속했다. 연합하에서 각 주들은 내부 문제에서는 주권을 유지하지만, 외교와 조세, 연합 의회에서 만장일치로 동의한 의제 등에서는 단일체로서 행동했다.

세 과세가 더 중요하다. [이와 관련된] 연방 세금을 산정하고 징수할 수많은 관리들이 연방 정부 소재지로부터 300마일[약 480킬로미터] 이상 떨어진 곳까지도 배치될 것이다. 그 밖에도 이 광대한 나라에서 내국세를 부과하고 징수하려면 인민 대부분에게 직접 작용하는 수많은 연방의회 제정 법률이 요구된다. 이것들은 계속해서 주의 법률과 충돌할 것이고, 그리하여 동일한 대상에 작용하는 [두 법 체제 중에서] 어느 한 법 체제가 폐지될 때까지 무질서와 총체적인 불만을 야기할 것이 분명하다. 민병대, 주화, 교역, 연방 사법부 등에 관한 법률은 말할 것도 없고, 내국세에 관한 연방 법률만으로도 주 법률과 주 정부의 운용은 아마 곧 무너지게 될 것이다.

중앙정부가 몇몇 [다른 나라] 정부들처럼(모든 정부는 아니더라도), 지지자를 권력의 체제 [즉 정부] 안에서 구하는 것이 현명하다고 판단한다면, 법률을 늘리고 그것을 집행할 관리들을 늘리기 위해 모든 기회를 이용할 것이다. 그런 것들이 정부 자체의 유지를 위한 필수적 버팀목으로 간주될 것이기 때문이다. 이런 체제가 채택된다면, 정부의 존속과 대외 채무의 상환을 위해 수입관세보다 더 풍부한 세금이 아마 필요할 것이고, 그 결과 국내 채권자들에게 돌아갈 몫은 거의 남지 않게 될 것이다.[5] 또한 국내의 세원을 관리해야 하기에 내국세 관련 법률과 그것을 산정·징수할 관리들이 광대한 나라 전역에 퍼져 나갈 것이다. 이런 모든 상황을 고려할 때, 체계도 불완전하고 [그런 일을 하기에는] 부적격인 중앙정부에 내국세 부과·

---

[5] [옮긴이] 국내 채권자는 대륙회의가 발행한 채권을 매입한 투자자, 군인들에게 봉급 대신 발행된 군사 채권의 소지자, 주 정부에 돈을 빌려준 상인·지주층 등이 포함된다. 연방농부는 새로운 중앙정부가 세입을 '자신의 존속'과 '외채 상환'에 우선 투입하고, 국내 채권자들의 요구는 외면하게 될 것을 우려하고 있다.

징수 권한을 부여하는 것이 과연 현명하고 신중하고 안전할까? [헌법 비준 이후에] 앞으로 중앙정부를 개선하여 이런 목적에 적합하도록 만들 것이라고 믿는 것이 과연 현명하고 신중하고 안전할까? 아직 권한을 부여받을 준비가 되어 있지 않은 정부에 권한을 부여하는 것은 안전하지 못할 뿐만 아니라 터무니없는 일이다. 이 권한과 [그것을 행사할] 대표[의 확대]는 병행되어야 한다는 것이 입증되었다. 그런데 왜 먼저 권한을 부여하는가? 권한을 소유하게 되면 대표의 확대를 방해하고도 남을 수완을 가진 소수에게 왜 권한을 부여해야 하는가? 왜 [지금은] 이 권한을 보류하고, 필요할 때 헌법을 개정하여, [개정된] 헌법의 다른 구성 부분들[즉 개정된 헌법하의 새로운 연방의회]에 이 권한을 부여하면서 대표를 적절히 확대하는 것을 동시에 추진하면 안 되는가?[6] 그렇게 되면 권력을 원하는 자들은, 인민들이 그들의 대표를 통해 정부에 참여하여 이 권한의 정당한 몫을 차지할 수 있도록 허용할 강력한 유인 아래 놓이게 될 것이다. [그렇게 되지 못하고, 중앙정부에서] 적절한 대표의 실현이 불가능하다면, 이 권한은 현재 그것이 있어야 할 곳이고 또 경솔하게 포기되어서는 안 되는 곳인 주에 그대로 있어야 한다.

근래에 연합회의를 비롯한 여러 회의들과 주 의회들, 그리고 인

---

6) [옮긴이] 연방농부는 연방헌법안이 내국세 징수권을 연방 정부에 부여함으로써 주 정부의 재정 기반을 위협하고 중앙집권을 촉진할 뿐만 아니라, 중앙정부의 대표성이 취약하기에 인민의 권리가 위협받을 것이라고 비판한다. 따라서 연방농부는 지금의 연방헌법안하에서 연방의회에 내국세 징수권을 부여하는 것은 보류되어야 하며, 헌법안을 개정하여 연방의회(하원)의 대표성을 확대함과 동시에 그렇게 대표성이 확대된 새로운 의회에 이 권한을 부여해야 하고, 그렇게 되기 전까지는 이 권한을 주에 남겨 두어야 한다고 주장한다.

민들이 자유를 위해 어떻게 투쟁해 왔고 세금의 의미를 얼마나 중시했는지를 떠올려 보면, 내국세 부과·징수 권한을 행사하기에는 너무나 불완전하게 조직된 정부에 그런 권한을 위임하자는 제안을 우리가 진지하게 하고 있다는 게 도무지 믿기지 않는다. 설령 합중국이 200명의 의원으로 구성된 연방 하원 — 코네티컷주의 경우 약 15명, 매사추세츠주의 경우 25명 등등 — 을 통해 세금을 부과하더라도, 중간층 및 하층민들은 사실상 과세 제도에서 큰 발언권을 가질 수 없을 것이다. 나는 신헌법이 제안한 대표의 수가 충분히 많다는 주장이 있음을 알고 있다. [대표의] 다른 여러 목적과 관련해서는 그럴 수 있을 것이다. 그러나 이 원[즉 연방 하원]이, 지갑과 칼을 맡은 중앙정부의 운영 과정에서 인민의 권리를 보호하기에 충분한 수의 인원으로 구성되어 있다고 가정하는 것은 대표의 진정한 의미가 무엇인지를 우리가 망각하고 있음을 입증하는 것처럼 보인다. 나는 또한, 연방의회가 내국세를 부과·징수하려고 시도하지 않을 것이라거나, 연방의회가 그런 권한을 행사할 개연성은 없지만 그런 권한을 갖는 것은 필요하다는 주장 등에 대해서도 알고 있다. 나는 신중한 의회라면 아마 내국세, 특히 직접세를 부과·징수하려고 시도하지 않으리라는 점을 인정한다. 그러나 이런 주장들은 단지, 그런 권한이 연방의회에 위임되는 것이 부적절하며, 경솔하고 야심 있는 자들에 의해 남용될 수 있음을 입증해 줄 뿐이다.

　내가 듣기로 몇몇 신사들은, 헌법의 이 부분에 대한 비판을 무마하기 위해, 헌법에 반대하는 측[즉 주]도 직접세 관련 권한을 갖게 될 것처럼 이 권한을 해석하려고 시도하고 있다. 즉, 직접세에 대해 연방의회는 단지 청구권만을 갖고, 그것을 부과하고 징수하는 권한은 주에 남겨 둔다는 것이다. 나는 이런 해석에서 그럴듯한 구석을 전혀 찾아볼 수 없다. 그런 시도는 헌법안의 이 부분을 옹호하는 것이 불가능함을 입증할 뿐이다. 헌법안에 따르면 연방의회는 모든 종류의 세금에 대해 완전한 권한을 가질 것이 명백하다. 나아가 [그 신사들은], 내국세에 관해 주 정부는 중앙정부와 함께 공동 권한concurrent powers[7]을 가지며, 두 정부는 같은 해에 동일한 대상에 대해 과세할 수도 있다[고 주장한다]. 그렇지만 중앙정부가 연방 세금의 징수를 촉진하기 위한 필요 조치로서 주의 세금을 중지할 수 있다는 [헌법안에 대한] 반대 이유가 근거 없는 것은 아니다. 주들은 많은 부채를 안고 있고 개별적으로 자금 차입에 대해 상당한 수요를 가지고 있기 때문에, 최소한 연방 대표를 적절히 확대하기 전까지는 내국세 세원 가운데 일부를 주들이 독점적으로 지배하는 것이 분명 타당할 수 있다.[8]

상비군과 민병대 통제권의 위험성

중앙정부의 내국세 부과·징수 권한은 육군과 해군, 그리고 민병대에 대한 중앙정부의 권한을 더욱 특별하게 만들 것이다. 헌법은 연방의회가 다음과 같은 권한을 갖도록 제안한다. '육군을 모집하고 이를 유지하는 권한. 다만 이 목적을 위한 세출의 승인은 2년을 초과하지 못한다. 해군을 창설하고 이를 유지하는 권한. 연방의 법률을 집행하고, 반란을 진압하고, 침략을 격퇴하기 위해 민병의 소집에 관한 규칙을 정할 권한. 민병대의 조직, 무장 및 훈련에 관한 규칙을 정할 권한. 다만 민병대 장교를 임명하고 연방의회가 정한 규율에 따라 민병대를 훈련시키는 권한은 각 주에 유보한다.' 연

---

7) [옮긴이] "공동 권한"은 곧 "공동 관할권"을 의미한다. 공동 관할권에 대해서는 「브루투스 편지」 6번의 각주 1 참조. 조세에 대한 연방 정부와 주 정부의 공동 관할권에 대해서는 「연방주의자」 32~34, 36번 참조.

8) [옮긴이] 여기의 문단 구분은 독해의 편의성을 위해 옮긴이가 한 것이다.

방의회는 육군을 모집하고, 몇 년 동안이건 장교와 병사를 고용할 수 있는 무제한의 권한을 갖게 될 것이다. 그러나 그것의 유지비를 충당할 의회 제정 법률은 2년밖에 효력이 없기에, 만일 후속 의회가 2년 이내에 세출 승인을 갱신하거나 육군용 자금을 추가로 세출 승인하지 않으면, 육군은 스스로를 돌봐야 하는 상황에 처하게 될 것이다. [하지만] 육군이 일단 수년 동안 모집되면, 연방의회로 하여금 유지비 충당을 위한 법률을 통과시키도록 하는 데 큰 어려움은 없을 것이다. 아메리카의 많은 사람들이 상비군을 좋아하는데, 특히 연방 체제의 운영에서 큰 역할을 맡게 될 사람들이 그러하다. 내가 보기에, 상비군 유지 자금을 마련할 수 있게 되면 우리는 분명 곧바로 대규모 상비군을 갖게 될 것이다. 육군은 많은 가문의 젊은 신사들에게 매우 좋은 직장이다. 육군을 모집하는 권한은 [정부의] 어딘가에 부여되어야 한다. 하지만 이런 사정들이, 아무런 견제도 받지 않는 아주 소수의 사람들 중의 단순 다수에게 이런 권한을 부여하는 것을 정당화하지는 못한다. 또한 세상 이치를 볼 때, 인민의 대다수가 명목상으로만 대표될 그런 정부에 이런 권한을 부여하는 것이 그런 사정으로 인해 정당화되는 것은 아니다. 주 정부에는 인민의 대다수인 이 나라의 자유농민 등이 대표되어 있다. 그들이 연방의회 의원을 선출할 것이고, 가끔씩 그들 자신과 같은 사고방식을 가진 사람을 선출하리라는 것도 사실이다. 하지만 이 나라에서 3만 혹은 4만 명의 사람들이 자신들과 비슷한 생각이나 견해, 이해관계 등을 가진 사람을 찾아내기란 열에 한 번도 가능하지 못할 것이다. 세금을 부과·징수하고 육군을 모집하는 권한은 가장 중요하다. 이런 권한의 실행을 위해 법률을 빈번하게 제정할 필요는 없을 것인데, 이 나라의 자유농민 등은 이러한 법률의 통과를 실질적으로 감시해야 한다. 이런 감시의 대상은 연방의회가 될 것이다. 또는 적어도 이 나라의 보통 사람들이 아마도 의회 안에 확보

하게 될 소수의 의원들 — "그들 자신들 속에서 나온"이라는 말의
진정한 의미에 부합하는 — 이 감시의 대상이 될 것이다. 이 나라
의 자유농민은 토지와 재산의 영향력 등을 가지고 있고 무기를 소
유하고 있으며 강력한 집단이기에 누구도 이들을 공개적으로 건드
릴 수 없는 것이 사실이다. 때문에 그들은 스스로를 돌볼 것이며,
앞으로 통치하게 될 사람들이 그들의 의견을 감히 무시하지 못할
것이라는 주장도 있다. 하지만 쉽게 이해할 수 있듯이, 만일 그들
이 세금이나 군대와 관련된 연방의회의 계류 법안이나 통과 법률에
대해 제대로 반대하지 못할 경우, 그들은 20~30년 안에 자신들도
인식하지 못하는 수단에 의해 영향력과 힘을 완전히 상실하게 될
것이다. 이는 의회에 의해, 원한다면 민병대 창설을 통해 상당 부
분 이루어질 것이다. [헌법안에서] 제안한 대로 무기를 소지할 수 있
는 남성의 5분의 1 또는 8분의 1로 선발選拔 민병대를 만들고, 재산
이 거의 없거나 전혀 없는 공동체의 젊은 열혈 구성원들과 나머지
모든 사람들을 [군사적으로] 무의미하게 만드는 계획을 실행한다면,
전자는 군대의 모든 목적에 부합할 것이고, 후자는 무방비 상태가
될 것이다. 주는 연방의회가 정하는 방식과 체계, 규칙 등에 따라
민병대를 훈련시켜야 한다. 각 주가 민병대에 대해 가질 수 있는
유일한 실질적 영향력은 장교를 임명하는 것뿐이다. [헌법안에는] 연
방 법률을 집행하기 위해 자경단posse commitatus을 소집하도록 한 조
항은 없다. 하지만 연방의회가 법률 집행을 위해 민병대militia를 소
집할 수 있는 조항은 제정되었다.[9] 그렇다면, 연방 법률의 집행을
강제하기 위해, 보안관이 아닌 군 장교의 통솔하에 우선 일반 민병

9) [옮긴이] posse commitatus의 의미 및 militia와의 차이에 대해서는 「브루투
스 편지」 4번의 각주 3 참조.

대나 그중에서 선발된 일부를 소집할 수 있고, 그렇게 함으로써 완전히 군사력에 의한 법의 집행을 시작하게 될지도 모른다.[10] 나는 세금 부과, 일관된 계획에 따른 공동체 군사력의 통제, 공동체 방어와 내부 질서 및 정당한 법 집행 등을 가능하게 할 권한이 어딘가에 부여되어야 한다는 것을 알고 있다. 그러나 공동체의 다른 계층에 비해 부당한 이점을 어느 한 계층에게 확실히 제공하거나, 다수를 소수의 자비나 신중함·절제 등에 맡기는 식으로 권한을 부여해서는 안 된다. 그리고 중앙정부에 특별한 권한을 부여할 필요가 있는 경우에는 그 권한이 좀 더 안전하게 집행되도록 해야 한다. 예를 들면, 연방 대표가 확대되어 연방의회의 민중적 의원들이 공동체의 중요 구성원인 다수 민중을 위한 합리적 거부권을 어느 정도 행사하게 될 때까지는, 권한 행사에 연방의회 의원 3분의 2 또는 4분의 3의 동의가 필요하도록 하면 될 것이다.

파산법, 연방 사법부 재판관할권의 문제

나는 연방이 제정할 일반 파산법이 주에 어떤 영향을 미치고 공익을 어떻게 증진할지 완벽히 파악할 수 있을 만큼 모든 주들의 법률과 내부 치안에 대해 충분히 알지 못한다. 내가 알기로, 각 주에서 채무자의 재산은 매우 다른 방식과 형태로 채무에 대한 책임을 지고 있다. 만일 실제로 큰 불편을 초래하지 않고 통일된 파산법이 제정될 수 있다면, 연방의회에서 제정해 주기를 바란다.[11]

사법 부문에서 중앙정부에 부여하도록 제안된 몇 가지 권한이

---

10) 이에 대한 반박은 「연방주의자」 29번 참조.

11) 추가적인 고찰을 통해 저자는 파산법 제정 권한이 연방의회에 부여되어서는 안 된다고 결론짓고 있다. 18번 서한 참조.

있다. 내 생각에 그것은 매우 불필요한데, 각 주의 자체 법률에 따라 발생할 소송사건에 관한 권한이 그것이다. 연방 사법부가 연방 입법부와 동일한 외연의 권한, 즉 합중국 법률에 대해 최종 판결을 내릴 권한을 갖는 것은 적절하다. 제3조 2절에 따라 연방 사법부의 권한은 (무엇보다도), 한 주와 다른 주의 시민 사이의, 각기 다른 주의 시민들 사이의, 어떤 주나 또는 그 주의 시민과 외국, 외국 시민, 또는 외국 신민 사이의 모든 분쟁에 미친다. 지금은 주 정부에 대한 것을 제외하면 이런 모든 사건에서 소송은 각 주의 법원에 제기되어 그곳에서 최종적으로 결정된다. 그리고 이런 사건에 대한 관할권에서 각 주의 법원을 배제한다는 문구가 [신헌법에] 없기 때문에, 각 주의 법원은 주의 연방 하급법원과 공동 관할권[12]을 갖게 될 것이다. 따라서 이 점에 관해 아무런 수정 없이 신헌법이 채택된다면, 지금은 주 법원에 제기되는 수많은 소송사건들 ― 우리 시민과 외국인 사이의, 다른 주의 시민들 사이의, 주 정부가 외국인을 상대로 한, 주 정부가 다른 주의 시민을 상대로 한 ― 이 연방 법원에도 제기될 수 있다. 그리고 그런 소송사건에서 주 법원이나 연방 하급법원에서 연방 최고법원으로 상소가 제기될 것이다. 거의 모든 이런 사건에서, 어느 쪽 당사자이든 주 법원에서 배심원에 의한 재판을 받을 수 있다. 그리고 헌법안에서 현명하게 대비하고 있는 지폐와 법정화폐에 관한 법률[13]을 제외하면, 주 법원에서 합리적인 조건으로 재판을 받을 수 있을 것이다. 주 법원들은 그들 각 주의 법

---

12) 공동 관할권에 대해서는 「브루투스 편지」 6번의 각주 1 참조.

13) [옮긴이] 제1조 10절은 어떤 주도 화폐 주조에 관한 법률, 금화 및 은화 이외의 것을 채무 지불의 법정 수단으로 삼는 법률 등은 제정할 수 없다고 규정하고 있다.

률에 대해 적절한 판결을 내리는 데 있어 연방 법원보다 더 유능할 것이 분명하다. 나는 어떤 관점에서도 이런 소송사건들에 대해 새로운 재판관할권을 열어야 할 필요성, 값비싼 소송의 새로운 장을 열어야 할 필요성, 외국인들이나 서로 다른 주의 시민들이 서로를 수백 마일 떨어진 연방 법원으로 끌고 가는 것을 허용해야 할 필요성을 찾을 수 없다. 사실 연방 법원에서 재판을 받는 일이 참을 수 없을 만큼 불편하지는 않도록 연방의회가 현명하고 신중하게 연방 법원을 잘 조직할 수도 있다. 연방 법원을 전반적으로 이 나라의 보통법 원칙에 기초해 조직할 수도 있다. 그러나 헌법안은 이런 이점을 결코 보장하지 않고 있다.[14] 배심재판은 해상 범죄, 국제법 위반 범죄, 반역죄, 연방 증권 및 주화 위조 범죄 등과 같이 연방 법이 적용되는 극소수의 형사사건에서만 보장되고 있다. 더욱이 이런 사건에서도, 특히 큰 주들의 경우, 인근 지역 주민에 의한 배심재판은 보장되지 않는다. 한 시민이 해당 주에서 저지른 범죄로 기소될 수 있는데, 일부 [큰] 주에서는 범죄 발생지로부터 500마일[약 800킬로미터] 떨어진 곳에서 재판받을 수도 있는 것이다. 더구나 민사소송에서는 배심재판이 전혀 보장되지 않는다. 제헌회의가 배심재판을 정립하지는 않았지만, 연방의회가 새로운 체제를 실행해 가면서 입법을 통해 적절한 모든 사건에 배심재판을 정립할 것이라고 기대해야 하는 것이다. 배심재판이 대법원에서 배제되지 않았는지 여부는 중대한 문제이다.[15] 제3조 2절[2항]에 의하면, 대사와 그 밖의 외교사절 및 영사에 관계되는 모든 소송사건과 주가 당사자인 소송사건에서 연방 대법원은 [1심의] 재판관할권을 가진다. 위

---

14) 이에 대한 자세한 내용은 15번 편지의 각주 6 참조.
15) 이에 대해서는 15번 편지에서 자세히 다루고 있다.

에서[즉 제3조 2절 1항에서] 언급된 그 밖의 모든 소송사건에서 연방 대법원은 법률문제와 사실문제 모두에 관해 상소심의 재판관할권을 가진다. 다만 연방의회가 정하는 예외는 제외되며, 또한 연방의회가 정하는 규정에 따라야 한다. [여기에서 말하는] 법원이란 법관으로 구성된 법원으로 이해되며, 배심원은 제외된다. 이 법원 혹은 판사는 열거된 모든 소송사건에서 법률문제와 사실문제에 대해 상소심 재판관할권을 가질 것이다. 판사는 법률문제를 판결하고 사실문제를 심리한다. 그리고 사실문제에 대한 심리는 헌법에 의해 판사들에게 맡겨졌기에, 사실문제 심리를 위한 배심원은 고려되고 있지 않다. 다만 예외 사항과 규정을 정할 수 있는 권한에 따라, 연방의회가 가장 필요한 경우에 한해 사실문제를 심리하기 위한 배심원을 도입할 수 있을 것이다.

법률에 의해 항소가 허용되지 않는 소송사건을 제외하고, 모든 연방 소송사건에서 최종 재판관할권이 집중되는 연방 대법원은 단 하나뿐이다. 연방 법원의 사법권은 보통법 및 형평법상의 일정한 소송사건들에 미친다. 따라서 보통법, 형평법, 그리고 사실에 관해 판결할 권한은 모두 연방 대법원에 집중될 것이다. 연방헌법에 따라 동일한 전문가들, 즉 동일한 판사들의 수중에 뒤섞여 있는 이 권한들은 영국의 경우 각기 다른 전문가들의 수중에 맡겨진다. 정확히 말하면, 보통법의 판결은 보통법 판사에게, 형평법 판결은 형평법 법관Chancellor[16]에게, 사실의 심리는 배심원에게 맡겨진다. 보통

---

16) [옮긴이] 형평법은 민사소송에서, 보통법의 엄격한 형식과 절차로 인해 정당한 원고에게 구제 수단이 제공되지 않는 경우, 국왕의 양심에 기초한 정의Equity를 통해 보완적 구제를 제공한다는 취지에서 발전했다. 이러한 형평법적 권한은 본래 국왕이 '양심의 법'에 따라 개인의 청원Petition of Right을 심리하던 권한에서 연원하며, 이후 국왕을 대신하여 Lord Chancellor가

법에 따른 판결권과 형평법상의 일반적 권한을 동일한 판사에게 부여하는 것은 매우 위험하다. 왜냐하면 만일 판사가 보통법에 의해 저지당하면, 형평법으로 입장을 바꾸어서 자신의 이성 혹은 판단이 지시하는 판결을 내리면 되기 때문이다. 아직 우리 나라에는 영국처럼 형평법에서의 판결을 규제하는 선례가 없다. 따라서 앞으로 여러 해 동안 연방 대법원에서 형평법은 단지 자유재량에 불과할 것이다. 나는 이 헌법[안]이 남긴 연방 대법원의 구조에서 어떠한 자유의 흔적도, 우리 자신이나 영국의 보통법의 그림자도 발견하지 못했음을 고백한다.

연방 대법원은 위에서 언급된 그 밖의 모든 소송사건에서 상소심의 재판관할권을 가질 것이다. 이 문제에 정통한 대부분의 사람들은, 위에서 언급된 그런 사건이란 헌법의 앞부분[즉 제3조 2절 1항]에 언급된 민사사건은 물론 형사사건까지 관련된다고 생각한다. 만일 그러하다면 형사사건에서 상소가 허용되는데, 이는 통상적인 법 의식에 반하는 것이다.[17] 전시에 행했던 수많은 약속을 아직 이행하지 못하고 있는 주 정부를 상대로 외국인이나 다른 주의 시민이 소송을 제기할 수 있도록 허용하는 것이 과연 얼마나 적절할지 의문이다. 주[정부]로 하여금 법정에서 개인에게 대응하지 않을 수 없

이를 행사하게 되었다. Lord Chancellor는 독립적인 사법관이라기보다, 국왕의 최고 관리이자 정치·사법을 겸한 관직으로서, 국왕의 양심을 대리하여 형평법 사법권을 행사했다. 형평법 법원은 웨스트민스터 궁에서 열렸고, 대부분의 기간 동안 Lord Chancellor의 단독심으로 운영되었으나, 18세기 이후에는 Master of the Rolls나 Vice-Chancellor가 보조하여 심리하는 경우도 있었다. 이상과 같은 점들을 고려하여, 여기에서는 "Chancellor"를 "형평법 법관"으로 번역했다.

17) 이에 대해서는 「브루투스 편지」 14(1)번의 각주 2 참조.

게 만들어 주의 지위를 떨어뜨리는 것이 과연 타당한지는 숙고해야 할 과제이다. 현재 주 정부는 그런 소송의 대상이 아니다. 이 새로운 관할권은, 주를 비롯한 많은 피고들로 하여금 계약 체결 당시에는 고려하지 않았던 소송을 당하게 만들 것이다. 각기 다른 주의 시민들 사이에, 시민과 외국인 사이에, 주와 외국인 사이에 맺어진 계약들이 존재한다. 그리고 주와 다른 주의 시민은 당시의 주 법률에 존재하는 구제책을 고려하면서 [계약의] 당사자가 되었었다. 연방법원에 부여하도록 제안된 새로운 구제책[즉 주를 상대로 한 소송]은 어떤 원칙에도 근거할 수 없다.

경의를 표하며

연방농부

4번
연방 정부 권한

1787. 10. 12.

귀하에게

불확정적이고 불확실한 권한

연방 법원에서는 주 법원에서처럼 인근 지역 주민에 의한 배심 재판을 실시하는 것이 불가능할 것이다.

셋째, 내가 보기에는 일부 중요한 권한들이 조급하게 중앙정부에 위임되었을 뿐만 아니라 그중 상당수가 불확정적이어서 정직한 자와 교활한 자 중 누가 승리하느냐에 따라 좋은 목적으로도 나쁜 목적으로도 사용될 수 있다. 제1조 2절에 의하면, 하원 의원 수와 직접세는 [인구수에 따라] 각 주에 할당된다. 같은 조의 8절에 의하면, 연방의회는 공동방위와 일반 복리를 위해 조세, 관세 등을 부과·징수할 권한을 가진다. 다만 관세, 수입세 및 소비세는 합중국 전역에서 균일해야 한다. 인용한 첫 번째 조항[즉 제1조 2절]에 의하면, 직접세는 각 주에 할당된다. 이는 합리적인 몇몇 인사들과 저술가들이 제안한 생각, 즉 직접세에 관해서는 연방의회가 [주에 대한] 청구권만 가져야 한다는 견해를 뒷받침하는 것 같다. 그러나 후자의 조항[즉 제1조 8절]에서 규정한, 조세 등을 부과·징수할 권한은 명백히 그 반대 견해를 뒷받침하는 것 같다. 그리고 내가 생각하기에 정확한 판단은, 연방의회가 주 의회의 개입 없이 개인들에게 직접 과세할 권한을 갖는다는 것이다. 사실 첫 번째 조항은 각 주가 일정 몫의 세금을 납부해야 함을 규정한 것에 불과한 것 같고, 뒤의 조항에서 연방의회가 세금을 부과하고 징수할 권한 — 즉, 주 안에서,

주의 할당량 안에서 개인에 대해 부과하고 징수할 권한 ― 을 갖는다고 규정한 것 같다. 하지만 신중한 사람들은 다르게 해석하기 때문에, 이것들은 아직 확정되지 않은 권한으로 간주될 수 있다.

부통령에게 어떤 자격 요건이 필요한지 불확실하다. 헌법에는 이에 대한 언급이 없다. 하지만 그는 대통령의 역할을 할 수도 있기에 대통령과 같은 자격 요건을 갖추어야 한다고 추론할 수 있다. 그러나 [제2조 1절 5항에 의하면] 대통령의 자격 요건은 대통령으로 선출될 사람에게만 요구된다. 제2조 2절[2항]에 의하면, "다만 연방의회는 적당하다고 인정되는 하급 관리 임명권을 법률에 의하여 대통령에게, 법원에, 또는 각 부 장관에게 부여할 수 있다." 누가 하급 관리인가? 연방의회가 모든 관리의 임명을 대통령에게 위임할 의사를 가지고 있다면, 이 조항에 따라 거의 모든 관리의 임명을 대통령 단독으로 하도록 위임할 수도 있지 않을까? 그리하여 같은 조항의 앞부분에 언급되어 있는, 상원에 부여된 견제권을 파괴할 수 있지 않을까? 이런 견제권이 제대로 부여되지 못했음이 사실이다. 관리 임명에서 제1집행관[즉 대통령]에 대한 상당한 견제권을, 제헌회의의 견해에 따라 그리고 여론에 따라 헌법에서 확실히 해야 할 것 같다. 제3조 2절에 의하면, 연방 대법원은 법률문제와 사실문제 모두에 관해 상소심의 재판관할권을 가진다. 다만 [연방의회가 정하는] 그런 예외는 제외된다. 그렇다면 어느 정도까지 예외가 적용될까? 연방의회가 상소심 관할권을 실질적으로 무력화할 정도까지 예외를 적용할 수 있고, 그러면 그 조항은 거의 무의미하게 될 것이다.

권리장전 부재

넷째, 합중국에서 항상 신성하게 여겨지고 모든 주 헌법에서 인정되고 있는 일정한 권리들이 있다. 신헌법이 현재 형태대로 채택된다면 그런 권리는 보장되지 않은 채로 방치될 것이다. 제6조에 따르면, 제안된 헌법과 이 헌법에 의거하여 제정된 합중국의 법률, 그리고 합중국의 권한에 의해 체결되었거나 체결될 모든 조약은 이 나라의 최고법이다. 어떤 주의 헌법이나 법률 중에 이에 배치되는 규정이 있을지라도, 모든 주의 법관은 이 최고법에 따라야 한다.

제안된 헌법을 인민이 채택한다면 그것은 인민의 최종적이고 궁극적인 행위가 되리라는 점에 유의해야 한다. 이 헌법은 뉴햄프셔주나 매사추세츠주의 인민에 의해 채택되는 것이 아니라 합중국의 인민에 의해 채택될 것이다.[1] 그리고 이 헌법 또는 이 헌법의 어떤 부분이, 지금까지 합중국에서 확립되어 왔던 고래의 관습이나 권리, 법률, 헌법 등과 어떤 지점에서 충돌하더라도, [신]헌법은 그 것을 완전히 무효로 만들고 폐지할 것이다. 그뿐만 아니라, 연방헌법에 따라 제정될 합중국의 법률도 최고법이 될 것이다. 그 법률이, 지금까지 확립되어 온 관습이나 권리, 법률, 헌법 등과 양립할 수 없을 때에는 역시 그것을 완전히 무효화하고 폐지할 것이다.

앞에서 인용한 조항에 따르면, 합중국의 권한에 따라 체결될 조약 역시 최고법이 될 것이다. 이 조약들이 헌법에 의거하여 체결되어야 한다는 언급은 없다. 조약을 체결할 사람들에게 부과된 그 어떤 헌법적 제약도 없다. 대통령과 상원 의원 3분의 2는 조약을 무기한으로 체결할 수 있는 권한을 부여받게 되며, 일단 조약이 체결되면 그것과 양립할 수 없는 모든 법률과 주 헌법을 폐지할 것이다. 대통령과 상원에 있는 이 권한은 절대적이다. 대통령과 상원이 조약을 통해 어떤 규칙, 조항 또는 사항을 확립하든, 판사는 그것에 완전한 효력을 부여해야만 한다. 조약을 체결할 사람들에게 어떤 한계를 설정하는 것이 가능한지 [헌법 조문을 아무리 봐도] 나는 말할

---

1) 이와 다른 견해는 「연방주의자」 39번 참조.

수 없다. 그런 한계 설정이 불가능하다면, 그것은 이 권한이 좀 더 안전하게 부여되어야 함을 입증해 준다.

연방헌법, 헌법에 의거하여 제정된 의회 법률, 그리고 조약은 합중국 전역에서 완전한 효력을 가져야 한다. 그리고 이를 방해하는 다른 모든 법률, 권리 및 헌법 들은 굴복해야 한다. 국가의 법이 주의 법이나 디스트릭트의 법에 대해 지고의 것이고 또 더 우월해야 하는 것은 타당하다. 하지만 국가의 법은 양도할 수 없는 기본적 권리에 따라야 하며, 소수[의 대표들]에 의해 만들어진 국가의 법은 소수의 국가적 목표에만 적용되어야 한다. [그렇지만 신헌법안에 따라] 연방의회에서 만들 법률은 그렇지 않을 것이다. 그 법률들이 미칠 범위를 제대로 파악하기 위해서는 중앙정부에 부여하기로 제안된 입법·집행·사법권을 주의 깊게 살펴봐야 한다. 그리고 그 권한을 제 1조 8절의 포괄 조항과 연계해 검토해야 한다. 8절은 (여러 가지 권한을 열거한 후에) "위에 기술한 권한들과, 이 헌법이 합중국 정부 또는 그 부처나 그 부처의 공무원에게 부여한 기타 모든 권한을 행사하는 데 필요하고 적절한 모든 법률을 제정한다."라고 되어 있다. 앞에서 보았듯이 이 정부의 권한은 대외적 목표는 물론 대내적 목표에도 미친다. 그리고 이런 목표에 다른 모든 목표는 종속된다. 따라서 우리가 [실제로] 그런 권한을 행사하고 또 법률을 만들기 전까지는, 그런 권한이나 또는 그런 권한을 행사하는 데 필요하고 적절하다고 생각될 법률의 범위나 수량을 정확히 이해하기란 거의 불가능할 것이다. 그런 권한을 행사하기 위한 법률을 만들 때, 현명하고 신중한 의회라면 자유민의 의견을 존중할 것이고 또한 영국과 우리 [주] 정부에서 필수적이고 근본적인 것으로 간주해 온 원칙을 법률의 근거로 삼을 것이라고 기대할 수 있을 것이다. 그러나 다른 성격의 의회[즉 신헌법하의 연방의회]는, 그런 원칙을 존중해야 한다는 의무를 헌법으로부터 부여받지 않을 것이다.

어떤 이들은, 인민이 헌법을 만들고 권한을 위임할 때, 인민이 통치자에게 위임하지 않은 모든 권한은 인민에게 유보된다고 주장한다. 또한 현 상황에서 인민은, 연방헌법이 중앙정부 운영자에게 명시적으로 부여하지 않은 모든 권리와 권한을 자신과 자신들의 주정부에 유보한다고 주장하는 이도 있다.[2] 반면 어떤 이들은, 인민이 헌법을 만들 때에는 명시적으로 그들 자신에게 유보하지 않은 모든 권한을 [통치자에게] 양도한다고 주장한다. 사실 어느 쪽이든 그것은 단지 의견의 문제에 불과하며, 사람들은 대개 자신의 목적에 부합하기만 하면 어느 쪽의 주장이든 취하곤 한다. 그러나 일반적으로 추정한다면, 통치자들은 불확실한 경우에는 자신들의 권한 강화에 유리하도록 법률과 헌법을 해석할 것이기에, 현명하고 신중한 인민이라면 헌법을 만들 때에 내줄 권한과 유보할 권한을 구분해 세심히 기술할 것이다. 주의 헌법들에 따르면 일정한 권리는 인민에게 유보되어 왔다. 혹은 그보다는, 주 의회들이 그런 권리를 존중하도록 하고 또한 그런 권리를 침해하는 어떤 법률도 제정하지 못하도록, 그런 권리들이 인정되고 확립되어 왔다. 주 의회들은 그들 각 주의 권리장전을 유의해야만 하는 것이다. 권리장전과 주의 헌법은 오직 그 주의 통치자와 인민 간의 기본 협약이다.

1788년에 합중국의 인민은 연방헌법을 제정할 것인데, 이는 합중국 인민과 그들의 연방 통치자들 사이의 기본 협약이 된다. 이 통치자들에게 [그 외의] 다른 어떤 협약에 주의를 기울이도록 의무 지울 수 없는 것은 너무나 당연한 이치이다. 연방 통치자들이 [연방]

---

2) 이 주장은 앞 문장의 주장과 완벽히 일치하는 것은 아니지만 연방주의자들, 특히 제임스 윌슨James Wilson이 주장해 온 바였다. 윌슨의 주장에 대해서는 「브루투스 편지」 2번의 각주 5 참조.

법률을 제정할 때, 13개, 14개, 혹은 20개 주의 헌법을 살펴보면서 어떤 권리들이 그 사회에 확립된 기본적 권리이고 법 제정 시 침해되어서는 안 되는지를 확인해야 한다면 터무니없는 일이 될 것이다. 만일 인민들이 연방 협약을 체결할 때 주 헌법을 참고해 그 모든 부분이 연방헌법과 모순되지 않음을 확인하고 연방 통치자들에게 그 부분에도 주의를 기울이도록 지시한다면, 연방 통치자들이 그렇게 할 의무를 지게 될 것임은 사실이다. 하지만 현재 제안되어 있는 헌법안의 경우는 그렇지 않다. 또한 그렇게 비정상적인 생각이 의도되거나 암시되어 있다고 가정하는 것은 터무니없는 일이다. 내 의견은 이성에 근거할 뿐만 아니라 제헌회의 자체의 보고서[즉 헌법안]에 의해 뒷받침된다고 생각한다. 주 헌법들에 의해 확립된 다수의 권리들이 있고, 이 권리들이 [앞으로도] 신성한 것으로 유지될 것이며 또한 중앙정부가 이 권리들에 유념해야 할 의무를 진다면, 중앙정부는 어떤 한 권리만이 아니라 다른 모든 권리들도 마찬가지로 유념해야 할 것이다. 그리고 연방헌법이 그중 한 권리를 승인하거나 확립할 필요가 없다면, 다른 권리들도 승인하거나 확립할 필요가 없을 것이다.[3] 만일 연방헌법이 주 헌법들과의 관련 속에서 해석되어, 예를 들어 민사사건에서의 배심재판이 그로부터 보장된 것으로 간주된다면, 동일한 원리에 따라 형사사건에서의 배심재판이나 인신보호영장의 혜택 등도 마찬가지로 보장된 것으로 간주되어야 할 것이다. 이런 권리들은 모두 동일한 토대 위에 기초하고 있고, 아메리카인들의 공통의 권리이며, 주 헌법들에 의해 인정되어 왔던 것들이다. 하지만 제헌회의는 영장의 이점 및 형사사건에서의 배심재판 등은 [연방헌법에서] 인정하거나 재확립하는 것이 필요하

---

3) 「브루투스 편지」 2번 참조.

다고 판단했다. 제헌회의는 소급 처벌법에 대해서는 어떤 경우에는 동일한 조치를 취했고, 다른 경우에는 그 이상의 조치까지 취했다. 소급 처벌법을 제정해서는 안 된다는 것은 각 주의 인민과 그들의 통치자 간의 협약의 일부인데도 불구하고, 제헌회의는 제1조 10절에서 주의 협약의 이런 부분에 대해 제재 규정[주의 소급 처벌법 제정 금지 규정]을 둔 것이다. 사실 제안된 헌법의 제1조 9절[연방의회에 금지된 권한]과 10절[주에 금지된 권한]은 부분적인 권리장전가 다름없다. 그들은 연방 입법자들과 공직자들이 결코 침해할 수 없는 몇 가지 원칙늘을 계약의 일부로서 확립했다. [예를 들면] 연방의회는 사권 박탈법이나 소급 처벌법을 통과시키지 못하며, 또한 [주에서] 수출하는 물품에 대해 조세를 부과하지 못한다는 것을 여기[즉 제1조 9절]에 현명하게 규정하고 있다. [이와 같이] 어떤 권리를 [헌법에서] 확립한 것은 다른 유사한 권리도 확립할 필요성이 있음을 의미한다.

전체적으로 이런 권리장전은 더욱 확대되어야 하고, 합중국의 인민과 그들의 연방 통치자 사이의 기본 협약의 일부로서 그 밖의 다른 [권리에 대한] 원칙들도 확립되어야 한다. 이런 의견을 부인하기란 불가능할 것 같다.

사실, 지금 우리가 종교에 관해 크게 생각이 다른 것은 아니다. 그러나 우리가 헌법을 만들 때, 아직 태어나지 않은 세대와 수많은 사람들을 위해 종교의 자유로운 행사를 국가적 협약의 일부로 왜 확립하지 않는가라는 생각이 든다. 우리가 당연히 자유인의 권리로 생각하는 다른 필수적 권리도 있다. 예를 들면, 개인의 서류나 재산, 신체 등을 수색·압수하기 위해 선서에 근거하지 않고 적절한 주의도 없이 발부된 성급하고 불합리한 수색영장으로부터의 자유가 그것이다. 민사소송의 배심재판은 각 주마다 너무나 달라서 [합중국 차원에서] 이를 통일적으로 정립할 문구를 찾을 수 없다고 한다. 그렇다면 연방 제정 법률은 그것을 어떤 일반법으로도 확립할 수 없을 것이다. 고백하건대 나는 그것을 확립할 수 있다고 생각하지만, 앞서 언급한 이유로 인해 우리가 누릴 수 있는 유익한 방식으로는 안될 것이라고 생각한다. 내가 인근 지역 주민에 의한 배심재판이나 인근에서의 사실심리를 주장할 때, 이웃 사람들에 의해 재판을 받아야 한다는 세부적 사항을 그렇게 강조하는 것은 아니다. 이 계몽된 나라에서 아마 사람들은 아주 인근에 살지 않는 사람에 의해서도 공정하게 재판을 받을 수 있을 것이다. 그러나 인근 지역에서 사실을 심리하는 것은 다른 측면에서 매우 중요하다. 증인에 대한 반대신문, 그리고 일반적으로 문제가 되는 사실에 대해 재판관 앞에서 증인에 대해 반대신문을 하는 것보다 더 중요한 것은 없다. 일반 사람들은 서면 증언보다 구두 증언을 통해 훨씬 더 쉽게 사실을 입증할 수 있다. 사실심리가 [재판] 당사자들과 증인의 집에서 멀리 떨어진 곳으로 옮겨지면, 구두 증언은 감당할 수 없을 정도로 비용이 많이 들게 되어 당사자들은 서면 증언에 의존해야만 한다. 이런 서면 증언은 보통의 사람들에게는 비용이 많이 들고 거의 쓸모가 없다. 서면 증언은 종종 일방적으로 이루어질 수밖에 없고, 제대로 된 진실의 발견으로 이어지는 경우가 거의 없다.

배심재판은 또 다른 관점에서 매우 중요하다. 모든 자유국가에서는 보통의 인민이 입법부뿐만 아니라 사법부에서도 일정한 영향력을 행사할 수 있어야 한다. 값비싼 교육이 필요한 상원 의원이나 판사, 공무원직을 그들에게 개방하는 것은 그들에게 유용한 어떤 목적에도 부합할 수 없다. 그들은 뽑혀서 그런 직을 수행할 수 있는 상황에 있지 않다. 그런 자리를 비롯하여 중요한 대부분의 자리는 소수가 차지하게 될 것이다. 애덤스Adams 씨가 말했던[4] 소수나 명문가

---

4) John Adams, *Defence* I. preface (*Works* IV, 290-291).

출신 등은 입법뿐만 아니라 사법 판결에서도 일반적으로 그리고 아주 자연스럽게 그들 자신과 같은 부류의 사람들을 편들게 될 것이다.

사법부에서의 배심재판과 입법부에서의 대표들에 의한 인민의 결집은, 이 나라에서 진짜 그들 몫의 영향력을 제공해 줄, 또한 공동체에서 자신을 보호하는 가장 현명하고 적합한 수단을 제공해 줄 행운의 발명품이다. 배심원과 대표로서의 그들의 지위는 사회의 관심사와 운영에 대한 지식과 정보를 얻을 수 있게 해 주며, 서로가 돌아가면서 서로의 파수꾼과 수호자로 나설 수 있게 해 준다. 비록 소수지만 우리 동포 가운데 일부가 다른 관점을 가지고서, 배심원이나 대표를 정부 일에 관여해서는 안 될 무식하고 골치 아픈 존재로 여기는 것은 참으로 유감스러운 일이다.

고백하건대 나는, 연방의회가 [앞으로] 어떤 상황에서 무슨 명분을 내세워서 언론 자유를 억압하는 법을 제정할 수 있을지 예견할 수 없다. [신헌법 체제하에서] 연방의회가 인쇄물에 대해 세금을 부과하는 것이 금지되는지, 특정 인쇄물에 대해 특별히 무거운 세금을 부과하는 것이 금지되는지 불확실하지만, 연방의회가 이런 세금의 납부를 확보하기 위해 막대한 보증금을 요구할 수는 있을 것이다. 인쇄업자가 자신이 거주하는 주의 헌법에 의해 출판의 자유가 보장된다고 주장하면, 아마 연방의회는 연방헌법만이 그들과 인민 사이에 존재하는 유일한 협약이라고 아주 적절하게 대답할 것이다. 이 협약에서 인민은 [연방의회 이외의] 다른 누구를 [협약 당사자로] 지명하지 않았고, 따라서 연방의회는 그들에게 부여된 권한을 행사하고 그런 권한을 실행하기 위한 법률을 제정하는 데 있어 연방헌법 이외의 그 어떤 것에 의해서도 제한받지 않는다. 이는 주 의회가, 주 헌법 제정 시에 인민들이 전혀 주의하지 않았던 카운티나 시티 혹은 타운의 최고 집행관과 주민 사이의 협약에 의해 제한받지 않는 것과 마찬가지이다.

별로 중요하지 않은 권리들을 열거하는 것은 나의 목적이 아니다. 그러나 국가 체제의 근원적 일부로 당연히 확립되어야 할 다른 권리들이 있다.

조약, 헌법 수정 절차의 문제

주목할 가치가 있는 사실들이 있다. [기존의] 모든 조약은 13개 주들의 연합과 외국에 의해 체결되었다는 것, 서부 지역은 13개 주들에 속해 있다는 것, 13개 주들은 공동으로 그리고 개별적으로 공공 부채의 상환을 약속했다는 것 등이 그것이다. 아홉 개, 10개, 11개 또는 12개의 주들로 신정부가 구성되면, [기존의] 그런 조약들은 그것을 체결했던 외국에 대해 구속력을 갖는 것으로 간주될 수 없을 것이다. 하지만 만일 아홉 개의 주가 헌법을 채택한다면 나머지 주들도 채택할 개연성이 있다고 나는 믿는다.

또한, 이 헌법안이 채택될 경우, 헌법의 수정에 관한 조항이 얼마나 중요한 의미를 갖게 될지 검토해 볼 가치가 있다. 연방의회[의원]의 3분의 2 또는 각 주들의 3분의 2 이상의 주 의회가 동의하지 않는 한 수정을 향한 어떤 조치도 취할 수 없다.[5] 권력은 인민의 수중에 있다. 특히 현재로서는 공동체의 민중적 부분의 수중에 있다. 하지만, 인간사의 일반적 과정에 따르면, 공동체에서 영향력 있는 소수의 사람들이 [대표자] 회의를 장악하고서 정체의 변경을 달성하거나, 또는 더 좋아질 것이라고 보통 사람들을 설득해 그들로부터 권력의 일부를 받아 내는 것은 쉬운 일이다. 그러나 일단 권

---

5) [옮긴이] 연방헌법 제5조에 의하면, 이는 헌법 수정안 발의 요건이다. 수정안이 비준되려면 각 주들의 4분의 3의 주 의회 또는 각 주들의 4분의 3의 헌법 비준회의의 동의가 필요하다.

력이 다수에서 소수로 양도되면 모든 변화는 극도로 어려워진다. 이런 경우 정부는 소수에게 유용한 것이 되기 때문에, 그들은 매우 교묘하고 능숙하게 [정체] 변화로 이어질 수 있는 어떤 조치도 방지할 것이다. [그렇게 되면] 보통의 인민들의 엄청난 노력과 맹렬한 투쟁 외에는 그 어떤 것도 변화를 만들어 내지 못할 것이다. 사려 깊은 모든 사람들은, 지금 제안되어 있는 변화가 다수에서 소수로의 권력의 양도임을 깨달아야 한다. 또한 [그 이후로는] 교묘하고 항상 석극석인 귀족 계층이, 그들 자신의 영향력을 증대하기에 유리한 어떤 순간을 발견하기 전까지는, 변화를 위한 모든 평화적 조치를 가로막을 것이라는 사실도 깨달아야만 한다. 나는 합중국의 많은 사람들이, 헌법안에 본질적 결함이 있음을 인지하고 있지만 필요할 때 수정할 수 있으리라는 생각으로 그것을 채택하려 한다는 것을 알고 있다. 이런 생각은 치명적이며, 자유 정체의 지지자에게는 전혀 어울리지 않는 추종임이 분명하다. 또한 그것은, 모든 자유국가에 절대적으로 필요한, 디킨슨Dickinson 씨가 말한 자유를 향한 끊임없는 경계에 전적으로 반하는 일이다.[6] 하지만 우리 동포들이 그렇게 빨리 변하고 1774년의 언어가 그들에게 끔찍한 것이 된다면, 자유의 언어를 사용하는 것이나 그들의 자유로운 탐구를 분발시키려는 시도 등은 헛된 일이 될 것이다. 그러나 나는 그렇다는 강력한 증거를 확인하기 전까지는, 현재의 모습이 어떠하든 우리 동포들이 그렇다고 결코 믿지 않을 것이다.

경의를 표하며

연방농부

[6] Dickinson, *Letters from a Farmer in Pennsylvania* XI.

5번

소결: 주 비준회의에서 수정안과 함께 채택

1787. 10. 13.

귀하에게

　이렇게 하여 나는 며칠의 여가가 허용하는 한도 내에서 연방헌법을 검토해 왔다. 그 결과 생소한 장면을 목격하게 되었다. 다수의 입법자들과 여러 집행관들의 수중에 권한이 신중하게 위임된 것이 아니라, 모든 주요 권한이 하나의 중심에 모여 있고 그곳에서 소수의 사람들이 거의 마음대로 그런 권한을 소유하게 되리라는 것을 알게 되었다. 그리고 인민들에 의해 통치하도록 임명된 자들에 의한 권리 찬탈로부터 인민의 권리를 보호할 정부 조직 내부의 견제 장치 대신에, 우리 인민들 사이의 평등한 토지 분배나 인민의 강인한 힘 — 자연적으로 혹은 상황적 조건에 의해 주어진 — 이 그런 찬탈로부터 인민을 보호하리라는 것을 이해하게 되었다. 평등한 토지 분배와 인민들의 강인하고 용맹스러운 기질에 장점이 있다면, 우리는 그것들이 지속될 수 있도록 고안된 정체를 설립해야 한다. 재산의 평등과 자유롭고 용감한 기질이 파괴되고 나서야 무리 없이 작동할 수 있는 정체를 설립해서는 안 된다. 제안된 헌법은 근본적으로 이런 것들에 기반하고 있지 않다. 사려 깊고 정부 과학에 능숙한 자라면, 그런 것들[즉 재산의 평등 및 자유로운 인민과 신헌법 체제]이 오랜 세월 동안, 혹은 50년 동안이라도 조화롭게 함께 나아갈 수 있으리라 생각할 수 없을 것이다. 대표나 대통령의 나이 등과 같이 몇몇 저자들이 칭찬한 세부 사항들에 관해 말하자면, 그런 것은 체제의 일반적인 경향에 아무런 영향도 미치지 못하리라고 생각된다.

그러나 내가 보기에 제안된 체제에는 좋은 점이 많이 있다. 그것은 선거 원리에 기반하고 있으며, 각기 다른 세력의 수중에 권한을 위임한 것은 근본적으로 타당하다. 일부 주의 입법에서 우리가 경험했던 그런 해악들에 대한 보호 장치는 정말로 유익하다. 하지만 이 체제의 모든 특징의 가치는, 자유 정부의 한 가지 중요한 특징 ─ 즉, 인민의 대표 ─ 의 부족으로 인해 크게 줄어든다. 우리는 때때로 민주주의를 남용해 왔기 때문에 민중의 원을 골칫거리로 생각하는 사람들이 있는데, 나는 그런 부류에 속하지 않는다. 민중의 원은, 공동체의 각 계층에서 가장 견문이 넓은 사람들을 정부 운영에 참여시킬 수 있을 만큼 충분히 많은 다수 인원으로 구성되어야 한다.

제안된 체제의 근본적 결함들은 그렇게 금방 드러나지 않는 반면, 각 주와 여러 계층의 사람들로 하여금 그것을 채택하도록 유혹하는 측면들은 크게 부각되고 있다. 제안된 체제는 몇몇 주 헌법들, 특히 매사추세츠주 헌법의 민중적 용어를 사용하고 있다.[1] 동부의 [상업] 주들은, 단순 과반수의 의결로 무역을 규제할 수 있는 권한이 새로 제안된 [연방] 체제에 위임됨에 따라, 이득을 얻게 될 것이다. 코네티컷주와 뉴저지주는 연방 수입세에서 그들의 몫을 받게 될 것이다.[2] 중부의 주들은 [중앙]정부 소재지 인근이라는 이점을

---

1) 매사추세츠주 헌법(1780)은 "인민"(We, the People of Massachusetts)을 헌법 제정의 주체로 명시한 최초의 성문헌법적 표현 중의 하나이며, 이는 연방 헌법의 "We the People of the United States" 문구의 선례로 자주 언급된다.
2) 연합 체제에서는 각 주가 독자적으로 관세를 부과했기 때문에 항만이 있는 주와 그렇지 못한 주 간의 불공정 문제가 있었다. 예를 들면, 뉴욕주에서 징수한 관세를 뉴저지주와 코네티컷주의 소비자들이 부담했던 것이다. 신 헌법에서는 연방 정부가 직접 관세를 징수하기 때문에 코네티컷주와 뉴저지주 같은 내륙주도 연방 세입 배분을 통해 일정 몫을 확보할 수 있게 된다.

누릴 것이다. 남부 주들은 보호를 받을 것이며, 그 주들의 흑인들이 입법부에서 대표되도록 했고, 광대한 오지 지역들이 곧 입법부에서 과반을 차지하게 될 것이다. 이 체제는 군부와 법조계의 신사들에게 큰 취업의 장을 약속한다. 그리고 격변 없이 국정이 집행될 경우 채권자, 성직자, 봉급생활자 및 기타 현금 보수에 의존하는 사람들에게 안전을 제공할 것이다. 이 체제가 이런 측면들에서 정의와 합리적 이점을 약속하는 한, 모든 정직한 사람들은 이 체제를 지지해야 한다. 하지만 어떤 특정 주나 계층에게 불공평하고 부당한 이득을 약속할 경우에는 반드시 반대해야 한다.

이 편지들에서 나는 제안된 헌법에 여러 장점이 있음을 말했고, 또한 헌법안의 여러 중대 결함들을 지적했다. 나는 우리가 연방 체제를 원하고 있으며, 제안된 체제가 몇 가지 수정만 하면 수용 가능할 만한 좋은 체제가 될 수도 있다는 것을 인정했다. 나는 채권자와 상인들이 가지고 있는 [현 상황에 대한] 불안감이 충분한 근거가 있다는 것을 인정했다. 이런 상황에서 무엇을 해야 하는가? 이 경우 내 의견은 단지 개인의 의견일 뿐이고, 그것이 공동체의 정직하고 진정한 구성원들의 의견과 일치하는 한에서만 고려 대상이 될 수 있을 것이다. 나는 각 주의 [비준]회의들이, 제안된 [신헌법] 체제를 채택하기 이전에 그 체제를 변경하고 수정하려는 진지한 노력을 기울여야 한다고 확신한다. 그렇지만 주 [비준]회의들에 의한 수정이 어느 정도까지 가능한가라는 문제는 아직 충분히 검토하지 못했으며, 그에 대한 내 의견을 정하지도 못했다. [다만] 주 [비준]회의들에 의한 수정 시도가 아무 소용이 없으리라는 생각은 받아들일 수 없다. 그런 시도를 해 보기 전까지는 그것이 가능한지 불가능한지의 여부에 대해 말할 수 없다. 그리고 경험상 주 [비준]회의들이 수정안에 대한 합의를 이룰 수 없으리라고 결정되면, 제안된 [신헌법] 체제를 현 상태 그대로 채택할지 아니면 채택하지 않을지가 합중국 인민 앞에 제시된 중대 문제가 될 것이다. 주들을 통합하는 이 문제는 처음 접하는 문제이다. 그리고 [제헌회의에서는 불과] 40명 혹은 50명이 그 체제에 합의했었다. 따라서 계몽된 국가인 이 나라에서 양식 있는 사람들이 그 체제를 아무런 검토도 없이, 더욱이 완전한 평화의 상태임에도 불구하고 그들이 파악하기에 결함이 있고 자유를 위협하며 공화정부의 소중한 원칙을 파괴할 그런 부분을 수정하려는 아무런 노력도 없이 채택해야만 한다고 가정하는 것은 정말로 굴욕적인 일이다. 채택이 지연될 경우 위험할 수 있다는 것은 사실이다. 그러나 현재 형태대로 그 체제를 채택하는 데에도 위험이 따른다. 내가 보기에 이 두 경우의 위험은 주로, 합중국에서 극히 무원칙한 두 파당들의 행동과 생각에서 발생할 것이다. 정직한 다수 인민들은 오랫동안 이 두 불길 사이에 끼여 있었다. 한 파당은 무법[세상]과 타인 재산의 공유를 원하는 소규모 폭도들과 채무자들로 구성된다. 이들은 수평파levellers, 셰이사이트[3] 등으로 불린다. 다른 파당은 소수이지만 보다 위험한 자들과 이들에게 맹목적으로 의지하는 사람들로 구성된다. 이들은 탐욕스럽게 모든 권력과 재산에 달려든다. 이들의 모든 행동에서는 자유롭고 평등한 정부에 대한 명백한 혐오감을 발견할 수 있다. 이들은 기본적으로 이 나라의 정부 형태를 바꾸기 위해 체계적으로 움직인다. 이들은 귀족정주의자, 군주제 지지자 등으로 불린다. 이 두 파당 사이에 공동체의 중심이 존재한다. 이들은 한편으로는 부채 없이 중간 수준의 재산을 지닌 사람들이고, 다른 한편으로는 공화정부에 만족하면서 엄청난 부나 직위, 권력 등을 추구하지 않는 사람들이다. 1786년에 소규모

---

[3] [옮긴이] Shaysite(원문에는 shayites으로 되어 있음)란 1786~87년 매사추세츠 주에서 발생한 셰이스의 반란에 참여했거나 동조한 사람을 말한다.

폭도 및 수평파들이 나타나서 타인의 권리를 침해하고 자신들이 원하는 정부를 수립하려 시도했다. 이들의 움직임은 분명히 다른 파당을 자극했는데, 이들은 1787년에 정치 영역에 진출해, 유행을 쫓는 추종자들과 혀와 펜을 이용해 보다 상류층 정부를 수립하려고 서두르고 있다. 각자의 생각과 이해관계에 따라 아마 대립할 수도 연합할 수도 있을 이 두 파당은, 공동체의 견실하고 자유롭고 독립적인 구성원에 비하면 정말 하찮은 집단들이다. 이들 중 어느 한쪽과 헌법안의 진짜 지지자들이 같은 자들이라고 말하려는 것은 아니다. 사실 이들 귀족정주의자들이 헌법안 채택을 지지하고 서두르는 이유는, 그것을 단지 자신들이 바라는 목표를 향한 디딤돌로 생각하기 때문이다. 내가 이렇게 생각하는 데에는 확실한 근거가 있다. 그들의 일반적인 정치 활동뿐만 아니라 그들 사이의 공통된 견해 — 헌법안은 현재 자신들이 얻을 수 있는 최선의 것인데 몇 년 후에는 더 나은 안으로 이어질 것이라는 — 도 이를 뒷받침하고 있다. 공동체의 분별 있고 신중한 구성원들은 이런 모든 상황을 주의 깊게 따져 볼 것이다. 그들은 지난 제헌회의를 훌륭한 회합으로 간주할 것이다. 아메리카는 아마도 비슷한 인원수로 구성된 그보다 더 훌륭한 모임을 [앞으로는] 볼 수 없을 것이다. 그러나 제헌회의 구성원들은, 그들이 취한 새로운 입장과 관련해, 자기 주의 주민 1만 명 가운데 한 명의 생각도 알지 못한 채 모였을 것이다. 그들의 행위는 지금까지 공개된 가장 중요한 장면 중에서 단지 첫 번째 단계일 뿐이다. 아마 각 개인을 볼 때, 주의 [비준]회의에 모일 사람들이 연합의 회의[즉 제헌회의]에 모였던 사람들만큼 훌륭할 수는 없을 것이다. 하지만 주의 [비준]회의들은 아마도 1500명 또는 2000명에 이르는 유능하고 정부 과학에 정통한 자들로 구성될 것이다. 이들은 공동체의 모든 부분과 계층으로부터 모일 것이기에, 존경할 만한 무게가 있으리라 인정해야 할 것이다. 이 나라의 일치된 의식과 진정한 정치적 특징이 그들 안에 결집될 것이다. 그들은 문제의 교정 담당자로서 특별한 이점을 갖게 될 것이다. 주의 [비준]회의들이 냉정하고 신중하게 [신헌법] 체제의 수정을 시도해서는 안 된다거나 체제를 수정할 수 없다고 주장하는 것은 아주 어리석거나 주제넘은 일이다. 만일 주의 [비준]회의들이 체제를 검토한 후에 그것을 채택한다면, 나는 두말없이 수긍할 것이다. 나는 사람들이 정부의 운영을 모든 계층의 사람에 대한 공평한 축복으로 만드는 것을 보고 싶다. 나는 우리 인민 대다수가 덕성스러우며, 좋은 정부와 자유 및 재산의 보호를 지지하리라 믿는다. 그것은 모든 선량한 사람들의 의무이며, 특히 그런 사람들의 권리를 보호할 파수꾼으로 임명된 자들의 의무이다. 파당들의 주된 정치적 이해관계를 조사하고 그것을 공개하는 것은 그런 파수꾼들의 의무이다. 과도한 의심을 불러일으키는 것은 피해야겠지만, 인민이 올바른 판단을 내릴 수 있도록 사실을 공개하는 것은 그들의 의무이다. 이 나라 인민들이 스스로 결정하기를 바라는, 또한 인민들이 신중하게 자신들의 상황에 정부를 맞추어 가기를 바라는 사람들은, [신헌법] 체제의 채택을 서두르면서 [인민의] 검토를 막기 위해 문을 닫아걸려고 하는 시도에 대해 분노를 느끼지 않을 수 없다. 이런 시도 자체가 의혹을 불러일으키고 있다. 그런 시도를 하는 자들이야말로 은밀한 생각을 갖고 있거나, 아니면 체제의 결함을 알고 있기에 서둘러 자유민의 눈을 피하려는 것 아닌가라는 의혹이 그것이다.

　이 문제에 대한 결정을 성급히 밀어붙인 펜실베이니아 신사들의 생각은 무엇인가?[4] 이 중요한 체제에 대한 통상적 방식의 공정

---

4) [옮긴이] 펜실베이니아주 주 의회가 "주 비준회의 소집 결의"를 서둘러 통과시키는 과정에서 벌어진 '정족수 강제' 사건을 말한다. 1787년 9월 28일,

하고 자유로운 검토조차 저지하기 위해 언론의 문을 폐쇄시킨 발행인들을 지지한 보스턴 신사들의 생각은 무엇인가?[5] 제헌회의 구성원들은 자신들의 의무를 완료했다. 왜 그들 중 일부가 황급히 자기 주로 돌아가 행동 규범을 무시하면서 자신들이 만든 체제를 채택하기 위한 조치를 재촉하고 있는가? 솔직히 고백하건대, 내가 앞서 언급했던 이 [신헌법] 체제의 문제점들을 이런 상황들과 연관시켜 생각해 보면, 매우 조심스럽게 [비준] 절차를 밟아야 하며 또한 특정인들의 행동에 대해 평소보다 더 많은 주의를 기울여야겠다는 느낌을 갖게 된다. 만일 이 헌법안이 좋은 것이라면, 그것은 그 주제에 정통한 인민들의 검사를 통과할 것이다. 우리 모두는, 헌법안을 검토하기 위한 주 [비준]회의들이 있어야 한다는 데에 동의한다. 그렇다면 헌법안이 잘못된 것이거나 혹은 주 [비준]회의들이 표결을

펜실베이니아주 주 의회에서 연방헌법 비준회의를 신속히 소집하려 하자, 반연방주의 측 의원들이 정족수 저지를 위해 퇴장했다. 다음 날에도 여전히 정족수가 충족되지 않자 출석한 의원들은 경위에게 결석 의원들을 찾아 의회로 데려오라고 명령했다. 경위들은 군중의 도움을 받아 반연방주의 의원 두 명을 강제로 끌어다가 출석시켜 정족수를 채웠고, 그 상태에서 비준회의 소집 결의가 처리되었다(https://archive.csac.history.wisc.edu/pennsylvania.htm).

5) [옮긴이] 보스턴에서 발행되던 신문인 『매사추세츠 가제트』*Massachusetts Gazette*는 신헌법에 대한 기고문을 보내는 투고자에 대해 본명을 신문사에 밝힐 것을 요구했다. 지면에서 공개는 하지 않지만, 실명을 알고자 하는 독자가 있으면 그에게 알려 주겠다는 방침이었다. 같은 지역의 또 다른 신문인 『매사추세츠 센티넬』*Massachusetts Centinel*은 신헌법을 비판하는 기고문의 투고자에 대해서만 그런 방침을 적용했다. 신헌법 지지파들은 이런 조치를 찬성했고, 반대파들은 그것이 언론 자유에 대한 말살이라고 강력히 항의했다. "Essays of Philadelphiensis" I, Herbert Storing, ed., *The Complete Anti-Federalist*, III 참조.

잘못하리라고 가정하지 않는 한, 그것이 채택될 것이라고 믿어야 한다. 이 체제의 채택을 지지하는 쪽뿐만 아니라 반대하는 쪽에서도 부적절한 조치를 취해 왔음을 나는 인정한다. 헌법안에 반대하는 모든 사람들은 자신들이 반대하는 [헌법안의] 결점을 [구체적으로] 지적하고, 자신들이 수용할 수 있는 수정안을 제시해야 한다. 그것이 아니라면, 현재의 [연합] 체제를 강화하고 실행하거나 혹은 대체할 수 있는 다른 정부 체제 — 그에 대한 대중의 생각을 알 수 있고, 우리가 동의할 수 있는 ㅡ 를 제안해야 한다. 나는 탐구의 무대가 이제 막 열렸다고 생각하며, 우리 앞에 놓인 이 문제에 대해 최종 결정을 내릴 주 [비준]회의들을 지켜봐야 한다고 생각한다. 주 [비준]회의들은 사소한 수정 사항들에 대해서도 합의를 이루지 못할 것이고, [헌법안의] 근본적 개선을 시도한다면 결국 그것을 파괴하게 될 것이라고 추정해서는 안 된다. 예상컨대, 각 주의 [비준]회의들은 핵심적인 수정 사항들에 대해 합의를 이루어 성공시키기에 가장 합리적인 방안을 추구할 것이다. 또한 그들이 발견했지만 제거하지 못한 결점에 대해서는, 향후 개정 작업의 기초 자료로 파악하여 계속 주시하리라 추정된다. 그리고 모든 자유민이 사용할 확고하고 당당한 어조로, 향후 정부를 운영할 사람들에게, 앞으로 의회 입법을 통해 이 체제가 잘 조직되고 정부가 잘 운영되어서 그런 결점들이 가능한 한 피해를 끼치지 않게 되기를 기대한다고 제의할 것이다. 우리 국민은 정직하고 충실한 정부, 사람이 아닌 법에 의한 정부를 가질 자격이 있다. 또한 자신들이 선택한 정부를 가질 자격이 있다. 나는 이 나라의 한 시민으로서 이런 목표들이 이루어지고, 방자하고 거만하며 고압적인 자들이 제지당하는 것을 보고 싶다. 만일 헌법이나 사회 협약이 모호하거나 부주의한 것이 된다면, 우리는 정부 업무를 운영하는 자들의 신중함과 지혜, 절제 등에 전적으로 의존하게 될 것이다. 아니면 아마 똑같이 불확실하고 위태로운 것, 즉 통치권의 남용으로 말미암아 억압받는 인민들이, [권력] 남용자들로부터 통치권을 회수해서 선용할 사람들에게 위임하는 데 성공하느냐의 여부에 의존하게 될 것이다.

그러므로 이 문제와 관련해 지금까지 생각할 수 있었던 모든 관점에서 보았을 때, 합리적인 처리 방식은 단 하나이다. 자유롭고 공평무사하게 이 문제를 검토하고, 지금부터 몇 개월간 주 [비준]회의를 개최하여 제안된 체제의 모든 조항 및 단어를 냉정하게 검토하고, 적절하다고 생각되는 수정안과 함께 채택하는 것이다. 주 [비준]회의들이 연합의 회의[즉 제헌회의]에서 규정한 방식, 즉 헌법안 전체를 채택하거나 아니면 거부하는 방식을 어느 정도까지 따라야 하는지는 그들의 결정에 맡기도록 하자. 지금까지 이 주제에 대한 우리의 검토는 다소 일반적인 성격의 것이었다. [이제부터] 각 주의 공화주의 인사들[즉 비준회의 대표들]은 이 헌법안을 자유와 재산의 보장에 더 적합하게, 또한 자유 정부 원리의 유지에 더 적합하도록 만들기 위해, 자신들의 견해를 특정 주제로 모으고, 자신들이 원하는 변경이나 수정 사항을 정확히 규정할 것이다. 만일 그들이 그런 사항들에서 근본적 이견을 보인다면, 주 [비준]회의들은 헌법안을 그대로 채택할지, 아니면 [다른] 어떤 조치가 적절할지 등을 결정할 수 있을 것이다.

이상과 같은 사항들을 기억하면서, 그리고 지금 [헌법안] 그대로 조직될 중앙정부에 내국세 및 육군과 민병대에 관한 권한, 그 자체 구성원의 선출 권한, 서로 다른 주의 시민들 간의 소송사건을 다룰 권한 등을 위임하는 것은 부적절하고 권장할 만하지 않다는 점, 또한 좀 더 완벽한 권리장전이 필요하다는 점 등을 계속 염두에 두면서, 나는 당분간 이 주제에 대한 논의에서 벗어나고자 한다. 그리고 이 문제에 대한 나의 생각을 수정·정정하고, 또 이 체제를 좀 더 안정되고 안전한 것으로 만들고자 하는 사람들의 견해를 집약할 시간적 여유를 갖게 된다면, 아마도 여러분이 고려해 볼 만한 수정 조항들을 제시할 수 있게 될 것이다. 그런 수정 조항들은 나 자신의 견해뿐만 아니라 다른 사람들의 사려 깊은 의견에 따라 이 체제에 융합되어야 할 것이다. 제안된 [헌법]안에 대한 반대 견해들은 좀 더 여유로운 검토를 통해 더 강력한 관점에서 제시될 수 있을 것이다. 특히 중요한 것은, 가장 핵심적인 권한들, 심지어 이 나라의 내부 치안에 관한 권한을 위임받도록 제안되어 있는 [중앙]정부 안에 인민의 진정한 대표가 허용되어 있지 않다는 것이다.

　　나는 공동체의 정직하고 진정한 구성원이라면, 이 [신헌법] 체제가 수정되어 우리가 채택할 헌법이 영속성과 일관성을 갖게 되기를 원하리라고 생각한다. 그들은 정부의 각 부분들과 조직에 권한이 배분되고, 권력 행사에 있어 남용이 보다 효과적으로 방지되기를 바랄 것이다. 주의 관리들은 타산적인 동기에서 헌법안에 반대할 것이라는 말들이 있다. 나는 그럴 이유가 없다고 본다. 일반적으로 그들의 지위는 영향을 받지 않을 것이고, 헌법안이 현재 형태대로 채택되면 이득을 볼 수 있는 직위와 직장이 새롭게 열릴 것이 분명하기 때문이다.

경의를 표하며

연방농부

제2부
추가 서한[1]

1) 제2부는 『최근 회의에서 제안된 정부 체제에 대한 공정한 검토 및 몇 가지 필수적 수정을 위한, 그리고 이전 서한에서 제시된 원칙과 입장을 설명하고 뒷받침하기 위한, 연방농부가 공화주의자에게 보내는 추가 편지』*An Additional Number of Letters From the Federal Farmer to the Republican Leading to a Fair Examination of the System of Government Proposed by the Late Convention; To Several Essential and Necessary Alterations in It; And Calculated to Illustrate and Support the Principles and Positions Laid Down in the Preceding Letters*라는 제목의 소책자로 1788년 5월 출간되었다.

1787. 12. 25.

귀하에게

헌법안을 둘러싼 현재 상황

제안된 헌법과 관련해 귀하에게 보낸 이전의 편지들은 이 주제에 대한 좀 더 깊이 있는 검토를 이끌어 내기 위한 것에 불과했다. 이 주제를 좀 더 광범위하게 고찰하고 또 이와 관련된 다른 사람들의 의견을 더 포괄적으로 검토한 끝에, 나는 [앞으로] 몇 편의 편지를 통해 [헌법안의] 결점을 좀 더 자세하게 지적하고 수정안을 제안하고자 한다. 이 편지에서는 몇 가지 일반적이고 서론적인 논평만을 하려는데, 이 중대한 문제의 현재 상황을 감안할 때 이런 논평이 부적절하지는 않을 것이다. 그리고 이 모든 사안에서 내 주장의 중요성이나 논평의 타당성, 의도의 정당성, 나의 순수성 등에 대해서는 여러분의 신중한 검토와 결정에 맡기고자 한다. 이 편지의 독자들은 격정적이고 외고집이거나 참을성 없는 사람이 아니라 솔직하고 사려 깊은 분들이리라 생각한다.

헌법안이 처음 공표되었을 때, 이 나라의 인민과 그 후손들에게 — 또한 자유와 인류의 권리라는 대의에 — 너무나도 중요한 이 문제에 대한 올바르고 공정한 검토를 방해하려는 잘못된 열정이 만연한 것처럼 보였다. 허명과 거짓 진술로 인민을 오도하려는 끊임없는 열정과 음모를 간파한 사람의 의무는 그것이 의도하는 효과를 저지하는 것이다. 질주하는 자들의 정념을 멈출 수 있는 유일한 방법은 냉정하게 사실을 말하고 신중하게 진실을 밝히는 것이다. 이를 위해 우리는 종종 사람들과 [그들이 취한] 조치들을 고통스럽게 대면해야 한다.

지난 10월 여러분에게 편지를 쓴 이후, 나는 문제가 되는 이 주제와 관련하여 많은 말과 글을 듣고 보았다. 그리고 [찬반] 양측의 입장을 주의 깊게 검토한 결과, 제안된 [신헌법] 체제의 장단점에 대한 나의 생각을 바꿀 이유가 예상보다 훨씬 적다는 것을 알게 되었다. 모든 상황을 고려할 때, 이 [신헌법] 체제는 연합[체제]보다는 더 나은 기반을 제공해 줄 것으로 판단되는데, 이 체제의 옹호자들은 물론 반대자들도 이런 나의 생각을 확인시켜 주었다. 대표의 왜소함, 선거의 불안정성, 권한들이 부적절하게 뒤섞여 있는 상원, 일부 기본권의 불안정성 등과 같은 주요 결함에 대해, 반대파는 대체로 그것이 중요한 문제라는 데 동의하는 듯하며 지지자들 중에서도 뛰어난 여러 사람들은 사실상 그것을 인정하는 듯하다. 분명한 것은, 후자들은 그런 결함을 단호히 방어하려고 하기보다는 신비한 베일로 가리려 한다는 것이다. 그들은 [결함을] 인정하고 뒤로 물러나서, 우리가 더 이상 잘할 수는 없다고 말한다. 그들 중 일부는 화가 나거나 궁지에 몰렸을 때에는 솔직하고 확고한 논변보다는 재간에 치우친 논법을 사용한다.

현재 세 개의 주가 수정 없이 헌법을 채택했다.[1] 이를 포함한 여러 상황들은, 우리가 이 [신헌법] 체제를 가동할 것인지, 채택할 것인지, 나중에 주들의 4분의 3[의 동의]에 의해 체제에 삽입될 수 있는 필수적 수정 사항을 열거하고 권고할 것인지, 아니면 그 체제를 채택하기 이전에 수정할 것인지 등의 여부를 결정하는 데 있어

---

1) 12월 7일 델라웨어주, 12월 12일 펜실베이니아주, 12월 18일 뉴저지주가 각각 헌법안을 비준했다.

중요한 고려 사항이 되어야 한다. 나는 다만 수정이 본질적이고 필수적임을 보여 줄 것이다. 주 [비준]회의들은, 채택 전에 [헌법]안을 수정하는 것이 어느 정도나 실행 가능한지 결정해야 한다. 우리의 상황은 매우 위태로우며 고난을 선택할 수밖에 없다. 헌법을 현재 형태 그대로 채택함으로써 많은 위험을 초래할 수도 있고, 헌법을 전면 거부함으로써 더 많은 위험을 초래할 수도 있다. 채택 전에 수정을 두고 오랫동안 논쟁함으로써 큰 위험을 초래할 수도 있다. 우리에게 닥칠 수 있는 가장 큰 정치적 해악은 불화와 내전이며, 우리가 바랄 수 있는 가장 큰 축복은 온건하고 자유롭고 안정된 정부하에서의 평화와 단결, 근면이다. 현재 제안되어 있는 수정안들은 정부 운영을 감시하고 감독하려는 것들이다. 하지만 일단 [신헌법] 체제가 채택된 후에는 인민들이 수정안에 대해 주의를 기울이지 않게 될 위험이 있다. 지금은 인민들의 관심이 깨어 있다. 이 주제에 대해 지금까지 진행되어 온 논의들은 좋은 효과를 가져왔다. 그런 논의는 자유를 옹호할 유능한 지지자들을 불러냈고, 인민들의 마음속에, 권력 남용을 막을 가장 강력한 방벽인 진정한 공화주의적 경계심을 일신했다. 그러나 인민의 경계심은, 그것에 의존하기에 충분할 만큼 안정적이지는 못하다. 만일 대다수 인민들이 자신들의 영구적 안전을 지켜 줄 성전聖殿과 헌법적 방벽을 세우기에 충분할 정도로 계속해서 자신들의 자유에 주의를 기울일 수 있다면 참으로 다행스러울 것이다. 그런 방벽이 통치자의 권력과 인민의 권리 사이에 잘 확립된다면, 그것은 눈에 보이는 경계가 되어 모든 사람이 지속적으로 확인할 수 있고 조금이라도 침범을 당하면 즉시 발견될 것이다. 그런 방벽은 항상, 특히 [인민이] 부주의해질 수밖에 없는 시기에 인민을 위한 파수꾼 역할을 할 것이다.

나는 [헌법안] 지지자들 가운데 일부는 좋은 수정안을 추천하는 데 동의하리라고 믿는다. 하지만 그중 일부는 허울만 그럴듯한, 모호하고 하찮은 수정안을 추천하는 데만 동의할 것이다. 그것은 단지 어떤 유리한 순간에 그들의 주된 목표 ― 주들의 완전한 통합, 그리고 제안된 것보다 훨씬 더 권위적이고 덜 공화주의적이고 덜 자유로운 정체 ― 를 달성할 수 있는 길을 열어 두려는 속셈에 불과하다. 그러므로 우리가 불가피하게 이 체제를 채택하고서 수정안을 권고해야 한다면, 연방 공화국의 진정한 지지자들은 그 수정안이 우리 정부 체제가 공화주의 원칙과 평등에서 멀어지는 것을 막아 줄 뿐만 아니라 그런 원칙에 더 가까이 다가갈 수 있도록 하는 데 적합한 것인지를 확인해야 하고, 상대편의 말솜씨와 아첨, 술책에 대해 끊임없이 경계해야 한다.

헌법에 반대하거나 수정을 주장하는 신사들은, 종종 그리고 매우 억울하게도, 헌법 입안자들을 아무 이유 없이 공격한다는 비난을 받고 있다. 이런 비난이 부당하기에 나는 [헌법안을 둘러싼] 파당들의 움직임을 관찰하게 되었다. 지지파 가운데 일부는 연방주의자인 척하지만 실제로는 주 정부의 폐지를 원하고 있다. 지지파 가운데 일부는, 효율적인 연방 지도부하에 연합한 주 정부들을 실제로 보존하고자 하는 정직한 연방주의자라고 생각된다. 지지파 가운데 다수는 아무런 목적도 없는 맹목적인 앞잡이들이다. 반대파 가운데 일부는, 연방 정부를 전혀 원하지 않거나 혹은 권고 기능에 불과한 연방 정부를 원하는 가짜 연방주의자에 불과하다. 반대파 가운데 일부는 진정한 연방주의자인데, 아마 좀 더 분명히 살펴보면 그들의 목표는 정직한 연방주의자들의 목표와 동일할 것이다. 반대파 가운데 일부는 아마 뚜렷한 목표가 없을 것이다. 우리는 지지파와 반대파를 연방주의자와 반연방주의자라 부르기보다는 차라리 토리당과 휘그당이라 부르거나 혹은 다른 무엇이라 부르는 게 나을 것이다. 헌법에 대한 찬성과 반대 그 자체가 연방주의적 성향의 증거는 될 수 없다. 일반적인 정치 성향에 근거하여 이 당파들에 적용할 이름이 있다면, 공화주의자와 반공화주의자가 될 것이다. 반대파들은 대체로 인민 대다수의 권리를 지지하는 사람들로 공화주의자라고 할 수 있다. 지지파들은 일반적으로 그런 권리에 그다지 우호적이지 않은 사람들이며 반공화주의자라고 할 수 있다.

[헌법안] 지지자들은 헌법이 그 자체의 장점이나 단점에 근거하여 채택되거나 거부되도록 내버려두어야 했다. 만일 그러했더라면, 논쟁 과정에서 반대자들이 헌법 입안자들을 거론하는 일은 결코 없었으리라 생각된다. 열렬한 지지자들은 그렇게 하지 않고 [헌법안을] 전혀 검토도 하지 않은 상태에서 그 체제의 무조건적 채택을 옹호하는 압도적 권위로서 [헌법 입안자들의] 이름을 처음부터 거론하기 시작했다. 그들은 반대자들을 모두 무정부 상태 옹호자로 간주했고, M-n, G-y, L-e 등을 비롯해 반대파에서 찾아낼 수 있는 거의 모든 주요 인사들의 이름을 악의적으로 거명했다.[2] [하지만] 반대파들은 이렇게 특정인을 겨냥하는 방식으로 맞대응하지 않았다. 만일 지지자들이 진솔한 사람들이었다면 이러한 절제에 대해 박수를 보냈을 것이다. 당시 반대파들에게도 [그렇게 대응할 수 있는] 공정한 기회가 주어졌지만, 대체로 그들은 지금은 정념을 부추길 때가 아니라고 판단했다. 하지만 동시에 그들은 상대편 사람들 대부분에게서 단순한 열의 이상의 무엇을 목격했다. 그들은 [헌법안] 지지자들이 이름을 내세워서 인민을 오도하고 분열을 조장하며 또 그것을

[2] 저자가 여기에서 지적하는 것은, 필라델피아 제헌회의에 코네티컷주 대표로 참여했던 올리버 엘스워스Oliver Ellsworth가 1787년 말에 발표한 일련의 익명 논설("A Landholder" 또는 "Letters to a Landholder")에서 조지 메이슨 George Mason, 엘브리지 게리Elbridge Gerry, 리처드 헨리 리Richard Henry Lee 등을 공격한 사례이다. 그는 리를 "당파심"과 "워싱턴 장군에 대한 확고한 적개심"을 가진 인물로 묘사했다.

강요하는 것을 보았다. 비판자들은 일반적으로 그런 이름들이, 논란이 되는 [신헌법] 체제의 성급한 채택을 정당화할 만큼의 충분한 권위는 없다고 주장했다. 제헌회의는 단체로서는 의심할 바 없이 존경할 만한 것이었다. 제헌회의는 대체로 연합회의의 전현직 의원들로 구성되었기에 존경할 만한 인사들의 모임으로 봐야 한다. [하지만 지지자들이] 개별적 이름을 내세운 것은 인신공격을 초대한 것과 다름없다. 지지자들은, 자신들이 좋아하는 몇몇 인물들을 우리의 절대적인 정치적 신뢰를 받을 자격이 있는 사람으로 내세우기 이전에, 그들의 능력이나 정치적 견해, 처지 등에 대해 좀 더 제대로 파악했어야 했다. 그들 스스로를 위해서도 그렇게 했어야 했다. 그들이 내세우려 했던 모든 인사들이, 과거 공직 당시의 행적과 관련해 공식 기록상으로 ― 또한 공동체의 정직한 구성원들에 의해 ― 좋게 인정받을 수 있을지 파악했어야 했다. 이 열렬 지지자들은 자신들의 어리석음으로 인해 그들에게 불리한 사실이나 정치인들에 대한 조사를 자초했고, 지금 그것 때문에 짜증내고 분노하고 있는 것 같다. 그들은 사태를 예측할 수 있는 분별력이 없었던 것이다. 그들은 자신들이 몇몇의 주니우스Junius [3] [같은 사람]들로 하여금 ― 또는 사람들의 이름을 정중하게 거론하는 그의 방식을 흉내 내

3) [옮긴이] 주니우스는 헨리 샘슨 우드폴Henry Sampson Woodfall이 운영한 런던의 정론지政論紙 『퍼블릭 애드버타이저』Public Advertiser에 1769년 1월 21일부터 1772년 1월 21일까지 일련의 편지를 기고한 익명 작가의 필명이다. 그는 이 편지들에서 영국인의 역사적·헌법적 권리와 자유를 주창하고, 이런 권리를 침해하는 정부를 비판했다. 마지막 35번째 편지에서는 조지 왕을 직접 공격하여 분노의 폭풍을 일으켰고, 영국 정부는 우드폴을 선동적 명예훼손 혐의로 기소했다. 이 편지들은 무자비한 풍자와 직설적 웅변 등으로 유명한데, 1772년에 출판된 The Letters of Junius에 수록되었다.

는 자들로 하여금 ─ 심각한 사실을 밝히고 진실을 폭로하도록 자초했음을 깨달았을 것이다. 하지만 지지자들은 안심해도 좋을 것이다. 나라의 사정을 가장 잘 알고 있는 침착한 반대 진영 인사들은, 인민들이 한 헌법에서 다른 헌법으로 넘어가는 중대한 시기에, 다른 상황에서라면 최고의 칭찬을 받았을 그런 [진실의 폭로를 위한] 조사를 행하지는 않을 것이기 때문이다. 나는 정치인들[의 개인적 흠결]에 대해서는 더 이상 말하지 않고 헌법을 검토하고자 한다. 그리고 자세한 검토를 위해 필요한 선행 조치로서, 보편적으로 동의하는 몇 가지 일반적 입장과 원칙에 대해 말하고자 한다. 또한 우리의 결정에 도움이 되도록, [신헌법] 검토 과정에서 자주 언급하게 될 연합 체제의 주요 특징 및 몇몇 주의 협약[즉 주 헌법]에 대해 간략히 언급하고자 한다.

헌법의 일반 원칙

전해져 내려오는 고대 정부에 관한 부분적이고 모호한 정보에 우리가 의존할 수 있는 여지는 거의 없다. 인민으로서 우리의 상황은 독특하다. 우리 인민은 대체로 높은 자유 의식을 가지고 있다. 그들은 신중한 조치를 취할 수 있으면서도 기백이 넘친다. 지적이고 분별력이 있으며 견문이 넓다. 우리는 이런 인민의 상황에 맞게 헌법과 법률을 만들어야 한다. 우리에게는 왕족이나 귀족이 없다. 이 모든 사정에 부합하는 것은 전적으로 선거에 의해 선출되는 정부이다. 우리는 가장 힘든 싸움에서 자유인으로서의 능력을 시험했고 성공했다. 하지만 지금 우리는, 우리 행동의 주된 동기가 자유에 대한 사랑과 일시적 열정이었지 연방 체제의 활력 있는 원칙이 전혀 아니었음을 깨닫게 되었다.

우리의 영토는, 대표들이 자주 모여야 하고 법률이 온건하고 체계적으로 운영되는 단일의 제한군주제를 하기에는 너무나 광대하다.[4] 우리에게 가장 적합한 체제는 연방 공화국, 즉 국가적 관심사는 중앙에서 처리하고 지역의 문제는 주 또는 지역 정부에서 처리하는 체제이다.

연방[정부]의 권한은 상업과 주화, 국가적 목표 등에까지 확장되어야 하며, 그런 연방[정부]의 권한은 분할하여 각기 다른 세력의 수중에 맡기는 것이 가장 안전하다.

대체로 좋은 정부는 경험과 점진적 개선의 결과이며, 법률의 정확한 집행은 생명과 자유, 재산의 보존을 위해 필수적이다. 세금은 항상 필수적이다. 세금 징수 권한은 견제와 제한 없이는 결코 안전하게 위임될 수 없으며, 인민의 완전하고 진정한 대표에게만 위임될 수 있다. 위임된 권한의 양은, [권한] 보유자가 권한을 늘리지 못하게 권한 보유 기간을 짧게 하는 방식으로 상쇄되어야 한다. 최고의 권력은 인민에게 있으며, 통치자는 오직 인민이 명시적으로 부여한 그 부분만을 보유한다. 그에 더해, 가장 현명한 인민은 적절한 때에 사실이 이러함을 자주 선언해 왔고, [통치자에게] 주어진 권력의 범위를 정하고 그 행사를 제한하기 위해 신중하게 규정을 만들어 왔다.

인민은 대헌장 등에 의해 국왕으로부터 권한을 획득하거나 기본권을 부여받은 것이 아니라 단지 영국인으로서 누릴 자격이 있는

---

4) [옮긴이] '제한군주제'는 곧 '입헌군주제'를 말하며 사실상 영국을 지칭한다. 여기에서 필자가 그런 곳에서는 "법률이 온건하고 체계적으로 운영"된다고 평가한 근거는 2번 서한('자유 정부의 법률은 인민의 신뢰에 기초해 부드럽게 운영되는데, 그 영향력을 아주 먼 곳까지 확장하는 것은 불가능하다. 변방에서는 법률이 공포와 힘에 의해 시행될 수밖에 없고 이것이 모든 광대한 공화국이 겪는 현실이다')에서 찾을 수 있다. 이 문장의 초점은 제한군주제가 아니라 영토의 규모에 있다.

그런 권한과 기본권을 확인하고 확정했을 뿐이다. 국왕이 사용한 "짐이 승인한다."는 표제는 단지 형식에 불과했다. 대표와 배심재판은 지금까지 찾아낸 자유 정부의 가장 큰 특징이며, 인민 대다수가 정부의 일에 적절한 영향력을 행사할 수 있는 유일한 수단이다.

연방 체제에서 우리는 주 정부나 연방 정부의 각 부들 사이의 균형을 맞추어야 할 뿐만 아니라, 중앙정부와 지역 정부 사이에서도 힘의 균형을 찾아야 한다. 후자는 사람들이나 저술가들이 서의 고려하지 않거나 충분히 고려하지 않은 부분이다.

자유롭고 온건한 정부란, 인민 또는 인민의 헌법상 대표 ─ 즉, 진정한 대표의 원 ─ 의 공식적이고 자유로운 동의 없이는 그 어떤 법률도 제정할 수 없는 정부이다. 진정한 의미의 자유는, 자유롭고 온건한 정부 안에서 정직한 근면과 노동의 결과를 누리고 또한 모든 불법적 속박으로부터 개인의 안전을 누릴 수 있도록 보장하는 것이다.

권리 가운데 일부는 천부적이고 양도할 수 없는 것으로서, 인민도 개인에게서 그것을 박탈할 수 없다. 어떤 것은 헌법적 또는 기본적 권리이다. 이런 권리는 보통의 법률로는 변경하거나 폐지할 수 없다. 하지만 인민은 명시적인 행위로써 그런 권리를 변경하거나 폐지할 수 있다. 배심재판, 인신보호영장의 혜택 등과 같은 것을 개인들이 주장하는 것은 헌법과 같은 인민의 엄숙한 계약에 따른 것이며, 또는 적어도 통상적인 입법부가 폐지할 수 없을 만큼 오랫동안 사용되어 공고화된 법률에 따른 것이다. 그리고 어떤 권리는 일반적인 또는 단순한 법적 권리로서, 통상적인 입법부가 마음대로 변경하거나 폐지할 수 있는 법률에 따라 개인이 주장할 수 있는 권리이다.

연합 체제와 주 정부의 특징

연합은 공동방위와 상호 복리를 위한 주 또는 주권체들 간의 우호 연맹이다. 각 주는 명시적으로 각자의 주권을 계속 유지하며, 연합회의에 명시적으로 양도하지 않은 모든 권한을 계속 유지한다. 연합의 모든 권한은, 주 의회에 의해 매년 선출되는 대표들로 구성된 연합회의에 위임된다. 코네티컷주와 로드아일랜드주의 대표는 인민에 의해 선출된다. 각 주는 연합회의에서 한 표를 행사하는데, 자신들의 대표에게 급여를 지급하고 그들에게 지시를 하거나 소환할 수 있다. 대표는 영리 직책을 맡을 수 없으며, 6년의 기간 동안 3년 이상 재임할 수 없다. 각 주는 두 명 이상 일곱 명 이하의 대표들에 의해 대표될 수 있다.

연합회의는 (아홉 개 주의 동의로) 평화와 전쟁을 결정하고 조약과 동맹을 체결하며, 선박 나포 면허장을 수여하고, 주화를 발행하고 주화의 순도와 액면 금액을 규정하며, 일정한 할당량에 따라 각 주에 병력과 자금을 요구하고 군대와 해군을 편성하며, 신용장을 발행하고 금전을 차용할 수 있다.

연합회의는 (일곱 개 주의 동의로) 대사를 보내고 접수하며, 나포를 규정하고 군대와 해군을 통제하는 규칙을 제정하며, 공해상에서 범해진 해적[행위]과 중범죄를 재판할 법정을 설치하고 각 주들 간의 영토 분쟁을 해결하기 위한 법정을 설치하며, 도량형, 우체국, 인디언 문제 등을 규제할 수 있다.

연합회의의 동의 없이는 어떤 주도 사절단을 보내거나 받을 수 없으며, 다른 주 또는 외국과 조약을 체결하거나 평화 시에 군함이나 군대를 유지하거나 전쟁에 참여하거나 연합회의의 조약과 상충되는 관세를 부과할 수 없다. 각 주는 연대 장교들을 임명하고 잘 통제된 민병대를 유지해야 한다. 각 주는 어떤 종류의 상품이든 그 수입 또는 수출을 금지할 수 있다.

한 주의 자유 주민은 다른 주의 자유 시민이 누리는 기본적 권리와 면책을 누릴 자격이 있다. 각 주는 다른 주의 [전과] 기록과 사법절차에 대해 신뢰를 부여해야 한다.

캐나다는 [연합규약에] 동의한다면 받아들여질 수 있고, 다른 식민지는 아홉 개 주의 동의에 의해 받아들여질 수 있다.

[연합규약의] 변경은 연합회의의 동의와 모든 주 의회의 비준에 의해 가능하다.

내가 생각하기에 합중국에서 양도될 수 없는 혹은 기본적 권리로 인정되는 것은 다음과 같다.

어느 누구도, 평화롭게 행동하는 한에는, 자신의 종교나 예배방식을 이유로 핍박받지 않는다. 인민은 널리 알려진 현행법에 따라 자신의 재산을 소유하고 누릴 권리가 있으며 자신이나 자신의 대표자의 동의 없이는 재산을 빼앗기지 않는다. 정부의 긴박한 위기 시에 재산을 징발당할 경우, 그에 대한 합당한 보상을 받아야 한다. 개인의 안전은 법률에 자유롭게 의지하는 데 있다. 인민은 헌법에 의해 소집된 자신의 대표들이 동의하지 않은 법률이나 세금을 부과받지 않는다. 인민은 항상 인신보호영장, 형사사건 및 민사사건에서 배심재판의 혜택을 받을 권리가 있다. 인민은 기소될 경우 인근 지역에서 신속한 재판을 받을 권리, 자신 또는 변호인이 진술을 할 권리, 자신에게 불리한 증거를 제출하도록 강요받지 않을 권리, 증인을 대면하고 판사 앞에서 상대편 당사자와 대면할 권리 등을 가진다. 누구도 자신이 기소당한 범죄에 대해 실제로 설명을 듣기 전까지는 대답할 의무를 지지 않는다. 그리고 신체, 서류 또는 소유물에 대한 부당한 수색이나 압수를 당하지 않는다. 인민은 질서 있게 집회하고, 잘못의 시정을 정부에 청원할 권리를 갖는다. 언론의 자유는 제한되어서는 안 된다. 실제 근무에 대한 대가 이외에는 어떤 보수도 허용되지 않는다. 세습적 특권이나 귀족 신분은 허용되지 않는다. 군대는 문민 권력의 통제를 받아야 한다. 어떤 군인도 시민들의 동의 없이 그들의 집에 숙영해서는 안 된다. 민병대는 항시 무장하고 훈련받아야 하며, 평상시에 나라를 방어해야 한다. 최고의 권력은 인민에게 있으며, 위임된 권력은 정해진 시기마다 빈번하게 인민에게 되돌아가야 한다. 입법권, 집행권, 사법권은 항상 구별되어야 한다. 다른 권한이 추가될 수도 있다.

주 정부의 조직은 다음과 같다. 각 주에는 입법부, 집행부, 사법부가 있다. 일반적으로 의원은 집행부 및 사법부의 주요 공직에서 배제된다. 캐롤라이나주를 제외하고는 기독교 종파들 간에 헌법상의 차별은 존재하지 않는다. 뉴욕주, 델라웨어주, 버지니아주의 헌법은 성직자를 문민 및 군의 공직에서 배제한다. 다른 주들도 실제로 거의 동일하다.

각 주들은 민중의 원을 두고 있는데, 로드아일랜드주와 코네티컷주에서는 반년마다, 사우스캐롤라이나주에서는 격년으로, 다른 주에서는 매년 선출한다. 각 주들의 대표는 모두 약 1500명에 이르는데, 주민 1700명당 한 명의 대표가 있는 셈이다. 흑인 다섯 명은 백인 세 명으로 계산된다. 선거인 또는 피선거인의 연령이나 도덕성과 관련해 주들 간에 차이는 없으며, 재산과 관련해서도 주들 간에 실질적 차이는 없다.

펜실베이니아주는 모든 입법권을 단일의 원에 부여하고 있는데, 조지아주도 마찬가지이다. 나머지 11개 주들은 입법부에 제2의 원 혹은 상원을 두고 있다. 상원 구성에는 다양한 원칙이 복합적으로 적용되는데, 이는 여러 방식의 견제와 균형을 목표로 한 것이다. 대중의 변덕과 불안정성에 대처할 방벽을 확립하기 위해 각 주에서는 독창적인 방식이 적용되었다. 매사추세츠주에서는 디스트릭트에 납부하는 세금에 따라, 즉 거의 재산에 따라 디스트릭트별로 상원 의원이 할당된다. 코네티컷주에서는 자유민들이 9월에 20명의 상원 의원 선출을 위한 투표를 하여 각 타운에서 선출된 자들의 명단을 제출한다. 하원은 가장 많은 표를 얻은 20명을 뽑아 인민에게 제시하고, 인민은 [다음 해] 4월에 그중에서 12명을 선출한다. 이들 12명이 주지사 및 부지사와 함께 상원을 구성한다. 메릴랜드주에서는 각 카운티에서 두 명의 선거인을 뽑고, 이들이 상원 의원을 선출한다. 이들 선거인은 자유민에 의해 선출되며, 민중의 원의 의원 자격이 주어진다. 위의 두 경우의 [상원] 선출 방식에서 목표로 하는 것은 견제이다. 몇몇 주에서는 재임 기간, 연령, 재산 등이 고려된다. 상원 의원의 임기는 사우스캐롤라이나주에서는 2년이고, 델라웨어주에서는 3년, 뉴욕주와 버지니아주에서는 4년, 메릴랜드주에서는 5년, 그 외의 주에서는 1년이다. 뉴욕주와 버지니아주에서는 매년 상원 의원의 4분의 1이 교체된다. 버지니아주의 상원 의원은 25세, 사우스캐롤라이나주의 상원 의원은 30세 이상이어야 한다. 뉴욕주의 경우 유권자는 각자 250달러 상당의 자유 보유지를 소유해야 하며, 노스캐롤라이나주의 경우는 50에이커[약 0.2제곱킬로미터]의 자유 보유지를 소유해야 한다. 다른 주의 경우 상원 의원 유권자의 자격은 하원 의원 유권자의 자격과 동일하다. 상원 의원은 매사추세츠주의 경우 1000달러 상당의 자유 보유지 또는 2000달러 상당의 부동산을 소유해야 하며, 뉴저지주에서는 2666달러 상당의 부동산, 사우스캐롤라이나주에서는 1300달러 상당의 부동산, 노스캐롤라이나주에서는 300에이커[약 1.2제곱킬로미터]의 상속 토지 등을 소유하고 있어야 한다. 각 주의 상원 의원 수는 10명에서 31명이다. 11개 주의 상원 의원은 모두 약 160명인데, 대략 주민 1만 4000명당 한 명인 셈이다.

매사추세츠와 뉴욕의 두 주는 각각 입법부에, 완전한 것은 아니지만 제3의 원[즉 거부권]을 도입했다. 전자의 경우 주지사는 상원 의원 3분의 2와 하원 의원 3분의 2의 지지를 받지 못하는 법률을 거부할 수 있다. 후자의 경우 주지사, 형평법 대법관, 보통법 대법원 판사도 같은 권한을 행사할 수 있다.

각 주에는 단일 집행부가 있다. 대체적으로 동부 다섯 개 주에서는 인민이 주지사를 선출하고, 다른 주에서는 의회가 주지사를 선출한다. 사우스캐롤라이나주에서는 2년에 한 번, 뉴욕주와 델라웨어주에서는 3년에 한 번, 다른 주에서는 매년 주지사를 선출한다. 뉴욕주를 제외한 다른 주의 경우 주지사는 집행 평의회를 가지고 있다. 몇몇 주의 경우 주지사는 상원에서 표결권을 가지는데, 어떤 경우에는 주지사들이 비슷한 권한을 가지고 있고, 다른 경우에는 상당히 다른 권한을 가지고 있다. 각 주의 집행 평의회 위원의 수는 다섯 명에서 12명이다. 동부 네 개 주와 뉴저지주, 펜실베이니아주, 조지아주의 경우 재선 의원들로 구성된다. 펜실베이니아주에서는 3년마다, 델라웨어주에서는 4년마다, 버지니아주에서는 3년마다, 사우스캐롤라이나주에서는 격년마다, 그 외의 주에서는 매년 위원을 선출한다.

각 주마다 사법부를 두고 있는데, 모두 상급 및 하급의 보통법 법원을 두고 있다. 일부 주에는 형평법 법원, 해사법 법원이 있다. 법원은 일반적으로 시민들의 편의를 위해 각기 다른 장소에 위치한다. 모든 보통법 법원과 일부 해사법 법원에서 배심재판이 진행된다. 배심원은 주로 민중에 속하는 자유인으로 구성되는데, 재산이 없거나 인격이 부족하거나 나이가 어린 사람은 선거에서 그러하듯이 배심원에서도 제외된다. 판사 중 일부는 적법행위를 하는 한 재임하며, 일부는 1년 동안, 일부는 수년 동안 재임한다. 판사의 급여는 모두 입법부에서 결정한다. 사법부와 관련된 세부 사항은 여기에서 언급하기에는 너무 많다.

연방농부

1787. 12. 31.

귀하에게

정부의 두 원리와 대의 정부의 조건

　인류가 만든 다양한 정부들을 살펴보면, 그 정부들의 모든 힘이 두 가지 원리로 환원될 수 있음을 알 수 있다. [정부] 기구들을 움직이게 하고, 또한 의도된 영향력과 통제력을 그 기구들에 부여하는 주된 원동력은 강제력과 설득이다. 사람들은 전자에 의해 강요되며, 후자에 의해 유인된다. 우리는 정부 안에서 전자의 원리가 지배하는지 아니면 후자의 원리가 지배하는지에 따라, 그 정부를 전제 정부 또는 자유 정부라고 부른다. 아마 어떤 정부도, 신민 중 일부에게 조금의 설득력도 발휘할 수 없을 정도로 전제적일 수는 없을 것이다. 또한 사물의 본질상, 준법을 강제할 물리력이 전혀 필요 없을 만큼 정부가 그렇게 자유롭거나 또는 자발적인 동의에 의해서만 지탱되는 것도 불가능하리라 생각된다. 전제 정부에서는 일반적으로 인민으로부터 독립적인 1인 혹은 소수가 법을 만들며, 복종을 명령하고 칼로써 복종을 강제한다. 다른 구성원들을 억압하고 법에 복종하도록 하기 위해 인민의 4분의 1이 무장하여 군인의 고역을 견뎌 내야 한다. 자유 정부에서는 인민이나 그들의 대표가 법을 만든다. 법의 집행은 주로 자발적 동의와 조력의 결과이다. 인민들은 집행관을 존경하고, 자신들의 사적인 일을 추구하며, 공적 용도를 위해 아주 적은 양을 공제하면서 자신의 노동의 성과를 즐긴다. 인민의 대부분은 분명 후자의 정부를 선호할 것이다. 잠시 동안이나

마 전자를 선호할 수 있는 자들은, 전제적 통치에 참여하는 대가로 충분한 보수를 받을 수 있는 소수들뿐이다. 우리의 진정한 목표는, 모든 면에서 설득력으로 무장하여 가능한 한 강제력의 필요성을 최소화하는 하나의 원칙에 완전한 효능을 부여하는 것이다. 설득은 결코 위험하지 않다. 심지어 전제 정부에서도 그러하다. 그러나 만일 군사력이 대내적으로 자주 사용된다면, 필연적으로 인민의 사랑과 신뢰를 파괴하고 인민의 정신을 파멸시킬 것이며, 그 결과 무력을 추종하고 인민에 적대적인 통치자들이 인민의 선거를 통해 그 지위를 유지하는 것은 전적으로 불가능하고 부자연스러운 일이 될 것이다.

이미 말했듯이, 제안된 [헌법]안은 이 두 원리 사이에서 불안하게 운영될 것이다. 그것이 설득으로 기울지 아니면 강제력으로 기울지는 불확실하다.

정부는 존재해야만 한다. 설득의 원리가 취약하면 다음 수단은 틀림없이 강제력이다. 의회에서 제정된 법률이 존중받지 못하면 법의 힘은 약화될 수밖에 없고 전체 체제가 소동에 빠질 것이다. 바로 그 순간 우리는 다음 수단에 의지할 수밖에 없고, 모든 자유는 사라진다.

인민들이 법을 만들기 위해 [직접] 모이는 것이 불가능하기 때문에 입법자를 선출해야 하고 또한 정부의 각 부에 사람들을 임명해야 한다. 우리는 인민의 신임이 결집되는 것을 주로 대표의 원[즉 하원]에서 기대하며, 또한 거의 전적으로 설득의 힘을 그곳에서 발견하리라 기대한다. 따라서 이 원을 구성할 때에는 몇 가지 중요한 고려 사항에 유의해야 한다. 이 원은 인민과 공적 사안들의 상황을 파악하는 능력, 인민과 공감하려는 성향, 인민의 상황과 조건에 맞는 법률을 제정할 수 있는 능력과 의향을 보유해야 한다. 이 원은 이해관계에 따른 결탁과 부패, 위력 등을 막아 낼 수 있어야 하고,

인민의 신임을 얻고 자발적 지지를 확보해야 한다.

이런 견해에 대해서는 논쟁의 여지가 없으리라 생각한다. 내가 앞에서 제시했던 견해, 즉 공정하고 동등한 대표란 그 안에 인민들의 이해관계와 생각, 의견 및 견해가 마치 모든 인민이 모였을 경우처럼 결집되어 있는 것이라는 생각에 대해서도 이견은 없으리라 생각된다. 나는 이런 일반적 논평과 함께, 내가 제기하는 핵심적 문제, 즉 가장 본질적인 권한들 — 심지어 이 나라의 내부 치안에 대한 권한까지 — 을 위임받게 될 정부 안에 인민의 진정한 대표가 존재하지 않는다는 문제에 대해 좀 더 깊이 생각해 보고자 한다. 나는 대표의 원에 대해 몇 가지 수정을 제안할 것이다. 첫째, 대표의 증원이 있어야 하고, 둘째, 대표의 선출이 더 잘 보장되어야 한다.[1]

인민의 진정한 대표 부재

1. 대표가 빈약하고 허울뿐이므로 증원되어야 한다. 다양한 의견이 가능한 이 사안에 대해 내가 수학적으로 확실한 어떤 입장을 정하기를 여러분이 기대하지는 않을 것이다. 다만 여러분은 내 의견이 솔직하고 또 필자의 마음속에 확실히 자리하고 있는 그런 것이기를 기대할 수 있을 것이다. 이 분야는 여러 박사들 사이에서도 이견이 많은 분야이다. 진정한 대표는 정부의 특징 중에서 가장 중요한 것이지만, 지금까지 이보다 이해가 부족했고 정치 저술가들의 연구가 이보다 불완전했던 것도 없을 것이다. 스파르타의 집행관들$_{ephori}$[2]과 로마의 호민관들$_{tribunes}$[3]은 [대표의] 그림자에 불과했다.

---

1) 둘째 내용은 12번 서한에서 다룬다.
2) [옮긴이] 에포리는 에포르$_{ephor}$의 복수형이다. 에포르는 스파르타의 집행관으로서 왕과 함께 집행권을 구성했다. 항상 다섯 명으로 구성되는데, 이들

영국의 대표는 불평등하고 불안정하다. 아메리카에서 우리는 이 중요한 [대표의] 원院을 그것의 진정한 원리에 기초하여 확립하는 데에서 아마 다른 어떤 세계보다 더 많은 것을 이루어 왔을 것이다. 하지만 아메리카에서도 대표의 더 큰 개선이 이루어질 수 있다고 나는 생각한다. 이 원을 확립할 때에는 인민의 상태를 조사해야 하고, 대표의 수와 선거 형식을 인민의 상태에 맞추어야 한다. 우리는 지금 수많은 인민들이 비옥하고 광활한 나라에 정착해 평등을 누리고 있고 부와 빈곤으로 인해 억압받는 사람이 거의 또는 전혀 없는 상태에 있다. 이럴 때 헌법과 법률이 무엇보다 관심을 두어야 할 것은, 인민들이 공적으로 타락하는 것을 막고 행복한 상태에 있도록 보호하는 것이다. 덕성스러운 인민은 정의로운 법을 만들며, 좋은 법은 덕성스러운 인민을 원래대로 보존하는 데 기여한다. [하지만] 아무리 덕성스럽고 행복한 인민이라도, 법이 그들의 특성에 맞지 않는다면 그로 인해 점차 비굴하고 타락한 존재로 쉽게 변할 수 있다. 인민이나 그들의 대표가 법률을 제정하는 곳에서는, 대표가 편파적이거나 인민의 불완전한 대리인이 아닌 한, 법률은 대체로 국민의 특성과 상황에 부합하는 것이 될 개연성이 높다. 하지만 인민이 선출자일지라도, 그 사회의 자연 계층들 중 어느 한 계층 ― 또는 그 이상의 계층 ― 에게 다른 계층에 대한 부당한 지배력을 부

이 집단적으로 집행·입법·사법권을 행사했다. 이들은 매년 모든 성인 남성 시민들에 의해 선출되었기에, 왕 및 귀족에 대한 견제 수단으로 기능했다.
3) [옮긴이] 트리뷴tribunes은 고대 로마 공화국의 선출직 관리들의 총칭이다. tribuni militum(군사 담당관), tribuni aerarii(재무관), tribuni plebis(호민관) 등이 있었는데, 여기에서 말하는 것은 호민관인 듯하다. 기원전 450년경부터 평민 집회에서 10명의 호민관을 선출하기 시작했고, 이들은 평민들의 이익을 대변했다.

여하게끔 대표가 구성된다면, 그것은 불완전한 대표이다. 전자는 점차적으로 주인이 되고 후자는 노예가 될 것이다. 이런 계층들을 각기 적절한 자리에 보존하는 것이야말로 정치적 균형 중에서 가장 중요한 것이다. 우리는 입법부 내의 균형, 정부의 각 부府들 사이의 균형에 대해 이야기하는데, 그런 균형을 인민 전체로 확장해야 하는 것이다. 나는 진정한 대표를 구성할 때에는 공동체 내의 여러 계층들 간에 균형을 맞추어야 한다는 개념을 제시했지만 그런 구상이 공상적인 것으로 여겨지는 것을 목격했기에,[4] 베카리아Beccaria 후작의 논문의 한 문장에서 깊은 감명을 받았다. 1774년 대륙회의는 이 문장을 인용했는데, 그 내용은 다음과 같다. "모든 사회에는, 끊임없이 한 구성원에게는 권력과 행복의 절정을 부여하고 다른 구성원들은 나약함과 비참함의 극단까지 격하하려는 경향이 존재한다. 좋은 법의 목적은 이런 시도를 저지하고 그 영향력을 보편적이고 평등하게 확산시키는 것이다."[5] 여기에, "자유로운 국가에서 자유로운 행위자로 여겨지는 모든 사람은 그 자신에 의한 통치에 관심을 가져야 한다. 따라서 입법부는 인민 전체 또는 인민의 대표자에게 귀속해야 한다."는 몽테스키외의 의견을 추가하도록 하자.[6] 이 저

---

[4] 푸블리우스는 「연방주의자」 35번에서 "인민의 모든 계층이 각각 그 계층의 사람들에 의해 실제로 대표된다는 발상은 완전히 공상적이다."라고 주장한다. 저자가 구체적으로 이를 언급하고 있지는 않다. 「연방주의자」 35번은 1788년 1월 5일 처음으로 게재되었고, 이 글은 1787년 12월 31일 자로 되어 있다.

[5] Cesare Bonesana Beccaria, *An Essay on Crimes and Punishments* (London 1767), Introduction. 이를 인용한 인용문은 다음 참조. "Address to Inhabitants of Quebec, October 26, 1774"(written by R. H. Lee), *Journals of Continental Congress* I, 106.

[6] *The Spirit of Laws* XI, ch. 6. [「브루투스 편지」 3번의 각주 1 참조.]

자들은, 우리가 귀족, 민중, 상인, 직공 등으로 부르는 여러 사회계
층을 염두에 두면서, 그들이 이해관계나 야심에 따라 끊임없이 자
기 계층을 높이고 다른 계층을 억압하려 한다는 사실을 명백히 인
식하고 있었다. [따라서] 각 계층은 실제로 그리고 효과적으로 입법
업무에 관여해야 한다. 사물의 본질상, 만일 인민들이 자신들 속에
서 정말로 자신들과 닮은 사람을 선택할 수 없다면, 인민들에게 그
들이 선출자이고 그들의 대표를 선택할 수 있다고 말하는 것은 그
들을 기만하는 것이다. 여러분이 하나 더 생각할 것이 있다. 우리는
인간 본성에 따른 그와 같은 활동들을 상쇄해 균형을 맞추어야 할
뿐만 아니라, 부수적인 결탁도 방지해야 한다. 공직과 사적 이해의
연결에 기초한 결탁이 그것이다. 위의 두 해악은, 피선출자의 규모
가 축소되는 것에 비례해 증가한다. 이 문제를 올바로 파악하려면,
직업에 따라 그리고 정치적으로 구분될 수 있는 다양한 계층의 사
람들에 대한 전반적 이해와 설명이 필요하다. 첫 번째 계층은 귀족
이다. 이 나라에서 논의되는 귀족에는 세 종류가 있다. 첫 번째는
헌법상 귀족이다. 우리가 흔히 사용하는 단어의 일반적 의미로서
귀족은 합중국에 존재하지 않는다. 그런데 몽테스키외는, 사회 구
성원 중 일부가 재산이나 연령 또는 도덕적 품성의 부족으로 인해
정부에 참여할 어떤 지분으로부터 배제될 경우 그 나머지 사람들만
이 헌법상 선거인이자 피선거인이 되는데 이들이 곧 이런 귀족[즉
헌법상 귀족]을 형성한다고 말한다.[7] 그의 견해에 따르면 이런 귀족

---

[7] [옮긴이] 몽테스키외가 정확히 이와 같은 언급을 한 것은 없다. 다만 공화
정체 중에서 주권이 인민 일부의 수중에 있는 것을 '귀족정체'로 분류하고,
재산, 계급 등에 따라 선거권·피선거권 자격을 정한 역사적 사례를 제시하
고 있다. 몽테스키외, 『법의 정신』, 진인혜 옮김, 앞의 책, 제2편 2장, 46~
52쪽.

은 합중국의 각 주에도 존재한다. 그곳에도 범죄로 유죄판결을 받은 사람, 미성년자, 일정한 재산을 소유하지 못한 사람 등과 같은 상당수의 사람들이 정부에 참여할 어떤 지분으로부터도 배제되어 있기 때문이다. 두 번째는 귀족 파벌이다. 이들은 흔히 부와 능력으로 유명한 파렴치한 인사들의 파당으로서, 함께 결탁하여 사적 이익과 권력 강화를 자신들의 목표로 삼는다. 이런 부류의 존재는 단지 우연일 뿐이지만 특히 경계해야 한다. 세 번째는 자연적 귀족nat-ural aristocracy이다. 우리는 이 용어를 존경할 만한 계층의 사람들을 지칭하는 데 사용한다. 이들과 자연적 민중natural democracy 사이의 경계는 어느 정도 임의적이다. 우리는 사람들을 이 경계의 어느 한쪽에 놓을 수 있고, 다른 사람들은 다른 쪽에 둘 수 있다. 그리고 소수와 다수 사이의 모든 분쟁에서 상당수의 사람들은 자신이 어느 편에 속하는지 혹은 속해야 할지 망설이면서 확신하지 못하고 있다. 내가 생각하기에 합중국에서 약 4000 또는 5000명이 자연적 귀족에 포함된다. 이에 속하는 사람으로 생각되는 것은 주지사, 연방 의원, 주 상원 의원, 연방의회 고위직, 군 및 민병대 고급 장교, 상급 법원 판사, 저명한 전문직 인사들, 그리고 큰 재산을 가진 사람들이다.[8] 공동체의 나머지 사람들과 계층이 자연적 민중을 형성한다. 여기에는 대체로 자영농, 하급 관리와 하급 장교, 어부, 직공 및 교역상, 대다수의 상인 및 전문직 종사자 등이 포함된다. 쉽게 이해할 수 있듯이, 귀족과 민중이라는 이 두 계층의 사람들은 똑같이 정직한 견해를 갖고 있지만 아주 다른 생각 — 특히 공적·사적 지출, 급여, 세금 등에 관해 상당히 다른 생각 — 을 가지고 있다. 첫 번째 계층의 사람들[즉 귀족]은 더 광범위하게 교제하고, 높은 명예 의식을 갖

8) 자연 귀족에 대해서는 「브루투스 편지」 3번 참조.

고 있으며, 능력과 야망, 폭넓은 지식을 갖추고 있다. 두 번째 계층의 사람들[즉 민중]은 큰 [사회적] 목표들을 조화하는 데 익숙하지 않다. 그들은 야망이 적고 정직함이 더 많다. 이들은 주로 중간 규모와 소규모 재산, 근면한 직업, 고된 노동에 의존한다. 반면 전자는 주로 대규모 재산과 정부 최고위직의 보수에 의존한다. 이 두 거대 파당의 활동은 균형이 맞추어져야 한다. 그뿐만 아니라 다른 이해관계들과 파당들 — 단지 힘이 부족하고 결과가 두려워서 항상 서로를 억누르려 하지 않을 뿐인 — 의 활동도 균형이 이루어져야 한다. 사실 그들은 서로에게 의존하고 있음에도 불구하고, 대체로 다음과 같은 생각을 가지고 있다. 즉, 상인들은 자신들만이 자신에게 유리하고 농부 등을 억누를 수 있는 법을 제정하는 데 성공할 수 있다고 생각하고, 농부들도 비슷한 원리에 따라 행동하려 한다. 전자는 토지에 세금을 부과하려 하고, 후자는 무역에 세금을 부과하려 한다. 제조업자는 종종 독점을 위해 경쟁하고, 구매자는 가격을 낮추기 위해 온갖 노력을 다하며, 판매자는 가격을 높이려고 노력한다. 수수료와 봉급으로 살아가는 사람들은 그것을 올리려고 노력하고, 그것을 지불하는 사람들은 낮추려고 노력한다. 공적 채권자는 세금을 늘리려고 노력하고, 일반인들은 세금을 줄이려 노력한다. 따라서 우리는 모든 시대에 인간의 모든 거래에서 [베카리아] 후작의 견해를 확인해 주는 파당들을 목격하게 된다. 그리고 정부 안에 자신의 파수꾼을 확보하지 못한 계층은, 그들이 확보해야 하거나 잃을 것에 비례하여, 거의 틀림없이 몰락하게 될 것이다.[9]

파당들 간의 투쟁은 단순히 재산에만 국한되지 않는다. 그들은

9) [옮긴이] 파당(파벌) 문제에 대한 푸블리우스의 대조적 견해는 「연방주의자」 10번 참조.

지위와 명예를 위해 경쟁한다. 그들의 모든 정념이 차례로 정치적 논쟁에 동원된다. 사회에서 지위가 높은 자들은 대개 민중의 변덕스러움을 혐오하고, 민중은 흔히 질투와 시기의 정념에 휩싸인다. 자작농 계층은 많은 재산과 힘을 보유하고 있고, 의견과 습관에서 강건하고 굳세다. 도시의 직공은 격렬하고 변덕이 심하며, 정직하고 쉽게 믿는다. 그들은 수와 영향력, 힘 등에 있어서 미미하며, 자유 정부를 떠받치기에는 충분히 안정적이지 못하다. 어업인들은 부분적으로는 지주들의 힘과 안정성을 지니고 있고, 부분적으로는 직공들의 변덕스러움을 지니고 있다. 상인들과 교역상들에 대해 말하자면, 그들은 거의 모든 금전 거래에서 우리의 대리인들인데, 정부에 작용을 가하고 상당한 영향력을 지니고 있다. 한 유능한 저술가는 검소하고 근면한 상인들이 대체로 자유의 옹호자라는 사실을 간파했었다. 학교는 공화정부 옹호자를 거의 배출하지 않는다는 견해는 충분히 근거가 있다고 생각된다. 법률, 신학, 의료 등과 같은 분야의 신사는 인민의 약 4분의 1을 차지할 것이다. 하지만 그들의 정치적 영향력은 아마 다른 모든 종류의 사람들의 영향력과 동일할 것이다. 연방의회직으로 추정해 보면, 대표의 규모가 작을 경우 대개 법조인들이 다수를 점하게 될 것이다. 하지만 대표의 수가 늘어날수록 농부, 상인 등이 더 많이 정부에 참여하게 될 것이다.

이런 일반적 관찰을 통해 여러분은 내가 여러 계층이라는 말을 통해 무엇을 의도했는지, 또한 이들 계층의 이해관계, 생각, 의견, 관점 등을 입법부 내로 통합하여 균형을 맞추어야 한다고 주장했을 때 대체로 무엇을 구상했는지를 파악할 수 있을 것이다. 우리는 이렇게 여러 계층들을 [입법부로] 통합하고 균형을 맞춤으로써, 사회의 한 구성원이 점점 지위를 높여 다른 구성원들을 억누르게 되어 [그 결과] 정체가 변형되는 사태를 막을 수 있을 것이다. 이뿐만 아니라 [여러 계층의] 통합과 완전한 대표로부터 다른 많은 이점도 얻을 수 있다. 대표가 소규모일 경우, 그들은 결코 인민의 상황에 대해 잘 알 수 없다. 의원들은 인민과 너무 멀리 떨어져 있을 수밖에 없어서 대체로 인민들과 공감할 수 없고 그 수가 너무 적어서 인민과 소통할 수 없다. 대표가 그들의 유권자와 제대로 소통할 수 있는 여건이 되지 못할 경우, 그리고 결과적으로 유권자들이 자신들의 요구나 상황, 의견 등을 그런대로 용이하게 대표에게 알릴 수 없을 경우, 대표는 극히 불완전한 것이 될 수밖에 없다. 3만 명 또는 4만 명의 주민에 대해 단 한 명의 대표만이 있을 경우, 그 대표는 유권자 중의 소수 명망가들하고만 어울리고 서로 알게 될 것이다. 심지어 연방 대표의 수를 배로 늘리더라도 대표와 대표되는 인민 대중 사이에는 큰 간극이 있을 수밖에 없다. 제안된 헌법안에 따르면 델라웨어주, 필라델피아시, 로드아일랜드주, 메인주, 매사추세츠주의 서퍽 카운티 등은 각각 한 명의 대표를 갖게 될 것이다. 대표와 그 지역의 일반 대중들 사이에 개인적 안면이나 소통은 거의 없을 것이다. 어떤 이들은, 대표가 [지역의] 명망가들과 어울리기만 해도 그들로부터 최고의 정보와 의견을 얻을 수 있다고 주장한다. 하지만 이럴 경우 대표는, [명망가들로부터] 그들의 목적에 유리한 영향도 함께 받게 될 것이다. [인민의] 관심을 돌려서 대표의 이런 결함에 대해 생각지 못하도록 하기 위해 그럴듯한 미봉책들이 제시되어 왔다. 이에 대해서는 다른 서한에서 살펴볼 것이다.[10]

어떤 것은 끌어올리고 다른 것은 억누르려 하는 여러 이해관계와 파당들의 시도를 균형 맞추는 문제, 대표와 인민 간의 공감과 정보와 소통의 부재라는 문제 등을 모두 극복할 수 있다고 하더라도, 대처하기 어려운 문제가 여전히 남게 될 것이다. 소규모 대표들은

10) 이에 대한 논의는 9, 10번에서 이루어진다.

사적 결탁에 항상 취약하다는 점이 그것이다. 내가 생각하기에, 한 사람의 폭정이나 다수의 방종은 소수 파벌에 비하면 작은 해악에 불과하다. 하원이 어느 정도까지 사적 도당들로 변형되어 갈 것인지, [대통령이 제시하는] 임명과 직위에 대한 기대에 의해 얼마나 영향을 받을 것인지, 어느 정도나 대통령과 상원에 의해 조종당할 것인지, 인민이 어느 정도나 하원을 신뢰할 것인지 등은 검토해 볼 가치가 충분한 사안들이다. 대표의 원에 대한 [앞에서 살펴본] 비판론은 물론이고 이런 비판들로부터 벗어나기 위해 [헌법안 지지자들에 의해 다음과 같은] 여러 견해들이 제시되어 왔다. 나는 이에 대해 검토해 볼 것인데, 만일 이런 견해들이 허황된 것으로 밝혀진다면, [헌법안] 비판론은 반박당하지 않은 것으로서 유효하게 남게 될 것이다.

인민은 선출자이며, 틀림없이 훌륭한 사람을 선출할 것이고, 정부 운영에 주의를 기울일 것이다.

연방 의원들은 틀림없이 [임기에 따라] 정해진 시기에 고향으로 돌아갈 것이며, 자신들이 제정한 법률의 적용을 받고, 자신들이 부과하는 부담을 분담해야 한다.

인민은 자신의 통치자를 압도할 수 있는 강력한 힘을 가지고 있고, 권력 남용을 막을 최선의 견제 장치를 국민성 안에 지니고 있기에, 최고 권력은 인민에게 남아 있을 것이다.

주 정부들은 체제의 일부를 구성할 것이며, 체제 내에서 균형을 만들어 낼 것이다.

연방의회는 오직 [제한된] 몇 가지 국가적 목표만을 돌볼 것이고, 주 정부들이 많은 지역적 목표들을 돌볼 것이다.

새로운 연방의회는 지금보다 더 많은 인원으로 구성될 것인데, 인원이 많은 조직체는 다루기 힘들고 무질서하다.

현재의 의회[즉 연합회의]에서는 주州만이 대표되는데, 새 연방

의회에서는 인민이 대표를 요구할 것이고, 50년이나 100년 안에 대표의 수는 많아질 것이다.

연방의회는 나쁜 짓을 행할 유혹에 빠지지 않을 것이다. 인민을 노예로 만드는 어떤 체제도 실행 가능하지 않다.

인민이 자유의 상태에 있는 한 그들은 자유 정부를 유지할 것이다. 그리고 인민이 자유에 싫증을 내게 될 경우 전제적인 정부가 나타날 수밖에 없다.

나는 뒤이은 편지에서 이런 견해들을 검토할 것이다. 나는 이런 견해들의 근거가 충분하지 않다는 것을 보여 줄 뿐만 아니라 그중 일부의 오류에 대해 지적할 것이다. 또한 다른 사람들[즉 헌법 지지자들]은 자유롭고 계몽된 인민들의 위엄 있고 용맹한 정서에 대해 별로 공감하지 않는다는 것을 보여 줄 것이다.

연방농부

8번
대표의 역사적 사례: 영국과 로마

1788. 1. 3.

귀하에게

　[헌법안의 대표 기구를 둘러싼] 논란에 대해 살펴보기 전에, 나는 잠시 [이 문제에서] 벗어나 대표에 관한 유용한 생각들을 추가하고자 한다. 이는 드 로름De Lolme[1]을 비롯한 여러 유능한 저자들로부터 수집한 것으로서 기본적으로 내 입장을 뒷받침해 줄 것이다. 그들은 영국에서 보편적이고 평등한 자유가 확립된 것을 여러 계층들 사이의 이익과 권력의 균형 덕분으로 돌렸는데, 이는 아주 정확한 것이었다. 그런 균형은, 이전에도 없었고 아마 다시는 일어나지 않을 일련의 행운의 사건에 의해 조성된 것이었다.[2]

　노르만정복[3] 이전에 영국 인민은 이런 자유를 많이 누렸었다.

---

1) [옮긴이] 장루이 드 로름Jean-Louis de Lolme(1740~1806)은 제네바 공화국에서 출생했고 성인이 된 이후 영국으로 이주하여 영국 신민이 되었다. 유명한 저서인 『영국 헌법』(1771)에서 영국 체제를 아리스토텔레스식 혼합 정부로 옹호했고, 대의 민주주의 요소를 찬양하면서 참정권 확대를 촉구했다. 이 책은 미국 헌법 초안을 작성한 많은 이들에게 영향을 미쳤다.

2) J. L. De Lolme, *The Constitution of England*, 3d. ed.(London 1781).

3) [옮긴이] 11세기에 노르망디 공작 윌리엄 1세(일명 정복왕 윌리엄)가 이끄는 노르만인이 앵글로·색슨 잉글랜드를 침공하여 정복한 사건을 말한다. 정복자로 잉글랜드에 들어온 노르만 왕은 대륙의 제도인 봉건제를 도입하고 강력한 왕권을 구축했다. 17세기 혁명기 이래 영국에서는, 노르만의 '봉건적 속박'에 대비하여 그 이전의 앵글로·색슨 사회를 자유가 향유되었던 위대

첫 번째 노르만 왕은, 영국인의 미움의 대상이었던 외국인 용병과 가신의 도움을 받아 곧바로 자의적으로 세금을 부과하고 전제적인 법정을 설립했으며, 모든 계층의 인민을 심각하게 억압했다. 이런 억압은 이전의 자유를 기억해 낸 귀족들과 인민들로 하여금 공동 방어를 위해 연합하도록 유도했다. 지체 높은 사람들로서도 인민을 기만하고 약화하는 것이 아니라 그들을 계몽하고 또 그들의 환심을 살 필요가 생긴 것이다. 왕권은 폐지하기에는 너무나 견고했기에 합리적 [대항] 수단은 적절한 범위 내에 그것을 제한하는 쪽으로 향했다. 이 길고도 힘든 과업에서, 이런 새로운 종류의 항쟁에서, 귀족과 인민이 성공할 수 있었던 것은 그들이 자유민이었기 때문이었고, 싸우는 목표의 가치를 알았기 때문이고, 작은 섬의 인민이었기 때문이다. 그들은 단일한 의회에 모여서 심의하고, 단일한 의결 체제 아래에서 행동하는 것이 실현 가능함을 알았던 단일한 인민이었다. 그들은 프랑스나 스페인 같은 큰 나라에서처럼 각기 다른 지방 의회에 모이지 않아도 되었다. 그런 곳에서는 지방 의회들의 결의가 서로 상반되었고, 국왕은 그들을 기만하여 상호 적대하도록 만들 수 있었다.

영국 인민들이 수 세기 동안 협력할 수 있었고 대헌장이나 권리장전과 같은 협약을 통해 국왕의 특권을 점차 제한하고 그들 자신의 자유를 확립할 수 있었던 것은 이처럼 단결된 상황에서 가능했다. 최초의 단결은 아마도 기존 상황의 우연한 결과였겠지만, 그런 단결의 내부에는 영국의 자유의 모태가 된 경탄할 만한 이해관계의 균형이 있었고 또한 그 이후로 계속 유지되었던 탁월한 법규가 있었다. 집행권은 일률적으로 국왕에게 있었고 그는 국가의 명

한 시기로 찬미하는 풍조가 유행했다.

백한 수장이었기 때문에, 정치 상황이나 여론에 부합하는 최고 귀족이나 인망 높은 지도자일지라도 국왕의 라이벌이 되려고 진지하게 생각하거나 집행권의 일부라도 노리는 것은 공상 속에서나 가능한 일이었다. 아무리 뛰어날지라도 신하들이 기대할 수 있는 최고치는 하원이나 상원 또는 내각에서 상당한 영향력을 확보하는 것이었다. 이런 상황들은, 바로 인민의 지도자들로 하여금 인민을 변함없이 지지하는 것이 그들의 이익이 되도록 만들었다. 이는 스파르타의 집행관이나 로마의 호민관과는 아주 다른 상황이었다. 영국의 지도자들은 인민을 자유로 이끌었지만, 거의 모든 다른 나라의 지도자들은 인민을 노예로 이끌었다. 영국의 인민들은 신중하게 힘을 행사했는데, 이는 가장 안전하고 효과적인 그들의 무기가 되었다. 다른 나라의 경우 인민들은 종종 폭도처럼 행동했고, 적이나 그들 자신의 지도자에 의해 노예가 되기도 했다. 영국에서 인민들은 그들의 대표에 의해 한결같이 체계적으로 인도되어 협약을 통해 자신들의 권리를 확보했고, 정체의 혁신을 추구하지 않았다. 그들은 대헌장, 과세권, 법률 제안권, 인신보호법, 권리장전 등을 연속적으로 획득했다. 요컨대, 그들은 보편적이고 평등한 자유와 신체와 재산의 안전을 확보했으며, 자유에 대한 영원한 방어 수단이자 보루로서 의회 안의 서민원, 법률 집행에서의 배심재판, 언론의 자유 등을 정착시켰다.

로마를 비롯한 대부분의 다른 나라에서는 모든 것이 그 반대였다. 그리스와 로마, 그리고 시민법civil law[4]이 채택되었던 모든 곳에

---

4) [옮긴이] 시민법은 로마법Roman civil law과 그 전통을 계승한 대륙법 체계를 의미한다. 저자는 이를 영국의 보통법common law 전통과 대비시키고 있다. 이어지는 내용에서 보듯이, 저자는 로마의 경우, 인민의 진정한 대표가 없

서 고문이 인정되었다. 로마에서 인민은 자의적인 몰수를 당했고, 심지어 집정관consuls,[5] 호민관, 독재관dictators,[6] 주인 등에 의해 그들의 생명까지 자의적으로 처분당했다. 주민의 절반은 노예였고, 나머지 절반도 평등한 자유가 무엇인지를 알지 못했다. 그런데 영국의 인민은 국왕, 상원 의원, 하원 의원을 가지고 있었고, 로마의 인민은 집정관, 원로원 의원senators, 호민관을 가지고 있었다. 그렇다면 영국의 정부는 어찌해서 그렇게 온화하고 인민 대다수에게 호의적이었으며, 로마의 정부는 어찌해서 사납고 억압적인 귀족정이었을까? 어찌해서 영국에서는 혁명이 항상 보편적 자유와 평등한 법률, 인민의 공통 권리 등을 옹호하는 계약으로 귀결되었고, 대부분의 다른 나라에서는 소수의 유력자들에게만 유리하게 끝났는가? 내가 생각하기에 그 이유는 분명하다. 영국에서는 인민들이 여러 측면에서 진정으로 대표되었지만 다른 나라에서는 그렇지 못했기 때문

었기에 아무리 법체계가 정교했더라도 그것은 권력자 중심의 법체계였고 따라서 인민의 권리와 자유를 지켜 주지 못했다고 비판한다. 이와 달리 영국의 경우, 인민은 대표를 통해 자신들의 권리를 계약의 형태로 확보할 수 있었다고 설명한다. 이를 통해 저자는 대표의 중요성을 강조하는 동시에 영국의 보통법 체계(특히 배심제, 언론 자유, 인신보호영장 등 권리 보호 측면)의 계승을 강조한다.

5) [옮긴이] 집정관Consul은 왕정을 폐지하면서 왕 대신 설립한 로마 공화국의 최고 집행관이다. 원로원에 의해 지명되고, 민회Comita Centuiata에서 선출되는데, 임기는 1년이다. 두 명을 선출하여 2인 합의로 집행권을 행사하도록 했다.

6) [옮긴이] 독재관(딕타토르dictator)은 공화정 로마에서 국가 비상시(외적의 침입, 전염병 창궐 등)에 임명되는 임시 독재 집정관이다. 두 명의 집정관 중 한 명의 지명 및 원로원의 승인으로 임명되었고, 권한은 한 명이 단독으로 행사했다. 임기는 6개월로 임무가 완료되면 곧 사직했지만, 공화정 말기에 이르면 종신 독재관이 등장하게 된다.

이다. 몇 가지 간단한 사실에 조금만 주의를 기울이면 그 이유를 알 수 있을 것이다. 영국에서는 노르만 왕들의 압제로부터 1688년 [명예]혁명에 이르는 200~300년의 기간 동안 자유가 확정되고 확립되는 과정에서, 그 나라의 귀족 성원들은 매우 많은 수의 귀족들 — 자신들이 대표하는 자들과 비슷한 이해관계와 감정을 가진 — 에 의해 진정으로 대표되었다. 당시 대부분이 검소한 토지 소유자들이었던 약 400만~500만 명에 달하는 인민 대다수는 약 500명의 대표들에 의해 대표되었으며, 이들 대표는 귀족 계층이 아니라 인민 대다수로부터 뽑혔고 인민과 동일한 이해관계와 감정을 가지고 있었다. 드 로름은 영국의 대표에 대해 말하면서, 자신이 제시한 모든 이유를 이 같은 일치, 즉 [대표와 인민 간의] 이해관계와 감정 및 견해와 상황 등의 유사성에서 찾았다. 그의 관찰에 따르면, 영국인들과 그들의 지도자들 또는 대표들은 이해관계에서 그리고 보편적 자유를 위한 투쟁에서 굳게 단결했고 그 덕분에 자유를 보존할 수 있었다.[7] 여기에서 우리는 실제 상태에 근거한 진정한 균형을 목격할 수 있다. 아마 인구가 지금 우리보다 5분의 2 이상은 많지 않았을 전체 공동체를 700~800명[의 대표들]이 대표했고, 귀족은 평민과, 왕은 전체[구성원]와 합의를 맺었었다. 만일 상원과 하원 간의 법적 구분이 무너지고 그 섬의 인민들이 45명의 상원 의원과 120명의 하원 의원을 선출 — 대략 우리가 수립하려고 하는 [대표의] 비율 — 하도록 요청받았다면, 분명 그들의 입법부는 온전히 자연 귀족으로 구성되었을 것이다. 인민 대다수는 단 한 명의 진정한 대변자도 확보하지 못했을 것이다. 인민들의 이익은 무시당하고, 보편적이고 평등한 자유는 잊히고, 균형은 파괴되었을 것이다. 대부분

7) De Lolme, *The Constitution of England*, II, ch. 6.

의 다른 나라들처럼 다툼과 조정은 단지 소수의 사람들 사이에서만 이루어졌을 것이다. 그들은 자신들의 목적을 달성하기 위해 필요한 경우에 인민을 어르거나 위협했을 것이고, 아마도 인민에게 유리한 계약은 하나도 만들어지지 않았을 것이다.

　　로마의 경우 인민들은 집정관, 원로원, 호민관이라는 세 가지 제도를 확보하고 있었고, 자신들이 법률을 승인했지만, 진정한 대표자가 없었기 때문에 비참했다. 인민들은 너무 수가 많아서 스스로 모여 어떤 일을 제대로 처리할 수 없었고, 술책에 속아 넘어간 소수의 목소리가 인민의 목소리로 포장되었다. 인민이 위정자들의 술수와 음모로부터 자신을 지키기 위해서는, 인민의 이해관계에 충실할 수 있는 자를 대표로 선출하여 행정관들과 원로원에 맞서도록 하는 것 외에는 방법이 없다. 그리고 인민의 모든 것은 선출되는 인물들의 수와 그 선출 방식에 달려 있다. 이를 확인하기 위해서는 세상의 이치나 영국 하원과 로마 호민관이 행했던 일에 주목할 필요가 있다. 영국에서는 평등한 자유가 실현되었는데, 현실에서 그것을 확립할 인민의 대표가 실제로 있었기 때문이다. 로마에서는 평등한 자유가 결코 실현되지 못했는데, 대표의 그림자만 있었기 때문이다. 로마에서는 법을 집행하기 위해 매년 집정관을 선출했고, 수백 명의 원로원이 대가문을 대표했으며, 인민 대다수는 매년 자신들을 변호하고 권리를 보호하기 위해 자신들 중에서 호민관을 선출했다. [하지만] 매년 선출된 호민관의 수는 10명을 넘지 않았던 것으로 보인다. 이런 대표는 [인구와] 비교해 볼 때 아마도 신헌법안이 제안하는 대표만큼도 많지 않았을 것이다. 그러나 호민관은 매년 선출되었고, 대귀족 가문은 호민관직에서 배제되었다. 호민관을 선출한 이탈리아 인민은, 항상은 아니지만 오랫동안 합중국 인민에 비해 소규모였다. 이런 점 등을 고려할 때, 그 [즉 인구 대비 대표 수의] 차이는 그리 크지 않아 보인다. 이처럼 왜소한 대표가 낳

은 결과는 무엇이었을까? 로마 인민들이 호민관으로 선출했던 이
는 항상 재산이나 군사적 통솔력, 지적 인기 등으로 인해 눈에 띄는
사람이거나 탁월한 평민들이었다. 이들과 귀족 가문 사이에는 법적
[신분의] 구별이라는 명목상의 차이만 있을 뿐이었다. 수 세기 동안
인민이 선출했던 호민관 중에서 인민의 이익을 진정으로 지지한 자
는 다섯 명도 되지 않았다. 이들 호민관은 인민처럼 살고 느끼고 본
것이 아니라, 대귀족 가문같이, 원로원 의원이나 고위 관리같이 살
고 느끼고 보았다. 그들의 행동에서 명백히 드러나듯이, 그들의 유
일한 목표는 그 무리에 들어가는 것이었다. 이들 호민관은 종종 인
민의 권한과 고유 권리에 대해 이야기했지만, 그것이 전부였다. 그
들은 평등한 자유를 확립하려는 시도조차 하지 않았다. 그들은 인
민의 권리를 확립하기는커녕, 원로원이 인민을 배제하고 징세권 ―
영국 인민도 가지고 있는 거의 유일한 뛰어난 방어 무기 ― 을 독
점하도록 묵인했다. 호민관들이 이룩한 것은 국가의 중요 공직에
인민들도 나아갈 수 있는 자격, 인민들이 원한다면 귀족 가문과 결
혼할 수 있는 자격 등이었다. 이런 것은 본질적으로 지위가 상승한
소수의 평민에게 국한된 혜택이었고 일반 인민에게는 하찮은 것이
었다. 스파르타의 집행관에 대해서도 거의 동일한 논평을 할 수 있
을 것이다.

　　우리는 명칭만으로도 기뻐할 수 있지만, 사실 인간은 그가 처한
[실제] 상황을 둘러싼 자극과 유혹에 의해 지배받게 될 것이다. 경
계해야 할 정치적 해악은, 귀족이나 평민이라는 이름에 있는 것이
아니라 인간적 특징에 있다. 이탈리아 인민들이 공화정 초기에, 특
히 그들 자신들 가운데에서 가장 견문이 넓은 400~500명을 매년
또는 격년으로 선출했더라면, 이 대표들은 인민의 의견과 활동을
그 안에 결집할 수 있는 정직하고 존경받을 만한 의회를 구성했을
것이다. 그리고 그들에 대한 존경으로 말미암아 정직하고 유능한

지도자들을 확보했을 것이며, [이들에 의해] 평등한 자유가 확립되는 것을 우리는 목격했을 것이다. 진정한 자유는 양육의 손길을 필요로 한다. 아담의 시대부터 안전하게 머무를 수 있는 성전은 하나뿐이다. 아마도 마지막 성전의 기초는 아메리카에서 찾아질 것이다. 이것이 완성되고 지속될지는 아직 의문이다. 지체 높은 인물들 가운데 평등한 자유의 옹호자는 아직까지 그리 많지 않다. 공직이 사람들의 이해심을 계발하는 것보다 권력이 사람들의 시각을 변질시키는 정도가 훨씬 더 크다는 것은 불쾌하지만 사실이다. 그들[즉 공직에 있는 권력자]은 특정 원칙에 경직되어 가고, 점점 [인민과의] 공감 능력을 잃어버리게 된다. 인간은 항상 너무 신중하고 조심스럽기 때문에 놀랍고 확연히 드러나는 죄악은 저지르지 않을 수 있지만, 제도와 마찬가지로 인간도 천천히 타락해 갈 수 있다. 주니우스가 잘 관찰했듯이, 우리는 사람들이 하려고 하는 일뿐만 아니라 그들이 할지도 모르는 일까지 경계해야 한다.[8] 고위 공직에 있는 자들은, 점차 인민을 잊어버리고 사적 목적을 위해 필요한 경우를 제외하고는 인민을 배려할 생각을 하지 않게 될 그런 위치에 있다.

인민 대다수는 진정한 대표라는 방어 수단을 국가의 어딘가에 두어야 한다. 그리고 확신하건대, 합중국이나 확장된 제국의 경우에는 그것을 연방 공화국의 형태로 둘 수밖에 없다. 이 경우 대표를 각각의 주나 지역 의회에 나누어 배치함으로써 그곳의 인민들에게 무거운 내국세와 억압적인 조치에 제대로 대항할 수 있는 수단을 제공할 수 있다. 거대한 제국은 그 자체 안에 이 세상의 모든 우호 관계와 적대감을 담고 있다.[9] 우리는 영국 국민과 다르다. 그

---

8) *The Letters of Junius* I, letter 18.
9) [옮긴이] 광대한 제국은 그 규모가 너무 커서, 그 안에 이 세상에 존재하는

들은 작은 섬에 조밀하게 자리 잡았고, 검소한 상인들로 가득 찬 대도시가 자유와 단결의 공동 중심 역할을 해 왔다. 우리는 흩어져 있고, 한곳에 모이는 것은 소수만이 가능하다. 그 소수는 감시받고 견제되어야 하며 종종 저항의 대상이 되어야 한다. 폭정은 항상 소수혹은 1인과 친밀히 지내려는 경향을 보여 왔다. 왕으로부터 폭정을몰아내면, 그것은 원로원, 10인 위원회dicemvirs, 독재관, 호민관, 대중적 지도자, 군 지휘관 등으로 옮겨 간다.[10]

드 로름이 정확히 말했듯이, 사회에서 모두에게 평등하게 의도되었던 법은 곧바로 그 집행자들의 사적 이익에 따라 왜곡되고, 소수에 의한 [인민의] 권리침해를 옹호하는 데 이용된다.[11] 평등한 법의 달콤함을 맛보았던 영국인들은 이런 점을 잘 알고 있었고, 왕을다시 복위시켰지만 신중하게 자유의 옹호자를 의회에 파견했다.

나는 최근에 다음과 같은 이야기를 자주 들었다. 즉, 인민이 헌법을 제정하고, 일정한 시기마다 일정한 방식으로 최고 집행관과일정 수의 상·하원 의원을 선출하여 그들에게 재량껏 할 수 있는 모든 권한을 부여하면, 매우 잘 작동하리라는 것이다. 그러나 이런 원

모든 다양한 이해관계들이 공존할 수밖에 없으며, 그들 간에는 우호적 관계뿐만 아니라 필연적으로 충돌과 적대도 내재한다는 의미이다. 따라서 저자는, 합중국과 같은 광대한 영토를 단일의 중앙집권 구조로 통치하는 것은 위험하다고 경고한다.

10) [옮긴이] 이 문장은 로마공화정의 최고 권력 기구의 변질 과정을 지적한것이다. 10인 위원회는 기원전 451년 평민들의 성문법 제정 요구에 따라법전 수집 및 편찬 임무를 띠고 설립된 입법위원회이다. 이들은 정부를 맡아 운영하면서 법전(이후 12표법으로 알려진)을 편찬했다. 하지만 임무 완수이후에도 권력 양도를 거부하고 전제정을 추구함으로써 평민들의 저항을촉발했고, 결국 권력에서 축출되고 공화정이 복원되었다.

11) De Lolme, *The Constitution of England*, II, ch. 5.

칙은, 예컨대 코네티컷주와 같은 작은 공화국에서는 가능할지 모른다. 그곳에서는 인민들이 상당히 많은 상·하원 의원을 선출하고, 그 대표들이 의회에 모여 인민들 자신의 이해관계나 견해, 감정, 그리고 진정한 의견을 탁월하게 반영할 수 있다. 하지만 [그런 진정한 대표를 확보할 수 없는] 광대한 나라에서 그런 원칙은 결코 수용될 수 없다. 그리고 소수를 제어하지 않으면서 이런 권력을 소수의 손에 맡기는 것은 한 사람에게 절대적인 권력을 주는 것이나 다름없다. 대표의 수가 많을 경우 권력 남용은 공동의 위법행위가 되기에 매혹적인 것이 되지 못한다. 소수들 사이에서 권력 남용은 대개 그것을 남용하는 자들의 사적 이익으로 작동하게 된다.

연방농부

9번
연방 하원 증원 필요

1788. 1. 4.

귀하에게

　헌법 지지자들은 우리기 징부를 신뢰해야 하고 또 좋은 사람을 대표로 선출해야 한다고 말한다. 나는 우리가 사회 협약을 맺을 때에는 단지 일반 원칙을 정할 수 있을 뿐이고 중요한 일은 정부의 지혜와 성실성에 맡겨야 한다는 점을 인정한다. 그러나 문제는, 그들 자신이나 자신의 연고자들에게 이득이 될 것을 손에 넣고 인민 대다수를 억압하려는 유혹에 빠져 있기는 매한가지인 그런 자들을 우리가 너무 많이 믿고 의지하려는 것은 아닌가라는 점이다.

　보호 장치가 잘 갖추어진 헌법의 제약하에서 법률을 제정할 수 있는 권한을 잘 조직된 입법부에 부여하는 것과 소수의 사람들을 모아 그들이 원하는 대로 하라고 하는 것은 전혀 다른 문제이다. 우리 중 일부 유력 인사들은 [전제 권력에 대한] 불복종을 거부하는 순종적 언어를 쓰고 있다. 저술가들이 카이사르나 마르크 안토니 Mark Antony[1]와 같은 전제자의 이름을 빌려 인민을 모욕하는 경우도

---

1) [옮긴이] 마르쿠스 안토니우스Marcus Antonius(B.C. 83~B.C. 30)의 영어 이름이다. 안토니우스는 로마 공화국이 로마제국으로 바뀌는 데 결정적인 역할을 한 인물 중 한 사람이다. 기원전 44년 카이사르의 죽음 이후 안토니우스는 레피두스, 옥타비아누스와 힘을 합쳐 3인 집정제(제2차 삼두정치)를 열었고, 안토니우스의 사망 이후, 옥타비아누스가 유일한 지배자가 되면서 로마 공화국은 로마제국이 되었다.

발생하고 있다. 또한 1775년에 어쩔 수 없이 군주제를 포기했지만 여전히 그것에 애착을 보이는 온건하고 유화적인 인물들도 존재한다. 하지만 이런 것들 때문에, 나의 원칙이 흔들리거나 자유의 대의에 대한 신념이 약화되지는 않을 것이다. 우리 동포들의 비유를 사용하자면, 정치의 냄비가 끓을 때에는 종종 찌꺼기가 떠올라 모습을 드러내는 것이다. 나는 아메리카 인민들이 자신 앞에 제기된 정치적 쟁점을 완전히 이해하게 되면 매우 다른 방식으로 이야기하고 당당한 자유의 언어를 사용하리라 믿는다.

하지만 "국민은 좋은 사람을 선출할 것이 틀림없다"[라고 헌법 지지자들은 말한다]. 제안된 체제를 조사해 보자. [대표의] 수가 그렇게 적은데 적합하고 적절한 대표를 선출하는 것이 가능하겠는가? "하지만 인민은 자신들이 원하는 사람을 선택할 수 있다"[라고 헌법 지지자들은 말한다]. 이는 현실과 공동체의 상태를 충분히 살펴보지 않고 내린 소견이라 생각된다. 내가 의미하는 바를 설명하기 위해, 일반적으로 대표직 후보로 인민에게 제시될 사람들의 유형을 검토해 보도록 하자. 우리는 그들을 세 부류로 나눌 수 있다. (1) 앞에서 정의했던 자연 귀족을 이루는 사람들. (2) 대중적 선동가들. 이들 역시 대개 정치적으로 높은 지위에 있기 때문에 넓은 지역에 걸쳐 인민들의 눈에 띈다. 이들은 대개 원칙은 없지만 어떤 능력을 갖고 있으며, 떠들썩한 주장과 수완으로 주목을 받는다. (3) 민중 중에서 [사회적] 기반을 갖춘 존경할 만한 구성원들. 이들은 상당수에 이르는 소중한 사람들로서 분별력과 판단력이 뛰어나지만, 공공 집회에서는 대개 침묵하기 때문에 종종 간과된다. 이들은 여러 타운에서 가장 믿을 만하고 견문이 넓은 사람들이며, 때때로 중간 직급의 공직을 맡고 있고, 사기업에서도 화려하지는 않지만 존경할 만한 지위를 맡고 있다. 이들은 합중국의 모든 카운티, 타운, 디스트릭트 등에 광범위하게 분포한다. [하지만] 이들과 이들의 직계 인맥조차도 대다수 인민보다는 높은 지위에 있다. 다만 이들은, 공동체의 대다수를 이루는 사람들 — 중간 계층, 그리고 인민 대중에 더 가까운 계층 — 의 [대표로 선출될 때 그들의] 대표로서 그들과 동등한 수준에 놓이게 된다. 따라서 작은 주에서도 가장 실현 가능한 대표는 인민 다수보다 몇 단계 더 귀족적일 수밖에 없다. 내가 생각하기에, [위의 세 부류 중에서] 세 번째 부류를 극소수 혹은 전혀 수용하지 않는 방식으로 구성될 대표는 대표라는 이름을 가질 자격이 없다. 심지어 군대에서도 군법정은 하급 장교를 받아들이도록 구성된다. 첫 번째 부류와 함께 세 번째 부류에게 적절한 몫이 허용되도록 대표를 개방하고 확대하는 것이 제대로 된 생각이다. 내 생각으로는, 제안된 [헌법안에서는] 대표의 수가 너무 적어서 세 번째 부류는 대체로 극소수만이 선출되거나 혹은 전혀 선출될 수 없을 것이다. 그러므로 온갖 화려한 말과 형식을 갖춘다 해도 그 정부[즉 신헌법하의 연방 의회]는 귀족의 영혼, 더 나쁘게는 [선동적인] 대중적 지도자들의 정신을 갖게 될 것이 분명하다.

나는 이전 편지에서 델라웨어주, 로드아일랜드주, 메인주, 그리고 매사추세츠주의 주요 카운티 등은 한 명의 대표를 가질 것이고, 주민 3만 명당 한 명으로 대표가 늘어날 경우 한 명보다 약간 많아질 것이라고 말했다. 인민들은 어떤 지역에서는 다른 지역보다 더 분산되어 고르지 않게 분포한다. 델라웨어주에서는 밀집되어 있고 메인주에서는 분산되어 있다. 이들 두 지역에서 선거[방식]를 어떻게 규정하면 세 번째 부류의 인물이 선출될 수 있을까? 주지사 선발 때와 동일한 원칙과 동기, 통제될 수 없는 환경 등이 선거를 좌우할 것이 분명하다. 두 지역 중 어느 지역이든 주민들로 하여금 주지사를 선출하도록 하면, 아마 거의 틀림없이 저명하거나 인기 있는 인물에게 가장 많은 표가 갈 것이다. 수천 명의 사람들 사이에는 잘 알려진 인물이 3만 명 혹은 4만 명 사이에는 전혀 알려지지 않을 수도 있다. 전반적으로, 3만 혹은 4만 명의 주민들에게 의견을 모아서 한 사람에게 투표하도록 요구한다면, 정부나 군의 고위직에 있거나 대중적인 법률 능력으로 유명해진 소수의 사람을 제외하고는 어떤 한 사람으로 [표가] 몰리는 건 불가능할 것이다. 내가 보기에 이는 자명한 사실인 듯하다. 법조계 직업을 제외하고는 민간 직업을 가진 사람들이 그렇게 많은 유권자의 주목을 끌어 표를 얻을 만큼 유명해지기란 절대 불가능하다는 것이 드러날 것이다.

만일 나의 입장이 옳다면, 왜 그렇게 많은 훌륭한 인사들이 [신헌법] 체제를 옹호하는지 의문이다. 몇 가지 이유를 들 수 있다. 그 신사들 중 많은 이들은 군주제와 귀족제 원칙에 집착하고 있으며, 민주공화국에 대해 혐오감을 가지고 있다. [독립] 혁명으로 인민 다수가 큰 권력과 실질적 영향력을 갖게 되었는데, [종전 직후의] 불안정한 상황에서 인민 다수를 대표하는 대규모 의원들이 몇몇 경우에 자신들의 권력을 남용했고, [그 결과] 많은 선량한 사람들로 하여금 돌연히 그러한 공화국에 비판적인 견해 — 숙고해 보면 버리게 될 — 를 갖도록 만들었다. 제안된 [신헌법] 체제의 세부 사항을 면밀히 검토하지 않더라도, 우리는 그 체제의 일반적 경향이 정부 권한 — 지금은 인민 다수가 실제로 가지고 있는 — 을 한곳에 모아 상층 계층들과 소수의 수중에 부여하는 것임을 바로 알아차리게 된다. 그러므로 상층 계층에 속하거나 그 계층 주위에 있는 모든 사람들이 그 체제에 애착을 갖는 것은 전혀 놀라운 일이 아니다. 그들은 그 체제에 자신들에게 유리한 무언가가 있음을 느끼고 있다. 반면 인민의 다수는 [그 체제에] 무언가가 잘못되고 그들에게 불리한 것이 있음을 분명히 느끼고 있다. 양측 모두, 전자[즉 상층]에게는 최고의 권력과 행복을 부여하는 반면 후자[즉 인민 다수]를 취약하고 무의미하고 비참하게 만들 무언가가 [이 체제 안에] 있다고 인식하고 있다. 인민들은 그들의 생각을 전달할 표현력은 부족하지만, 이 모든 것을 분명히 느끼고 있다. 민중의 훌륭한 일원들조차도 [그 체제의] 어디에 오류가 있는지 아직까지 명확히 알아차리지 못하고 있다. 그들은 연합[규약] 체제에 결함이 있음을 알고 있고, [새로운] 체제가 제안된 것을 보면서 무언가 조치가 취해져야 한다고 생각한다. 그리고 그들이 망설이고 있는 가운데, [신헌법의] 열성적 지지자들은 마지못한 동의를 강요하고 있다. 그 체제의 경향성에 대한 공동체의 여러 계층들의 보편적 인식은 그 체제의 본질을 말해 주는 가장 강력한 증거이다. 그들 각 계층이 일반적으로 취하고 있는 그런 입장들은, 그 정부가 온갖 화려한 말과 형식을 갖추었다 하더라도 귀족정의 영혼을 가진 것이 틀림없다는 나의 견해를 입증해 준다.

지금까지 연합회의는 온건한 추가 권한을 요구해 왔다. 사람들은 '그들에게 권한을 주어라, 연합답게 하라.'라고 외쳤다. 그러나 이런 생각을 낳은 당시 상황들과 [신헌법에서] 제안된 체제 간의 적절한 구분이 이루어지지 않았고, 그것이 가져올 결과도 제대로 인식되지 못했다.[2] 우리는 몇몇 주의 대표 기구들[즉 주 하원]이 너무 대규모인 것을 목격한 바 있는데, 지금 우리는 그 중간을 검토하지도 않은 채 반대편 극단으로 내달리고 있다. 연방 대표의 적절한 수는 어느 정도 의견의 문제인 것이 사실이다. 하지만 우리가 바로 인

---

2) [옮긴이] 여기에서 저자의 논리는 다음과 같다. 연합회의가 제한적으로 다소의 추가적인 권한을 요청했을 때, 사람들은 흔쾌히 '권한을 주어라.'라고 외쳤다. 그런데 지금은 과거와 전혀 다른 상황임에도 불구하고, 사람들은 이런 차이점이나 그것이 초래할 결과를 제대로 인식하지 못하고서, 과거와 같은 논리로 신헌법을 대하고 있다. 과거의 경우는 연합회의가 제한적으로 다소의 추가 권한을 요청했던 것이고, 지금은 중앙정부의 권한을 약간 늘리는 것이 아니라, 아예 새로운 체제(중앙집권적인 강력한 단일 체제)를 수립하려 하고 있다.

지할 수 있는 극단도 있고, 조사를 통해 명백히 발견할 수 있는 다른 극단도 있다. 세금, 군사 문제, 상업, 주화 등에 대해 완전한 권한을 갖게 될 연방 정부에서 대표의 원이 15명이라면 너무 작다고 선뜻 단언할 것이다. 반면에 여러 주의 대표들 — [모두 합치면] 약 1500명이 되는 — 과 같은 대규모의 연방 대표는 지나치게 비대하고 전적으로 부적절하다고 선뜻 단언할 것이다. 그렇다면 제헌회의의 지혜는 그 중간을 찾을 수 없었는가라고 묻게 된다. 아마 찾지 못한 것 같다. 제헌회의는 대표의 숫자 문제를 놓고 분열되었다. 우선, 적어도 가장 유능한 위원들 중 일부는 대표가 65명이 아니라 130명은 되어야 한다고 주장했다. 그들은 결국 주민 4만 명당 대표 한 명으로 정했는데, 회의 마지막에 의장이 대표가 너무 적은 것 같다고 제안했고, 논란 없이 3만 명당 한 명을 초과하지 않는 비율로 정해졌다. 내가 이런 사실을 언급하는 것은, 제헌회의가 어떤 확고한 자료에 기초해 진행되지 않았음을 보여 주기 위해서이다. 이 광대한 나라에서 충분히 많은 대표를 확보하기란 어려운 일이기 때문에, 불가피하게 우리는 정말 진정한 대표의 원칙을 어느 정도 희생할 수밖에 없다. 하지만 이런 희생은 가능한 한 최소화되어야 한다. 우리는 대표를 어느 정도나 늘려야 하는가. 나는 돌려 말하지 않겠다. 우리가 대표를 아주 많이 늘려야 한다는 것은 명백하다. 주의 대표들을 충분히 고려한다면, 최소한 두 배로 늘려야 한다. 우리는 분명히 그렇게 할 수 있으며, 어떤 폐해도 초래하지 않고 안전성과 완전성을 향해 적절히 접근할 수 있다. 주 상원 의원들의 경우를 보더라도 제헌회의가 제안한 연방 대표들보다는 두 배 이상 많다.[3] 그

---

3) [옮긴이] 6번 서한에서 저자는 11개 주의 상원 의원의 합이 160명이라고 밝히고 있다.

럼에도 불구하고 주 상원 의원들은 인민들의 다양한 이해관계와 견해를 웬만큼이라도 통합해 내는 데 큰 어려움을 겪고 있고, 인민으로부터 너무 멀리 떨어져 있는 것으로 간주되어 인민의 재정을 직접 장악할 권한이 허락되지 않고 있다.

[신헌법 지지자들이] 대표의 증원에 반대하는 주된 이유는 의원들의 출석을 확보하기 어렵다는 것과 비용 문제이다. 후자는 중요한 문제가 될 수 없다. 전자의 문제점은, 만일 그것이 근거가 있는 것이라면 그 어떤 연방 정부도 반대할 수 있는 이유가 될 것이다. 먼저 비용에 대해 살펴보면, 하원은 1년에 4개월 이상은 개회하지 않을 것으로 추측된다. 경험에 따르면 의원의 약 3분의 2가 일반적으로 출석한다. 따라서 제헌회의가 제안한 대표에서 약 45명이 출석할 것이고, 의원 수를 두 배로 하면 약 90명이 출석할 것이다. 의원 보수를 하루 4달러(충분히 높은 수준)로 하면, 전자의 경우 연간 2만 1600달러에 달할 것이고, 후자의 경우 4만 3200달러로서 2만 1600달러의 차이가 난다. 주 대표의 수를 1500명에서 1000명으로 줄이면, 500명의 3분의 2의 출석[에 따른 비용]을 절약할 수 있다. 1년에 3개월, 하루에 1.25달러로 가정하면 3만 7125달러에 이른다. 따라서 우리는 주 대표를 충분히 큰 규모로 유지하면서도 감축을 통해 내가 제안하는 연방 대표 전체를 넉넉히 지원하기에 충분한 비용을 절약할 수 있다. 연간 2만 1600달러에 불과한 합중국 용도의 금액을 아끼기 위해 본질적으로 가장 중요한 대표의 원칙을 희생한다면 그보다 더 현명하지 못한 일은 없을 것이다. 군인 일개 중대를 유지하는 데에도 이 금액은 들 것이다. 우리가 쓸모없는 하위직과 하찮은 일들에 매년 이 금액의 세 배를 지출한다는 것은 쉽게 알 수 있는 사실이다. 또한 지난 [독립] 전쟁에서 합중국이 연합 정부의 한 파당으로 인해 입은 손실[4]이, 연방 대표가 20년 동안 받을 보수보다 더 많았다는 것도 입증될 수 있는 사실이다.

출석에 대해 말하자면, 안전하지도 적합하지도 않은 [소규모] 대표의 원을 설립하고서는, 출석을 확보할 수 있는 의원들이 소수에 불과하리라고 생각되기에 그렇게 [소규모] 대표 기구를 설립했다는 이유를 둘러댈 정도로 우리가 우둔하다는 것인가? 분명 우리는 적절한 대표의 원을 설립하고 출석을 유도할 조치를 취해야 한다. 나는 적절한 출석률인 130~140명의 의원이 출석토록 할 수 있다고 믿는다. 현재 연합회의에 의원들이 출석하지 않는 데에는 여러 이유가 있다. 새로운 체제에서 그런 이유는 존재하지 않을 것으로 추정된다.

지갑과 칼을 비롯해, 중요한 모든 권한을 위임받을 정부에 진정한 대표가 부재하는 문제점을 은폐하기 위해 그 정부의 옹호자들은 정말 하찮은 이유들을 나열하고 있다.

[신헌법 지지자들은] 다음으로 이런 주장을 펼친다. 의원들은 [임기가 끝나면] 고향으로 돌아가야 하고, 자신들이 부과할 짐[세금 등]을 [자신들도] 같이 져야 한다. 따라서 이런 사적 동기들이 그들로 하여금 온건한 법을 만들고, 자유를 지지하며, 인민들의 부담을 덜어 주도록 유도할 것이다. 이런 지적은 우리에게 이 주제에 관한 흥미로운 질문을 제기하도록 한다. 나는 그런 견해가, 검토해 보면 완전한 오류로 판명되리라 생각한다. 인민의 권리 및 이해관계와 일

---

4) [옮긴이] 독립 전쟁 당시 연합회의는 합중국의 전쟁 수행 능력을 강화하기 위해 연합회의의 재정 권한을 확대하는 개혁(구체적으로 5퍼센트 수입세 부과 등)을 시도했지만 일부 주 대표들의 반대로 실패했던 적이 있다. 여기에서 저자가 말하는 피해는 그러한 개혁 실패로 야기된 피해를 총체적으로 말하는 듯하다. 로드아일랜드주가 거부권을 행사해 수입세 도입 시도를 좌절시킨 구체적 사례가 있지만, 저자가 이 사태를 특정해서 말하는지는 불확실하다.

치할 수 있는 개인적 이해관계는 그것과 반대되는 동기와 이해관계에 의해 훨씬 더 많이 상쇄되기 때문이다. 냉정하게 계산해 보면, 어떤 사람이 타인을 억압하는 조치로 인해 잃을 것보다 얻을 것이 더 많다면, 그는 그런 조치를 채택하는 데 관심을 둘 것이다. 일반적으로 통치자들이 공적 부담을 증가시키면 그중에서 자신이 부담해야 하는 몫도 증가하는 것은 사실이다. 그러나 공적 부담의 증가를 통해 급여를 인상하고 군대와 해군을 설립하고 직책을 만듦으로써, 그들 자신의 급여나 보수 및 수당을 10배 규모로 늘릴 수 있고 또 종종 그렇게 하고 있다. 의원들이 이런 유혹을 면전에서 받게 된다면 논쟁은 내 편으로 기울 것이다. 그들은 계산서를 들여다볼 것이고, 그 자신이나 연고자들에게 유리하고 타인들에게 억압적인 시도를 취하도록 끊임없이 유인될 것이다.

우리는 사실을 살펴봐야 한다. 지금의 연합회의에는 의원이나 귀족층 인사들의 관심을 끌 만한 가치 있는 직위가 별로 없다. 그럼에도 불구하고 1774년부터 지금까지 그런 직위의 상당 부분은 연합회의 전현직 의원들에게 배정되었음을 알 수 있다. 주들이 매년 60~70명의 의원을 [새로] 선출하지만, 그중 많은 의원들에게 그런 관직이 제공되어 왔다. 그런데 [신헌법이 제정되어 연방의회가 설립되면] 이 광대한 나라에서 연방의회에 [공적 혹은 사적으로 그 이름이] 알려진 사람은 극소수에 불과할 것이다. 그리고 아마, [관리 임명권을 가진] 대통령과 상원에 [이름이] 알려진 사람은 연방 의원이거나 의원처럼 보이는 사람이거나 혹은 의원들이 추천하는 사람 외에는 거의 없을 것이다. 주들은 지금 매년 91명의 연합회의 의원을 선출할 수 있다. 신헌법하에서 주들은 정확히 같은 수, 아마도 나중에는 115명을 선출할 수 있는 권한을 갖게 될 것이다. 하지만 이들은 2년과 6년에 한 번씩 선출되어야 한다. 따라서 연합 체제에서 그러했듯이, 10년 동안 많아야 연방 의원 가운데 3분의 2 이하가 [새롭게] 선출되어

눈에 띄게 될 것이다. 그런데, 신헌법하에서는 연합하에서보다 10 배, 아니면 최소 다섯 배는 많은 직위와 자리가 의원들의 관심을 끌 것이다. 따라서 연방의회 의원 가운데 아주 많은 의원들 — 특히 영향력 있는 의원들 — 은 사적인 삶으로 돌아가는 대신에 문민 부서나 군부에서 수익성 좋은 자리를 제공받게 될 것이며, 의원들뿐만 아니라 그들의 아들, 친구들 및 친지들 다수에게도 그런 자리가 제공되리라고 추정하는 것이 타당할 것이다. 이런 직위는 대통령과 상원의 헌법적 처분권에 따른 것으로서 명백한 부패이다. 대표 기구의 그렇게 많은 의원들이 스스로를 그런 직위의 후보자로 느끼는 상황에서, [인민의 권리에 대한] 어떤 종류의 보호를 대표에게 기대할 수 있을까? 상식이 결정하도록 하자.[5] [신헌법에 따르면] 다른 공직에 선임된 의원들은 의원직을 사직해야 하며, 일부 소수의 공직에는 의원 임기 만료 때까지 선임될 수 없는 것이 사실이다. 그러나 [다른] 직위에 대한 희망과 기대에서 발생하는 편향에 이런 것이 미치는 [억제] 효과는 미미할 것이다.

이런 점들을 고려할 때, 연방 의원들은 여러 활동을 통해 자신과 친구들을 강하고 행복하게 만들 수 있겠지만, 인민은 억압받을 것이다. 그뿐만 아니라 연방 의원들에게는, 평등해야 할 법률을 자

---

5) [옮긴이] 이 부분에서 저자가 연합회의와 연방의회를 대비하여 강조하는 논지는 다음과 같다. 연합회의 시기에 의원들에게 제공될 관직의 수가 적었음에도 불구하고 많은 수의 의원들에게 관직이 제공되었다. 그런데 연방 정부가 출범하면 관직 수가 엄청나게 늘어날 것이기에 의원들의 관직 진출 기회는 더 확대될 것이며, 그런 자리는 임명권자(대통령과 상원)와 의원들의 공적·사적 인맥에 의해 충원될 것이 분명하다. 그것은 명백한 부패이며, 공직 진출을 노리는 그런 의원들로부터 인민의 권리와 안전의 보호를 기대할 수 없다.

신에게 유리하게 왜곡할 수 있는 또 다른 수단이 있다. 그런 수단은 눈에 잘 띄지 않을뿐더러 경계심을 허무는 의문스러운 원칙에 근거하고 있다. 어떤 사회도 세금 없이는 유지될 수 없다. 세금은 안전과 방어의 효율적인 수단이지만, 종종 사회의 좋은 점을 파괴하는 무기가 되기도 했다. 연방의회는 일반 복리를 위해 재량껏 세금을 부과할 권한을 갖게 될 것이다. 그리고 만일 그들이 일반 복리를 잘못 판단하여 불필요하고 억압적인 세금을 부과할 경우에도, 뒤에서 내가 입증할 것처럼, 헌법은 인민이나 주를 위한 어떤 구제책도 제공하지 못할 것이다. 인민은 그러한 구제책을 보유해야만 한다. 그렇지 못하면 헌법적 견제 장치나 구제책에 의지하는 것이 아니라 최후의 수단이자 자기방어에 기초한 그런 저항에 의지해야만 한다.

모든 관세, 부과금 및 소비세는 동일해야 하고, 직접세는 확정된 규칙에 따라 각 주에 할당되어야 한다는 [신헌법안의] 규정은 타당하다. 하지만 더 이상의 규정은 없다. 이 지점에서 과세 문제에 관한 위협적인 권한이 시작된다. 그 권한이 다양한 계층 간의 이익 균형이나 주들의 내부 정책을 조금도 고려하지 않고 위임되었기 때문이다. 어떤 주에 할당량을, 예를 들어 뉴저지주에 특정 세금으로 8만 달러를 배정한 연방의회는, 그 금액을 카운티와 타운, 개인, 토지, 집, 노동 등에 마음대로 할당할 것이고, 그들이 원하는 방식으로 그 주의 세금 사정인과 징수원을 임명할 것이다. 세법 체계가 부당하게 어떤 부류의 사람들에 대해서는 부담을 경감해 주고 다른 사람들에게는 부담을 가중하는 방식으로 만들어져도 그것을 막을 수 있는 수단은 아무것도 없을 것이다. 그런 체제가 아무리 부당하고 불공정해도, 우리가 불평을 해도, 아마 다음과 같은 대답이 돌아올 것이다. 연방의회는 인민으로부터 위임받은 권한을 갖고 있으며 자신들이 생각하는 최선을 다했다고.

[이와 달리 연합규약 체제에서는] 앞에서 언급했듯이 연합이 확고한

규칙에 따라 각 주에 세금을 할당하지만, 각 주의 할당량은 주 내부에서 주 의회에 의해 여러 시민 집단과 계층에게 할당되고 주 법률에 따라 사정되고 징수된다. 빛과 어둠처럼 뚜렷이 구분되는 이 두 경우를 혼동시키기 위해 엄청난 노력들이 이루어져 왔다. 나는 내국세에 관련된 [헌법안] 수정 문제를 다루게 될 때 이에 대해 설명할 것이다. 다만 여기에서는, 주 의회에서는 인민 대다수가 진정으로 대표되겠지만 연방의회에서는 그렇지 못하리라는 점, 억압적 조치에 저항할 수 있는 권리가 인민에게 내재해 있다는 점, 파멸적인 억압 조치가 무르익어서 그 폐해가 고착되기 전에 인민의 진정한 대표들이 그런 조치를 초기에 중단시킬 수 있는 헌법적 방벽이 설치되어야 한다는 점 등을 환기하고자 한다.

최근 들어, 국가의 방어와 평온을 위임받은 사람들의 권력 혹은 조직은 반드시 지갑을 궁극적으로 소유해야 하며, 지갑과 칼은 병행해야만 한다는 주장이 [헌법 지지자들에 의해] 종종 제기되고 있다.[6] 자유국가에서 이는 생소한 교의이며, 어떤 수단에 의해서도 변호될 수 없는 주장이다. 영국 정부에서 국왕은 특히 국가의 명예와 방어를 [책임] 맡고 있지만, 지갑은 하원이 단독으로 맡고 있다. 연방의회의 대표는 과세 등의 문제를 다루기에 전혀 적합하지 못하다는 점이 충분히 입증되었다고 생각된다. 따라서 지갑에 대한 최종 통제권은 다른 곳에 맡겨져야 한다.

아무리 정직한 사람이라 할지라도 자신이나 친구의 이익이 특별히 연관된 경우까지 공평한 방침을 엄격히 고수할 것이라고 기대해서는 안 된다. 만일 그것을 기대한다면, 스스로를 속이게 될 것이고 인간 본성을 잘못 평가하게 될 것이다.

6) 「연방주의자」 23, 26, 28번 참조.

하지만, 평등한 법률과 평등한 자유의 전당을 완성하고 영속시키기 위해, 우리는 어떻게 하면 이 같은 해악을 교정할 수 있을까? 아마 우리는 결코 그렇게 할 수 없을지 모른다. 이렇게 거대한 나라에서, 법체계를 아무리 변경하더라도 그렇게 할 수 없을 수도 있다. 하지만 현재로서는 그런 실험을 해 볼 가치가 있다고 나는 생각한다. 나는 주들의 분열에 대해, 그리고 분리된 여러 개의 연합[이라는 구상]에 대해 혐오감을 가지고 있다. 주들은 공동의 대의를 위해 싸웠고 피를 흘렸다. 그리고 이렇게 연합들이 [여러 개로 분리]되면 역시 큰 위험이 수반될 것이다. 우리가 [정체 형성의] 제1 원리[7]를 추구한다면, 제안된 체제가 꽤 상당한 수준까지 완벽해질 수 있다고 생각한다. 내가 살펴본 드 로름을 비롯한 어떤 저자도, 정부 내의 대표와 균형을 보다 완벽하게 만들기 위한 적절한 조사와 효과적인 수단을 충분히 탐구했다고는 생각되지 않는다. 아메리카에서 이것을 추구하는 것이 우리의 임무이다. 우리의 목표는 평등한 자유와 평등한 법의 효력을 모든 계층의 사람들 사이에 확산시키는 것이다. 이를 달성하기 위해서는 이해관계와 정념의 편향을 경계해야 하며, 은밀한 것이든 공개적인 것이든 이해관계들의 결탁을 경계해야 한다. 우리는 활동과 힘의 균형을 목표로 해야 한다.

만일 우리가 대표의 수를 늘리면, 연방 의원 개개인이 [다른] 공직에 임명될 가능성이 줄어들 것이 분명하다. 그에 비례하여 공직이 그들에게 미치는 영향력도 줄어들 것이다. 또한 의원들이, 공직의 보수라는 보상은 받지 못하고 공통의 부담은 짊어져야만 하는 사적 시민으로 돌아갈 가능성은 커질 것이다. [그렇기에] 대표의 수

---

7) [옮긴이] 제1 원리는 곧이어 저자가 말하는 "정부 내의 대표와 균형"의 원리를 의미하는 듯하다.

를 늘리면, 의원들을 부패시키고 그들에게 영향력을 행사하기가 더 어려워질 것이다. 또한 대표의 수를 늘리면, 의원들이 인민 대다수 사이에 더욱 광범위하게 확산될 것이고, 균형이 완성될 것이며, 정보가 다양화되고 인민의 신뢰가 강화될 것이며, 결과적으로 평등하고 자유로운 원칙에 입각한 법률[의 제정]을 촉진하게 될 것이다. 내 생각에, 우리가 원하는 안전을 어느 정도 확보할 수 있는 두 가지 또 다른 방법이 있다. 하나는 연방 의원이 공직에 임명되는 것을 더 광범위하게 차단하는 것이다. 다른 하나는 연방 의원의 권한 가운데 일부를 제한하는 것이다. 이 두 방안은 이후 내용에서 검토하고자 한다.

연방농부

연방 하원 증원 필요

1788. 1. 7.

귀하에게

어떤 사람들은 우리 인민은 자유 의식이 높고, 능력과 자산, 그리고 강력한 힘을 가지고 있다고 말한다. 추정하건대 이 말이 의미하는 바는, 인민 대다수는 스스로를 돌볼 수 있고 통치자를 압도할 수 있기에, 인민들의 안전을 위한 특별한 헌법 조항이 필수적이지 않을 수 있다는 것이다.[1) 이런 견해는, 자세히 검토해 보면, 진지하게 대응하기에는 너무나 경박하고 부정확한 견해처럼 보인다.

대표의 규모가 너무 작다는 문제점을 완화하기 위해, 인민을 완전히 대표하는 주 정부들이 반드시 [신]체제의 일부를 구성해야 한다는 의견이 제시되고 있다.[2) 이 아이디어는 충분히 검토해 봐야 한다. 우리는 제헌회의가 이런 중요 부분을 제대로 활용했는지 살펴봐야 한다. 만일 그랬더라면, 주 정부들이 인민에 대한 [중앙정부] 권력의 자의적 행사를 막을 수 있을 것이라고 한다. [하지만] 사실 주 정부들은 [신헌법하에서] 무방비 상태이고 무력하며, 다만 피해를 입었을 때 소리치는 것밖에는 아무것도 할 수 없을 것이다. 이는 개인들도 할 수 있는 일이다. [신]헌법은 주 정부들이 연방의회의 자의적 조치를 헌법적으로 그리고 정규적으로 억제할 수 있는 견제

---

1) 「연방주의자」 26, 28, 46, 60번 참조.
2) 연방주의자들이 이와 정확히 같은 논지의 주장을 한 경우는 거의 없다.

수단을 제공하고 있는가?[3] 연방의회는 즉각 5만 명을 징집하고, 2000만 달러의 세금을 징수하고, 해군을 창설하고, 민병대를 만들 수 있으며, 이 모든 것을 합헌적으로 할 수 있다. 연방의회는 모든 사항에 대해 무장을 할 수 있다. 주 정부들이 할 수 있는 일은, 개인이 의회에 청원하는 것과 마찬가지로, 연방의 조치가 우려스럽고 옳지 않다고 이의를 제기하는 것뿐이다.

나는, 연방 정부는 주로 자연 귀족의 수중에 들어갈 것이고, 주 정부들은 주로 민중의 수중에, 즉 인민 대다수의 대표들의 수중에 들어갈 것이라는 견해가 타당하다고 생각한다. 영국에서는 이런 대표들이 지갑을 장악하고 있고 모든 법률에 대해 거부권을 행사한다. 우리는 상황 때문에 이런 방안에서 다소 벗어난 새로운 중도적 대안을 발견해야 한다. 전체 체제에 효율성을 부여하고 연방에 필요한 것을 제공하면서, [다른 한편으로] 각 주 또는 주 의회에 결집한 인민들에게 방어의 수단을 남겨 주는 것이 그것이다.

어떤 사람들은 연방의회의 목표는 소수의 국가적인 것이기에 소수의 대표가 필요하고, 각 주의 목표는 다수의 지역적인 것이기에 많은 대표가 필요하다고 종종 말한다.[4] 이런 사항은 내 마음속에서 깃털만큼의 무게도 갖지 못한다. 조세 체계와 육해군 체제를 구축하고 민병대의 틀을 만들며 공동체의 상황을 완전히 본질적으로 즉각 변화시킬 모든 것을 할 수 있는 무제한의 권한을 65명의 연방 하원 의원과 26명의 상원 의원에게 부여하면서, [다른 한편으로 별로 중요하지 않은] 울타리 법을 만들고, 재산의 상속과 양도, 사람들

3) 중앙정부에 대한 주의 견제 권한을 둘러싼 공방은 「연방주의자」 16번 참조. 「브루투스 편지」 10번 참조.
4) 「연방주의자」 55번 참조.

간의 법 집행 등을 규제할 법률을 만들고, 민병대 장교 등을 임명할 1500명의 주 하원 의원과 160명의 주 상원 의원을 소집하는 것은 확실히 바람직하지 않다.

내가 문제시하는 것은 단순히 정보의 양이 아니다. 세금을 부과하는 권력이 두 개 존재하는 것은 불편할 수 있다. 그러나 요점은 로마의 원로원과 비슷한 연방의회가 과세 권한을 가질 것이고, 인민은 아무런 견제권도 갖지 못하리라는 점이다. 권력이 남용되면 인민은 불평하고 분노할 수 있다. 주 정부도 마찬가지이다. 주 정부는 연방의회가 부과하는 세금의 징수를 금지하는 법안을 통과시킴으로써 항의하고 대항할 수 있다. 그러나 이는 인민의 행위, 주권적 권력의 행위, 헌법에 없는 궁극적 수단이 될 것이다. 경고의 행위, 저항의 행위이지, 법안의 최종 통과 이전에 그것을 중지시키거나 견제할 수 있는 어떤 헌법적 권한을 행사하는 것이 아니다. 진정한 견제란, 의회의 한 원이 제안한 법안을 같은 의회의 다른 원이 중단시키는 것이다. 사실 정확히 말하면, 헌법은 주에 연방의회의 조치에 대한 그 어떤 견제권도 제공하지 않는다. 연방의회는 즉시 군인을 모집할 수 있고, 인민의 주머니에 손을 뻗을 수 있다.

이런 몇 가지 사항만 고려해 봐도, 우리는 연방 원리federal principle에 따라 작동하는 [정부 구성] 방안과 통합 원리consolidated principle에 따라 작동하는 방안을 분명히 구분할 수 있을 것이다. 방안은 조직 [방식]에 있어서 연방적일 수도 있고 아닐 수도 있다. 각 주가 주의 표결권을 유지할 수도 있고 그렇지 않을 수도 있다.[5] 주의 주권이

---

5) [옮긴이] "주의 표결권을 유지"한다는 것은 주가 하나의 단위로서 대표되는 방식, 즉 1주 1표 방식의 연방 구조를 의미한다. 그렇지 않은 것은 인구 비례로 개인이 대표되는 통합 구조를 의미한다.

대표될 수도 있고, 주의 인민들이 대표될 수도 있다. 방안은 운영 [방식]에서 연방적일 수도 있고 아닐 수도 있다. [연방이] 주의 인력과 자금을 요구하고, 그런 [요구를 받은] 주가 인력과 자금 조달을 위한 법률을 제정하는 경우는 연방적이다. [연방이] 주를 배제하고 시민들의 신체와 재산에 대해 직접 작용할 경우 연방적이 아니다. 첫 번째가 연합[규약]의 경우이고, 두 번째는 새로운 [연방헌법]안의 경우이다. 첫 번째 경우에 주 정부는 견제 장치가 되지만, 두 번째 경우는 전혀 그렇지 못하다. 이런 차이점은, 앞서 언급했던 내국세에 대한 수정 항목에서 향후 더 자세히 다룰 예정이다. 여기서는 저술가들이 거의 간과했던 견제 유형에 대해 살펴보고자 한다.

대표의 수가 적은 것을 변명하기 위해, 새 연방의회는 이전의 것보다 더 다수일 것이라고 이야기하는 사람들이 있다. 이는 사실이 아니다. 그리고 사실에 대해서는 연방헌법안과 연합[규약] 체제에 대해 논한 나의 4일자 편지[즉 9번 서한]를 참조하길 바란다. 게다가 그 두 방안 간에는 어떤 유사점도 없다. 연합은 단지 주들의 연맹일 뿐이고, 연합회의는 특별한 견제 장치하에 구성되어 있으며, 내가 지난달 25일자 편지[즉 6번 서한]에서 열거한 연합의 권한을 보유한다. 새로운 연방헌법안은 완전히 다르다. 중앙정부는 많은 목표를 추구하며, 2년, 4년, 6년 임기로 선출된 자들에 의해 운영된다. 이들은 소환되지 않으며, 교체도 없을 것이고, 자금 및 군사에 관한 모든 문제에서 시민들의 신체와 재산에 직접 작용한다. 그러므로 나는 [연합규약에 기초한 체제와 연방헌법에 기초한 체제는 본질적으로 다른 체제이기 때문에] 연합 체제의 어떤 구성 요소도 신헌법을 지지하거나 비판하는 데 인용되어서는 안 된다고 생각한다. 또한 신헌법이 자금 및 군사 문제에 관해 연합 때보다 더 많은 권한을 연방의회에 부여한 것은 아니라고 말하는 사람도 있다. 연합 체제하에서도 연합회의는 인원 및 자금을 얼마든 요구할 수 있으며,

주들은 이에 따라야 한다는 것이다. 이는 대체로 사실이다. 하지만 [연합 체제에서] 주들은 그들의 자유를 지키기 위한 확고한 견제 장치를 가지고 있었다. 나는 이를 후속 서한에서 충분히 입증할 것이다.

연합[규약]에 의하면 연합의 모든 권한들이 단일 회의체[즉 연합 회의]에 위임된다는 [비판적] 지적은 설득력이 있다. 하지만 연합의 주요 원칙을 옹호할 수 있는 훨씬 더 많은 이야기를 할 수 있다. 나는 연방 하원의 선거인 자격 요건에 반대하지 않으며, 의회의 한 원은 인민이 선출해야만 한다는 데 전적으로 동의한다.

나아가, 현재의 연합회의는 원칙적으로 집행기관이므로 구성원의 수가 많아서는 안 되지만, [신헌법에서의] 연방 하원은 단순한 입법부일 것이고 민중의 원이기에 구성원 수가 많아야 한다고 말할 수 있다. 각기 다른 부들로 구성된 정부의 가장 큰 장점의 하나는, 각 부를 그 부에 맡겨진 일의 성격에 맞게 만들 수 있고, 모든 부를 여러 계층의 인민의 상태에 부합하도록 만들 수 있다는 것이다. 생각할 수 있는 모든 견제 장치와 제한에도 불구하고, 합중국의 권한은 매우 광범위할 것이 틀림없다. 국가의 주권은, 집행권과 사법권이라는 권한 없이는 우리가 구상하는 목표 — 즉, 전체의 방어와 평온 — 를 달성할 수 없다. 현재의 연합회의가 단일 회의체인 것은 마음에 들지 않는다. 연합회의는 그러한 권한을 맡기에 적합할 수 없기 때문이다. 본질적으로 집행권과 사법권은 소수에게 위임되어야 하고, 입법권은 다수에게 위임되어야 한다. 따라서 그 모든 권한들을 단일 회의체에 제대로 위임하는 것은 불가능하다. 그럴 경우 안전이나 불가피한 신속 조치들이 확보될 수 없음은 의문의 여지가 없다. 연합회의는 그 구성 자체에 모순을 내포할 수밖에 없다.

대표의 수를 늘리는 것에 반대하는 또 하나의 견해는, 100명 혹은 그 이상의 사람을 모으는 것은 그들을 단지 소란스러운 군중으로 만들지 않고는 어렵다는 것이다.[6] 하지만 이성과 경험은 이런 주장을 뒷받침하지 않는다. 우리가 알고 있는 가장 존경할 만하고 현명한 회의체는 각각 수백 명의 구성원으로 이루어진 것들이었다. 로마, 카르타고, 베네치아의 원로원, 영국의 상원 등이 그것이다. 구성원이 더 많았던 우리의 주 의회나 회의들이 보편적으로 더 많은 지혜를 찾아냈었고, 또한 더 작은 규모의 회의들만큼이나 질서가 있었다고 단언할 수 있다. 또한 단일한 주에서 모인 200명 내지 300명의 특징과 합중국 전체에서 모인 그 정도 또는 그 절반 정도의 사람들의 특징 간에는 아주 큰 차이가 있을 것이 틀림없다.

[헌법 지지자들은] 제안된 헌법안에 따르면 50년 또는 100년 후의 하원은 수백 명의 의원으로 구성될 것이라는 주장을 덧붙인다.[7] 헌법안에 의하면 [하원은] 65명으로 시작할 것이다. 하지만 우리는 의원 수가 항상 늘어나리라는 어떤 확신도 가질 수 없다. 왜냐하면 이 헌법안을 만들고 지금까지 지지해 온 모든 이해관계와 세력들이 연합해, 대표가 증원되면 정부가 더 자유롭고 민중적이 될 것임을 알고서 증원에 끊임없이 반대할 것이 분명하기 때문이다. 수년 후에 주민 3만 명당 의원 한 명이 되리라는 것을 인정하더라도, 이런 진단은 사소한 것에 불과하다. 정부의 성격은 초기 활동에 의해 크게 좌우될 것인데, 소규모 대표로 인해 50년에서 100년에 이르는 기간의 절반에 불과한 시기에 [정부가] 그 기반[즉 인민]으로부터 벗어나거나, 적어도 회복할 수 없을 정도로 변할 수 있다. 따라서 우리는 바로 지금 모든 원칙에 입각해 정부를 올바른 원리 위에 확립해야 하며, 또한 현재 우리의 상황에 맞게 맞추어야 한다. 대표의 수가 너무 많아지면, 그때 변경하면 된다. 또는 대표의 수가 어떤

---

6) 「연방주의자」 55번 참조.
7) 「연방주의자」 58번 참조.

정해진 숫자까지 늘어나면, 그때에는 일정한 주민 수당 의원 한 명이 되도록 한다는 규정을 지금 만들 수 있을 것이다.

[헌법안 지지자들이 내세우는] 또 다른 견해는 연방의회가 나쁜 짓을 하려는 유혹에 빠질 리가 없다는 것이다. 이런 주장을 하는 사람들은 무식하거나 아니면 자신이 어린애들에게 이야기하고 있다고 생각했음이 틀림없다. 첫째, 연방 의원들은 인간 행동을 지배하는 모든 자극의 지배를 받게 될 것이다. 또한 앞서 설명했던 그런 모든 유혹들 — 시위의 유혹, 불평등한 부담을 지우려는 유혹 — 을 받게 될 것이다. 둘째, 의원들과 그 친구들은 아마 대규모 육해군과 그 급여를 유지하고 적절한 세금을 부과하는 것이 그들의 이익에 부합한다는 것을 알게 될 것이다. 셋째, 인민 대다수가 정부의 일에 효과적으로 개입할 권한을 계속 갖는 것이 의원들의 성향이나 관점에 잘 맞아서 수용될 수 있으리라고 추정하는 것은, 이성이나 경험에 비추어 볼 때 어떤 타당한 근거도 찾을 수 없다. 하지만 [헌법안 지지자들은] 연방의회가 마음대로 인민을 억압하거나 노예화할 수 없을 것이고, 또 인민이 그것을 참지도 않을 것이라는 의견을 자신 있게 덧붙인다. 연방의회가 즉각 그리고 노골적으로 폭군처럼 행동하리라고는 생각되지 않는다. 또한 연방의회가 중대 조치 — 특히 경각심을 불러일으키거나 반발을 초래할 수 있는 조치 — 를 그럴듯한 핑계도 없이 채택하리라고는 생각되지 않는다. 우리는 자연스러운 일의 진행 과정을 생각해야 한다. 공화주의적 평등에 비우호적인 사람들은 체계적으로 작업에 착수하여, 처음에는 내용에서 그리고 형식에서, 정부 안의 모든 역할에서 점점 인민 대다수를 배제해 나갈 것이다. 그런 비우호적 생각을 갖게 될 사람들에게 앞잡이나 지지자가 없을 리 없다. 우리는 불과 몇 년 전에 민주공화국들을 설립했고, 주 정부를 연합회의와 인민의 주머니 사이의 방벽으로 삼았다. 7년이 채 안 되는 기간 동안에 이런 방벽을 무너뜨

리고 우리 정체의 원칙을 근본적으로 바꾸는 얼마나 큰 변화가 일어났던가. 심지어 무력도 갖지 않은 소수에 의해서 말이다. 이런 점들을 생각해 보면, 앞으로 15년이나 20년 안에, 특히 헌법이 채택됨으로써 소수들이 자신들의 투쟁을 이어 갈 권력과 영향력으로 훨씬 더 잘 무장하게 될 경우에, 훨씬 더 많은 변화가 일어날 수 있으리라 가정하는 것이 과연 어리석은 일일까? 아마도 그들은 현명하게 [인민을] 결코 불안하게 하지 않을 것이며, 최종 목표가 달성될 때까지 점차적으로 인민의 마음을 그럴듯한 변화에 하나씩 준비시켜 나갈 것이다. [헌법안] 지지자들은 이것이 단지 가능성일 뿐이라고 말한다. 하지만 그것은 현명한 인민이라면 반드시 경계해야 할 개연성이다. 악의를 은폐하는 데 사용되는 언설과 그것을 선도하는 수단들을 보면 내 의견이 옳음을 확신하게 된다.

그러나 [헌법안 지지자들은] 헌법안에 대한 모든 비판을 물리칠 최후의 수단으로, 우리 인민은 그들이 자유인의 기질을 지니고 있는 한 자유로울 것이며, 그런 기질을 잃는다면 다른 형태의 정체를 받아들여야만 한다고 말한다. 이에 대해서는 단지 다음과 같이 말하겠다. 확신하건대 그것은 매우 굴욕적인 말이며, 자유를 위해 고결하게 투쟁해 왔고 자신들은 자유로울 것이라고 세상에 선언했던 용맹스러운 인민에게 결코 적합하지 않은 말이라고.

연방 체제에서 민중의 관심사인 대표의 증원 문제에 대해 당초 예상보다 길고 자세하게 논의했다. 하지만 이런 장황한 설명은 이 주제의 중요성에 의해 정당화될 수 있으리라 희망한다. 나는 새로운 방식의 설명을 추구했는데, 내가 생각했던 요점을 분명히 밝히기 위해서는 다소 장황할 필요가 있음을 깨달았기 때문이다. 민중의 원이 취약하고 소규모일 경우, 인민 대다수는 무방비 상태가 되고 모든 것을 두려워하리라는 것이 내가 항상 생각해 온 바였다. 만일 인민들이 왕이나 귀족, 혹은 위대하고 강한 자들 중에서 진정한 정치적 친구를 찾을 수 있으리라 기대한다면, 그것은 스스로를 속이는 일이 될 것이다. 반면에 단독으로 지갑을 장악하고 탄핵권과 함께 법률 제안 및 거부권을 가지고서 왕과 귀족 또는 집행부와 상원을 신중하게 제어할 진정한 민중의 원을 정부 안에 확립한다면, 인민이 두려워할 것은 거의 없고 그들의 자유는 항상 보장되리라 생각한다.

나는 우리가 지금 인간사에서 새로운 시대에 도달했다고 생각한다. 정부의 진성한 원칙이 이전보다 더 완전하게 전개될 것이고, 말하자면 새로운 세계가 아메리카에서 생겨날 것이다. 대표 문제를 고려할 때 다음으로 중요한 것은 [올바른] 선거[방식]의 보장이다. 이 문제를 살펴보기 전에, 인민의 대표가 받을 급여가 본질적으로 인민의 이익과 연관되어 있다는 점에 대해 이야기하고자 한다.

연방의회는 의원들의 급여를 지나치게 높게 책정할 수도 있고, 부유층 외에는 그 누구도 의회 출석이 불가능할 정도로 낮게 책정할 수도 있다. 아마 후자가 되리라고 추정할 매우 강력한 이유가 있다. 그것[즉 낮은 급여]은 다수로부터 소수로 권력을 이전하기 위해 일관되고 지속적으로 추진되어 온 동일한 정책의 일부이기 때문이다. 급여가 만족할 만하게 정해지고, 연방의회가 이를 변경하려면 주 의회들 과반의 동의가 필요하도록 만든다면, 아마도 이 문제에 관해 두려워할 모든 해악이 최선의 방법으로 예방되고 적절한 보장 장치가 도입될 수 있을 것이다. [헌법 지지자들은] 주 의회는 급여를 스스로 결정한다고 말한다. 그런 지적에 대한 대답은, 연방의회는 주 의회와 같은 평등 원칙에 따라 구성되지 못했으며, 결코 그렇게 구성될 수 없으리라는 것이다. 나는 이 점에 대해서는 자세히 설명하지 않고, 하나의 일반적 논평으로 편지를 마무리하고자 한다. 제안된 [신헌법] 체제에서 내가 주장하는 견제 장치들은, 최소한 그중 어느 것도 그 체제의 활력을 약화하지 않을 것이다. 반대로 그런 장치는, 인민의 신뢰를 얻을 기반을 제공하고 인민의 지속적이고 진심 어린 지지를 보장함으로써 그 체제의 진정한 활력을 크게 증대할 것이다.

연방농부

11번
연방 상원

1788. 1. 10.

귀하에게

조직과 기능

이제 나는 상원의 조직과 선정 방식, 그리고 권한에 관해 몇 가지 견해를 추가하고자 한다.

상원은 각 주에서 두 명씩 총 26명의 의원으로 구성된다. 상원 의원은 연방 구상에 따라 [각 주에] 할당되지만, [의회에서는 주 단위가 아니라] 개별적으로 투표한다. 그들은 특정 문제에 대해 주권을 갖는 정치체로서의 주를 대표한다. 주권적이고 독립적인 주들은 상원에서 모두 서로 동등한 것으로 간주된다. 이 점에서 우리는 오직 주권체들의 이상적인 평등[의 원리]에 의해 지배된다. 연방 정부와 주 정부들은 하나의 전체를 형성하는데, 주 정부들은 항상 별개로 고려되고 보존되어야 할 핵심적 구성 요소를 이룬다. 나는 곰곰이 생각할수록, 주들을 상원의 기초로 삼은 것에 대해, 그럼으로써 그들이 대표하는 각각의 주권체를 뚜렷이 보존하고 영속시키는 것을 상원 의원의 이익과 의무로 만든 것에 대해 더 동의하게 된다.

상원 의원 선정에 대해서는 이미 언급했지만, 그들은 주 의회들에 의해 동시에 임명되어야 한다. 그리고 각 원은 동일한 몫의 권력을 가진다. 이런 사항들에서는 수정 — 설령 타당한 것일지라도 — 의 개연성이 없다고 생각하기에, 그에 대해 자세히 설명하지 않을 것이다.

상원은 입법부로서는 크지 않지만, 집행부로서는 [구성원이] 너무 많다. 우리가 인민의 진정한 대표를 구성할 수 있으리라 생각해서는 안 되듯이, 합중국에서 귀족의 진정한 대표이자 입법부의 균형추인 진정한 상원을 구성할 수 있으리라 생각해서도 안 된다. 귀족의 이익과 민중의 이익을 분리하여 전자로 상원을 구성하고 후자로 하원을 구성할 경우, 그 둘은 합중국에서 너무 차이가 나기에 균형을 이룰 수 없다. 만일 하원과 상원을 순수하게 원리에 따라 수립하고서 그 각각이 자체의 실질적 힘과 연계망에 의거하여 존속하도록 내버려둔다면 상원은 약해지고 하원은 강해질 것이다. 내가 '순수하게 원리에 따라'라고 말하는 것은, 순수한 원천 — [구성원들의] 수와 지혜, 광범위한 자산, 광범위하고 항구적인 연계망 — 으로부터 힘과 영향력을 이끌어 내는 상원과, 자산이 많지 않고 연계 세력도 작고 취약한 소수의 사람들로 구성되어 그 힘과 영향력을 부패하고 유해한 원천으로부터 이끌어 내는 상원을 구분하기 때문이다. 후자는 단지 헌법과 법률이 부여하는 공직과 그에 따른 보수를 처분할 권한으로부터 — 또한 공직자들이나 그 지망자들로 하여금 그들의 조치를 지지하도록 유도하는 그런 수단을 통해 — 힘과 영향력을 이끌어 낸다. 나는 [신헌법에서] 제안된 상원이 후자의 특징을 너무 많이 띠지 않기를 바란다.

균형과 견제를 만들어 내기 위해 헌법은 입법부에 두 개의 원을 제안한다. 하지만 두 원은 그 구성원들이 대개 동일한 부류 — 유사한 관심과 견해 및 감정과 연계망 등을 가진, 동일한 사회계층에 속하며 거의 모든 경우에 한패를 이루는 — 의 사람들로 이루어질 것이 틀림없다(만일 어떤 차이가 있다면 아마 상원 의원들이 가장 민중적일 것이다[1]). 그런 상태의 상·하원 의원들은 법 제정을 위해 두 개의 방

1) [옮긴이] 연방농부가 이렇게 평가한 것은, 하원은 너무 소수로 구성되기에

에 [따로] 모이지만 대체로 동일한 동기와 견해에 의해 지배될 것이고 따라서 동일한 정치체제를 추구할 것이 틀림없다. 두 원 사이의 칸막이는 그들이 앉아 있는 건물의 칸막이에 불과할 것이다. 우리가 추구하는, 공동체의 여러 계층들의 상이한 실질적 이해관계와 활동들 간의 진정한 균형과 견제를 그들 안에서 찾기란 불가능할 것이다. 합중국의 현 상황에서는 어떤 식이든 그런 균형과 견제가 어느 정도까지라도 형성되기란 어려울 것이다. 하지만 상·하원을 가능한 한 이상에 가까운 것으로 만들려면, 상원은 수에 있어서 그리고 선거인과 피선거인의 자격에 있어서 존경할 만한 것으로 만들고, 하원은 의원 수를 늘리고 또한 항상 인민 대다수로부터 하원 의원 대부분을 이끌어 낼 수 있는 선거 방식을 택해야만 한다. 나는 상원 의원과 하원 의원이 인민의 실제 상태에 부합하는 그러한 균형과 견제를 입법부 안에서 만들어 내지 못하리라고 결론 내리지만, 두 개의 원을 두는 것에는 동의한다. 그로부터 몇 가지 이점을 얻을 수 있기 때문이다. 상원은 임명 방식으로 인해 아마 주 정부를 지지하게 될 것이고, 그 임기로 인해 입법의 안정성을 만들어 낼 것이다. 반면 다른 원[즉 하원]에서는 빈번히 선거가 실시될 것이다. 비슷한 종류의 사람들로 구성되더라도 두 원 사이에는 대체로 어느 정도의 경쟁이 존재할 것이다. 이런 경쟁에 의해서, 그리고 모든 법률이 두 번째 원에서의 검토를 거침으로써, 입법 과정에서 신중함과 냉정함 그리고 숙고가 이루어질 것이다. 우리는 민중의 원을 통해 특히 개인의 자유를 확보할 수 있고, 상원을 통해 특히 재산을 보호할 수 있을 것이다. [상·하원을] 분할함으로써 하원은 모

인민의 진정한 대표가 될 수 없는 데 반해, 상원은 인민의 진정한 이해가 결집되는 주를 대표한다고 생각하기 때문인 듯하다.

든 공직자의 직무상 위법행위를 탄핵하는 적절한 기관이 되고, 상원은 이를 재판하는 적절한 법원이 된다. 그리고 최고 집행관의 권한을 제한해야 하는 나라에서, 상원은 조약을 체결하고 외교 문제를 관리하는 최고 집행관에 대해 거부권을 행사할 가장 적절한 기관이될 수 있을 것이다.

임기 단축, 의원 소환·교체 필요

나는 [헌법안에서] 제안된 형태의 연방 상원이 많은 목적에 유용할 수 있으며, 조직과 임명 방식 및 권한 등을 여러 측면에서 변경할 필요는 없다는 데 동의한다. 그러나 다른 몇몇 부문의 수정이 없다면 수년 안에 상원은 가장 큰 해악의 근원이 되리라고 진심으로 믿는다. 이런 수정 사항 가운데 일부는 절대적으로 필요하고 일부는 적어도 권장할 만한 것이라고 생각한다.

1. 연합[규약]에 따라 연합회의 의원은 매년 선출된다. [이와 달리] 연방헌법 제1조 3절[2]에 의하면, 상원 의원은 6년 임기로 선출될 것이다. 임기는 상당 부분 의견의 문제이기 때문에 왜 임기를 3, 4년으로 제한하는 것이 더 바람직하다고 생각하는지 그 이유를 설명하는 몇 가지 의견만 제시하겠다.

주 정부에서는 그렇게 긴 임기가 인민에게 익숙하지 않은 것이었기에 대체로 연례 선거가 채택되었다. 현재 연합회의 의원은 해마다 선출되는데, 업무의 성격과 다양성을 감안한다면 이들이 [신헌법의] 연방 상원 의원보다 더 긴 임기로 선출되어야 할 것이다. 6년 동안 의원직에 있게 되면 절대적으로 무감각해질 것이고, [자신의 지위가 인민의 선택에 의해 좌우된다는] 자신의 의존성을 느끼지 못하

---

2) [옮긴이] 원문에는 2절로 되어 있는데 3절의 오기인 듯하다.

게 되고, 유권자 상태에 공감하지 못하게 될 것이다. 상원 의원 임기가 3, 4년이 된다면, 어떤 잘못된 여론에 유권자들이 휘둘릴 수 있는 기간보다 더 오랫동안 의원직을 유지하게 될 것이다. 3, 4년의 임기는 의원들이 안정성을 갖추고서 정치 정보를 충분히 획득하기에 대체로 충분한 기간이 될 것이다. 상황이 허락하는 한 빈번하게 의원을 교체하게 되면, 정치 지식이 인민 사이에 더욱 광범위하게 확산될 것이고 또한 선출자와 피선출자의 [서로에 대한] 주의력이 더 지속적으로 유지될 것이다. 이는 자유국가에 헤아릴 수 없이 중요한 환경이다. 다른 이유를 추가할 수도 있지만, 다룰 주제가 너무 광범위해서 덜 중요한 사항은 생략하기로 한다.

2. 연합을 결성할 당시에는, 각 주가 적절하다고 판단할 때에 연합회의 의원을 언제든 소환하고 다른 의원을 파견할 수 있도록 하는 것이 필수 요건으로 간주되었었다. 나는 이 원칙을 신헌법하의 연방 의원, 특히 상원 의원에게 적용할 필요성이 덜하다고 생각하지 않는다. 이미 여러 차례 언급했듯이, 우리가 할 수 있는 최선의 원칙에 따라 그리고 포괄적으로 헌법을 수립한다고 해도, 결국 우리는 유권자와 멀리 떨어져서 연방 정부를 운영할 소수에게 방대한 정책을 위임해야만 한다. 이들이 지나치게 [유권자에 대한] 의존성을 느낄 위험은 거의 없다. [따라서 우리가] 주의를 기울여야 할 필수적이고 중요한 목표는 그들로 하여금 자신이 [인민에] 의존적임을 충분히 느끼도록 만드는 것이다. 수년간의 임기로 선출되어 자신의 주로부터 수백 마일 떨어진 곳에서 매우 광범위한 권한과 함께 보수 지불수단까지 스스로 갖게 될 사람이 [인민에 대한] 의존성과 책임성에 압도당하는 일은 아마 없을 것이다.

상원 의원은 주권체를 대표할 것인데, 주권체는 보편적으로 자신의 대리인을 소환할 권한을 가진다. 또한 항상 그런 권한을 보유해야만 한다. 책임성의 원칙은, 위법행위 시에 소환되고 견책당할 수 있는 사람들 속에서 강하게 감지된다. 경험으로 판단해 볼 때, 주권체가 자신의 의원을 소환하는 권한을 남용하지는 않을 것이다. 그 권한을 보유하는 것은 최소한 중요한 제어 수단이 될 것이다. 위임된 모든 권력의 본질상, 유권자는 그들의 대표의 행위에 대해 심판할 권리를 보유해야 한다. 유권자는 그런 권한을 행사해야 하며, 대표의 행위를 승인하거나 거부하는 유권자의 결정 자체는 대표를 유임하거나 해임할 수 있는 권한을 함축하고 있다. 그러나 대리인이 헌법에 따라 행동할 때에는, 그를 소환할 수 있는 권한이 [암묵적이 아니라] 반드시 [헌법에] 명시적으로 규정되어야 한다. [유권자에게] 소환권을 부여해야 하는 이유는 하원보다는 상원과 관련해 더 클 것이다. 하원은 더 빈번히 선출될 것이고 당연히 더 자주 교체될 것이다. 그리고 하원은 인민 전체에 의해 선출될 것이기에, 소환에 필요한 조치를 인민이 행하기란 주 의회보다 더 어려울 것이다. 하지만 그 권한이 인민에게 해롭기보다 유익한 것이라면, 인민도 그것을 보유해야 한다. 인민은 자신들의 이익을 한결같이 충실히 대변해 온 사람을 부당하게 대우하는 법이 없다. 인민들이 잠시 동안 파당적 대표에게 현혹되어 선량한 사람을 불문곡직하고 공직에서 물러나게 할 수도 있겠지만, 모든 소환은 신중한 결정과 공정한 청문을 전제로 한다. 그리고 [공직자 중에서] 자신의 행동이 적절하고 정직한 생각에 따른 것이라고 확신하는 사람이, 자신의 행동에 대한 조사 가능성 때문에 공적으로 덜 유능해지는 일은 없을 것이다. 그와 반대되는 행동을 의도하는 사람은 재판에 대한 두려움으로 인해 분명 제지될 수 있을 것이다. 거듭 말하지만, 우리가 연방 정부에서 특히 경계해야 할 것은 이해관계에 따른 결탁과 파당이다. 이를 방지하기 위해 인민의 손에 주어질 수 있는 모든 합리적인 수단이 준비되고 제공되어야 한다. 소환권이 있을 경우, 인민 가운데나 주 의회 안에 있는 신뢰할 만한 파수꾼들이 유용하고 공정한 기회를 갖게 될 것이다. 만일 어떤 주 출신의 연방 의원이 그런 결탁에 가담하거나 그것을 지지하거나 유해한 행위를 추구할 경우, 인민이나 주 의회 안에서 [권력에 대한] 주의력이 가장 높은 자들이 공식적으로 그를 유권자 앞에 고발할 것이다. 헌법에 의거한 이 같은 문책에 대한 두려움 자체가 앞에서 언급한 많은 해악을 방지할 수 있을 것이다. 그리고 단 한 주의 [연방] 의원이나 단 한 명의 상원 혹은 하원 의원에 대한 수환일지라도 그것은 종종 더 많은 해악을 예방할 수 있을 것이다. 나는 현재로서는 그런 절차에서 그 어떤 위험의 소지도 발견하지 못했다. 소환을 요구할 사람들은 모두 자신의 명성을 걸 것이기에 자신의 발의에 합리적 근거가 있음을 입증할 것이다. 그리고 소환이 성공하리라는 명백한 근거가 없는 한 그런 요구가 이루어질 개연성은 거의 없다. 또한 유권자 가운데 다수가 조사를 시작할 이유를 인정하지 않는 한, 고발이나 [소환] 발의는 단지 개인 또는 개인들의 공격 이상이 될 수 없다. 나아가, 그런 권한이 유권자에게 부여되어 있는 상황 자체가 연방 상·하원 의원의 주의력과 의존감을 고조할 뿐만 아니라, 그들로 하여금 끊임없이 조심하고 경계하도록 만들 것이다.

3. 연합[규약]에 의하면, [연합회의] 어떤 대표도 6년의 기간 중에서 3년을 초과해 재임할 수 없다[연합규약 제5조]. 따라서 정부의 형식에 의해 [연합회의] 구성원의 교체가 이루어진다. 우리의 몇몇 주 정부와 고대 및 현대의 일부 공화국에서 이와 유사한 원칙을 채택했었다. 이처럼 일정 기간 재임한 자를 일정 기간 동안 [공직에서] 배제하는 제도를 헌법에 포함해야 하는지는 논의해 볼 문제이다. 그 대답은 실질적으로 정부의 특징에 달려 있다. 어떤 정부들은 구성원의 충분한 변동과 교체가 생기도록 구성되어 있다. 물론 통상적인 선거 과정에서 가끔 적절한 수의 의원이 새롭게 입법부에 들어오고, 그에 상응하는 기존 의원들이 나가서 인민들 사이에 섞이

고 퍼지게 된다. 이는 의원 수가 많은 의회의 경우로서, 의원들은 자주 선출되고 항상 유권자들의 시야 안에 존재한다. 우리의 주 정부들이 이에 해당하는데, 이런 정부에서는 헌법에 의한 교체가 별 중요성을 갖지 않는다. 그러나 인원수가 적고 임기가 길며 인민의 시야에서 멀리 떨어져 있는 의원들로 구성된 의회에서는 통상적인 선거 과정에서 의원 교체가 거의 일어나지 않는다. 그들은 약간 고정된 집단이 되고, 대개 공익에 무신경해지고 냉정하고 이기적이되며 부패의 근원이 된다. 후자의 방식으로 구성될 연방 정부에서 이런 해악을 방지하고 순수한 활력의 원칙을 강제하며 관심과 활기 및 지식을 공동체에 확산시키기 위해서는 무엇보다 교체의 원칙을 확립해야 한다. 아무리 선량한 공직자라도 시간이 지나면 자신도 모르게 인민을 잊어버리고 점차 그들에게 불리한 조치를 취하게 된다. 내가 주장하는 것은 단지 연방의회 의원들의 교체일 뿐이다. 판사들과 사법부 및 집행부의 고위 공직자들은 매우 다른 상황에 있다. 이들이 자신들의 직책과 직무를 인민에게 유익하게 수행하는 데에는 다년간의 학습과 정보가 요구된다. 이들 판사와 공직자는 모든 시간을 그 직책의 세부 업무에 쏟아야 하고, 그런 업무를 뒷받침하는 학습과 정보들에 의존해야 한다. 이들은 항상 부처의 장이나 상급자의 지시하에 움직이고, 위법행위로 해임될 수 있다. 이들은 일정하게 정해진 규칙적인 집행 업무를 수행한다. 모든 사회에서 이들의 직책은 소수에게 국한될 수밖에 없다. 왜냐하면 소수만이 그 직책에 맞는 자격을 갖출 수 있기 때문이다. 만일 그 직책을 연례 임명 방식으로 인민 전체에게 개방한다면, 인민에게 아무런 도움도 되지 못하는 직책이 될 것이다. 그런 직책은 자격을 갖춘 소수의 소유로 남겨 두어야 한다. 그렇지 않으면 제대로 충원되지 못할 것이다. 사법부와 집행부에서도 인민의 대부분은 배심원과 하급 관리로서 권력과 영향력의 큰 몫을 차지하며, 그들 사이에는 허

다하고 빈번한 교체가 이루어진다. 그러나 모든 자유국가의 입법부에서는 그런 변화나 교체를 찾아보기 어렵다. 그리고 입법[권한]이 소수의 수중에 상당 기간 머물 때마다 입법은 편파적이 된다. 입법권을 인민들 사이에 넓게 분산하고, 정치제도를 수정하여 모든 계층에서 식견 있는 인물들이 차례로 입법부에 참여할 수 있도록 하는 것이야말로 진정한 공화주의의 원리이다.

　　이런 교체[제도]의 타당성 여부를 밝히기 위해서는 그에 수반되는 이점뿐만 아니라 폐단도 검토해야 한다. 한편으로 우리는 교체로 인해 때로는 좋은 사람을 선출에서 배제할 수 있다. 반면에 우리는 장기간 재임한 자들 사이에서 일반적으로 발생하는 유해한 결탁을 방지할 수 있고, 법을 만들고 나서 유권자에게 되돌아가는 사람들의 수를 늘릴 수 있다. 이를 통해 정보를 확산하며, 활동적이고 따지고 캐묻는 기질을 인민 사이에 유지시킬 수 있다. 그럼으로써 이해관계나 활동들 간의 균형이 유지될 것이고, 파당들의 파괴적 조치들이 실현되기는 더욱 어려워질 것이다. 나는 교체로 인해 연방의회가 지식이나 정보에 어두워질 것 같다고 생각되면, 교체 원칙을 고집하지 않을 것이다. 그러나 이 계몽된 나라에서 그런 일은 전혀 걱정되지 않는다. 어느 시기이든 연방 의원의 수는, 합중국에서 존경할 만한 박식한 인사들의 수와 비교할 때 극소수일 것이 분명하다. [내가 제안하는] 교체 원칙에 따르면, 직전 4년 동안 재직했거나 이전 6년 중 4년 동안 재직한 연방 의원들은 헌법에 의해 2년 동안 피선거권이 박탈될 것이다. 하지만 [이로 인해] 연방 의원 적격자들이 부족해지리라고는 생각되지 않는다. 경험과 적절한 추정에 따라 판단해 보면, 이 원칙에 의해 어느 한 시기에 피선출권이 박탈될 사람은 연방 의원 경력이 있는 사람의 15분의 1 이하일 것이다. 연합[규약]에 의하면 어느 누구도 6년의 기간 중에서 3년 이상 [연합회의] 의원직을 유지할 수 없는데, 이에 따라서 어떤 주에서 어느 한 기간에 피선출 자격을 상실하게 된 사람은 3~5명을 넘지 않았다. 그리고 만일 좋은 사람이 교체 원리에 의해 배제된다면, 그것은 단지 짧은 기간 동안일 뿐이다. 모든 것을 고려할 때, 이 원칙의 폐단은 여러 장점에 비해 아주 사소한 것에 불과하다. 4년 동안 연방의회에서 봉직한 사람이 고향으로 돌아가 인민과 어울리고 한동안 그들과 함께 지내는 것은 대체로 도움이 될 것이다. 그것은 그의 이해관계나 생각, 견해 등을 인민의 것과 유사하도록 회복시킬 것이고, 그렇게 하여 입법자로서의 필수 자격을 견고하게 만들어 줄 것이다. 정보 측면에서 봐도, 입법자에게 유용한 정보는 현직에서의 학습이나 일상적인 입법 모임을 통해서만 획득되는 것이 아님을 알 수 있다. 입법자들은 인민 속에 있음으로써 그들의 실제 상황을 배워야 하고, 법률 제정 이후에는 고향으로 돌아가 그 법률이 어떻게 작용하는지 관찰해야 한다. 그러므로 [입법자가] 가끔씩 인민 속에 있는 것은, 입법자의 무감각이나 공직에 대한 이기적 관점을 방지하거나 제거하는 데 필요할 뿐만 아니라 그들에게 필요한 정보를 제공하고 그것을 유용하게 하는 데도 필요하다. 그것은 또 다른 중요 목표에도 부합하는데, 입법자와 유권자 사이의 공감과 의사소통 수단을 실질적으로 촉진하는 것이다. 따라서 모든 원칙에 입각해 볼 때, 의원들은 일정 기간 동안 유권자들 속에서 생활해야 한다.

모든 의회에는 다소의 지식인들이 의심할 바 없이 필요하다. 그러나 일반적으로 입법자에게 필요한 지식은 인민의 공통 관심사와 특별한 상황들에 대한 지식이다. 공화정부에서 의회의 의석은 매우 명예로운 것이다. 나는 의석을 이익과 항구적 생계를 위한 자리로 생각하는 사람은 거의 없으리라고, 분명 아무도 없으리라고 믿는다. 인민이 항상 철저하게 주의를 기울인다면, 적절한 시기에 자신의 입법자를 고향으로 불러들이고 다른 의원을 그 자리에 보낼 것이다. 그러나 그런 경우가 자주 있지는 않을 것이다. 따라서 인민이 주의를 기울여 헌법을 만들 때에, 실제로 종종 부주의하기 쉬운 그런 유익함 — 즉, 인민의 일을 운영하는 데 유익한 [대표의] 교체 — 을 [제도적으로] 가능하게 해야 한다. 전반적으로, 해악을 방지하고 내가 언급한 이점들을 최대한 확실하게 확보하기 위해서는 연방 의원을 늘리고, 적절한 원칙에 따른 선거를 보장하며, 의원 소환권 및 의원 교체 제도를 확립해야 한다.

상원의 권한

4. 제2조 2절에 의하면 조약은 상원의 조언과 동의를 얻어 체결되는데, 상원 출석 의원 3분의 2가 동의해야 한다. 또한 문민과 군의 거의 모든 연방 공무원 임명에는 상원의 동의가 있어야 한다. 조약과 관련해서도 의문이 들지만, 상원이 공무원 임명과 관련된 역할을 하기에 매우 부적절한 기관임은 분명히 입증할 수 있다. 나는 입법부의 한 원이자 탄핵을 심판하는 법정인 상원이 모든 조약의 체결에 통제권을 갖는 데 대해 완전히 수긍하는 것은 아니다. 그러나 고백하건대, 나는 이 중요한 직무에서 대통령을 통제할 권한을 [다른 어딘가에] 더 알맞고 안전하게 부여할 수 있는 방법을 찾아내지 못했다. 조약 체결 권한은 너무나 중요해서 대통령에게 단독으로 위임할 수 없다. 대통령과 집행 평의회executive council에 위임할 수도 없는데, [집행 평의회] 위원 규모는 다른 용도와 관련해서만 충분하기 때문이다. 하원은 평화와 동맹의 조약에 관여하기에는 너무 수가 많다. 이 권한은 현재 연합회의에 부여되어 있고, 아홉 개 주의 동의에 의해 행사된다. 연방 상원은 현재의 연합회의 대표들처럼 주를 대표하게 될 것이고, 상원의 3분의 2의 동의는 아홉 개 주의 동의와 어느 정도 유사성을 가지게 될 것이다. 아마 합중국은 평균적으로 2, 3년에 하나 이상의 조약을 체결하지는 않을 것이고, 이 권한은 항상 신중하게 행사될 수 있다. 아마 상원은 이 권한을 맡기

에 충분할 정도로 다수이고, 비밀을 유지하기에 충분할 정도로 소수이며, 적절한 일관성과 숙고를 통해 이 권한을 행사하기에 충분할 정도로 장기적이다. [상원보다] 덜 존경받고 구성원 수도 적은 조직에 이 권한을 부여하는 것은 안전하지 못할 것이다. [그럴 경우] 우리는 그 권한을 가진 자들에게 엄청난 신뢰를 부여해야만 한다. 그리고 그 권한을 남용 — 어떤 유용한 목적을 위해서든 — 할 수 있는 사람은 누구든 우리가 탄핵할 수 있다는 생각하에 그런 권한을 부여한다면, 우리 자신을 속이게 될 것이다.

헌법을 올바로 해석하면, 상업 조약의 체결에서는 입법부가 대통령과 상원에 대해 적절한 통제권을 갖고 있다고 생각된다. 제1조 8절[3]에 의하면 입법부는 외국과의 통상을 규제할 권한을 갖는다. 그리고 제2조 2절에 의하면 대통령은 상원 [출석 의원] 3분의 2의 조언과 동의를 얻어 조약을 체결할 수 있다. 우리는 이 조항들을 함께 고려해야 하며, 합리적인 해석을 통해 피할 수만 있다면, 동일한 문서의 어느 한 부분을 다른 부분과 모순되게 만들어서는 안 된다. 인용한 첫 번째 조항에 따라, 입법부는 외국과의 통상을 규제할 권한 또는 우리 시민과 외국인 간의 교역 및 통상에 관한 모든 규칙과 규정을 제정할 권한을, 내가 이해하기로는 단독으로 갖는다. 두 번째 조항에 의하면, 대통령과 상원은 일반적으로 조약을 체결할 권한을 갖는다. 조약에는 통상, 평화, 동맹 등 여러 종류가 있다. 나는 "조약을 체결한다."는 문구가 [이런 여러 종류의 조약에 대해] 일관되게 해석되어야 한다고 생각하지만, 통상조약을 승인하는 것은 입법부에 맡겨야 한다고 생각한다. 통상조약은 그 성격과 운영에 있어 평화조약이나 동맹조약과는 아주 다르다. 후자는 일반적으로

---

3) [옮긴이] 원문에는 2절로 되어 있는데 8절의 오기인 듯하다.

비밀을 요구하지만, 국가의 법률이나 내부 치안에 영향을 미치는 경우는 거의 없다. 그런 조약을 체결하는 것은 당연히 집행권의 행사이다. 그리고 헌법은 대통령과 상원에 조약을 체결할 수 있는 권한을 부여하고 있고, 평화와 동맹의 조약에 관해서는 직접적이든 간접적이든 입법부에 어떤 권한도 부여하지 않고 있다. 통상조약에 관해 말하자면, 그런 조약은 일반적으로 비밀을 요구하지 않으며, 거의 항상 입법권과 연관되어 있고, 국가의 법률 및 내부 치안과 충돌하며, 특히 상업도시에서는 사람과 재산에 즉각적인 영향을 미친다(이런 조약들은 영국에서는 대체로 의회에서 승인되어 왔다). 통상조약은 통상에 관한 규칙 및 규정으로 구성되는데, 통상을 규제할 권한 혹은 통상에 관한 규정을 제정할 권한은 헌법에 따라 연방의회가 갖는다. 나는 입법부의 이런 권한을 침해하지 않을 통상 규칙을 조약에서 제정할 수 있다고 생각하지 않는다. 따라서 내가 추론하는 올바른 헌법 해석에 따르면, 대통령과 상원이 조약을 체결하지만, 모든 통상조약은 입법부에 의해 승인받아야만 한다. 이런 해석은 헌법 조항들에 일관성을 부여하고, 조약에 관한 대통령과 상원의 권한의 문제점을 훨씬 완화해 줄 것이다.

연방농부

12번
연방 의원 선출 방식

1788. 1. 12.

귀하에게

제안된 [신헌법] 체제 중에서 상원 의원과 특히 하원 의원 선거에 관한 부분을 주의 깊게 살펴보면 모호함과 함께 큰 결함이 있는 것처럼 보인다. 나는 선거의 공정성 및 안정성 확립으로 이어질 방안을 공정하게 추론하고, 이런 측면에서 수정안을 제시하고자 한다.

선거권, 피선거권의 문제

몽테스키외가 잘 지적했듯이, 공화제 정부에서 선거의 형식은 근본적인 것이고, 선거권이 누구에 의해, 누구에게, 언제, 어떤 방식으로 부여될 것인지를 확정하는 것은 사회 협약의 본질적인 부분이다.[1]

선거 규정이나 원칙이 헌법에 의해 신중하게 확정되어 있지 못한 곳에서는 어김없이 입법부가 편파적 목적을 이루기 위해 그 자체의 형태를 변경하고 정부의 정신을 변질시키는 것을 목격하게 된다.

제안된 [헌법]안에 의하면, 연방 하원 의원 선거인의 자격 요건은 주 하원 의원 선거인의 자격 요건과 동일해야 한다. 하지만 이런 자격 요건은, 선거인을 정하고 지정하는 각 주에 따라 다소 차이가

---

1) *The Spirit of Laws* II, ch. 2. [몽테스키외, 『법의 정신』, 진인혜 옮김, 앞의 책, 제2편 2장, 50, 51쪽.]

있다.

하원 의원의 자격 요건도 확실히 명시되어 있는데, 25세 미만인 자, 주의 주민이 아닌 자, 합중국 시민이 된 지 7년이 되지 않은 사람은 선출될 수 없다. 25세 이상이고 주의 주민이며 합중국 시민으로서의 기간이 7년이 된 사람은 모두 하원 의원으로 선출될 수 있음이 분명하다. 그들은 헌법에 의해 피선거권을 가지며, 유권자는 그들을 선출할 권리를 가진다. 피선거인과 관련하여 연방의 대표를 매우 폭넓게 규정한 것이다. 즉, 기독교도이든 이교도이든, 마호메트교도이든 유대인이든, 피부색이 어떠하든, 부자이든 가난하든, 전과자이든 아니든, 선출되는 데 이의가 있을 수 없다. 따라서 선거인이 될 수 없는 많은 사람이 선출될 수도 있다. 일정 연령 미만의 청년을 피선거권에서 배제한 헌법의 지혜에 대해 그렇게 후하게 논평했던 신사분들이 이교도나 전과자 등이 헌법에 의해 피선거권자가 된 사실을 상기했더라면 좋았을 것이다. 인민은 헌법을 만들고, 특정 부류의 소수의 사람을 피선거권에서 배제하고 있다. 그리고 이렇게 배제되지 않은 모든 사람은 분명히 [피선거권이] 인정된다. 그렇다면 25세이고 주의 주민이며 7년 동안 주의 시민으로 살아온 사람은 비록 유죄판결을 받았더라도 배제 조항 가운데 어디에도 해당하지 않기 때문에 선출될 수 있다. 거지, 부재자 등도 마찬가지이다.

선거권과 피선거권은 인민에 의해 정해진 것이므로 주 의회나 연방의회가 이를 제한할 수는 없다. 어떤 사람이 (다른 요건들이 갖춰진 가운데) 그 주의 주민이면 그런 [피선거] 권리가 있다는 것은 확실하다. 그렇다면 인민으로 하여금 그 주의 특정 카운티나 선거구의 주민인 사람만을 선택하도록 국한하는 것은 인민의 권리에 대한 제한이 될 것이다. 따라서 주 의회나 연방의회는 선거구 선거 — 즉, 주를 여러 개의 선거구로 나누고 각 선거구의 선거인들로 하여금 그 선거구에 거주하는 사람을 선출하도록 제한하는 선거 ─ 를 실시할 수 없게 될 것이다. 만일 이렇게 선거인[의 선택]을 한 측면에서 제한할 수 있다면, 다른 측면에서 특정 종교나 특정 재산 등을 가진 사람을 선택하도록 제한할 수 있을 것이고, 그 결과 헌법에 의해 [피선거]자격이 부여된 사람의 절반이 배제될 수도 있다. 따라서 선거를 규제하는 모든 법률은 명료한 헌법적 기반에 입각해 만들어져야 한다.

소선거구·과반 득표제 도입

다음으로 우리가 알 수 있는 것은 하원 의원은 그 주의 인민에 의해 선출되어야 한다는 것이다. 무엇이 그 주의 인민에 의한 선출인가? 주 안에 있는 각각의 개별 선거구에서 한 명을 선출하면 헌법의 의미를 벗어나지 않는 선택이 될까? 선출은 최다 득표로 해야 하는가, 과반 득표로 해야 하는가? 이런 질문과 관련해서는 헌법 제1조 4절에 따라야 한다. 이에 의하면, 선거의 시기, 장소 및 방법은 주 의회가 정하되, 연방의회는 그런 규정을 제정 또는 개정할 수 있다. 내 생각으로는, 이 조항에 따라 주에 있는 여러 다른 타운과 선거구의 선거인들은 투표를 하기 위해 여러 다른 장소에 모일 수 있을 것이다. 그러나 그렇게 모였다 하더라도, 유권자들은 그 주의 주민이고 나이와 시민 기간에서 [피선거]자격이 되는 사람 누구에게든 투표할 수 있다. 연방의회나 주 의회가 이를 다른 어떤 조항으로 제지할 수는 없다. 하지만 헌법에는 선출을 최다 득표로 할지 과반 득표로 할지를 정할 수 있는 규정이 없다. 내 생각으로는 이것이 선거에서 가장 중요한 문제이다. 하원 의원은 인민에 의해 선출되어야 한다고 말할 때 그 의미는 인민 과반에 의한 선출인 듯하다. 하지만 이와 관련해 동일한 문구를 사용하는 주들에서 두 가지 방식을 모두 시행하고 있다. 내 생각으로는 과반 이상의 주들이 최다 득표로 선출하고 있으며, 또한 연방 하원에서도 최다 득표에 의한 의원 선출이 합헌이라고 결정할 가능성이 크다. 영국의 경우 최다 득표자가 선출된다. 영향력과 부패가 얽힌 [현실의] 경쟁에서 모든 사람에게 공정한 기회를 제공하는 것은 바로 이 방식이다. 연방의회가 [선거 결과를 왜곡하기 위해] 유권자들을 외진 [투표] 장소에 모이도록 할 수도 있다는 비판은 별로 부각되지 않았다고 생각된다. 그러나 [헌법안] 지지자들은, [반대파들이 주장하는] 그런 해악이 개연성이라기보다는 가능성에 불과하다는 점을 약간의 근거와 함께 보여줄 수 있으면, 자신들이 적잖이 영광스럽고 중요한 승리를 거두리라고 생각하는 것 같다.

[하지만] 선거가 올바른 원칙에 따라 실시되리라는 보장이 전혀 없다고 논평했을 때, 내가 떠올렸던 것은 훨씬 더 개연성이 크고 광범위한 해악들, 은밀한 위해, 눈에 띄지 않는 위반, 제대로 된 선거구 선거의 배제, 과반 득표에 의한 선출의 배제 등이었다.

최다 득표에 의한 선출과 과반 득표에 의한 선출 사이에, 또한 작고 한정된 선거구에서 한 사람을 선출하는 것과 큰 주의 인민들이 무차별적으로 여러 사람을 선출하는 것 사이에 근본적인 차이가 있다는 것은 쉽게 인식할 수 있다. 그리고 그런 [작은] 선거구에서는 과반 득표로 신중하고 공정하게 선출이 이루어지리라고 거의 확신하지만, 주[전체]에서 혹은 큰 선거구에서 최다 득표로 선출할 경우에는 속임수나 영향력, 부패 등을 막을 장치가 보장되지 않는다는 점을 우리는 잘 알고 있다. 최다 득표로 선출을 할 때에는, 대개 투표에 참여한 유권자 가운데 아주 일부에 의해 선출이 이루어지게 된다. 그러나 과반 득표로 할 경우에는, 투표자의 절반에 못 미치는 소수에 의해 선출이 이루어지는 일은 결코 있을 수 없다. 전자의 방식에 따를 때 나타나는 편파성과 부정적 양상은 최근 중부의 어느 주에서 발생한 사례에서 잘 드러난다. 그곳에서는 밀집해 거주하는

많은 주민들이 여러 명의 대표를 선출할 예정이었는데, 주민들 중
에서 유권자는 4000~5000명에 이르렀다. 선거가 시작되기 전부
전체 유권자들을 분열·분산하기 위해 여러 개의 후보자 명부들이
유포되었다. 약 여섯 명의 유력 인사들이 여러 차례 회합을 통해
자신들이 당선시키고자 하는 자들의 명단을 확정한 뒤에, 설득 가
능한 모든 사람에게 그 명단을 전달하기로 뜻을 모았다. 또한 상대
측 사람들 사이에는 다른 여러 명단을 돌려서 그들을 분열시키기로
했다. 투표가 시작되어 수백 명의 유권자들이 아무런 의심 없이 투
표에 참여했는데, 그 여섯 명이 작성한 명단에 있던 자들이 당선되
었다. 선출된 자들 중 일부는 유권자 대다수가 매우 싫어하는 자들
이었다. 수백 명의 유권자가 투표했지만, 그 명단에 있던 자들은
각각 45표, 43표, 44표를 얻고 선출되었다. 그들은 다수표, 즉 다
른 사람보다는 많은 표를 얻었다. 표가 전반적으로 분산된 상황에
서, 미미한 연합이라도 만들었던 자들은 전혀 뜻밖의, 인망도 없는
여러 명을 [당선자] 명단의 선두에 올리는 데 성공했다.[2] 모든 유권

2) [옮긴이] 저자가 말한 사례에 정확히 일치하는 역사적 사실은 확인되지 않
   지만, 당시 뉴욕주의 선거제도 및 관행을 고려할 때 뉴욕주에서 실제로 발
   생했던 사례일 가능성이 충분해 보인다. 당시 뉴욕주는 중부 주에 속했고,
   1777년 뉴욕주 헌법에 의하면, 주 하원 의원(총 68명) 선거는 카운티 단위
   로 여러 명의 의원(예를 들면 뉴욕Newyork시·카운티는 아홉 명, 오렌지Orange 카운
   티는 네 명, 서퍽Suffolk 카운티는 다섯 명 등)을 한꺼번에 뽑는 대선거구 방식을
   채택했다. 유권자는 선출할 의원 수만큼의 후보자 이름을 쓴 투표용지를
   제출했다. 이런 제도하에서, 후보들은 후보 조합ticket 혹은 후보 리스트list
   를 만들어 유포했고, 유권자는 전체 리스트(혹은 그 일부)를 그대로 선택하
   는 방식으로 투표하는 게 일반적이었다. 따라서 소수의 영향력 있는 인사
   들(혹은 정파나 파벌)이 리스트를 돌려서 자기 편 후보들을 일괄적으로 당선
   시키는 일이 실제로 가능했다. 이와 대조적인 사례가 펜실베이니아주이다.
   펜실베이니아는 단원제였고, 의원 선출 방식은 소선거구·단순 다수제(의석

자들이 한곳에 모이고 또한 과반 득표, 혹은 전체 표의 절반 이상을 얻지 못하면 누구도 당선자로 인정받지 못할 그런 곳에서는 이런 악폐가 결코 일어날 수 없다. 투표의 아주 일부만 얻은 사람이 인민의 신뢰를 얻거나 혹은 인민에 대해 상당한 정도의 영향력을 갖기란 전혀 불가능할 것이다.

그러나 최다 득표에 의한 선출 방식이 편파적일 수 있고 은밀한 영향력의 행사나 부패에 취약할 수 있다고 해도, 본질적으로 연방 대표의 수를 늘리고 선거구별 선거의 원칙을 채택하지 않는 한 그것을 피할 수 없다고 생각된다. 과반 득표에 의한 선출이 실행 가능한 경우는 단 하나이다. 즉, 각 선거구에서 유권자들이 한 장소에 동시에 편리하게 만나서 한 명의 대표 선출에 이를 때까지 [계속 투표를] 진행하는 것이 가능한 그런 적정한 크기의 선거구를 구성하

을 인구수에 비례하여 카운티별로 배분, 각 카운티를 다시 여러 개의 선거구로 분할하여 한 선거구당 한 명을 단순 다수로 선출)를 택하고 있었다. 이런 경우 뉴욕주와 같은 음모나 결탁은 불가능했다. 대선거구제와 소선거구제는 1788, 89년 제1대 연방 하원 선거를 둘러싼 핵심 쟁점이었다. 헌법은 선거 방법을 주 법에 맡겼기 때문에 주마다 방식이 달랐고, 정치 세력들은 자신에게 유리한 방식을 선택하고자 했다. 반연방주의자들은 유권자와 대표의 밀착을 강조하며 소선거구를 주장했고, 대선거구는 거대 파벌의 독점을 낳을 것이라고 비판했다. 연방주의자들은 대선거구를 주장했고 이를 정략적으로 활용했다. 대표적 사례가 펜실베이니아주로, 주 의회 다수파가 하원 의원 여덟 명을 대선거구(주 전역이 하나의 선거구)에서 일괄적으로 선출하게 하여 반대파의 진입을 막고자 했다. 제1대 선거에서 매사추세츠주, 뉴욕주, 버지니아주, 사우스캐롤라이나주, 노스캐롤라이나주는 소선거구를, 뉴햄프셔주, 코네티컷주, 로드아일랜드주, 뉴저지주, 펜실베이니아주, 델라웨어주는 대선거구를, 메릴랜드주, 조지아주는 혼합형을 선택했다. 또한 매사추세츠주와 뉴햄프셔주는 절대다수제(과반 득표제), 나머지는 상대 다수제(최다 득표제)를 선택했다.

는 것이다. 이 경우, 만일 처음 투표에서 과반 또는 전체 득표의 절반 이상을 얻은 사람이 없을 경우, 유권자는 후보자들을 [다시] 검토하고 조정하여 어떤 한 사람이 과반을 얻을 때까지 투표를 반복할 것이다. 이는 제안된 지금 형태의 헌법하에서는 불가능하다고 생각된다. 내 생각을 설명하기 위해 매사추세츠주를 예로 들어 보겠다. 이 주에서는 여덟 명의 대표를 선출할 수 있고 주민은 37만 명으로, 약 4만 6000명당 대표 한 명이 된다. 주 전역의 선거인들이 그들 각자의 타운이나 장소에 모여서 각 선거인들이 여덟 명의 대표에게 투표하는 식으로 선거를 실시한다면, 유권자들의 표는 100번 중 99번은 너무 분산될 것이기에 각 타운이나 장소로부터 표를 모으더라도 과반 득표자가 나오지 않을 것이고, 따라서 선출이 이루어지지 못할 것이다. 반면에 여덟 명의 대표를 선출하기 위해 표들을 조합할 수 있다면, 유권자들은 15명도 선출할 수 있을 것이다. 예컨대 1만 명의 유권자가 참여하여 투표를 하는데, 각 유권자는 여덟 명의 대표에게 각 한 표씩 여덟 표를 행사한다고 가정해 보자. 전체적으로 8만 표가 행사될 것이기에, 각자 5001표씩, 전체적으로 4만 8표를 얻은 여덟 명이 각자 과반 득표를 얻어 선출될 것이다. 3만 9992표는 다른 사람들에게 주어질 것인데, 만일 그 표들이 모두 일곱 명에게 주어진다면, 그들은 각자 상당한 과반 득표를 얻게 되어 역시 선출될 수 있다. 이는 참으로 매우 드문 조합이다. 하지만 모든 표를 아홉 명, 10명, 혹은 11명에게 고르게 배분하여 그들 모두를 선출할 수 있는 충분한 개연성이 있기에 경계하지 않을 수 없다.

매사추세츠주를 여덟 개의 선거구로 나누고, 각 선거구마다 약 4만 6000명의 주민을 두어 각 선거구에서 한 명의 대표를 뽑도록 하더라도, 각 선거구의 유권자들이 한곳에 모이는 것은 전혀 불가능할 것이다. 그리고 유권자들이 선거구의 여러 타운이나 장소에 모인다면, 그들은 각기 다른 사람에게 투표할 것이고, 20번 중 19

번은 표를 분산할 것이기에 어느 후보도 전체 표의 과반을 얻어 선출될 수 없을 것이다. 그러므로 우리는 가장 많은 표를 얻은 사람 — 그가 전체 득표의 4분의 3을 얻든, 4분의 1 혹은 10분의 1을 얻든 상관없이 — 을 뽑아야만 한다. [유권자는 자신의] 선거구에 속한 사람뿐만 아니라 선거구에 속하지 않는 사람에 대해서도 투표할 수 있으므로 표가 분산되는 불편은 더욱 커질 것이다.

나는 적절한 [규모의] 선거구 선거와 과반 득표에 의한 선출 방식의 우월성과 확실한 이점을 입증하고 그 반대 방식에 많은 해악이 수반된다는 것을 증명하기 위해 다른 많은 기록들을 추가할 수도 있다. 그런 해악들은 현재의 헌법[안]이 변경되지 않고 그대로 유지될 경우 우리가 직면해야 할 것들이다.

나는 선거를 올바른 기초 위에 확립하고 연방 대표를 웬만큼은 평등하고 안전하게 만들 수 있는 유일한 방법은, 대표를 늘려서 각 선거구당 한 명의 대표를 뽑도록 하는 것이라 생각한다. 그런 선거구에서 선거인들은 한곳에 동시에 편리하게 모여 과반 득표로 대표를 선출할 수 있을 것이다. 이를 실현할 수 있는 방법은 대체로 다음과 같다. 즉, 주민 1만 2000명당 한 명의 대표가 되도록 하고, 주를 적절한 선거구로 나누거나 혹은 그런 원칙을 정하고 나서, 각 선거구의 유권자들로 하여금 그 선거구에 영구적인 이해관계와 거주를 가진 사람을 과반 득표로 선출하도록 하는 것이다. 내가 웬만큼은 평등한 대표라고 말하는 이유는, 이렇게 광대한 나라에서는 충분히 민중적이거나 혹은 실질적으로 인민 대다수로부터 유래하는 그러한 연방 대표를 확보하는 것은 실현 불가능하다는 생각을 여전히 갖고 있기 때문이다. 방금 언급한 원칙들은 우리가 기대할 수 있는 가장 현실적인 원칙일 수 있다. 그렇게 대표를 늘림으로써 우리는 대표를 좀 더 민중적이고 안전한 것으로 만들고 대표에 대한 인민의 신뢰를 강화하며 대표를 보다 강하고 활기차게 만들 수 있을 뿐만 아니라, 인민들이 선거의 원칙과 방식을 본질적으로 더 나은 방향으로 개혁할 수 있도록 할 수 있다. 인민들이 주 전역에서 대표를 물색할 수 있도록 하는 방식은, 인민을 선거구에 국한시키는 것보다, 때로는 인민들로 하여금 더 똑똑하고 유능한 사람을 선출할 수 있도록 해 줄 것이다. 하지만 이런 선택의 자유는 일반적으로 사악한 목적에 악용될 수 있는데, 특히 최다 득표에 의한 선출 방식과 결합될 경우에 그러하다. 예를 들면, 고향에서는 비난받지만 야심과 술책을 가진, 주의 외진 지역에 사는 어떤 인사가 그 주의 아주 먼 다른 지역의 인민을 대표하는 자로 선출될 수도 있다. 더구나 인민 가운데 일부나 한 파당에 의해, 혹은 어떤 특정 부류의 사람들의 결탁에 의해 선출될 수도 있다. 영국에서는 오래전부터 그러했었고, [지금 합중국의] 몇몇 주에서도 그러하다. 나는 우리 연방 선거에서도 그런 유해한 책략이 가능할 뿐만 아니라 아주 개연성이 크리라 생각한다. 선거구별 선거를 실시함으로써 우리는 최고의 인재 가운데 그 누구도 선출로부터 배제하지 않으면서, 내가 생각하기에 [대표의 자질로서] 뛰어난 재능보다 훨씬 더 중요한 것을 확립할 수 있다. 내가 말하는 것은, 거주지 및 이해관계에서 대표와 유권자 사이의 동일성이다. 또한 과반 득표에 의한 선출 방식에 따르면, 대표는 틀림없이 유권자의 절반 이상의 선택을 받은 사람이 될 것이다.

[제안된] 헌법대로 할 경우 올바른 토대 위에 선거를 정립하는 것은 불가능할 것이다. 하지만, 상당히 유용한 선거 규정을 도입할 수는 있다고 생각된다. 그러므로 그런 규정을 어떻게 만들 수 있는가를 묻는 것뿐만 아니라 어떤 기구가 그런 규정에 대한 통제권을 갖느냐를 묻는 것 역시 중요하다. 인민이 대표를 현명하고 자유롭고 편견 없이 선출하는 것이 가장 중요하다. 그리고 우리는 그에 반대되는 모든 결탁과 은밀한 술책, 영향력 등을 조심스럽게 경계해야 한다. 여러 나라와 주에서 진정한 선거를 실시하기 위해 여러 가

지 방법이 채택되어 왔지만, 현재 [제안된] 헌법대로라면, 앞서 언급한 코네티컷주의 상원 의원 선출 방식[3]보다 더 나은 것을 나는 찾지 못했음을 고백한다.

　[만일 그 방식에 따른다면] 연방 하원 의원은 두 번째 해마다(이상한 표현법이지만) 선출될 것이다. 사우스캐롤라이나주를 제외한 모든 주에서, 동일한 유권자들이 주의 연방 하원 의원 선출 기간에 두 번 모이게 될 것이다. 예를 들어, 매사추세츠주의 유권자들은 그 주에서 뽑을 여덟 명의 연방 하원 의원을 선출하기 위한 투표(구분하기 위해 이를 지명투표라고 부를 수 있다)를 하고, 여러 타운과 지역에서 득표한 자들의 명단을 주 의회 또는 적절한 기관에 제출한다. 이 명단은 즉시 검토되고 공표되며, 그 명단에서 가장 많은 표를 얻은 적정 수의 인원 — 예컨대 15명 또는 20명 — 이 인민에게 제시된다. 그리고 다음 해에 유권자들은 자신들에게 제시되었던 그 인원들만을 대상으로 여덟 명의 연방 대표를 선출하는 투표를 하게 된다. 이렇게 두 번째 투표(구분하여 선출 투표라고 부를 수 있다)에서 득표한 자들 중에서 가장 많은 표를 얻은 여덟 명이 연방 하원 의원이 된다. 이렇게 하여 2년에 한 번씩, 많은 수고와 비용을 들이지 않고, 그리고 내 생각으로는 상당히 안전하게, 인민에 의한 선택이 이루어질 수 있다. 지명투표[의 결과]가 집계되어 알려지면, 인민들은 누가 표를 얻었는지, 누가 다음 해에 있을 선거의 후보들인지 바로 알게 될 것이다. 그리고 유권자들은 거의 1년 동안 후보들의 특징과 정책에 대해 캐물을 수 있다. 만일 그들 중 어떤 이를 내세우기 위해 부당한 수단이 동원되었다면 그것에 대해 조사할 수 있다. 그렇게 하여 인민이 받아들일 수 있는 최고의 인물이라고 생각되는 사람을 선출

3) 6번 서한 참조.

투표 시에 뽑게 될 것이다. 이런 방식에 의해 선출된 사람은 궁극적으로 언제나, 투표 유권자의 과반 또는 과반에 가까운 표를 얻게 될 것이다. 이 방식은 [후보들의] 진면목과 정치적 성격을 드러나게 할 것이고, 사적 결탁의 효과를 상당 부분 무력화함으로써 그런 결탁을 방지할 것이다. 선택은 인민에 의해 이루어져야 하므로, [선거 과정에서] 모든 연합과 견제는 인민의 투표에 의해서만 이루어져야 한다. 매사추세츠주에서 상원 의원을 선출할 때처럼, 과반수 득표자가 없을 경우 그 부족분을 주 의회가 보충해 주는 방식은 수용될 수 없다.[4] 인민은 정보가 주어지면 대체로 올바로 판단한다. 그리고 두 번째 투표를 할 때에는 언제나 이전의 오류를 바로잡을 것이다.

연방의회의 선거 규제 권한

나는 우리가, 연방헌법하에서 선거의 시기·장소·방법에 관한 규정을 아마 [누군가에게] 유리하게도 혹은 불리하게도 만들 수 있음을 예상할 수 있을 만큼 선거 과정에 대해 충분히 잘 알고 있다고 생각한다. 그렇다면 규정 제정 권한을 누가 가지고 있는지, 누가 가져야 하는지를 묻는 것이 중요하다. 연방헌법에 따르면 주 의회가 선거의 시기·장소·방법을 정하지만, 연방의회는 그런 규정을 제정하거나 개정할 수 있다. 주가 만든 규정을 단지 개정만 할 수 있는 연방의회의 권한은 어떤 유용한 목적에도 도움이 되지 않을 것이다. 주가 규정을 만들면 연방의회는 무한정 개정할 수 있지만, 주가

---

4) [옮긴이] 1780년 제정된 매사추세츠주 헌법은 상원 의원 선출에 과반수 득표 요건을 두고 있었다. 각 선거구에서 어느 후보도 과반수를 얻지 못할 경우, 해당 선거구는 '미선출' 상태로 간주되고, 이후 주 의회가 그 선거구를 대표할 상원 의원을 직접 선출하여 보충할 권한을 가졌다.

규정을 만들지 않거나 폐기할 경우 연방의회는 개정할 것이 없게 되기 때문이다. 하지만 [신헌법] 조항에 따르면, 주가 규정을 만들지만 연방의회도 그런 규정을 만들 수 있다. [이 조항을] 올바로 해석하면, 연방의회가 선거의 시기·장소·방법 등을 규정하는 것이 적절하다고 판단하면 연방의회는 그렇게 할 수 있고, 그 항목에 관한 주의 규정은 폐기되어야 한다. 만일 연방의회가 규제 체계를 만든 후에도 주의 규정이 존속할 수 있다면, 동일한 대상에 대해 양립할 수 없는 두 규제 체계가 존재하게 될 것이기 때문이다.

연방의회가 이런 규정 제정 권한을 가져야 한다는 주장은 종종 제기되어 왔다. 그렇지 않으면 주 의회가 선거 규정을 만들지 않거나 부적절한 규정을 만듦으로써 중앙정부를 파괴할 수 있다는 것이다. [하지만] 그 주가 연방의회에서 대표되든 대표되지 않든 상관없이 중앙정부 유지 비용 중 자기 몫을 부담해야만 하고, 심지어 다른 주들의 대표 유지 비용의 일부까지 부담하면서 그들이 만든 법에 따라야 하는 상황이라면, 주 의회가 자기 주민의 연방의회 대의권을 훼손하는 조치를 채택할 개연성은 매우 낮다. 주 의회들이 연방의회를 파괴하기 위해 태만하거나 결탁하고자 할 경우, 지금 [제안된] 연방헌법에 따르면 매우 간단한 방법이 있다. 그냥 상원 의원 선출이나 대통령 및 부통령 선거인 지명을 하지 않으면 되는 것이다. 이런 최후의 해악에 대한 구제책은 없다. 연방의회를 붕괴시키기에 충분한 수의 주 의회들이 태만이나 혹은 다른 방법을 동원해 이를 시도할 경우, 매년 주 의회를 선출하는 인민들이 연방의회가 만든 규정에 따라 [연방 의원을] 선출하려 할 것이라는 추정은 [실현] 가능성이 없다. 이런 여러 근거들을 고려할 때, 연방의회가 선거 규제 권한을 가지려는 의도가 단순히 연방 정부의 소멸을 막기 위한 것이 아님이 확실하다

또한 주 의회가 [자신들이 선출하는] 하나의 원院인 연방 상원 의

원을 선출하고서 다른 원[즉 연방 하원]을 선출할 인민에게는 부당한 규정을 이용해 손해를 입힐 수 있으므로, 연방의회 — 인민이 직접 선출하는 하원이 속해 있는 — 가 인민을 위해 개입해 부당한 규정을 바로잡을 권한을 가져야 한다는 주장도 있다. [연방헌법안] 지지자들은 반대파들이 가능성에 집착한다고 자주 말해 왔었는데, 인민들이 주 의회의 억압을 저지하기 위해 연방의회에 호소할 필요성을 느끼게 되리라는 가정이야말로 가능성을 가정하는 것이다. 주 의회는 거의 인민 그 자체에 이를 만큼 다수로 구성되며, 양원 모두가 대부분 인민이 하는 연례 선거에 의해 좌우된다. 이와 달리 연방의회의 한 원은 주 의회에 의해 6년마다 선출되고, 다른 원은 격년마다 선출되지만 주 상원의 절반 규모도 되지 않는다. 과연 제정신을 가진 사람이라면, 그런 주 의회가 연방 선거 규정에서 인민을 기만할 수 있기 때문에 주 의회의 권한을 연방의회로 넘기는 것이 타당하다는 그런 생각을 어떻게 할 수 있을까?

연방 상원 의원은 주 의회에 의해 선출되는데, 주 의회에 양원이 있을 경우에는 양원의 공동 결의에 의해 선정이 이루어져야 하며, 다른 모든 법안의 통과 때와 마찬가지로 각 원은 거부권을 가질 것이다. 이렇게 되면 [연방 상원 의원] 선정에서 주의 상원은 주의 민중의 원만큼이나 큰 영향력을 갖게 될 것이다. 양원은 개별적으로 행동할 때에만 하나의 입법부를 구성한다. 따라서 [연방 상원 의원] 선출을 위해 [주 의회] 양원 의원들이 한 공간에 모여 섞여서 개별적으로 투표하려면, 헌법에 명시적으로 그렇게 지시되어 있어야 한다. 내가 생각하기에 헌법은 주 의회로 하여금 [연방 상원 의원을] 선출하도록 규정함으로써 양원에 동등한 투표권을 부여했으므로, 어떤 규정으로도 이를 변경할 수 없다.

전반적으로 나는 선거인에 관한 모든 일반 원칙은 헌법에 의해 신중하게 확립되어야 한다고 생각한다. 예를 들면, 선거인과 피선거인의 자격 요건, 대표의 수, 주어진 각 선거구의 주민들이 과반 득표로 그들 자신들 중에서 한 사람을 선출할 것 등이 그것이다. 주 입법부에 맡길 것은, 국가의 각 지역의 주민 수와 대표 간에 균형이 맞도록 선거구의 범위를 수시로 조정하는 일 정도에 불과하다. 또한 헌법으로 정할 수 없는 선거 규정이 있을 때에는 인민 자신과 가장 가까운 주 의회에 맡겨야 한다. 최대한으로 생각해도, 연방의회는 주가 그런 규정의 제정을 소홀히 할 경우에만 선거 규제 권한을 가져야 한다.

연방농부

13번
연방 집행부

1788. 1. 14.

귀하에게

    이 서한에서 나는 공직 임명에 관한 헌법안의 두 조항을 추가로 살펴보고자 한다.[1] 헌법 제2조 2절은 다음과 같이 규정하고 있다. 대통령은 대사, 그 밖의 외교사절 및 영사, 연방 대법원 판사, 그리고 그 임명에 관하여 [이 헌법에 달리 규정이 없고 법률로써 정할] 그 밖의 모든 합중국 관리를 지명하고 상원의 조언과 동의를 얻어 임명한다. 제1조 6절에 의하면, 상원 의원 또는 하원 의원은, 임기 중에 신설되거나 봉급이 인상된 어떠한 합중국의 공직에도 임기 중에 임명될 수 없다.

공직자 임명권과 임명 방식

    문민과 군의 모든 연방 공직자를 임명함에 있어서는 대통령이 지명하고 상원이 동의해야 한다. 그리고 상원 의원과 하원 의원은 위에서 언급된 몇 가지 공직에 대해서만 결격 사유가 있다. 연방 정부를 순수하고 청렴하게 유지하기 위해서는, 공직 임명과 관련된 특별한 예방 조치가 정부 자체의 형태와 특징에서부터 매우 필요함을 알게 될 것이다. 공직에 따른 명예와 보수는 모든 공동체에서 야

---

[1] 공직 임명 문제를 다룬 13, 14번 서한의 주제와 관련해서는 「연방주의자」 76번 참조.

심 있고 가난한 자들이 결코 놓치지 않는 목표이다. 공동체의 정직하고 겸손하며 부지런한 사람들은 대체로 개인적인 관심사에 만족한다. 그들은 전자 부류의 사람들 — 즉, 궁색하고 음모를 꾸미며 겸손함이라곤 없는 자들 — 사이에서 도당과 음모와 다툼의 끊임없는 원천이 되는 그런 공직을 탐하지 않는다. 가장 행복한 나라와 도덕적인 정부에서도 임명을 둘러싼 부정적 영향력을 항상 막아 낼 수는 없다. 아마도 우리는 인민으로서 자랑할 만한 우리 몫의 덕을 갖추고서 인간사에서 빠지지 않는 위세나 편견, 선입관 등에 대해 충분히 유의하기만 하면, 그것들이 미치는 [부정적] 영향을 상당 부분 방지할 수 있을 것이다.

우리 모두는 대규모 상비군이 인민을 억압하고 예속시키는 경향이 강하다는 데 동의한다. 마찬가지로, 이기적이고 무감각하며 무원칙한 대규모 공직자 집단도 이와 비슷하거나 더 해로운 경향이 있다. 군 조직과 특히 문민 조직은 사회의 필수 부속물이지만, 거기에 고용된 인원수만큼 생산적 노동과 실질적 부가 삭감된다. 그런 조직이 불필요하게 확대되거나 인민에게 비우호적인 자들에 의해 유지될 경우에는 억압적이 되고, 너무 규모가 작거나 또는 너무 소심하고 의존적인 자들에 의해 유지될 경우에는 유해한 것이 된다. 필요한 공직의 규모를 잘 결정하고, 적절한 인물을 충원하며, 잘못을 저지른 공직자를 즉각 처벌할 수 있는 수단을 효과적으로 마련하는 것이 중요하다.

이런 임명 권한의 성격과 범위를 파악하려면, 이 광대한 나라에서 국가 체제를 실행하는 데 필수적인 막대한 수의 공직자에 대해 검토해야 한다. 또한 공직에 대한 희망과 기대가 그들의 행동에 미치는 엄청난 편향성과 공직자들이 인민에게 미치는 영향력 등도 검토해야 한다. 이들 필수 공직자의 예를 들면, 연방 대법원과 하급법원의 판사, 주의 검사, 서기, 보안관 등, 육군과 해군의 제독과 장군 및 하급 장교, 외국에 파견된 공사, 영사 등이 있다. 국세청과 우체국 등 연방 도시의 관리만 해도 아마 — 아주 하급직은 고려하지 않더라도 — 수천 명에 달할 것이다. 연방의회 안팎에 있는 가장 적극적인 정치권 인사들이 이런 최고 공직의 주요 후보가 되리라는 데에는 의심의 여지가 없다. 그 자리들에 대한 배정 권한을 가진 사람이 정부에서 가장 큰 영향력을 행사할 것은 분명하다. 하지만 임명은 이루어지겠지만, 누가 임명을 할 것이며, 어떤 방식의 임명이 가장 폐해가 적을지 등이 문제이다. 상원 의원과 하원 의원은 법을 제정하고 모든 공직을 창설하며, 적절하다고 판단될 때에는 위법 행위를 한 공직자를 탄핵하고 재판한다. 그들은 1년 중 일부 기간만 회기 중일 것이고, 또한 입법자들이기에 임명 [권한]을 [행사]하기에는 — 아마 소수의 주요한 임명을 제외하고는 — 너무 수가 많을 것이다. 합중국에 필요한 공직자를 고려하면, 전체적으로든 혹은 부분적으로든 여섯 가지 임명 방식이 있는 것 같다. ① 입법부에 의한 임명, ② 대통령과 상원에 의한 임명, ③ 대통령과 집행 평의회에 의한 임명, ④ 대통령 단독에 의한 임명, ⑤ 각 부의 장에 의한 임명, ⑥ 주 정부에 의한 임명. 내가 생각하기에, 이 중에 유익한 임명 권한 배분 방식이 있을 것이다.[2]

공직 담당·임명권에서 의원 배제

[1. 공직자는 입법부에 의해 임명될 수 있다.] 의원들을 생각하면, 우리 앞에 놓인 주제와 관련하여 특히 두 가지 흥미로운 질문이 제기된다. 첫째, 의원들이 임기 동안 또는 임기 후 얼마 동안 다른 공직을 맡을 수 있도록 허용해야 하는가. 둘째 임명 권한[의 행사]에 의

---

2) [옮긴이] 여기의 문단 구분은 독해의 편의성을 위해 옮긴이가 한 것이다.

원들이 어느 정도까지 참여해야 하는가. 첫 번째 문제와 관련해, 외국이나 우리 주 정부들에서는 일반적으로 의원들이 [다른] 공직을 맡을 수 있는 자격을 부정하지 않는 것이 사실이다. 하지만 거기에는 타당한 이유가 있다. 많은 나라에서 인민들은 정부의 원칙에 대한 검토 없이 그렇게 했고, 또 의원들이 주기적으로 선출되는 특정한 일군의 사람들로 이루어진 나라도 거의 없었다. 하지만 주된 이유는 지금 여러 주에서 나타나는 상황들이다. 즉, [주의] 의원들은 너무 자주 선출되고, 공식의 수 — 자신들이 그 직의 후보라고 합리적으로 생각할 수 있는 — 에 비해 인원이 너무 많았다. 그 결과, 개별 의원들이 선택될 수 있는 기회가 너무 적기 때문에 [다른 공직에 대한] 희망이나 기대를 불러일으키지 않았고, 의원들의 행동에 아무런 영향을 미치지 못한 것이다. 주 의원 20명 중에서 한 명은 한두 달 동안 어떤 위원회 업무 등에 임명될 수 있을 것이다. 제대로 계산해 보면, 주 의원 100명 중에서 보수를 받는 상설직에 임명된 이는 한 명도 되지 않는다. [그러나 신헌법의] 연방 집행부에서는 그 반대 결과가 나타날 것이 분명하다. 합중국 전역에서 1년에 평균 약 네 명의 연방 상원 의원과 33명의 하원 의원이 선출될 것이다. 이 소수의 사람들은 자신을, 그해에 공석이 될 수많은 고액 공직에 가장 적합한 후보라고 합리적으로 생각할 것이다. 연방 의원 대다수가, 배제 대상만 아니라면, 단지 공직 대기자에 불과해질 것이 너무나 명백하다. 이런 주장은 너무나 분명해서 더 이상 설명할 필요가 없다. 의원들은 [임기 후에] 틀림없이 귀향해 인민들과 어울릴 것이라는 [헌법안 지지자들의] 주장이 착각임을 입증하기 위해서는 앞의 [9번] 서한에서 내가 제시했던 견해를 상기하는 것으로 충분할 것이다. 누군가는 이렇게 말한다. 사람들은 이해관계의 동기에 의해 지배받으며, 다른 사람들과 마찬가지로 명예와 이익이 따르는 공직을 맡을 수 없다면 의원이 되려 하지 않을 것이라고.[3] 일부 사람들은 분명 그러할 것이다. 하지만 나는, 자유국가에서 결코 의원으로 선출되어서는 안 될 사람들만이 그러하리라고 생각한다. [의원의 공직 진출 허용과] 반대되는 원칙은 좋은 사람들에게 영향을 미칠 것이다. 덕성 있는 애국자들과 고귀한 자들은 자유로운 인민의 수호자로 선출되는 것을 더 높은 영광으로 여길 것이다. 그들은 자신들이 들인 시간과 봉사에 대해 합리적인 보상을 받는 것에 만족할 것이고, 결코 권세의 소용돌이 안에 머무르기를 원하지 않을 것이다. 일정 기간 동안 의원을 공직에서 배제하는 이 원칙이 가져올 소중한 효과는 아직 충분히 주목받거나 고려된 적이 없다. 나는 이 원칙이 제헌회의에서 오랜 토론 끝에 확립되었지만, 이후 불운하게도 몇몇 위원의 교체로 인해 변경되었다고 확신한다.[4] 내가 제안하는 방식대로 연방 의원들을 [다른 공직으로부터] 배제할 수 있다면 중요한 진전이 되리라 생각한다. [그렇게 되면] 의원들은 그들 스스로와 관련해 훨씬 더 공공선에 부합하는 동기에서 행동할 수 있는 환경에 놓이게 될 것이다.

교체의 원칙에 대해 고찰하려면 입법자가 처한 상황을 단순한 공직자의 그것과 구별할 필요가 있다. 우리는 인간이자 시민으로서 일정한 습관과 감정, 의견 등을 습득하게 된다. 다른 사람들, 그리고 아주 다른 사람들[즉 권력자들]은 오랜 공직 기간으로부터 그런 것을 습득하게 된다. 그러므로 통치자는 자주 인민에게 돌아가 인민과 어울려야 한다는 것이 여러 권리장전에 담긴 소중한 판단이다.

---

3) 「연방주의자」 57, 60번 참조.

4) 제헌회의는 심의 초기에 의원의 공직 취임 금지를 규정한 버지니아 결의안의 조항을 받아들였다. 헌법안에 들어 있는 보다 완화된 규정(임기 중에만 겸직 금지)으로의 결정적인 전환은 9월 3일에 이루어졌다. Max Farrand, ed., *The Records of the Federal Convention of 1787* (New Haven 1911-37), II.

자유국가에서 입법부는 반드시 다수여야 한다. 입법부는 어느 정도는, 빈번하게 구성되는 인민의 주기적 집합체이다. 집행부와 사법부의 주요 공직자는 [의원보다] 더 많은 재직의 영속성을 가질 것이 분명하다. 그렇기에 입법부는 다른 부의 공직자들보다 더 오랫동안 인민과 소통하고, 더 오랫동안 부패하지 않고 도덕적일 것이라고 추론할 수 있다. 그러므로 비록 정부의 모든 부에서 수 세대에 걸쳐 공화주의 원칙을 보존하는 것이 우리 능력 밖의 일이리 할지라도, 긴 구성된 입법부에서는 그런 원칙을 오랫동안 보존할 수 있을 것이다. 이를 위해 우리는 의원들이 단순한 사무원이 되지 않도록 모든 예방 조치를 취해야 한다. 의원들을 자주 선출하고, 소환 가능하게 하고, 의원들 사이에 순환제를 확립하고, [다른] 공직을 맡지 못하도록 하고, 의원들에게 공직 배치[권한]를 가능한 한 적게 부여하는 것 등이 그것이다. 나아가, 입법부는 본질적으로 세부적인 공직자 임명 업무를 하도록 구성된 것이 아니다. 또한 일반적으로 말해, 동일한 사람들이 공직을 만들고 또 그 자리를 충원하는 일까지 하는 것은 부적절하다. 자신들이 임명한 공직자를 자신들이 탄핵하고 재판하는 것은 더더욱 부적절하다. 이런저런 이유로 나는, 입법부가 전체적으로 공직자 임명을 담당할 적절한 기관이 아니라는 결론을 내린다. 하지만 다른 임명 방식들을 살펴본 후에, 임명 권한을 배분함에 있어 입법부가 어느 정도의 몫을 가져야 하는지를 적절성보다는 필요성[이라는 기준]에 따라 제시하고자 한다.[5]

상원의 공직자 임명 동의권의 문제

2. 공직자는 대통령과 상원에 의해 임명될 수 있다. 이 방식은

---

5) [옮긴이] 여기의 문단 구분은 독해의 편의성을 위해 옮긴이가 한 것이다.

일반적인 목적상 도저히 옹호될 수 없다. [앞에서 말한] 입법부에 관한 모든 논리가 상원에도 적용될 것이다. 상원은 순수하고 불편부당하게 유지되어야 하는 입법부의 한 원이다. 상원은 위법행위를 한 공직자를 재판하고 공직을 창설하는 데 관여하는데, 임명 평의회로서의 역할을 하기에는 혹은 어떤 책임감을 느끼기에는 인원수가 너무 많다. 상원은 그 적은 규모로 인해 입법부에 일정한 장점 [숙의나 견제 등]을 줄지 모르지만, [바로 그 적은 규모 때문에] 더 위험하고 불안하다는 단점을 가지고 있다. 여기에 더해 상원은, 주요한 부문인 조약에 관한 권한의 일부를 가지고 있다. 또한 13개의 주권적 주를 대표하는 26명의 의원으로 구성된 6년 임기의 상원은 실제로는 조언을 하는 기관이 아니라 사실상 명령하고 지시하는 기관이 될 것이며, 대통령은 단지 동등한 자들 중의 일인자가 될 것이다. 그 결과, 이런 효과적인 권력 수단을 가진 상원은 아마 대통령에게 지시할 뿐만 아니라, 현재의 헌법대로라면 하원을 조종하게 될 것이다. 균형 잡힌 체제처럼 보이지만 실제로는 홀로 통치하게 될 것이다. 또한 이런 [대통령과 상원의] 과도한 연계로 말미암아, 특정 시기에 대중적 인기가 높은 대통령이 상원과 입법부에 대해 매우 부적절한 영향력을 행사할 수도 있다. [상원이 그 기능을 맡은] 임명 평의회는 아마 1년 내내, 혹은 거의 1년 내내 개회해야 할 것인데, 상원은 이런 용도로는 너무 중요하고 너무 많은 비용이 드는 기관이 될 것이다. 하원 의원들에 대한 과도한 영향력을 직간접적으로 상원에 부여하고, 대통령이나 집행부를 구속·방해하거나 통제할 수 있는 부적절한 수단을 상원에 부여함으로써, 연방 정부는 바람직하지 못한 중간 지점, 즉 귀족정으로 향할 치명적인 경향성을 시작부터 갖게 되었다. 조약 체결 및 외교에 관한 권한을 상원이 [대통령과] 공유하는 것을 불가피한 상황으로 받아들이게 되면서, 우리는 정부에서 가장 바람직하지 못한 지점을 향해 너무 멀리 나아간 것이다. 왜냐하면 내가 생각하기에 이 권한과 함께, 이 권한과 밀접히 연관된 대사, 그 밖의 외교사절 및 영사 임명 권한도 역시 추가해야 했기 때문이다. 이 주제에 대해 생각할 수 있는 모든 측면을 고려할 때, 상원은 임명 평의회가 되어서는 안 된다는 것이 명백해 보인다. 입법부는 인민 다음으로 거대한 권력의 원천이며, 공직의 갈망이나 편향, 악영향으로부터 벗어나 가능한 한 순수하고 부패하지 않은 상태로 유지되어야 한다. 그래야 거기서 흘러나오는 물줄기가 그런 해악에 덜 오염될 것이다. 예상컨대, 공직자들로 하여금 정직하고 세심하게 업무에 임하도록 만드는 것은 단지 탄핵의 횟수가 아니다. 위법 공직자에 대한 탄핵 기관인 하원이 공평무사하게 공공선을 위해 항상 감시하고 있고, 탄핵을 재판할 재판관[즉 상원]이 편견의 그림자조차 가지고 있지 않다는 여론이 공동체에 널리 퍼져야 한다. 그런 상황에서라면, 고소인[즉 하원]과 재판관[즉 상원]에 의한 억제에도 굴하지 않고 반복적으로 비행을 저지르려 하는 자들도 감히 [실제로] 위법행위를 실행하지는 못할 것이다. 우리는 이미 공직자의 위법행위를 방지하지 못한 연합 체제의 결함으로 인해 수많은 해악을 겪었다. 법이 엄정하게 집행되리라고 예상한다면 1만 명 중 한 명도 법을 어기지 않을 것이다. 사람들로 하여금 법을 어기도록 유도하는 것은 처벌을 피할 수 있는 개연성이다. 정부를 운영하는 자들의 눈앞에서 위법행위자를 엄격하고 지속적으로 처벌하고 해임하는 것이야말로 정부를 공정하고 정직하게 만드는 중요한 수단의 하나이다. 이는 자유 정부의 근본 특징에 대해 올바른 생각을 가진 솔직한 사람이라면 누구도 부정하지 않을 원칙이다. 사실 지금은 그런 원칙들이 관념적이고 사변적이며 반정부적이라고 폄하당하고 있지만, 그것은 궁정 신하들, 이기적 정치인들, 전제정의 아첨꾼들이 쓰는 전형적인 어투에 불과하다. 양측[즉 헌법안 지지 측과 반대 측]의 분별 있는 공화주의자라면 모두 그런 원칙의 가치를 인정할 것이다. 공허한 자랑으로 헌법을 옹호하는 자들은 그런 원칙이 무의미하다고 말하지만, 그들이야말로 자신들의 우둔함과 [바람직하지 못한] 행태로 인해 대부분의 헌법 반대자들보다 실제로는 훨씬 더 헌법의 대의를 손상하고 있다. 사람들은 그들이 내세우는 거창한 약속으로부터 헌법 옹호와 의심 제거를 기대하고 있다. 수많은 장문의 글들이 나오고 있지만, 사람들이 보게 되는 것은 기대했던 [헌법] 방어론이 아니라 단지 이름의 나열, 요점 없이 분량만 많은 글들, 우리 것과 조금도 유사성이 없는 사례의 인용, 순전히 어떤 목적을 위해 여러 역사와 정부로부터 부분적으로 발췌해 온 것들 외에는 없다. 그들 중 일부는, 마치 국왕이나 원로원의 관복을 진정 숭배하는 자들처럼, 자유를 위해 노력했던 — 또한 정부에 대해 자유인이나 철학자처럼 생각했던 — 국민들이 대개는 가장 비참했음을 입증하는 데 온 힘을 바쳤다. 자유국가에서 500년 역사 중 단 한 번 폭동이 일어나거나 봉급이나 공사채 이자 납부가 제때 이루어지지 않을 경우, 그들은 이런 사소한 일을 (그들이 자유롭고 행복한 나라에 사는 것은 이런 사소한 것을 위해서인 듯이) 누대에 걸친 전제 정부의 억압보다 더 강조하는 것 같다. 당신이 언급한 뉴욕의 장황한 필자에 대해 말하자면,[6] 나는 그의 글들을 주의 깊게 살펴봤는데, 그는 좋은 스타일과 그럴듯한 아이디어를 가진 솔직하고 선량한 사람처럼 보인다. 하지만 그의 글들의 힘이 어디에 있는지 자세히 살펴보면, 또한 방대한 모든 저작물의 본질이어야 하는 실질적 부분에 시선을 집중하면, 그런 것들은 발견되지 않는다. 그 저자는 [본질로 들어가지 않고] 매끈한 표면 위에서만 맴도는 것처럼 보인다.

---

6) 푸블리우스(즉 알렉산더 해밀턴)를 지칭한 것으로 추정된다. 13번 서한이 발표될 당시(1월 14일)에 「연방주의자」는 38번까지 나왔다.

그의 저작의 구성 요소들은 황토집의 일부처럼 모두 똑같이 강하고 똑같이 취약하며 소년들의 작품처럼 아무런 목표가 없다. 그의 글들은, 헌법이 우리 인민의 상황과 특성에 부합하는가라는 큰 질문과 아무런 관계가 없는 것처럼 보인다.[7]

대통령과 집행 평의회에 의한 임명

하지만 [주제로] 돌아가서, 3. 공직자는 대통령과 집행 평의회에 의해 임명될 수 있다. 소수의 주요 공직자의 임명은 의회에 맡기고, 외교 업무를 다루는 공직자의 임명은 대통령과 상원에 맡기고, 민병대 장교의 임명은 주 정부에 맡기고, 대부분의 하급 공직자의 임명은 의회가 의회 제정법을 통해 대통령이나 각 부 장관 및 법원의 수장에게 각각 맡긴다고 하더라도, 잔여 권한 — 필요한 다른 모든 공직자를 법이 정한 대로 임명할 권한 — 을 어딘가에 맡겨야 할 것이다. 내가 생각하기에 이 잔여 권한을 맡길 최적의 기관은, 집행 평의회의 조언과 통제를 받는 최고 집행관이다. 집행 평의회는, 합중국을 이 목적을 위해 비례적으로 나눈 선거구에서 주기적으로 선출되는 일곱 명 혹은 아홉 명의 위원으로 구성될 것이다. 인민은 필요한 위원 수의 2배수만큼 투표권을 행사하고, 연방의회는 상위 득표자들 중에서 2배수만큼의 인원을 취한 뒤 다시 그중에서 일곱 명이나 아홉 명, 또는 원하는 수의 인원을 선출하게 될 것이다. 이런 평의회는 임명 업무를 위해 합리적으로 구성될 수 있다. 반면 다른 목적을 위해 만들어진 상원은 결코 그럴 수 없다. 이러한 집행 평의회는 합중국의 [여러 주에서] 최고 집행부의 한 특징적 요소를 이루고 있다. 그들은 수시로 조언을 원하는 모든 최고 집행관에게 필수

7) [옮긴이] 여기의 문단 구분은 독해의 편의성을 위해 옮긴이가 한 것이다.

적인 것 같다.

대통령에게 그 자신의 평의회를 임명할 권한을 부여하는 것은 안전하지 못하다. 평의회를 임명할 권한을 단독으로 입법부에 부여하는 것은 그 부에 과도하고 불필요한 영향력을 부여하게 될 것이다. 평의회의 1년 비용은 상원의 4개월 비용보다 적게 들 것이다. 대통령이 [공직 후보자를] 지명하고, 위원들은 자신의 조언을 기록하고 서명함으로써 항상 자신의 조언과 의견에 대해 책임지게 될 것이다. 그들과 대통령은 여러 목적에 맞추어 독립적인 집행부를 제대로 구성할 것이고, 집행부가 입법부의 강력한 원[즉 상원]과 결부되어 있는 동안에는 결코 가질 수 없는, 입법부와 독립된 영향력을 갖게 될 것이다. 그럼에도 불구하고 임명 권한에서 발생하는 영향력의 위험성은 줄어들 것이다. 왜냐하면 그 권한이 덜 위험한 세력, 즉 임명권을 가지기에 적합한 세력의 수중에 놓일 것이기 때문이다. 반면 상원은 그 특징과 상황으로 볼 때 임명 권한 그 자체를 더 위험스러운 것으로 만들 것이고, 책임성은 내가 제안한 평의회보다 훨씬 떨어질 것이다. [이 방식의] 또 다른 장점은, 대통령과 평의회가 갖게 될 잔여 임명 권한이 대통령과 상원이 갖게 될 그것보다 작다는 점이다. 그리고 평의회로 인해 상원 회기가 연중 수개월은 불필요해질 것이기에, 평의회 기구로 인해 정부 지출이 줄지는 않더라도 늘어나지는 않을 것이다. 이러한 [공직자] 임명 방식의 적합성은 아마도 다른 임명 방식의 명백한 부적합성에 의해 충분히 드러날 것이므로, 이 조항에 대해 더 이상 자세히 설명할 필요는 없다고 생각한다.

4. 대통령이 단독으로 공직자를 임명할 수 있다. 거의 보편적으로 발견되는 사실이 있다. 어떤 사람이 권한의 행사를 단독으로 위임받았을 때, 그는 결코 혼자 권한을 행사한 적이 없고 대체로 다른 사람들의 조언과 의견에 따르고 그에 의지해 결정한다는 것이다.

그리고 조언이 필요할 때에는 최악의 인간이나 사심이 가득 찬 인간, 최악의 조언 등이 참견하고 나섬으로써, 정보와 조언을 얻을 사람의 마음을 잘못 인도하는 경우가 종종 발생하곤 한다. 단일의 집행관이 우연한 조언과 보좌에 의존하는 경우는 매우 드물다. 그는 거의 항상 그만을 위한 상설 평의회 — 정기적으로 소집되어 중요 업무에 대한 자문에 응할 — 를 구성한다. 이를 통해 알 수 있는 것은, 어떤 종류의 선별된 평의회가 보편적으로 필요하고 유용하다는 것이 경험을 통해 드러난다는 사실이다. 하지만 자유국가에서는, 어떤 부문이든 중요 권력을 행사할 때에는 반드시 견제와 통제를 받아야 한다. 이 점에 대해서는 헌법에 잘 확립되어 있다고 생각하는데, 의회는 적절하다고 판단될 때마다 수시로 대통령에게 특정의 하급 공직자를 단독으로 임명할 권한을 부여할 수 있고 또한 필요한 경우에는 그 권한을 회수할 수도 있다. 그러므로 이런 점에서 대통령의 권한은, 최고의 스승인 경험이 지시하는 대로, 입법부에 의해 언제든 증가될 수도 혹은 감소될 수도 있다. 항상 대통령을 헌법에 따라 일정한 범위 내에 묶어 두면서 말이다.

연방농부

14번
연방 집행부

1788. 1. 17.

귀하에게

공직자 임명 방식: 기타

임명 주제를 계속하면, 5. 공직자는 각 부 장관이나 법원에 의해 임명될 수 있다. 제2조 2절은 임명과 관련해 다음과 같이 계속된다. "다만 연방의회는 적당하다고 인정되는 하급 관리 임명권을 법률에 의하여 대통령에게, 법원에, 또는 각 부 장관에게 부여할 수 있다." 현재 [제안된] 헌법대로라면, 연방의회의 한 원인 상원이 임명 권한에 집착하여 그 권한의 일부를 아주 조금만 법원과 각 부 장관에게 내놓을 가능성이 높다. 여기에서도 상원이 공직자 임명에 보편적으로 관여하는 것의 부적절성이 다시금 드러난다. 판사나 각 부의 장관은 각자의 업무 분야에 대해 정통하고, 그 분야의 하위직에 적임인 자를 경험을 통해 가장 잘 알고 있을 것이며, 여러 업무 분야의 집행과 자신들이 임명할 관리의 행동에 대해 <u>스스로 책임</u>을 느낄 것이라고 충분히 추정할 수 있다. 이를 비롯한 여러 사항들을 고려할 때, 일반적으로 법원과 각 부 장관들에 의해 하급 관리 임명이 공정하고 신중하게 이루어지리라고 추론할 수 있다. 잘 구성된 공평무사한 입법부에서 상황에 따라 관리 임명권을 여러 권력 기관에 배분할 수 있는 이 권한은 유익한 임명을 촉진할 뿐만 아니라 정부 내의 균형을 유지하는 데에도 아주 유익할 수 있다. 만일 집행부가 취약하면 좀 더 많은 임명 권한을 맡김으로써 강화하고 지원할 수 있다. 집행부의 영향력이 너무 크면 다수의 하위직 임명권을 법원과 각 부 장관에게 맡김으로써 적절한 범위 내로 영향력을 축소할 수 있다. 입법부가 하급 관리들의 임명 권한을 이동시킴으로써 집행부를 제멋대로 약화하거나 강화할 위험성은 그리 크지 않다. 그런 권한의 이동은 모두 의회 제정 법률에 의해 이루어져야 하는데, 그런 법률은 집행부[즉 대통령]의 동의나 [대통령의 거부권을 극복할 수 있는] 양원의 3분의 2의 동의 없이는 [최종적으로] 통과될 수 없기 때문이다. 좋은 입법부는 이 권한을 정부의 균형을 유지하고 영속시키는 데 사용할 것이다. 여기에서 우리는 다시금 궁극적 조건에 직면하게 된다. 입법부가 과연 우리의 신뢰를 받을 만하게 구성되어 있는가?

6. 공직자는 주 정부에 의해 임명될 수 있다. 제1조 8절에 따라 각 주는 민병대 장교를 임명할 독점적 권한을 가진다. 이 조항은 임명권을 적절한 곳에 위임하고 있을 뿐만 아니라, 1인 혹은 소수의 수중에 집중될 경우 너무나 위험한 공직 임명 권한을 각기 다른 집행 권력에 맡기고 배분하는 데 기여할 것이다.

입법권과 집행권, 그리고 사법권이 구별되어야 한다는 것은 좋은 일반 규칙이다. 하지만 다른 일반 규칙과 마찬가지로 여기에도 예외가 있다. 이런 예외가 없다면 좋은 정부를 구성할 수 없고, 정부를 구성하는 부문들 간의 균형을 제대로 맞출 수 없다.[1] 그리고 그런 권한들을 어느 정도까지 혼합하는 것이 적절한지는 오직 이성과 경험, 그리고 정부의 각 부문에 대한 엄밀한 검토를 통해서만 결정할 수 있다. 내가 알기로는, 모든 혼합 정부에서 임명권은 각기 다른 여러 세력에게 위탁되어 왔다. 일부는 집행부에 의해, 일부는 입법부에 의해, 일부는 사법부에 의해, 그리고 일부는 인민에 의해

---

1) 권력분립에 대한 보다 정교한 논의는 「연방주의자」 48번 참조.

임명이 행해져 왔다. 가장 현명한 국가들이 바람직하다고 생각해 온 방식에 따르면, 입법부는 일부 공직자를 임명하고 의원 선출에 대해 판단을 내리며 위법행위를 한 공직자를 탄핵하고 재판하는 그 정도까지 집행권과 사법권을 행사하고, 집행부는 입법에 부분적인 지분을 가지며, 또한 판사는 일부 하급 관리를 임명하며 자체 소송 절차에 관한 규칙을 수립하는 정도까지 규칙을 제정한다. 하원, 상원, 집행부, 사법부 등과 같은 정부의 구성 부문들이 각각 강하고 완전하면, 그 자체로 균형이 자연스럽게 만들어질 것이고 각 집단은 자신에게 맞는 권한을 가져갈 것이기에 견제와 권력 분할에 대해 염려할 필요가 줄어들 것이다.

이미 언급한 바와 같이, 연방 관리를 임명하는 포괄적 권한에서 일부를 삭감하더라도 그 뒤에 남는 권한이 여전히 너무 크고 불안하다면, 또한 대통령과 [집행] 평의회의 수중에 여전히 과도한 영향력이 부여되었다고 생각되면, 추가로 삭감할 수도 있을 것이다. 이에는 여러 장점이 있겠지만, 아마 약간의 불편함도 따를 것인데, 그 방법은 몇몇 고위 공직자의 임명권을 의회에 부여하는 것이다.[2] 예컨대 재정 위원회 위원들, 감사관, 국가 회계 담당관, 주화 조폐국 장, 그리고 국고부의 일부 주요 관료들, 연방 보안관들, 주 검사, 내무부 장관, 전쟁부 장관, 대법원 판사, 장군 및 제독 등이 그들이다. 국가 체제를 실행하는 큰 업무 부서의 장을 맡게 될 이런 관리들의 임명은 다양한 고려 사항과 관련된다. 그런 임명은 자주 일어나지

[2] 집행부 견제를 위해 일부 주요 공직의 임명권을 의회에 부여하는 이런 주장은, 의회를 임명 권한에서 배제해야 한다는 앞의 주장과 배치되는 측면이 있다. 집행권에 대한 거의 정반대되는 주장(최고 집행관이 임명권을 행사해야 한다)에 대해서는 「연방주의자」 72번 참조.

않을 것이고, 그들에 대한 임명 권한은 안전한 세력의 손에 맡겨져야 한다. 위와 같은 종류의 관리는 일부 주에서는 입법부에 의해 임명되고, 일부 주에서는 그러하지 않다. 분명 우리는 연방의회가 신중한 임명을 할 수 있는 충분한 지식과 분별력을 가지고 있으리라 추정할 것이다. 하지만, 입법부에 의한 이런 임명은 권력 혼합을 증가시키고 탄핵과 책임성의 장점을 감소할 경향이 있으므로, 나는 그것이 집행부의 권한을 안전한 범위 내로 줄이는 데 필요하리라는 것 이상으로 그것을 더 이상 주장하지는 않겠다. 임명과 관련해 집행부가 얼마나 광범위한 권한을 보유해야 할지를 적절하게 결정하기 위해서는 집행부의 형태나 집행부의 다른 권한도 검토해야 한다. 이제 이에 대해 간략히 살펴보고자 한다.

대통령 선출 방식과 단일 집행관의 장점

제2조 1절에 의하면 집행권은, 주 의회가 정하는 방식에 따라 수시로 임명되는 선거인들에 의해 4년 임기로 선출되는 대통령에게 속한다. [각 주의] 선거인은 [그 주의] 연방 상원 의원 및 하원 의원과 그 수가 같아야 한다. 하지만 연방의회는 선거인[3]을 선출하는 일자와 이들이 투표하는 일자를 결정할 수 있다. 선거인들에 의해 과반 득표로 대통령이 선출되지 못할 경우, 연방의회에서 주州들이 주별 단위로[4] 최다수 득표자 다섯 명 중에서 한 명을 대통령으로 선출한다. 대통령을 선출할 때는 과반 득표로 선출하는 원칙을, 부

---

3) [옮긴이] 원문에는 "senators"인데, "electors"의 오기임이 명백하다.
4) [옮긴이] 선거인들에 의해 과반 득표로 대통령이 선출되지 않으면 하원이 비밀투표로 대통령을 선출하는데, 이때 하원 의원들은 주 단위로 투표하며 각 주의 대표는 한 표의 투표권을 가진다.

통령을 선출할 때는 다수 득표로 선출하는 원칙을 채택하고 있음을 알 수 있다. 고백하건대 대통령 선거에서 확립된 원칙들과 견제 장치들을 검토해 보면, 특히 각 주들이 최선의 판단을 할 선거인들을 임명하는 데 주의하리라는 점을 고려하면, 원칙들과 예방 조치들이 현명하게 조합된 것처럼 보인다. 만일 [헌법이 현재안 그대로 비준되어] 대표가 늘어나지 않을 경우에 예상되는 선거인 수보다도, [나의 주장처럼 대표의 수를 늘려서] 선거인 수가 더 늘어나게 된다면 이 제도가 한층 개선될 것이라고 나는 생각한다. 하지만 선거인의 선발에 있어서는 하원 의원 선출 때만큼이나 민중적 성격이 중요하다고 생각하지는 않는다. 선거인이 더 민중적이든 덜 민중적이든, 대통령은 최상층의 소수 인사들 중 한 명이 될 것이기 때문이다. 그러나 소규모 선거인들이 지명된 후 투표를 하기 전까지, 특히 그사이에 상당한 시간이 흐를 경우, 그들 중 대다수가 부패하거나 [부정적] 영향을 받을 수 있다는 위험이 존재한다. 집행부의 자문 평의회에 대해서는 이미 앞에서 살펴본 바 있다. 집행부 조직에서 특히 여러분의 주의를 상기시키고자 하는 두 가지 추가 사항이 있다. 첫 번째는 단일 집행관이다. 나는 이에 찬성한다. 두 번째는 [연임·중임 제한 규정이 없어서] 어떤 사람이든 [선거] 주기마다 대통령으로 다시 선출될 수 있다. 이는 매우 문제가 많다고 생각된다.

합중국의 각 주에서는 단일 집행관을 일관되게 선호해 왔는데, 대체로 특정한 경우에는 최고 집행관으로 하여금 집행 평의회의 조언에 따라 결정하도록 해 왔다. 이성과 계몽된 국가의 경험에 따르면, 법을 만드는 일은 다수로 구성된 의회에 맡기고, 법의 집행은 주로 한 사람의 지시와 관리에 맡기는 것이 타당해 보인다. 관례와는 별개로, 명민하고 결연하고 신속하고 일관되게 법의 집행을 감독하는 데에는 한 사람이 단독으로 하는 것이 특히 잘 맞는 것 같다. 다른 정부에서는 물론이고 공화정에서도 인민들은 대체로 일인자

— 그는 문명화되지 않은 국가는 물론이고 문명화된 국가에서도 발견된다 — 에 주목한다. 사람들이 모인 모든 대규모 집단에는, 사람들의 시선과 애착을 끌어당기는 공통의 중심 역할을 할 뚜렷한 지점이 정부 안에 있어야 한다. 헌법은, 공동체의 각 부문 집단들에서 가장 인기 있는 사람보다 더 뛰어나다고 인민들이 생각하는 한 사람 혹은 그런 사람들의 단일한 집합체를 확정해야만 한다. 그렇지 않으면 인민들은 분열되어 각자의 지도자를 따르게 될 것이나.[5] 야망을 가진 인물들이나 육군과 해군은 상원이나 집행 평의회의 명령으로는 적절히 통제되지 않는 경우가 종종 있었다. 집행 평의회 같은 대등한 다수의 수중에 집행권을 위임해야 한다고 주장하는 사람들은, 그런 평의회가 많은 지혜가 집결될 수 있는 곳이고 또 안전할 것이라고 말한다. 하지만 그들도 그것이 한 사람만큼 신속하고 책임성이 있을 수 없다는 데에 동의한다. 그들은 그런 평의회가 대체로 귀족들로 구성될 것이며, 귀족과 평민 사이에서 최고 집행관만큼 공평할 수 없으리라는 점을 인정한다. 그런데 단일한 한 사람[에게 집행권을 위임하는 것]에 대해 제기되는 주된 반대 이유는, 1인이 권력을 잡게 되면 끊임없이 더 많은 권력을 차지하려 할 것이고 정부를 교란하고 다른 사람의 권리를 침해하리라는 것이다. 위로는 군주부터 아래로는 짐꾼에 이르기까지 사람들은 끊임없이 권력과 지위를 추구한다는 사실은 인정되어야 하며, 이런 성향은 모든 형태의 정부에서 항상 경계의 대상이 되어야 한다. 통치자들에게는 적절한 권한이 위임되어야 하지만, 우리의 안전은 그런 권한의 행사를 제한하고 한정하며 감시하는 데 달려 있다. 그렇게 함으로써

---

5) 이 주장은 집행부의 통일성을 옹호한 푸블리우스의 주장과 비교하여 살펴볼 수 있다. 「연방주의자」 71, 72번 참조.

위임된 권한이 남용되거나, 혹은 은밀하거나 공개적으로 더 많은 권한을 차지하는 데 사용되지 않도록 할 수 있다. [그런데] 왜 우리는 이러한 권력 남용[의 위험]이 최고 집행관에게만 해당한다고 생각하는가? 사람들 간의 전쟁이나 경쟁에서 한 사람이 나머지 사람들에 대해 권력을 확립했던 경우가 많았기 때문인가? 아니면 인간은 본래 한 사람의 손에 권력을 모으는 것을 좋아하기 때문인가? [하지만] 전쟁과 소란의 와중에 급부상한 폭군의 사례와 권력이 제한된 안정된 정부의 집행관 사이에는 어떤 유사성도 찾아볼 수 없다. 주의 깊게 살펴보면, 자신의 권한을 수시로 증대해 점점 더 절대적이 되었던 스웨덴, 덴마크, 네덜란드 등의 집행관과, 자신의 권한이 헌법에 의해 확정되고 한정되어 있는 ― 또한 제한된 짧은 기간 동안에만 1인이나 한 집단의 수중에 권한이 주어지는 ― 집행관 사이에서는 그다지 많은 유사성을 발견할 수 없을 것이다. 한 사람이나 한 가문은 장기간 동안 효과적으로 자신의 노력을 한 지점으로 집중할 수 있다. 한 사람이 평생 동안 [권력에 있다면] 추가적 권력을 장악할 유리한 기회를 많이 가질 수 있을 것이다. 권력이 세습되는 곳에서는 더 많은 기회를 잡을 수 있을 것이다. 한 사람이나 가문의 권력이 분명히 규정되어 있지 않은 ― 그렇기에 인민들이 알아채기 전에 권력을 수시로 부당하게 확장할 수 있는 ― 곳에서는 권리침해로 이어질 상황이 많이 발생할 것이다. 역사를 주의 깊게 살펴보면, 인민의 권리를 침해했던 모든 집행자들에게는 그런 노력과 기회, 상황이 따랐음을 발견할 수 있다. 그리고 그들은 애초에는 어느 정도 [권한이] 제한되어 있는 것처럼 보였음도 알 수 있다. 적절하고 명확히 한정된 권력이라도 오랫동안 한 사람이나 가문의 수중에 있게 되면 대개는 지나치게 확대되리라는 것은 인정할 수 있다. 하지만 그렇다고 해서, 단지 몇 년 동안에 불과할지라도 광범위한 권한이 한 사람에게 맡겨질 경우 반드시 권력이 남용될 것이라고 말할 수는 없을 것이다. 로마의 집정관과 카르타고의 집정관은 재임 기간에 광범위한 권한을 가졌지만 매년 임명되었기 때문에 권한을 남용한 경우가, 설령 있었다 해도, 거의 없었다. 로마의 독재관은 재임 기간에는 흔히 절대적인 권력을 가졌지만, 대개 짧은 임기로 선출되었기 때문에 그들 중에서 인민의 권리를 침해한 자는 오랫동안 없었다. 프랑스, 스페인, 스웨덴, 덴마크 등의 국왕은, 순전히 귀족들이 저지른 [권리]침해와 권력 남용으로 인해 절대적이 되었다. 일반적으로 국왕이나 제한 군주들의 역사를 살펴보면, 그들의 권력이 증대하거나 절대적이 된 경우보다는 귀족이나 인민에 의해 또는 둘 다에 의해 약화되거나 무력화된 경우가 훨씬 많았음을 알 수 있다. 또한 전자의 경우[즉 절대적이 된 경우]에는 거의 대부분, 인민들이 부주의하고 변덕스러웠으며 분명 자유롭게 태어나지 않았음을 알 수 있다. 나는 이 주제와 관련해 잘못된 견해를 너무 많이 들었기 때문에 더욱 각별한 관심을 갖고 있다. 자신과 후손을 위해 권력을 잡은 자들이나 자산가들은, 잃을 것이 너무 많기에 함부로 정치체제를 충격에 빠트릴 만한 위험을 감수하려 하지 않는다. 더 많은 것을 얻을 수 있으리라는 불확실한 전망을 위해 자신이 가진 것을 걸고 모험을 하려면 게임이 커야 하고 이길 확률이 높아야 한다. 우리의 집행관은 전적으로 선거로 선출될 것이고, 국민의 대리인 자격이 아니면 어떤 권력도 갖지 못할 것이며, 확실히 한정된 권한을 제한된 기간 동안만 가질 것이다.[6]

대통령 단임제가 바람직

공화 정부의 가장 큰 목적은 권력의 어떤 부분 ― 그것이 크든

---

6) [옮긴이] 여기의 문단 구분은 독해의 편의성을 위해 옮긴이가 한 것이다.

작든 — 이라도 동일인이나 동일 가문의 수중에 영속화되는 것을 효과적으로 방지하는 것이다. 이런 권력의 영속화는 공화 정부의 진정한 정신에 조금도 부합하지 않는다. 한편으로 최고 집행관은 법 집행이 불안정해지지 않을 정도로 오래 재임해야 하지만, 다른 한편으로는 자신의 지위를 견고화하는 조치를 취할 수 있을 정도로 오래 재임해서는 안 된다. 제헌회의는 최초에는, 대통령을 7년 임기로 선출하고 임기 후에는 피선거자격이 없도록 하는 데 합의한 듯하다. 7년이 너무 긴 기간인지 아닌지에 대해서는 논란이 있겠지만, 이 방식이 최종적으로 채택된 안보다 훨씬 바람직한 것은 분명하다. 어떤 사람이 최고 집행관의 자리에 올라, 사실상 종신에 이를 때까지 재선될 수 있다면, 그의 가장 큰 목표는 그 자리를 유지하는 데 있을 것이다. 그는 어떤 수단을 쓰더라도 지지자와 표를 늘리려 할 것이며, 나아가 자신이 물러난 뒤 그 지위를 잇게 하려는 의도로, 총애하는 아들을 자신과 결부하려 할 것이다. 만일 그 자신이나 가문이 그 직위를 계속 유지할 수 있는 전망이 보인다면, 그는 그 직의 권한과 지위를 높이기 위해 모든 책략과 기교, 노력을 다할 것이다. 그가 원하는 바를 지지하는 아첨꾼들을 모든 직책에 배치할 것이고, 그의 생각을 지지하고 찬양하는 앞잡이들을 계속 고용할 것이다. 그런 상황[즉 계속 직위 유지가 가능한 상황]에 놓인 자들은 국내에서 다툼과 격변으로 인해 정부가 약화되는 것에는 아무런 지속적 관심도 없는 반면, [자신들이] 얻을 것에는 항상 큰 관심을 가질 것이고, [자신들을] 유혹하고 부추기는 성공의 희망을 품게 될 것이다. 만일 우리가 이 주제에 대해 조금만 생각해 보면, 대통령 10명 중 아홉 명은 이러하리라는 결론을 내릴 수밖에 없을 것이다. 초대 대통령과 아마도 그 이후 (정부가 다른 정부의 공격을 견뎌 낸다면) 한두 세기에 한 명 정도는 초연한 동기에 의해 좌우되는 위대하고 선한 사람일 수 있겠지만, 이런 일은 현 상태의 인간 본성으로는 기대하기 어려울 것이다.

이 중요한 직책에 제한된 임기로 선출되고 그 이후로는 헌법에 의해 피선거권이 부정된다면, 그는 매우 다른 동기에 의해 움직이게 될 것이다. 그는 이미 알고 있는 제한된 임기가 만료된 후에도 자신의 직위를 유지하거나 혹은 그 직위를 자신이 속한 가문에 영속시키려는 합리적 희망이나 기대를 가질 수 없을 것이다. 헌법에 따라 그 직위는 한 사람에서 다른 사람으로, 결과적으로 한 가문에서 다른 가문으로 끊임없이 이양되어야 하기 때문이다. 그 누구도 정부의 최고 직위에 있으면서 단지 하찮은 사람이 되기를 원하지는 않을 것이다. 자신의 정부를 그 나라의 연대기에서 빛나는 시기로 만드는 것이 각 대통령의 최대 목표가 될 것이다. 헌법에 따라 직위에서 물러난다면 그는 고통 없이 퇴임할 것이다. 자신의 퇴임이 법에 따른 것이지 경쟁자의 성공이나 대중의 불승인 — 피선거권이 있는데도 내쳐졌을 때 의미하는 바 — 때문이 아님을 알기 때문이다. 정해진 시기에 반드시 퇴임해야 한다는 사실을 알고 있는 사람은 불법적으로 국민을 수탈하여 은퇴 후의 생계와 화려함의 수단을 축적하려 할 것이라는 주장이 있다.[7] 이런 견해는 정말 공허한 것이라 생각된다. [인생의] 특정 기간 동안만 피선거권을 부여한 바로 그 헌법은 40세 또는 45세가 될 때까지 누구에게도 피선거권을 부여하지 않아야 한다.[8] 만일 그가 부유한 사람이라면 자신의 재산

---

7) 이는 연방주의자 사이에서 일반적인 주장이었고, 「연방주의자」 72번에서 푸블리우스도 이런 주장을 편다. 하지만 72번은 이 서한 뒤에 발표되었다.

8) [옮긴이] 여기에서 "그 헌법"은, 대통령 피선거권을 35세 이상으로 제한한 연방헌법을 가리키는 듯하다. 따라서 저자는 대통령 피선거권을 35세 이상에서 40세나 45세 이상으로 올려야 한다고 주장하고 있는 것이다. 그 이유를 명시적으로 밝히지는 않았지만, 이어지는 논의에서 추정할 수 있다.

으로 품위 있게 은퇴할 것이고, 그렇지 않다면 로마의 집정관이나 공화정의 다른 저명인사들처럼 존경할 만한 자리에서 명예로운 생계 수단을 찾을 것이다. 이렇게 자신의 직위에서 물러나야만 하는 사람은 어떤 경우에도, 그 직위에 딸린 자리를 자신의 수족이나 혹은 특정 인물군으로 채우려는 유혹에 거의 또는 절대 빠지지 않을 것이다. 그 반면, 자신이 미래에 [다시] 당선될 것을 기대하거나 자기 가문의 권력 강화를 끊임없이 기대하는 사람은, 모든 자리를 자신의 지지자나 부하로 채우려는 온갖 유혹을 받게 될 것이다. 공금에 관해서는 대통령은 그 어떤 것도 처리할 필요가 없으며, 그가 받을 모든 돈에 대해 항상 엄격히 책임지게 될 것이다.

전체적으로 내가 생각하기에, 최고 집행관에게 평생 동안 피선거권을 부여하면서 그와 그의 가문에게서 그들이 갖고 있지 않은 어떤 것을 얻으려고 희망하고 기대하는 것은, 제한군주제를 만들면서 동시에 어떤 가문에게 공동체에 대한 항구적 권한과 이해를 부여함으로써 국가의 격변이나 권리침해가 있을 경우 그들이 잃게 될 가치 있는 무언가를 그들 스스로 갖게 [하여 권리침해를 방지]하려는 것과 진배없는 것이다. 전자의 경우, 우리는 그들 앞에 아무런 위험도 감수하지 않고 많은 것을 얻을 수 있으리라는 유력한 전망을 제시함으로써 사실상 그들로 하여금 국가를 교란하고 투쟁과 분쟁을 조장하도록 유혹하게 될 것이다.

대통령 직무 대행 규정과 부분적 거부권

헌법[안]은 대통령은 4년의 임기 동안 재임한다고만 규정하고 있다. 이는 대통령이 4년마다 선출된다는 것만을 의미할 뿐이다. 또한 헌법[안]은, 대통령과 부통령이 면직, 사망, 사직 또는 직무 수행 불능이 된 경우에 연방의회는 어느 공무원이 대통령으로서 직무를 수행할 것인지를 정할 수 있고, 이 공무원은 대통령의 직무 수행 불능이 해소되거나 대통령이 새로 선출될 때까지 대통령의 직무를 대행한다고 규정하고 있다. 또한 연방의회는 [대통령] 선거인을 선출하는 일자와 이들이 투표하는 일자를 결정할 수 있다고 규정하고 있다. 이런 조항들을 종합적으로 살펴보면 다음과 같은 의문이 떠오른다. 즉, 대통령과 부통령의 면직, 사망, 사직 또는 직무 수행 불능으로 인해 대통령직에 결위가 생긴 경우, 연방의회가 예를 들어 외무 장관과 같은 특정 공무원을 대통령직 대행자로 선인하고서 다른 대통령의 선거인 선출 시기를 지정하지 않음으로써 그 공무원이 몇 년 혹은 심지어 평생 동안 대통령직을 대행하도록 허용하는 것이 과연 헌법에 위반되는가? 이 규정이 의도한 바는 4년 임기의 잔여기간뿐만 아니라 비상시의 경우에 다른 대통령이 선출될 때까지 대통령직을 대행하도록 하기 위한 것으로 보인다. 4년 임기가 만료된 후에는 대행이 불가능한지 우리는 알 수 없다. 인기 있는 관리가 대통령 대행으로 선포되었지만, 아무런 폭력적 행위도 없이 단지 의회 측의 태만과 지연으로 평생 [대행을] 계속할 개연성은 없는지 우리는 알 수 없다.

나는 입법부와 집행부 조직에 대한 나의 논평을 입법부의 한 원院 — 또는 부분적 거부권 — 에 대해 약간 재미 삼아 몇 가지 언급하는 것으로 마무리하고자 한다. 입법부의 제3의 원[즉 거부권]은 세 가지 중요한 목적 — 즉, 성급하고 무절제한 법률의 통과를 지연시키고, 때로는 상원이나 인민을 도우며, 입법부가 집행부나 사법부[의 권한]를 침해하는 것을 방지하는 데 — 에 부응할 수 있다. 영국에서 국왕은 모든 법률에 대해 완전한 거부권을 가지고 있지만 이를 행사하는 경우는 거의 없다. 거부권은 국왕에게 잘 맡겨질 수 있다. 국왕은 그것을 뒷받침할 힘을 가지고 있으며, 그의 가문은 정부 내에서 지키고자 하는 독자적이고 세습적인 이해관계와 권한, 권익과 특권 등을 가지고 있기 때문이다. 그러나 최고 집행관이 선출직이고 인민과 공통되는 것 외에는 다른 어떤 권익도 갖고 있지 않은 나라에서는, 매사추세츠주와 뉴욕주에서처럼 입법에 대한 부분적 거부권이 분명 최선이라고 생각된다. 전자의 경우 앞에서 보았듯이 거부권은 주지사에게 단독으로 위임되어 있고, 후자의 경우는 주지사, 형평법 대법관, 보통법 대법원 판사에게 위임되어 있다. 신헌법은 거부권을 대통령에게 위임하고 있다. 이것은 입법권의 한 부분일 뿐 그 자체로는 집행권이나 사법권과 아무 관련이 없다. 문제는 앞서 언급한 세 가지 목적에 가장 잘 부응하도록 하려면 그것을 누구의 수중에 맡겨야 하는가이다. 일반적인 여론은 최고 집행관에게 맡기는 데 찬성하는 것 같다. 이런 견해가 근거가 없다고는 말하지 않겠다. 먼저 거부권은, 양원 각각의 3분의 2의 찬성에 의해 지지되고 조정되지 못할 성급한 법률을 막기 위한 것이다. 둘째로 거부권은 취약한 원을 돕기 위한 것이며, 셋째로 집행부와 사법부를 방어하기 위한 것이다. 따라서 이런 목적에 부응하기 위해서는 거부권을 가진 사람들이 확고함, 지혜, 힘 등을 가지고 있어야 한다. 거부권의 목적은 다름 아니라 [입법부의] 두 원에 때때로 반대하는 것이다. 그것을 집행관에게 맡기는 것은, 그가 집행해야 할 법을 만드는 데 그를 참가시키는 것이다. 뉴욕주처럼 [거부권 행사에] 판사들을 집행관과 함께 참여시키면, 사법관으로서 그들이 판결을 내려야 할 법률을 만드는 데 그들을 참가시키는 것이 된다. 이는 판사들을 배제해야 할 이유가 될 수 있다. 하지만, 뉴욕주의 거부권은 확실히 거부권이 지향하는 중대한 목적에 부응하도록 잘 고안된 것이다. 주지사와 판사가 연합하면 어느 한쪽이 단독으로 하는 것보다 더 많은 확고함과 힘, 더 많은 지혜와 정보를 가지게 될 것이고, 인민의 신뢰도 더 많이 확보하게 될 것이다. 그리고 부간의 균형과 관련하여, 왜 집행부만 저울의 균형추[즉 주도권]를 쥐고 사법부는 무방비 상태로 두어야 하는가? 나는 거부권이 뉴욕주에서 가장 잘 실행되고 있다고 생각한다. 그곳에서는 거부권이 두 원의 법안에 대해 자주 그리고 현명하게 행사되는 것을 볼 수 있다. 반면 매사추세츠주에서는 거부권이 거의 행사되지 않는데, 주지사는 종종 자신이 근본적으로 반대하지만 자신이 만들지는 않은 법안이 통과되도록 허용해 왔다. 주목해야 할 것은 주지사가 매년 선출된다는 사실이다.

연방농부

15번
연방 사법부

1788. 1. 18.

귀하에게

　제안된 정부의 각 부府에 부여된, 또는 부여되어야 할 권한을 구체적으로 검토하기 전에, 나머지 부인 사법부의 조직에 대해 간략히 살펴보고자 한다. 사법부의 권한에 대한 구체적 검토는 이후의 서한들에서 언급하겠다.[1]

사법권에 대한 견제·감시 필요

　이 부를 구성함에 있어 우리가 목표로 하는 것은, 공공과 개인 간의 그리고 개인과 개인 간의 공정하고 개방적이며 현명하고 공평한 법의 해석과 신속하고 공정한 법의 집행이다. 나는 자유 정부에서 이것보다 더 잘 만들기 어려운 부분은 없다고 생각한다. 법원의 수가 많아야 하고 시민들이 재판을 받기 위해 [멀리까지] 이동해야만 하는 광대한 나라에서는 특히 그러하다.

　연합[규약]은 연합회의가 네 가지 경우에 최고법원을 설치할 수 있도록 권한을 부여했다. 1. 각 주들 간의 분쟁의 해결. 2. 모든 포획 사건에서 최종 항소의 판결. 3. 공해상에서 저지른 해적 [행위] 및 중범죄에 대한 재판. 4. 육군 및 해군에서 군법의 시행. 그 외의 모

---

1) 실제로는 이 서한 후반에서 다루고 있으며, 일부는 18번 서한에서도 다루고 있다.

든 사건에서는 주 법원이 국제법, 합중국 법률, 그리고 개별 주의 법률에 관한 모든 재판에 대해 사법권을 보유한다. 연합회의는 주의 법원과 판사 또는 관리에 대해 어떤 통제권도 갖고 있지 않은 것 같다. 사법부의 업무는 정확히 말하면 일부는 사법이고 일부는 집행으로서, 판사와 배심원에 의해, 그리고 서기, 보안관 등과 같은 기록 및 집행 담당 관리들에 의해 수행된다. 이들은 모두 법원의 고유한 수족 또는 일부로서, 공공과 개인, 개인과 개인 간의 소송사건에서 충실히 법을 판결하고 집행하는 책임을 지고 있다. 사법부의 기록 및 집행 담당 관리는 의회에서 가끔씩 제정하는 법률을 통해 충분히 잘 구성될 수 있을 것이다. 그러나 판사 및 배심원의 직무와 지위, 권한과 의무 등은 법 집행은 물론이고 정치체제와 관련된 것으로서 너무나 중요하기에 헌법의 일반 원칙에 따라 확립되어야 한다. 사실 법률은 입법부가 제정하지만, 판사와 배심원은 법률을 해석하거나 법 집행을 지시함으로써 자유를 보존할 수도 파괴할 수도 있고 정부의 성격을 바꿀 수도 있는 매우 광범위한 영향력을 지니고 있다. 사법권은 이런 특징을 가지고 있기에, 우리가 최대한 신중하고 정확하게 그 한계를 확인하고 확정하더라도 여전히 강력할 것이고, 어느 정도는 자의적이고 독단적이리라는 것이 한 공인된 저술가의 관찰이다. 즉, 우리가 아무리 주의하더라도, 방대한 부분을 재량과 해석 ― 판사들의 지혜와 성실성, 그리고 정치적 견해 ― 에 맡겨야 한다는 것이다.[2] 이들은 때로는 의도적으로 때로는 의도치 않게 수천 건의 사건에서 잘못 ― 최선의 법률이라도 이런 상황은 피할 수 없다 ― 을 저지를 수 있지만, 그들에게 위법행위를 이유로 유죄를 선고하는 것은 불가능할 것이다. 이런 문제점들은, 자

2) De Lolme, *The Constitution of England* I, ch. 12.

유인이 정부의 다른 부와 마찬가지로 사법부를 구성하는 데에도 얼마나 신중해야 하는지를 깨닫게 해 준다. 우리가 똑같이 주목과 주의를 기울여야 할 또 다른 고려 사항과 연관지어 생각할 때, 이런 점은 특히 잘 드러난다. 입법부가 악법을 만들거나 최고 집행관이 인민의 권리를 침탈할 경우, 인민은 사법부의 권력 남용보다 훨씬 더 빨리 해악을 알아챌 수 있다. 사법부의 소송절차는 훨씬 더 난해하고 복잡하며 인민의 직접적인 시야에서 벗어나 있다. 악법은 즉시 보편적 경각심을 불러일으키지만, 잘못된 사법 판결은 그 결과가 덜 해롭지 않음에도 불구하고 아마 한 개인만이 직접 느낄 것이고, 그의 이웃과 법정의 몇몇 방청객만이 의식할 수 있을 것이다. 이 나라에서 우리는 입법부와 특히 집행부에 대해서는 항상 경계해 왔지만, 사법부에 대해서는 그러지 않았다. 자유 정부를 지탱하기도 혹은 파괴하기도 하는, 사법부의 본질적 부분과 사법절차에 대해 주의 깊게 고찰한 사람은 극소수에 불과했다. 소수의 전문가들만이 이를 제대로 검토할 수 있는 위치에 있는데, 그런 전문가들이 자유나 민주 공화정의 대의를 지지하는 깨어 있는 감시자로 밝혀진 경우는 그리 많지 않았던 것 같다. 이런 문제 외에도, 사법 권한을 적절히 제한하는 데 대한 우리의 무관심을 더욱 부추기는 지금의 특별한 상황을 고려하면, 우리가 다른 어떤 부*府*보다 이 부에 전제 정부의 씨앗을 뿌릴 위험에 더 많이 직면해 있다고 공정하게 결론 내릴 수 있을 것이다.[3] 우리는 지난 몇 년 동안 불안정한 국가

---

3) 푸블리우스의 대조적 견해는 「연방주의자」 78번 참조. "누구든 권력의 각 부를 주의 깊게 고찰하는 사람이라면, 권력 각 부가 서로 분립해 있는 정부 내에서, 사법부는 항상 그 기능의 특성상 헌법상의 정치적 권리들에 가장 덜 위협적임을 분명 간파할 것이다. 왜냐하면, 사법부는 그런 권리를 해치거나 손상할 능력이 가장 적을 것이기 때문이다."

상황에서, 민중적인 입법부는 엄격한 정의의 노선에서 때때로 이탈하는 반면, 법원은 그것을 좀 더 엄격하게 지키는 성향을 보여 준다고 생각해 왔다. [하지만] 우리가 충분히 주의를 기울이지 않은 사실이 있다. 민중적인 입법부의 조치는 시간이 지남에 따라 자연스럽게 진정되어 점차 온건하고 공정한 중간 지점으로 접근해 가는 반면, 경직된 법원 체제는 헌법과 법률에 의해 수시로 신중하게 조절되고 감시되지 않는다면 자연스럽게 더 가혹하고 자의적이 되어 간다는 사실이다. 최근 몇몇 주에서 이런 법원들에 대해 많은 언급이 이루어지고 있는 것은 사실이다. 하지만, 대부분 그들의 보수 등에 관한 것이었고, 법원이 정부의 자유에 미치는 영향이나 법원의 목적 등에 대한 언급은 거의 없었다.

사법부 조직과 구성

제3조 1절에 의하면, 합중국의 사법권은 하나의 연방 대법원에, 그리고 연방의회가 수시로 제정·설치하는 하급법원들에 속한다. 그 법원의 판사는 적법행위를 하는 한 그 직을 보유하며, 그 직무에 대하여 정기적으로 보수를 받으며, 그 보수는 재임 중에 감액되지 아니한다. 같은 조 2절에 의하면, 연방 대법원은 "대사와 그 밖의 외교사절 및 영사에 관계되는 소송사건과 주가 당사자인 소송사건"에서 1심의 재판관할권을 가진다. 그리고 "그 밖의 모든 [연방] 소송사건에서 법률문제와 사실문제 모두에 관하여 상소심의 재판관할권을 가진다. 다만 이 경우 연방의회가 정하는 예외는 제외되며, 또한 연방의회가 정하는 규정에 따라야 한다." 같은 절에 의하면, 사법권은 열거된 모든 보통법 및 형평법상의 연방 소송사건에 미친다. 같은 절에 따라, 탄핵 사건을 제외한 형사사건에서는 배심재판이 실시되지만, 민사사건에서는 그러하지 못하다. 그리고 범죄 사건에서는 주 전체가 하나의 지역으로 간주될 것이다. 이런 조항들은

연방 사법부의 헌법적 특징을 보여 주는데, 몇몇 비판자들은 이를 괴물이라 불렀고, 유능한 지지자들 중에서도 일부는 이해할 수 없다고 털어놓았다. 고백하건대 나로서는 연방 사법부에서 일부 좋은 점과 몇몇 아주 특별한 점을 찾아볼 수 있었다. "하나의 연방 대법원을 두어야 한다." 모든 정부에는, 법의 모든 중대 문제가 최종적으로 그곳으로 모여 결정되는 하나의 법원이 있어야 한다. 대영제국에서 이에 해당하는 것은 상원인데, 모든 고위 법관들이 이를 지원한다. 매사추세츠주에서는 현재 다섯 명의 법관으로 구성된 최고법원이, 뉴욕주에서는 헌법에 따라 상원 의장, 상원 의원, 형평법 대법원장, 보통법 대법원 판사로 구성된 법원이 이에 해당한다. 합중국에서 최후의 수단인 이 법원 또는 연방 대법원은 입법부가 정하는 [인원수의] 법관들 — 3인이든, 5인이든, 50인이든 혹은 다른 몇명이든 — 로 구성될 것이다. 헌법은 연방 하급법원에 대해서는 입법부가 잘 판단하여 설치하고 규제하도록 하고 있다. 또한 판사는 적법행위를 하는 한 그 직을 보유하도록 잘 규정하고 있다. 나는 대법원의 1심 재판관할권과 상소심 재판관할권을 구분한 기준에 반대하지 않는다. 하지만 안전 장치 등을 확보하기 위해 다수의 인원으로 대법원을 구성하고 상당한 수의 존경할 만한 인사를 임명해야 한다면, 그런 법원이 대사, 영사 등에 관한 모든 사건을 1심부터 재판하는 것은 불편할 것이다. 상소는 의회가 정하는 규정에 따라 대법원으로 올라갈 것이다. 이렇게 볼 때, 의회[의 권한]는 법원 설립에 관해 적절한[4] 규칙이나 원칙[을 제정하는 데]에 국한되지 않는 것 같다. 사실상 의회는 [헌법에] 열거된 연방 사건에서, 다음 여덟 가지 사항을 제외하고는 마음대로 법원을 구성하고 배치할 전권을 가

---

4) 원문에는 "부적절한"으로 되어 있는데 "적절한"의 오기인 듯하다.

지게 될 것이다. 1. 연방 대법원은 단 하나만 존재할 수 있다. 2. 연방 대법원은 상소 사건에서 법률문제와 사실문제에 관하여 재판관할권을 가진다. 3. 연방 대법원은 외교사절 및 주들이 관련된 사건에서 1심 재판관할권을 가진다. 4. 법원의 판사는 적법행위를 하는 한 직을 유지한다. 5. 판사의 보수는 재임 중에 감액되지 아니한다. 6. 형사사건은 반드시 배심재판으로 해야 한다. 7. 범죄 재판은 범죄가 발생한 주에서 해야 한다. 8. 반역죄에 대한 유죄판결에는 반드시 두 명의 증인이 있어야 한다.

다른 모든 항목에서 연방의회는 자신들의 재량으로 사법부를 조직할 수 있을 것이다. 의회가 (아마 필연적으로) 발의할 것들 중에서 이 권한이 갖는 중요성에 대해 이후 내용에서 살펴보고자 한다. [헌법에] 열거된 사건에서 보통법과 형평법 및 사실에 관한 모든 사법적 권한이 집결되는 단 하나의 법원이 헌법에 따라 존재해야만 한다. 그런데 이 법원은 입법부에 의해 제정될 특별법원으로서, 연방 의원을 제외한 존경할 만한 인사나 공직자 — 몇 명이든 — 로 구성되어, 사법부를 감독하고 외교사절이나 주들이 관련된 소수의 사건[1심]을 재판하며, 일정한 주요 상소 사건에서 법률문제와 사실문제에 관한 오심을 바로잡을 것이다. 이 최고 사법부 아래에, 형평법 법원, 형사 관할 법원, 민사 관할 법원, 해사 관할 법원, 재무 법원 등과 같이 보통 상급법원이라고 불리는 여러 법원이 있을 수 있으며, 이들 법원으로부터 각각 최고법원으로 상고를 제기할 수 있다. 이런 상급법원은, 각 부문의 소송사건에서 여러 하급법원으로부터 올라온 항소가 향하는 지점이라 할 수 있다. 이런 모든 상급 및 하급법원에서 모든 사건에 배심재판이 실시될 것이고, 보통법과 형평법이 적절히 분리될 것이다. 이 구조에서는 아마도 아주 중요한 몇몇 사건들만 대법원까지 올라갈 것이고, 상급법원이 거의 모든 사건을 최종적으로 해결하게 될 것이다. 보통법, 하급법원, 상급법원, 특별 대법원 문제에 주목할 경우, 이런 구조는 뉴욕주의 그것과 상당히 유사하고, 몇몇 다른 주들의 그것과도 유사할 것이다. 우리는 이를 채택해야 할 것이고, 그렇지 않으면 매사추세츠주의 안을 택해야 하리라고 추측된다. 그 안에 따르면, 다수의 하급법원과 3인, 5인 또는 7인의 판사로 구성된 하나의 상급법원 또는 대법원을 두며, 모든 사건들은 하급법원들로부터 하나의 대법원으로 모아지게 된다. 어느 방안이든 하급법원의 판결은 아마 크게 신뢰받지 못할 것이다. 그리고 후자의 방안에 따르면 보통법과 형평법 및 사실문제를 다루는 모든 소송사건과 [기타] 모든 종류의 소송사건에서 권한과 직무가 소수의 손에 엄청나게 몰릴 것이고, 이들 소수의 실수 — 무지에 의한 것이든 의도적인 것이든 — 를 구제할 방법은 존재하지 않을 것이다. 연방의회는 이 가운데 어느 하나이거나 아니면 다른 어떤 안을 채택할 것이기에 이 주제에 대해서는 더 이상 언급하지 않겠다.

연방 사법부를 살펴보면 몇 가지 아주 특별하고 독특한 점들이 있는 것 같다. 판사나 그 지지자들은 판사의 보수를 인상하기 위해 모든 기회를 이용할 수 있지만, 헌법에 따라 판사의 보수는 감액되지 않는다. 나는 판사들이 항상 충분하고 확실한 보장을 받는 것이 얼마나 중요한지 잘 알고 있다. 나는 판사들이 연례적으로 또는 주기적으로 지급되는 자금에 의존하는 것에 반대한다. 이럴 경우 의회의 한 원의 반대나 인색함으로 인해 지급이 보류되거나 심하게 감액될 수 있기 때문이다. 주기적 지급금과 항구적이고 상시적인 법률에 의해 정해진 보수 사이에는 중대한 차이가 있다. 전자는 정해진 주기가 지나면 종료되며, 의회의 모든 원의 동의에 의해 갱신되어야 한다. 후자는 당연히 지속되며, 의회의 모든 원이 동의하지 않는 한 종료되거나 감축되지 않는다. 어떤 사람이 공직에 있는 한, 그는 상시적 법률에 의해 정해진 급여[를 받는 것]에 대해 자신의 보유 재산만큼이나 지속적인 관심을 갖는다. 왜냐하면 모든 재산의 소유 기간을 규정하는 법률은 언제든지 입법부에 의해 변경될 수 있기 때문이다.[5] 동일한 판사가 30년이나 40년 동안 재임하는 경우가 종종 있을 수 있는데, 전쟁이나 고물가 시기에는 보수가 합리적으로 절반 이상 인상되고, 몇 년 안에 돈이 다시 부족해지고 물가가 하락하면 보수가 똑같이 합리적으로 감소·인하되는 경우가 종종 있을 수 있다. 의회 양원이 동의하면 이런 일들이 일어날 수 있는데, [헌법에서] 이를 허용하지 않은 것은 정부 업무에서 매우 참신한 발상이라고 생각된다. 실제로 매사추세츠주에서 주지사와 의회 소수파가 아주 억지스럽고 부자연스럽게 주 헌법을 그런 식으로 해석한 바 있다. 고려해야 할 또 다른 상황이 있다. 발굴된 광산은 점차 고갈될 것이고, 귀금속은 계속 소모되고 있다. 따라서 재산의 명목상 상징인 화폐가 앞으로 점차 희소해져서, 급여를 점차 인하할 타당한 이유를 제공하게 될 개연성이 있다. 화폐의 가치는 전적으로 유통되는 화폐의 양에 따라 좌우되는데, 화폐량은 매우 다양한 원인에 의해 증가할 뿐만 아니라 감소할 수도 있는 것이다.

민사사건 배심재판 부정

상소 사건에서 연방 대법원은 법률문제와 사실문제 모두에 관해 재판관할권을 갖는다. 즉, 상소에 의해 대법원에 올라온 모든 민사사건에서 법원 또는 판사는 사실문제를 심리하고 법률문제를 판결한다. 바로 여기에서 시민법civil law의 기본 원칙이 확립되고, 보

---

5) [옮긴이] 연례적으로 혹은 주기적으로 지급되는 자금은 소유 기간이 정해진 재산과 같은 것이기에 입법부가 규정하는 법률에 의해 언제든 그 소유 기간이 만료될 수 있다(즉 지급금이 종료 혹은 감액될 수 있다)는 것이다.

통법common law의 가장 고귀하고 중요한 원칙이 붕괴된다.[6] 대법원
이 법률문제와 사실문제에 관해 재판관할권을 가진다는 이 중요한
사항에 대해 잠시 설명하고자 한다. 법원이란 무엇을 의미하는가?
배심원단도 이 용어에 포함되는가, 아니면 포함되지 않는가? 나는
배심원단이 포함되지 않는다고 생각하며, 제헌회의 구성원들도 그
렇게 이해하고 있다고 확신한다.[7] 법원 혹은 법정은 배심원이 존재
하기 훨씬 이전부터 익히 알려져 있던 용어였다. 배심원이 없는 나
라들의 인민이나 최고 저술가들도 똑같이 법원이라는 단어를 사용
하는데, 그것은 사건을 판결하는 판사만을 의미할 수밖에 없다. 또
한 배심원이 있는 나라들에서도 같은 방식의 표현을 쓰기도 한다.
예를 들면, 우리는 검인檢認 법원court of probate,[8] 형평법 법원, 치안
판사 법정justices court,[9] 알더맨 법원alderman's court[10] 등에 대해 말하

---

6) [옮긴이] 시민법은 로마의 시민법 전통에 기원한 대륙법적 전통(체계)을 의
미하고, 보통법은 영국식 보통법 전통(체계)을 의미한다. 연방농부는, 동시
대의 영미 법률가들이 일반적으로 그러했듯이, 영국의 보통법을 자유의 제
도적 토대로 칭송하고, 로마·대륙법을 권위주의·전제주의와 연결된 전통으
로 비판한다. 특히 저자는 이 글에서 시민법 전통은 '판사 중심, 비공개, 배
심 부재, 권위주의적, 자유권 보장 약함'의 특징을 지닌 것으로, 보통법 전
통은 '공개재판, 배심제, 반대신문, 변호인 조력, 자유권 보장' 등의 특징을
지닌 것으로 대비하고 있다. 저자는 연방 대법원의 상소심 관할권이 민사
사건에서 배심재판의 배제를 가져올 것이며, 이를 통해 연방주의자들이 아
메리카의 사법 체제를 보통법이 아니라 대륙법에 기초하려 한다는 근본적
비판을 가하고 있다.

7) 이에 대한 반박은 「연방주의자」 81번 참조.

8) [옮긴이] 검인 법원은 사망자의 유언장을 검증하고, 상속재산을 관리하며,
상속인·유언집행자 간의 분쟁을 해결하는 특수 관할 법원이었다.

9) [옮긴이] Justice court란 Justice of the Peace(치안판사)가 주재하는 법정을 가
리킨다. Justice of the Peace는 영국 전통에서 유래한 지방 사법관으로, 통상

는데, 그곳에는 배심원이 없다. 배심재판이 있는 우리의 [주] 대법원들의 민사소송 등에서, 우리는 한결같이 법원과 배심원에 대해 말하며 그것들을 별개의 것으로 간주한다. 배심원이 법원[이라는 용어]에 포함되지 않거나 그 일부가 아니라는 이런 견해를 확증할 필요가 있다면, 법률 서적에서 여러 사례를 인용할 수도 있다.

그러나 연방 대법원은 연방의회가 만드는 규정에 따라 법률문제와 사실문제에 관한 재판관할권을 갖게 될 것이다. 고백하건대, 나는 연방의회가 이에 관한 규정을 어디까지 확장할지에 대해 적절하게 단언할 수 없다. 그러나 어떤 합리적 해석에 따른다 해도, 진정한 보통법 원칙에 기초해 배심원단이 사실문제를 심리하고 또한 일반 평결[11]을 내리도록 인정하는 데까지 나아갈 수는 없다고 생각한다. 나는 이 조항을 반복해서 검토했다. 내가 생각하기에 이 조항의 의미는, 소유권과 손해배상에 관한 [민사사건의] 모든 최종적 쟁점에 대해, 소송사건 전체를 검토하고 사실문제를 조사하고 또한

시골 지역이나 소도시에서 경미한 사건을 처리하는 준사법 행정관이었는데, 식민지 시절 미국 각 주에 계승되었다. 한 명의 치안판사가 재판을 담당했고, 주로 소액 민사사건과 경범죄 등을 처리했다.

10) [옮긴이] 알더맨Alderman은 원래 영국의 도시·자치구의 시의회 의원급의 관리였는데, 아메리카 식민지에서 주요 도시의 지방자치 정부의 핵심 관리로 도입되어 운영되었다. 주민들에 의해 직접 선출되는 경우가 많았는데, 시의 행정·재정 업무를 담당하면서 동시에 사법적 기능도 수행했다. 알더맨은 소규모 분쟁, 특히 민사사건, 경미한 형사사건, 시장 규정 위반 등을 다루는 하급법원을 열 수 있었다.

11) [옮긴이] 일반 평결은 배심원단이 모든 쟁점에 대해 단일의 결론(예를 들면 유죄나 배상 등)을 내리는 것을 말한다. 이와 달리 특별 평결은 배심원이, 최종적인 유무죄의 판단이 아니라, 특정한 구체적 사실에 대해서만 결론을 내리는 평결을 말한다.

그 사실들을 전반적으로 검토해 보통법뿐만 아니라 형평법의 원리에 따라 판결을 내릴 완전한 재판관할권을 판사가 가져야 한다는 것이다.

형사사건에는 배심재판이 가능하게 되어 있으므로, 나는 민사사건에 대해서만 논평하고자 한다. 민사사건에서 배심원들은 그들이 평결하기로 결정할 경우 모든 사건에서 일반 평결을 내리고, 법률문제와 사실문제가 뒤섞인 사안에서는 그 두 문제 모두에 대해 평결을 내릴 확고한 권리를 보통법과 이 나라의 기본법에 따라 가지고 있다고 나는 주장한다. 배심원들이 사실문제에 대해 평결을 내릴 권리가 있다는 것은 논쟁의 여지가 없다. 또한 그들이 일반 평결을 내릴 권리에 대해서도, 독단적 원칙에 따르는 몇몇 판사와 변호사를 제외하고는 아무도 이의를 제기하지 않았다. 코크Coke,[12] 헤일Hale,[13] 홀트Holt,[14] 블랙스톤Blackstone,[15] 드 로름 등을 비롯해 이

[12] [옮긴이] 에드워드 코크Sir Edward Coke(1552~1634)는 영국의 대법관이자 법률가로, 영국의 보통법 전통을 체계화하고, 왕권 제한과 의회의 권리, 개인의 자유를 강조한 인물이다. 주요 저서로 *Institutes of the Lawes of England* 등이 있다. 미국 건국 세대는 법학을 공부할 때 코크의 저작을 필수적으로 읽었고, 그를 '자유의 고전적 수호자'로 여겼다.

[13] [옮긴이] 매슈 헤일Sir Matthew Hale(1609~76)은 영국의 대법관을 역임한 인물로, 영국의 보통법을 역사적·체계적으로 설명한 선구자였고, 재판 절차의 중요성과 배심재판의 역할을 강조했다. 그의 저서 *History of the Common Law*는 미국 법학 교육의 주요 교재였다.

[14] [옮긴이] 존 홀트Sir John Holt(1642~1710)는 영국의 대법관을 역임했다. 그는 사법 독립을 강조하여 군주나 정부가 배심원 평결을 침해하지 못하도록 방어했고, 특히 언론의 자유 및 시민 권리 사건에서 판결을 통해 큰 영향력을 행사했다. 그의 판례는 식민지 미국의 법학자·정치인들에게 '왕권을 견제하는 사법적 자유주의'의 전형으로 인식되었다.

[15] [옮긴이] 윌리엄 블랙스톤William Blackstone(1723~80)은 영국의 법학자,

주제에 관해 글을 쓴 거의 모든 법률·정치 저술가들은 배심원의 이 본질적이고 중요한 권리를 일관되게 주장해 왔다. 영국과 아메리카의 배심원단은 보편적으로 그런 주장에 따라 실행해 왔다. 맨스필드Mansfield[16]도, [배심원 권리를 축소하려는] 바람을 강하게 지니고 있었음에도 불구하고, 반대 주장을 직접적으로 밝히지는 않았다. 이런 의견[의 타당성]은, 특별 평결을 내리는 것이 적절한 때에 일반 평결을 내렸다는 이유로 배심원이 처벌받은 경우를 찾아볼 수 없다는 사실에서 충분히 확인할 수 있다. 배심재판은, 특히 정치적으로 고려할 때 자유국가의 사법부의 가장 중요한 특징이며, 문제가 되는 권리는 배심재판에서 가장 소중한 부분이자 만일 양보해야 한다면 마지막으로 양보해야 할 권리이다. 배심원은 인민 대다수로부터 그리고 각 지역의 자유민들로부터 끊임없이 빈번히 추첨된다. 그리고 우리는 모든 사건에서 일반 평결을 내릴 배심원의 권리를 신성하게 유지함으로써, 사법부에 대한 인민의 정당하고 합법적인 통제를 인민 전체에게 보장할 수 있다. 만일 법관의 처신이 가혹하고 자의적이며 법률을 전복하고 정부 형태를 변경시킬 경향을 보인다면, 배심원은 유사한 사건에서 그들의 의견과 판결에 반하는 평결을 내림으로써 그들을 견제할 수 있다. 한 나라의 자유인들이 항상 법률문

옥스퍼드대 법학 교수, 판사 등을 역임했다. 주요 저작인 *Commentaries on the Laws of England*는 영국의 보통법을 체계적으로 정리한 책으로, 법학 입문서이자 정치적·헌법적 권리 논의의 권위 있는 참고서였다. 이 책은 신생 미국의 법률가·정치가들에게 "법학의 교과서"처럼 쓰였다.

16) [옮긴이] 윌리엄 머리, 맨스필드 경William Murray, 1st Earl of Mansfield(1705~93)은 영국의 대법관으로 30년 넘게 재임했다. 그는 "강력한 사법 권위"와 "판사의 통제 강화"를 선호했다. 즉, 배심원이 자유롭게 일반 평결을 내리는 것보다, 판사가 법을 더 통제하는 재판 구조를 선호했다.

제에 대해 면밀한 전문성을 가지고 있지는 않다. 하지만 그들은 오염되지 않은 상식을 가지고 있기에, 법률을 인민의 상태에 맞게 맞추고 적용하는 데 있어서나 소송당사자들이 그들에게 진술하는 사건을 평결함에 있어서 거의 또는 절대로 오류를 범하지 않는다. 공동체의 의무는 인민 대다수가 주로 부담하고 있다. [따라서] 그들은 법을 만들고 집행하는 두 부문 모두에서 공동체의 주요 관심사에 대한 통제권을 당연한 권리로서 가져야 한다. 그렇지 않으면 그들은 단기간에 몰락할 것이다. 우리가 주목해야 할 것은 단지 [배심재판에 담긴] 이런 통제권만은 아니다. 배심재판은 모든 소송사건에 공개적이고 공적인 토론을 가져다주며, 비밀스럽고 자의적인 소송절차를 배제한다. 이것과 입법부의 민중의 원 — 앞에서 논했던 — 은 인민들로 하여금 공적 업무에 대한 지식을 얻을 수 있게 해 주는 수단이며, 또한 인민들이 서로의 권리에 대한 수호자로 굳게 설 수 있도록 해 주고, 인민의 권리를 침해할 수 있는 자들을 정기적이고 합법적인 조치를 통해 억제할 수 있게 해 주는 수단이다. 배심재판의 가치에 대한 나의 견해는 나만의 것이 아니다. 영국과 아메리카의 저술가들뿐만 아니라 드 로름을 비롯해 가장 정평 있는 외국의 저술가들도 배심재판을 영국 헌법의 가장 소중한 부분이자 지금까지 창안된 최고의 재판 방식이라고 주장하고 있다.

해사 법원, 교회 법원, 군사법원 등에서 배심재판 방식이 사용되지 않고 시민법 절차가 도입된 것은, 단지 가톨릭 성직자들과 노르만 법률가들의 책략에 의한 것이었다. 우리가 모든 주에서 해사 법원과 다른 법원들에 배심제를 채택하지 않은 것은 어떤 실제적인 이유 때문이라기보다는 관습과 편견에 따른 것이라고 나는 생각한다.

시민법 절차에서는 배심재판이라는 제도가 알려져 있지 않다. 그 결과 소수의 판사들과 하급 관리들이 사법부의 모든 권한을 보유하게 된다. 보통법의 공개적이고 공정한 소송절차에서는, 증인이 공개 법정에서 심문을 받고, 관련 당사자로부터 반대신문을 받을 것이며, 변호인[의 조력]이 허용된다. 하지만 시민법 절차에서 우리는 오직 판사만을 보게 된다. 그는 언제나 재판 훨씬 이전부터 사람들에게 알려지고, 행정적 영향력이나 재판 당사자들에 의해 종종 부패될 것이다. 일단 그런 영향을 받은 판사들은 곧 유혹에 굴복하게 될 것이고, 편파적인 판결에 가장 많은 돈을 지불한 사람을 위해 판결을 내리게 될 것이다. 따라서 로마를 비롯해, 판사가 단독으로 사법권을 갖고 모든 사건을 재판한 거의 모든 정부에서 뇌물 수수가 만연했음을 보게 된다. 법원 형태[의 문제]와 함께 이런 것[즉 판사의 단독 사법권 행사]은 당연히 비밀스럽고 자의적인 소송절차, 비밀스러운 증거 수집, 소송사건을 방해하는 한쪽으로 치우친 일방적 진행, 성급한 판결 등을 초래하게 된다. 그러나 배심원에 대해 말한다면, 어떤 부정한 수단으로도 그들을 매수하거나 움직일 수 없다. 그들은 그런 것을 배운 적이 없고, 한 나라의 평범한 자유인의 정직한 성격을 지니고 있을 뿐만 아니라, 어떤 사람들로 배심원이 구성될지가 대개 재판이 시작될 때까지 알려지지 않기 때문이다.

그런데 [헌법안 지지자들은] 민사소송에 배심재판을 설치하기로 주들 간에 합의할 수 있는 어떤 문구를 찾기가 불가능했다고 말한다. 나는 그들이 진심으로 이런 취지의 주장을 했으리라 믿기 어렵다. 주들은 모두 사법절차를 주로 하나의 출처인 영국 체제로부터 따왔다. 아메리카의 법률가들은 거의 보편적으로 공통의 동일한 출처로부터 법률 정보를 끌어왔다. 모든 주들은 형사사건뿐만 아니라 민사사건에서도 배심원에 의한 재판을 설치하기로 합의했었다. 연합회의에서 각 주들은, 1787년 7월에 통과된 법령에서 서부 준주准州에 배심재판을 확립하는 데 아무 어려움이 없다는 것을 확인했다. 각 주들은 연합회의에서, 그 지역에 정부를 수립할 때에는 그 지역의 주민들이 항상 배심재판의 혜택을 받을 수 있어야 한다는 데 동의했음을 확인할 수 있다. 이와 같이 배심재판은 몇 마디 말로 온전히 확립되었으며, 제헌회의에서도 그와 마찬가지로 용이하게 형사사건에 배심재판을 확립했다. 헌법을 제정할 때 우리가 실제로 해야 할 일은 원칙을 정하는 것이다. 채무불이행에 대한 손해배상액을 어떤 주에서는 배심원이 사정하고 다른 주에서는 판사가 사정하더라도, 어떤 주에서는 배심원을 추첨으로 뽑고 다른 주에서는 그렇지 않더라도, 다른 사소한 차이가 있더라도, 그런 것들은 큰 문제에서 볼 때 아무런 중요성을 갖지 못한다. 또한 사법절차상의 사소한 문제들과 관련해 주들의 개별적 관행을 살펴보면 민사소송 절차만큼이나 형사소송 절차에서도 상당한 차이가 있음을 확인할 수 있으리라 생각한다. 여기에서 주목할 또 다른 사항은, 우리 모두가 알고 있듯이, 제헌회의는 형평이라는 단어를 사용했고 형평법 법원의 재판관할권을 확립하기로 합의했지만, 그 의미와 범위에 대해서는 각 주들이 배심재판에 대한 것보다 훨씬 더 큰 이견을 갖고 있다는 점이다. 배심재판을 채택하는 데 있어서 각 주들은 매우 보편적으로 영국 방식을 따랐지만, 형평법 법원의 재판관할권에 대해서는 각 주들이 느끼는 두려움과 견해에 따라 차이가 있음을 알 수 있다.

영국과 아메리카에서는 보통법에 따라, 사실문제에 관한 배심원의 평결에 대해서는 어떤 판사에게도 상소할 수 없으며 배심원의 관할권은 이에 있어서 완전하고 최종적이다. 단지 법률문제의 오심만 영국의 특별 대법원인 상원이나 코네티컷주, 뉴욕주, 뉴저지주 등의 특별 대법원에 상고할 수 있다. 따라서 배심원단은 사실문제에 대해서는 주인이다. 하지만 제안된 헌법은 정반대 원칙을 확립한다. 모든 상소 사건에서 배심원의 평결에 대해 단순한 사실문제에 관한 것이라도 대법원 판사에게 상소를 제기할 수 있다. 그러므로 사실상 우리는 이 지점에서 시민법[체계]을 확립한 것이다. 왜냐하면 배심원의 재판관할권이 사실문제에 관해서 최종적이지 않다면 그것은 거의 또는 아무런 중요성도 가질 수 없기 때문이다.

'형평법' 의미 불명확

제3조 2절에 따라 "사법권은 이 헌법과 합중국 법률에 따라 발생할 모든 보통법 및 형평법상의 소송사건에 미친다." 여기서 형평법이란 무엇을 의미하는가? 헌법에 따라 발생할 사건에서 형평법이란 무엇인가?[17] 아마도 "보통법 및 형평법상의"라는 단어가 생략되었더라도 이 조항의 의미는 동일할 것이다. 보통법상의 사건은 분명 보통법 및 형평법상의 사건과 큰 차이점이 있을 것이다. 언뜻 보기에, 형평법이라는 단어와 보통법이라는 단어를 합쳐서 무엇을 의미하고자 한다면, 그것은 판사에게 재량권을 주려는 의도인 것 같다. 영국에서 형평법이라는 단어는 시간이 지나면서 정확한 의미를 갖게 되었고, 지금은 형평법 재판 절차가 체계화되어 있다. 합중국에서는 그렇지 않다. 뉴잉글랜드에서 법원은 형평법상의 사건에 대해, 입법부가 일부 제한적으로 의회 제정법을 통해 부여한 권한 외에는 아무런 권한이 없다. 뉴욕주, 메릴랜드주, 버지니아주, 사우스캐롤라이나주에서는 형평법 사건에 대한 판결 권한이, 법률문제에 대해 판결하는 판사와 다른 별개의 판사들에게 부여된다. 주들은 일반적으로 보통법 및 형평법상의 사건에 대한 판결권을 동일한 판사에게 궁극적으로 부여하는 것을 신중하게 피하고 있는 것 같다.

17) 헌법과 법률에 따라 발생할 수 있는 형평법상의 소송사건에 대한 푸블리우스의 설명은 「연방주의자」 80번 참조.

아마도 그 조항의 의미는, "이 헌법"이라는 단어가 생략되었더라도 동일할 것이다. 그 조항에는, 원래는 포괄적 의미가 있는 단어의 부주의하고 복잡한 오용이 있거나 아니면 이해하기 쉽지 않은 어떤 의미가 담겨 있다. 헌법에 따라 발생할 소송사건을 가정해 보자. 연방 세금을 방해한다고 추정될 수 있는 주 세금 — 인두세나 토지세 또는 소비세 같은 — 을 연방의회가 헌법에 따라 금지할 수 있는가라는 문제가 법정에 제기되었다고 가정해 보자. 헌법의 문구에 따르면 연방의회는 그럴 권한이 없는 것처럼 보인다. 하지만 판사는 보통법은 물론이고 형평법의 원칙에 따라 이 문제를 판결할 수 있다. 이제 "보통법 및 형평법상의"라는 말을 생략한다면, 판사는 헌법 제정 시의 인민의 의도로 보이는 바에서 추정한 헌법의 정신과 진정한 의미에 따라 판결하게 될 것이다. 따라서 이 단어들이 어떤 것을 의미한다면, 판사는 어떤 추가적 의미를 갖게 될 것이 분명하다. 하지만 나는 그것이 판사들에게 자의적 권한이나 재량 — 그들의 양심이나 의견, 변덕 또는 정치[적 견해]가 지시하는 대로 판결할 — 을 부여하려 의도했다고는 생각하지 않는다. 이 모호한 조항에 대해서는 더 이상 언급하지 않고 다른 분들의 검토에 맡기겠다.

연방농부

1788. 1. 20.

귀하에게

권리장전의 의미와 중요성

  정부 조직에 대해 살펴보았기에, 이제 정부의 권한에 관한 조항들을 좀 더 구체적으로 살펴보고자 한다. 나는 주어진 권한과 그 범위를 정확히 파악하는 데 필요한 ― 또한 행사되는 권한을 감시하고 제한하고 억제하는 데 필요한 ― 조항과 규정부터 시작하겠다. 우리는 이런 조항들과 규정들이 권리장전에 들어 있는 것을 자주 발견한다. 하지만 이것들은 별도로 분리되어 배치될 수 있듯이 헌법 본문에 포함될 수도 있다. 헌법 또는 완전한 사회 협약은 하나의 수단일 뿐이다. 인민들이 동의한 일정 수의 조항이나 규정 그 이상도 그 이하도 아니다. 그것이 조, 절, 항, 권리장전 등으로 구성되는지 아니면 다른 어떤 이름의 요소들로 구성되는지가 중요한 의미를 가질 수는 없다. 내 생각으로는, 권리장전과 관련해 그동안 여러 가지 불필요한 논평과 무의미한 구분이 이루어져 왔다. 한편에서 권리장전은, 별개의 구절로 이루어진 헌법의 필수 요소로, 또는 모든 사회에 적용될 수 있는 일정 수의 매우 소중한 조항들을 포함하고 있는 것으로 간주되는 것 같다. 다른 한편에서 그것은 불필요한 것 ― [헌법에] 열거된 권한만을 보유하는 연방 정부에서는 특히나 그러한 ― 으로 간주되거나, 아니면 오히려 위험한 것으로 간주되는 것 같다. 왜냐하면 개인의 권리는 무수히 많기에 권리장전에서 일일이 열거하기 어려운데, 그중 몇몇만을 보호하는 조항이나 규정을 근거로 하여, 언급되지 않은 다른 권리들은 포기된 것이라는 추론이 가능할 수 있기 때문이라는 것이다.[1] 내가 보기에는 큰 의미가 없는 일반적이고 막연한 주장들인 것 같다. 그리고 후자의 설명을 처음 제시했던 사람은 현재로는 연방헌법에 서명했는데, 이는 그의 주장과 직접적으로 모순된다.[2] 최고의 권력은 의심할 여지 없이 인민에게 있으며, 인민이 통치자에게 명시적으로 위임하지 않은 모든 권한은 인민이 유보한다는 것은 내 마음속에 확실히 자리 잡은 원칙이다. 이것은 연방 정부를 구성할 때와 마찬가지로 주 정부를 구성할 때에도 적용된다. [양 정부 간에는] 사정에 따라서 발생하는 [정부 수립] 절차의 방식이 다른 데에 근거한 차이만 있을 뿐이다. 공동체의 큰 문제뿐만 아니라 사소한 문제까지도 관리하게 될 주의 헌법을 제정할 때에는, 대개 정부가 보유해야 할 권한이 너무 많아서 일일이 열거할 수 없기에, 지름길을 택한 인민들은 종종 어떤 보편적 단어를 이용하여 보편적 권한을 — 실제로는 모든 권한을 — 정부에 부여하고 나서 [유보할 권한을] 개별적 열거를 통해 다시 되찾는다. 혹은 그보다는 어떻게든, 일정한 권리를 신성하고 어떤 법률도 침해해서는 안 되는 것으로 유보한다고 인민들은 말한다. 그러나 연방은 말의 뜻 그대로 주 정부의 존재를 가정하며, 단지 몇 가지 중대한 국가적 사안을 관리하기 위한 것이다. 이런 연방의 헌법을 제정할 때에는, 유보될 개인의 권리를 개별적으로 열거하는 것보다 연방 지도부에 위임될 권한을 개별적으로 열거하는 것이 더

---

1) 권리장전이 위험할 것이라는 연방주의자 주장은 「연방주의자」 84번 참조.

2) James Wilson, "Address to Citizens of Philadelphia"(Oct. 6, 1787), 앞의 글.
   [제임스 윌슨은 펜실베이니아주 대표로 연방헌법안에 서명했다. 그런데 헌법안에는 개인의 권리 중 일부만을 보호하는 규정이 들어 있기에, 그런 헌법안에 서명한 것이 그의 주장과 모순된다는 뜻이다.]

쉽다는 것을 알게 된다. 그런데 이 원칙이 온전히 작동되려면 원칙을 세심하게 준수해야 한다. 우리가 [연방 정부에] 위탁하는 권한을 개별적으로 열거할 경우에는, [위탁되지 않은 권한은 유보되기 때문에 별도로 개인에게 유보되는 권리를 열거할 필요가 없지만, 만일 열거한다고 하면] 유보되는 권리를 세심하게 열거해야 하고 그렇지 않으면 그것에 대해 완전히 침묵해야 하는 것이다. 우리는 [위탁되는 권한과 유보되는 권리] 둘 다를 개별적으로 [빠짐없이] 열거하거나, 그렇지 않다면 위탁되는 권한의 개별적 열거가 그 권한과 유보되는 권리 사이의 경계선을 적절히 긋고 있다고 가정해야 한다. 특히 후자가 아닌 전자를 열거하는 것이 가장 바람직하다고 생각한다. 하지만 일반적으로 사람들은 이런 묵시적 유보[의 실효성]에 대해 미심쩍어하는 것처럼 보인다. 따라서 우리는 편리하게, 위탁되는 권한을 열거하고 나서 연합규약 제2조에서 택했던 방식에 따라 보편적 단어로써, 명백히 그리고 명시적으로 양도하지 않은 모든 권한과 권리 및 기본권 등은 유보된다고 선언할 수도 있다. 사람들은 매우 현명하게도 그들의 기본적 권리와 관련해 명확하고 명시적이기를 원한다. 추론과 보편적 원칙이라는 불안정하고 불확실한 기반에 근거하여 그런 권리를 주장해야만 하는 상황을 원치 않는다. 그러한 권리와 관련하여 그들과 통치자 간에 논쟁이 있을 경우, 싸움은 끝이 없고 아무것도 확실하지 않을 수 있음을 잘 알기 때문이다. 하지만 명시적으로 양도하지 않은 모든 권리는 당연히 유보된다는 것을 보편적 원칙에 따라 인정하면, 인민은 모든 경우에 충분히 확실하게 자신의 권리를 주장하고 또한 그것을 쉽게 확립할 수 있다. 그렇다 하더라도, 모든 경우에 [항상] 유보되는 가장 필수적인 여러 권리를 개별적으로 열거하는 데에는 무한한 이점이 있다. 그리고 [이에 추가하여] 덜 중요한 권리에 대해서는 일반적 용어로, 명시적으로 양도하지 않은 모든 권리는 [인민에게] 유보된다고 선언할 수 있다. 우리는 선언을 통해 사물의 본질을 바꾸거나 새로운 진리를 창조하지는 못하지만, 그렇지 않았더라면 사람들이 결코 생각하지 못했거나 아니면 곧 잊어버릴 수 있는 진리와 원칙을 사람들의 마음속에 살아 있게 하거나 또는 적어도 자리 잡게 할 수 있다. 한 국가가 그 체제 — 종교적이든 정치적이든 — 의 지속성을 확보하고자 의도한다면, 모든 가계도의 첫 페이지에서 그 체제의 주된 원칙을 공인해야만 한다. 이론상으로 진리라고 하더라도, 그것이 인민의 마음속에 항상 존재해 인민의 동의를 얻지 못한다면 무슨 유용성이 있겠는가. 우리는 언론 자유, 배심재판 등과 같은 일정한 권리를 뚜렷이 인식하고 있다. 영국과 아메리카의 인민은 당연히 그것을 신성한 것으로, 그들의 정치적 행복에 필수적인 것으로 믿고 있다. 이런 믿음은, 최초에 몇몇 유능한 사람들이 인민에게 제시했던 신념과 그 이후의 경험 등이 합쳐진 결과물이다. 이와 달리 다른 나라 인민들은 이런 권리가 언급되어도 무관심하게 듣는다. 그들은 독재자의 의지에 따라 존재하는 특권이 그런 권리보다 훨씬 더 낫다고 생각한다. 모든 면에서 비슷하게 형성된 존재들 사이에 왜 이런 차이가 생기는가? 차이의 이유는 명백하다. 그것은 교육, 즉 본보기, 권고, 선언 등에 의해 인민의 마음속에 각인된 일련의 생각들의 효과이다. 영국 인민들이 모여서 대헌장을 만들 때, 그들은 자신들이 어떤 천부적이고 양도할 수 없는 권리를 명백히 가지고 있다는 것만으로는 충분치 않다고 생각했다. 그들은 침묵하는 권리 증서에 의존하지 않고, 선언이라는 행위로 그것을 명확히 공인하고, 모든 세계에 자신들이 그런 권리를 누릴 자격이 있음을 명시적으로 선언했다. 그들은 문서로 된 증서를 만들어, 필수적이거나 또는 위험에 처해 있다고 생각되는 권리들을 열거했다. 그리고 현명한 사람들은 이것으로 충분하지 않다고 생각했다. 따라서 통찰력 있고 정직한 지도자들은 인민들이 이런 권리를 잊지 않도록 하고 또한 전제적인 정부에 점차 대비할 수 있도록 하기 위해, 이 증서를 거의 40여 차례 확인받도록 했고, 공공장소에서 1년에 두 번 낭독하도록 했다. 그렇게 확인하지 않는다고 그 증서가 효력을 잃는 것은 아니다. [그들이 그렇게 한 것은] 그 증서의 내용들을 계속해서 무대에 등장시켜 인민의 마음속에 새겨 두기 위해서였다. 몇몇 나라에서 사람들이 자유를 유지하는 것은, 단지 그들이 [그런 자유에 대한] 천부적이고 양도할 수 없는 권리를 가지고 있기 때문만은 아니다. 모든 니라에서 사람들은, 한때 그들의 조상들이 모여 그런 권리를 종이에 열거했기 때문이 아니라, 반복적인 협상과 선언을 통해 모든 당사자가 그런 권리를 실현하게 되고 또 응당 그것을 신성한 것으로 믿게 되었기 때문에 그런 권리를 누리고 있다. 만일 필요하다면, 나는 우리가 과거에 인민으로서 행했던 지혜를 보여 줄 것이다. 우리는 우리가 자유를 누릴 자격이 있다고 단지 자위만 했던 것이 아니라, 연설, 권리장전, 신문 등을 통해 우리의 자유의 근거가 될 원칙을 끊임없이 유념해 왔다.

내가 헌법에 [기본권에 대한] 선언 조항을 추가로 덧붙일 것을 촉구하는 것은 단지 이런 관점에서만은 아니다. 내가 자세히 입증하겠지만, 위탁되지 않은 모든 권한은 유보된다는 구분법은 본질적으로 타당하다. 하지만 이 헌법은 그런 구분법을 사실상 파기하고 있다. 그리고 이와 별개로, 인민은 이 헌법을 채택함으로써 불확정적인 많은 보편적 권한을 연방의회에 부여하게 될 것이고, 그런 권한의 헌법적 행사 과정에서 [지금] 문제가 되고 있는 권리들이 영향을 받을 것이다. 연방 권리장전이나 추가의 선언 조항에 반대하는 사람들은 이 주제를 매우 협소하고 불완전한 방식으로 바라보는 것 같다. 그런 조항의 목적은 단지 유보된 권리를 열거하는 것만이 아니다. 그것의 주된 목적은, 어떤 특정의 중요 사항에 관해 [정부에] 위임된 보편적 권한을 설명하고 또한 널리 알려진 경계를 설정함으로써 그런 권한을 행사하는 자들을 제한하는 데 있다. 만일 인민 모두가 정부의 원칙과 업무에 대해 충분히 잘 알고 있다면, 많은 설명이나 제한의 필요성과 유용성은 훨씬 줄어들 것이다. 헌법[안]에는 의도적인 간결함이 있는 것으로 보이며, 또한 아주 흔히 보는 그런 상황들로 말미암아 몇 개의 설명 조항들이 생략되었을 개연성도 있다. 즉, 우리는 흔히, 공동체의 공통 관심사에 대해 자신이 오래전부터 알고 있는 것들은 다른 사람들도 알고 있을 것이고 따라서 표현할 필요가 없다고 생각하는 경향이 있다. 그리고 가장 유능한 사람들이 가장 빈번히 이런 실수를 하는 것은 부자연스럽거나 드문 일이 아니다. 통치의 문서에서 [기본권] 선언 조항이 불필요해지려면 두 가지 조건이 구비되어야 한다. [인민에게] 유보된 권리는, 반론의 여지가 없을 만큼 명백하게 유보되어야 하고 그런 권리의 본질적 측면에서 정의되어야 한다. 정부에 위임되는 권한은 그것을 의미하는 문구에 의해 정확하게 정의되어야 하며, 또한 인민에게 남겨질 권리와 기본권을 그 어떤 합리적 해석으로도 침해하지 않을 그런 범위와 성격의 것이어야 한다.

헌법안에 누락된 기본권들

[헌법안 지지자들이] 주장하는 첫 번째 요지는, 명시적으로 위탁되지 않은 모든 권력은 유보되며, 또한 개별적으로 열거된 권한만 위탁되고 그 외 다른 모든 권력은 위탁되지 않고 유보되기 때문에, 연방의회가 보유하지 않는 권력을 행사하지 못하게 연방의회를 제한하려 시도할 필요는 없다는 것이다. 이 추론은 논리적이기는 하지만, 인간 사회의 일반적 문제와 관련해서는 아무런 실질적 의미를 갖지 못한다. 그리고 헌법은 어떻게 봐도 이런 논리를 따르지 않은 것처럼 보인다. 이를 증명하기 위해 헌법의 몇몇 조항을 인용할 수 있다. 나는 두세 가지만 언급하겠다. 헌법 제1조 9절 "연방의회

는[3] 어떠한 귀족의 칭호도 수여하지 아니한다." 만일 이 조항이 생략된다면, 의회가 귀족 작위를 만들 어떤 권한을 가질 수 있는가? 헌법의 어느 부분에서 그런 권한을 찾을 수 있는가? 대답은 [그런 조항이 생략되더라도] 의회는 그런 권한을 갖지 못할 것이며, 인민은 [그런 조항이 생략된] 헌법을 채택함으로써 그런 권한을 [의회에] 내주는 것이 아니라는 것이다. 그러면 왜 금지 조항을 통해, 의회가 행할 권한이 없는 일을 하지 못하도록 의회를 제한하는가? 그렇다면, 이 조항은 아무런 의미가 없는 것임이 분명하다. 그렇지 않다면, 헌법의 일부 포괄적 문구가 [의회에] 그런 권한을 부여하는 것으로 해석될 수 있다는 원칙에 따라, 또는 명시적으로 [인민에게] 유보되지 않은 권한은 의회가 보유한다는 원칙에 따라, 이 조항은 만일 이 조항이 생략된다면 의회가 문제의 권한을 갖게 될 것임을 시사하는 것이 분명하다. 하지만 이 조항은 연합[규약]에 들어 있었고, 매우 신중하게 [연방]헌법에 도입된 것으로 알려져 있다. 주의를 촉구하는 조항은 최소한 그 조항이 필요하다는 근심을 함축하고 있다. 그리고 만일 이 경우[즉 귀족 호칭 금지 조항]에 그러하다면, 모든 유사한 경우에도 분명 똑같이 필요할 것이다. 실제의 사실은 다음인 듯하다. 즉, 연합[규약]을 만든 사람들과 이번의 제헌회의는 당연히, 이 문제를 일반 원칙과 논리적 추론에 의해 해결되도록 방치하지 않기로 결정했다. 하지만 그들은 문제를 몇 마디 단어로 정리했고, 그것을 읽는 모든 사람은 한 번에 그것을 이해하는 것처럼 보인다.

형사사건과 함께 민사사건에서도 배심재판은 오랫동안 우리의

---

3) [옮긴이] 헌법에는 "합중국은"이라고 되어 있다. 하지만 제1조가 연방의회에 대해 규정하고 있고, 9절에서는 연방의회에 금지된 권한을 열거하고 있기에, 주어를 "합중국"이 아닌 "연방의회"로 표현한 듯하다.

기본 권리 가운데 하나로 간주되어 왔고, 대부분의 주 협약에서 반복적으로 인정되고 확인되어 왔다. 그러나 헌법[안]은 형사사건에서는 배심재판을 명시적으로 규정하고 있지만, 민사사건에서는 배심재판을 완전히 누락하고 있다. 형사사건에서 배심재판과 인신보호영장의 혜택은 이미 합중국 인민의 기본적 또는 필수적 권리 중 그 어떤 것만큼이나 유효하게 확립되어 있다. 그렇다면 연방헌법을 채택하면서 왜 지금 그런 권리는 [헌법에 별도로] 규정하면서 다른 모든 권리는 누락했는가, 혹은 최소한 몇 가지 예외 — 소급입법과 귀족 칭호 등을 금지하기로 다시 합의한 것 — 를 제외한 다른 모든 권리를 누락했는가. 우리는 이 헌법을, 만일 채택된다면, 인민의 최고 법이라고 생각해야 한다. 이후 이를 해석할 때 우리와 우리의 후손들은 헌법의 자구와 정신을 엄격히 준수해야 하고, 어떤 경우에도 그것을 벗어나서는 안 된다. 연방헌법을 해석할 때 주 헌법을 참조하는 것은 불가능할 뿐만 아니라 부적절할 것이다. 주 헌법은 완전히 별개의 문서이며 하위의 법이다. 게다가 인민들이 지금 일정한 기본 권리들을 [연방헌법에서] 확립한 것은, 그렇게 하지 않으면 그런 권리들이 연방 체제의 일부로서 보장받지 못할 것이라고, 혹은 연방의 운영에서 기본적인 것으로 간주되지 못할 것이라고 생각하고 있음을 강하게 시사한다. 나아가, 그것과 동일한 권리들이 주 헌법에 의해 확립되고 인민에게 보장되어 있음에도 불구하고 지금 우리가 [연방헌법에서] 그것을 공인하는 것은, 그런 권리가 기존의 주 체제에 의해 위태로워졌고 또한 재확립되지 않는다면 새로운 사회체제에 의해 소멸되거나 불안정해질 것이라고 인민들이 생각하고 있음을 의미한다. 게다가 인민들이 그렇게 꽤 여러 가지 권리를 확립하면서도 비슷한 상황에 처해 있는 다른 권리들에 대해 완전히 침묵한다는 것은, 인민들이 후자의 권리를 포기하려 하거나 최소한 그것에 대해 무관심하다는 것을 명백히 시사할 것이다. 따라서 일반적인 이성의 원칙으로부터 추론된 권리는 사회의 일상적 문제들 속에서 그 근거가 불확실해지고 확인하기 어렵기 때문에, 그리고 연방헌법을 제정하면서 인민들도 그런 권리들이 그런 상황에 있음을 이해하고 그에 따라 그중 일부를 열거하고 규정하는 쪽으로 나아가는 모습을 분명히 보여 주었기 때문에, 인민들은 자신들이 가치 있고 신성한 것으로 간주한 모든 것을 [헌법에] 규정했다는 결론에 이르게 된다. 그렇다면 특히 [정체를] 창설하는 인민들은, [이후에] 연방 법률을 제정하고 집행할 때 조금이라도 문제가 될 수 있는 개인의 모든 권리를 모든 원칙에 기초해 자세히 열거하고 확립해야만 한다. 나는 이미 형사사건과 함께 민사사건에서 배심재판의 우수성과 중요성에 대해 논평한 바 있다. 형사사건에서만 그것을 확립하지 말고 [민사사건까지 포함하여] 보편적으로 그것을 확립해야 한다.[4] 왜 이 문제에 관해 40~50개 단어로 된 조항 대신에, 이 나라에서 항상 사용되어 온 언어를 사용하여 "합중국 인민은 항상 배심재판을 받을 권리를 가진다."라고 말하지 않는가. 이런 언명은 인민들이 여전히 이 권리를 신성하게 여기고 있음을 보여 줄 것이며, 연방의회에 대해 이 나라의 관례와 관습에 따라 모든 소송 사건에서 배심재판을 실질적으로 보존하도록 명하게 될 것이다. 내가 앞에서 말했듯이, 우리가 원하는 것은 바로 배심재판이다. 각 주에서 여기에 덧붙인 사소한 부속물과 수정은 바닷속의 물 한 방울에 지나지 않는다. 배심재판은 모든 자유 정부의 한결같은 특징이다. 우리가 보존해야 할 것은 하찮은 형식적 조항들이 아니라 본질이다.

소급입법 금지, 배심재판, 인신보호영장의 혜택 등은 합중국 인

4) 보다 자세한 논의는 「브루투스 편지」 14(1)번 참조.

민이 보통법의 절차에 따라 재판 과정에서도 누릴 자격이 있는 더 없이 귀중한 권리 중의 일부에 불과하다. 이런 권리는 뉴욕주, 서부 준주 등에서 하는 것처럼 보편적 단어로써 보장할 수도 있다. 이들 주의 경우, 합중국 인민은 항상 해당 주에서 사용되고 확립되어 온 보통법 절차에 따른 사법절차를 누릴 권리가 있다고 선언하고 있다. [하지만] 많은 주에서 그랬던 것처럼, 그리고 영국에서 그랬던 것처럼, 이런 사법절차에서 인민들이 누릴 수 있는 개개의 필수적 권리들을 열거하는 것이 아마도 더 나을 것이다. 이 경우, 인민은 다음과 같이 선언하게 될 것이다. 즉, 누구든지 위법행위에 대해 충분히 설명 듣기 전에는 그에 대해 답변할 의무가 없으며, 자신에게 불리한 증거를 제출할 의무도 없다. 육군과 해군 관할 안에서 일어난 범죄를 제외하고는, 누구든 대배심에서 먼저 기소되기 전에는 사형이나 불명예스러운 형벌을 받을 수 있는 범죄로 재판받지 아니한다. 모든 사람은 자신에게 유리한 모든 증거를 제시하고 자신에게 불리한 증인을 대면할 권리를 가진다. 모든 사람은 자유롭게 그리고 지체 없이 재판을 받을 권리가 있다. 모든 사람은 자신의 신체, 집, 서류 또는 소유물에 대한 모든 부당한 수색과 압수로부터 안전할 권리를 가진다. 그 근거가 사전에 선서에 의해 뒷받침되지 않고 수색, 체포, 압수의 대상자나 물품이 특별히 지정되지 않는 모든 영장은 이런 권리에 위배되는 것으로 간주된다. 어떤 사람도 동등한 자들[즉 배심원]의 평결이나 이 나라의 법률에 의하지 않고는 추방되거나 인신이나 재산이 침해당하지 아니한다. 한 저명한 저술가는 이 마지막 항목에 대해, 그 자체로 정치사회의 모든 목적을 포괄한다고 할 수 있다고 말했다.[5] 이런 권리들이 필연적으로 확보

5) Blackstone, *Commentaries of the Laws of England* III, 379.

되는 것은 아니다. 그것은 단지 소수의 국가에서 확립되거나 향유될 뿐이며, 대체로 영국과 아메리카의 법률에 특유하게 명문화되어 있는 권리들이다. 그런 법률의 시행에서 개인들은 오랜 관습이나 대헌장, 권리장전 등에 의해 그런 권리들을 누릴 자격을 갖게 되었다. 처음에 개인들은 의회 제정 법률에 의해 인신보호영장의 혜택을 누릴 권리를 갖게 되었다. 우리 주들의 경우 개인들은 대체로 법원의 사법절차에서 이런 권리와 혜택을 누릴 자격을 가지고 있다. 하지만 연방헌법이나 연방 법률에 의해 보장되고 확립되지 않는 한, 개인들이 연방 법원에서도 당연하게 그런 권리와 혜택을 누릴 자격을 갖거나 그것을 주장할 권리를 갖는 것은 결코 아니다. 분명 우리는, 연방 소송절차에서 인신보호영장의 혜택을 주장할 수 있는 것과 마찬가지로, 배심재판을 받을 권리, 변호인을 둘 권리, 증인을 직접 대면할 권리, 부당한 수색영장으로부터 안전을 보장받을 권리 등을 주장할 수 있을 것이다. 연방헌법이 이 모든 것에 대해 침묵하고 있더라도 그러할 것이다. 하지만 전자를 [연방헌법에서] 규정한 것은 그렇게 하지 않고는 그런 권리를 주장할 수 없다는 증거가 될 것이다. 그리고 후자를 [연방헌법에서] 빠트린 것은 그것을 포기하거나 또는 중요하지 않게 여긴다는 의미가 될 것이다. 이런 것들은 개인들이 계약에 의해 획득한 권리와 혜택이다. 개인들은 계약에 따라 그것을 요구해야 하며, 그렇지 않다면 태곳적부터의 관습에 따라 요구해야 한다. 적어도 이 나라에서 태곳적부터의 관습에 따라 그것을 주장할 수 있을지는 의문이다. 따라서 우리는 일반적으로 헌장이나 헌법과 같은 계약에 따라 그것을 주장해야 한다.

연방헌법을 채택함으로써 인민은, [주와] 별개의 새로운 사법부와 법원을 설치하고 그 내부의 모든 소송절차를 규제할 수 있는 보편적 권한을 연방의회에 부여하게 된다. 단 이런 권한은, 앞의 서한에서 언급한 여덟 가지 사항과 추가 사항 한 가지 — 개인들이 인신

보호법의 혜택을 누려야 한다 — 의 제약을 받게 된다. 따라서 만일, 주로 문제가 되는 권리들을 보장하는 아무런 [헌법] 조항도 없는 상태에서 연방의회에 법원을 설립하고 그 소송절차를 규제할 수 있는 보편적 권한이 주어진다면, 연방의회가 그런 권한을 행사해 그것도 합헌적으로 행사해 그런 권리를 파괴하지는 않을까? 내 생각으로, 그런 권리는 조금도 보장되지 않을 것이 확실하다. 실제로 어떨지는 불확실할 뿐이라는 점을 인정한다고 하더라도, 인민이 그런 소중한 권리를 누려야 한다는 데 모두 — 그런 권리가 별로 혹은 아무런 가치가 없다고 생각하는 듯한 극소수의 사람을 제외하고 — 가 동의하고 있으므로, 그런 권리를 확보하고 모든 의심을 제거하는 것이 신중하고 현명하지 않겠는가? 만일 필요하다면, 그런 권리들의 가치와 정치적 중요성을 보여 주는 많은 견해들을 추가할 수도 있다.

헌법은 연방의회에 육군을 모집하고 유지할 수 있는 포괄적 권한을 부여한다. 포괄적 권한은 부수적인 권한과 목적 달성에 필요한 수단을 수반한다. 이런 권한의 행사와 관련하여 군인들을 주민들의 집에 숙영시키는 것을 금지하는 조항이 있는가? 당신은 그런 것은 없다고 답할 것이다. 숙영은 때때로 군대를 유지하는 데 필요한 조치로 간주될 수 있다. 인민은 어떤 원칙에 따라 이 부담에서 면제될 권리를 주장할 수 있는가? 인민은 아마 이 나라의 관행과 일부 주 헌법의 조항을 [면제의 근거로] 주장할 것이다. 인민은 다음과 같은 대답을 듣게 될 것이다. 그래서 면제된다는 인민들의 주장은, 본질적인 것이 아니라 단지 관습과 의견에 근거한 것에 불과하며, 기껏해야 일부 주 헌법의 규정 — 효력이 국지적이고 열등하며 중앙정부에 대해 조금의 통제권도 없는 — 에 근거한 것일 뿐이다. 나아가 인민은 연방헌법을 채택했는데 그 헌법은 몇 가지 권리를 언급하고 있지만 이런 면제에 대해서는 전혀 언급하지 않았으며, 인민은 해당 사안과 관련하여 포괄적 권한을 [연방 정부에] 부여했으므로, 그 효력에 따라 인민의 주장은 정당하게 무효화된다. 비록 숙영으로 인해 우리가 즉각적인 위험에 처하게 되리라 추정할 수는 없겠지만, 개인들에게 특히 소중하고 자유 정부의 영속성과 지속성에 필수적인 그런 [숙영 거부] 권리를 논란의 여지 없이 [헌법에] 확립하는 것이 적절하고 올바를 것이다. 탁월한 어느 저술가는, 항상 자유를 누리고 있는 영국인들은 종종 그 자유의 가치를 망각하곤 한다고 말한다.[6] 지금 우리 형편은 그다지 좋은 것 같지 않다. 우리는 어떤 경우에는 자유를 남용하기도 했었다. 우리 가운데 많은 사람들은, 활력이나 강제력 혹은 다른 어떤 용어로 불리는 것 — 자유라는 용어만큼이나 모호하게 사용되는 — 을 얻기 위해 자유를 팔아넘기려는 마음을 갖고 있다. 오락과 패션만큼이나 정치에도 변화와 참신함에 대한 크나큰 열망이 종종 존재하는 것이다.

언론의 자유는 근본적 권리이며 세금이나 관세 등을 포함한 그 어떤 수단에 의해서도 제한당하지 않아야 한다는 데에 모든 당파들이 명백히 동의한다. [그렇다면] 단지 그런 것[세금 등에 의한 언론 자유의 제한]에 대한 의구심만 있다고 하더라도, 인민들이 연방헌법을 채택할 때, 왜 그런 의구심을 표명해서는 안 되는가? 하지만 [신헌법] 옹호자들은 위탁되지 않은 모든 권한은 유보된다고 말한다. 이는 사실이다. 하지만 큰 의문점은, 그것이 행사되는 과정에서 이런 권리를 파괴할 수 있는 그런 권한이 [연방 정부에] 주어지지 않았는가라는 것이다. 자유 언론에 대한 인민 또는 출판인의 요구는 근본법, 즉 인민이 만든 협약과 주 헌법에 근거를 두고 있다. 이런 헌법을 폐기하거나 변경할 수 있는 인민은 이 권리를 폐기하거나 제한

---

6) De Lolme, *The Constitution of England* II, ch. 21에 대한 언급인 듯하다.

할 수 있다. 이는 특정 단어를 사용함으로써뿐만 아니라 포괄적 권한을 부여함으로써도 이루어질 수 있다. 주 헌법에 따라 주장되는 어떤 권리도 연방헌법에 따라 만들어질 연방 법률에 대항할 수 없다. 따라서 문제는, 연방의회가 연방헌법에 따라 어떤 법률, 특히 언론에 영향을 미칠 법률을 만들 권한을 가지게 될 것인가이다. 제1조 8절에 의하면, 연방의회는 조세, 관세, 수입세 및 소비세를 부과하고 징수할 권한을 갖게 된다. 이 조항에 의해 연방의회는 모든 종류의 세금을 부과하고 징수할 권한을 갖게 될 것이 틀림없다. 주택, 토지, 인두, 기업, 상품 등에 대한 세금, 증서, 채권 및 모든 문서에 대한 세금, 영장, 소송 및 모든 사법절차에 대한 세금, 면허증, 세관 문서 등에 대한 세금, 신문, 광고 등에 대한 세금 등등. 그리고 세관 공무원, 서기, 인쇄업자 등에게 증서를 요구함으로써 그들의 손을 거쳐 가는 [모든] 서류에 부과될 세금에 대해 책임지도록 할 수도 있다. 다른 모든 사업과 마찬가지로 인쇄업도 이윤을 초과하는 세금이 부과되면 그만둘 수밖에 없다. 재량에 따라 언론에 세금을 부과할 수 있는 권한은 언론 자유를 파괴하거나 제한할 수 있는 권한으로 보인다. 연방의회에 위탁될 권한 중에는 그것의 행사 과정에서 언론 자유에 영향을 미칠 수 있는 또 다른 권한도 있을 것이다. 분명 언론은, 그렇게 세금을 부과당하도록 또는 [언론 자유를 둘러싼] 끊임없는 해석과 추론의 대상이 되도록 내버려두기에는 너무나 중요한 것이다. 자유 언론은 상업적·공적 의사소통의 통로이다. 광대한 나라에서 인민은 언론을 통해 서로의 생각을 확인하고 단결할 수 있으며, 부적절한 조치를 취하는 통치자에 맞서 강해질 수 있다. 신문은 때로는 악습의 수단이 되기도 하고 사실이 아닌 많은 것을 전달하기도 하지만, 내 생각에 이런 것들은 여러 장점 중의 작은 불편에 불과하다. 내가 여러 번 인용했던 한 저명한 저술가는 영국의 자유를 높이 평가하면서, "언론의 자유를 최종적으로 확립함으로써 마침내 아치문에 쐐기돌을 박았다."고 말했다.[7] 나는 이 서한에서 일부 다루었던 근본적 권리들에 대해 더 길게 논의하지는 않겠다. 그런 권리들이 [연방 정부에 부여된] 보편적 권한의 행사 과정에서 침해당하지 않으려면 [헌법에서] 명시적으로 보호되어야 한다. 그 이유는 앞에서 언급했던 것과 동일하다. 그리고 그보다 중요성이 덜하거나, 침해당할 위험이 덜한 다른 몇몇 권리들 역시 적절한 방식으로 분명히 보호될 수 있을 것이다.

이제 나는 헌법에서 정부의 각 부에 부여하도록 제안하고 있는 권한들에 대해, 특히 내국세의 부과 및 징수 방식에 대해 간략히 살펴보고자 한다.

연방농부

---

7) De Lolme, *The Constitution of England* I, ch. 3.

17번
연방 정부 권한

1788. 1. 23.

귀하에게

내가 생각하기에 합중국 인민들은, 그들의 광대한 영토에서 자유롭고 온건한 정부가 존속될 수 있는 것은 [단지 외양만이 아니라] 실질적인 내용을 갖춘 연방 공화국 체제하에서만 가능하다는 의견에 전적으로 동의하고 있다. 제안된 [신헌법] 체제의 가장 뛰어난 지지자들 몇몇이 이 점을 인정한 바 있기에(그들이 공표한 고백이 보존되고 기억되기 바란다), 이 문제를 입증하는 데 시간을 쓰지는 않겠다.[1] 그렇다면 제기되는 질문은, 이 [신헌법] 체제가 어느 정도나 연방 공화국의 특징을 띠고 있는가이다. 앞의 서한에서 말했듯이, 이 체제는 주들의 통합을 향한 중요한 첫 번째 조치인 것 같다. 이 체제는 강력히 그 지점을 지향하고 있다.

연방 정체 대 통합 정체

하지만 우리가 말하는 연방 공화국이란 무엇을 의미하는가? 통합 정체란 무엇을 의미하는가? 연방 공화국을 수립하려면 먼저 공화주의 원칙에 따라 여러 개의 주를 만들어야 하고, 각 주마다 주의

---

1) 푸블리우스는 이런 주장을 인정하지 않는다. 그들의 강조점은 보다 통합된 정체, 혹은 연방 정체와 단일 정체가 합성된 정체에 놓여 있다. 「연방주의자」 9, 15, 39번 참조.

일을 내부적으로 관리할 조직된 정부가 있어야 한다. 그런 주들은 연방 지도부하에 결합해야 하고, [연방헌법에] 열거된 일정한 경우에, 일정한 제한하에서 법률을 제정·집행할 권한을 연방 지도부에 위임해야 한다. 이 지도부는 현재의 연합회의나 암픽티온 회의[2]처럼 단일 회의체일 수도 있고, 하나 혹은 그 이상의 원을 가진 입법부와 집행부, 그리고 사법부로 구성될 수도 있다. 통합 정체 혹은 안전한 단일 정체를 구성하려면, 주 정부나 지역 정부가 없어야 하며, 모든 사물과 사람 및 재산이 하나의 입법부의 법률과 하나의 집행부, 그리고 하나의 사법부의 지배를 받아야 한다. [지금 현재] 각 주 정부는, 뉴저지주 정부 등과 같이, 주의 경계 안에 있는 카운티와 타운, 시민과 재산 등에 관한 한 통합 정체 혹은 완전한 단일 정체이다. 주 정부들은 연방 지도부의 토대가 되는 기초이자 기둥이며, 또한 [그것들이] 선거 원칙 위에 성립된 것일 경우에는 전체가 함께 연방 공화국을 구성한다. 연방 공화국은 본질적으로 주 정부 또는 지역 정부의 존재를 전제로 한다. 주 또는 지역 정부는 연방 지도부의 근거가 되는 몸체 혹은 버팀목으로서, 이들이 없어지면 연방 공화국은 잠시도 존속할 수 없다. 연방 정부를 수립할 때나 연방의회 안에서 각 주는 항상 주권체로 인정되어야 한다. 하지만 내가 생각하기로, 이런 [연방] 정부를 수립함에 있어서는 인민의 명시적 또는 묵시적 동의에 의거해 주 의회가 연방협약에 동의하거나, 혹은 주 정부의 방침에 따라 그 주의 인민이 연방협약에 동의해야

---

2) [옮긴이] 암픽티온 회의Amphictionic council는 그리스의 델피 인근의 12개 부족으로 구성된 정치 연합이다. 암픽티온은 '이웃의 거주자'를 의미한다. 그 기원은 기원전 6세기경까지 올라간다. 구성원인 부족국가들은 1년에 두 번 대표자를 보내 회합했다. 회의의 주된 기능은 델피의 성소 및 신전 관리와 관련된 종교적 기능이었는데, 회원국들 간의 정치적 안정도 도모했다.

한다. 또한 나는 각 주가 연방의회에서 동등한 발언권을 갖는 것이 연방의 필수적 구성 요소라고는 생각하지 않는다. 연방 공화국이 조직되면, 각 주는 내부 치안의 관리를 위한 권한은 유지하지만, 보편적 관심사를 관리할 권한은 모두 연방에 위임해야 한다. 연방이 가져야 하는 권한의 양과 연방에 주어진 권한을 행사하는 방식은 전혀 다른 문제이다. 그리고 완전한 혹은 통합된 단일 정체와 연방 공화국 사이의 본질적 차이점 가운데 하나는 바로 권한의 행사 방식이다. 즉, 정부가 어떻게 조직되든, 세금 부과·징수 및 군대 모집 등과 같은 가장 중요한 사안에서 연방의 법률이 주州가 아니라 개인과 개인 재산에 대해 직접 작용하고 또한 민병대 등을 조직하는 데까지 확장된다면, 정부의 운영이나 법의 제정 및 집행과 관련해 그 정체는 연방이 아니라 통합 정체이다.[3]

징발제 유지·개선

내 생각을 예를 들어 설명해 보겠다. 연방이 징발을 할 경우, 각 주에 원하는 병사나 자금의 할당량을 배정하고, 각 주는 자체 법률과 관리들을 이용해 자신의 방식으로 할당량을 제공한다. 이때 주 정부는 연방과 개인 사이에 위치한다. 연방의 법률은 주에 대해서만 작용한다. 즉, 연방식으로 작동한다. 이 경우 주 의회의 회의 없이는 아무것도 이루어질 수 없다. 그러나 다른 [즉 단일 정체인] 경우에는, 주 의회가 몇 해 동안 모이지 않더라도, 연방이 자체의 법률과 관리를 동원해 개인의 돈을 부과·징수하고 병사를 징집하며 육군을 구성하는 등의 일을 직접 처리할 수 있다. 이 경우 연방의 법률은 인민의 신체와 개인 및 재산에 대해 직접 작용한다. 동일한 방

---

3) [옮긴이] 여기의 문단 구분은 독해의 편의성을 위해 옮긴이가 한 것이다.

식으로 단일의 완전한 통합 정체의 법률이 작동한다. 이 두 가지 방식은 뚜렷이 구분되는데, 그것의 운영과 결과에서 정반대의 경향을 드러낸다. 앞의 [연방] 방식은 주 정부의 존재를 필수 불가결하게 만든다. 이 방식은 세금 등을 부과·징수하는 모든 세부 업무를 주 정부의 손에 — 또한 오로지 주에 의해 임명되고 주에 의존하는 수천 명의 관리들의 손에 — 맡긴다. 뒤의 [통합 정체] 방식은 각 주의 기관을 완전히 배제한다. 세금 등을 부과·징수하는 모든 업무를 오로지 연방에 의해 임명되고 연방에 의존하는 수천 명의 관리들의 손에 맡긴다. 이 경우에 주 정부의 존재는 무의미하게 된다. [물론 이 방식에서도] 연방의회가 직접세로 총액 얼마를 징수하려 할 경우, 헌법에 의거하여 일정한 규칙 — 대부분의 주들이 언젠가부터 동의한 — 에 따라 한 주에서 그중 얼마를 징수하고 다른 주에서 또 얼마를 징수해야 하는 것은 사실이다. 그러나 이것이 문제가 되는 [통합 정체] 원칙에 어떤 영향을 미치는 것은 아니다. 그것은 단지 자의적인 할당으로부터 각 주를 보호할 뿐이다. [이와 달리] 연방 방식은 완벽하게 안전하고 바람직하며, 진정한 연방 공화국 정신에 기초한다. 주들이 연방의 합리적인 징발 요구에 대해 때때로 순응하지 않으리라는 것을 경험을 통해 확인하지 못했더라면, 연방 방식에 대해서는 그 어떤 반박이나 이견도 나오지 않았을 것이다. 징발에 의해 병사와 자금을 징수하고, 각 주들이 개별적으로 민병대를 조직하고 훈련하는 것은 연방 공화국의 기본 원칙에 일치하는 것이다. 따라서 나는 이런 방식에서 벗어날 이유가 전혀 없다고 생각한다. 다만 문제가 있다면, 주들이 때때로 합리적 징발에 응하지 않을 수 있는데, 체납한 주를 무력을 동원해 강제하려 할 경우 대개 전쟁을 야기할 수 있기 때문에 위험하다는 것 정도이다. 따라서 우리는 대책을 세워야 할 문제가 얼마나 광범위한지 면밀히 조사하여, 그 문제의 정도에 맞추어 해결책을 신중하게 한정해야 한다. 나는 [기존의] 연합 체제를 옹호하거나 또는 제안된 헌법을 있지도 않은 결함을 가지고 공격하려는 것이 아니다. 하지만 우리는 사실을 조사해야 하고, 아무 생각이 없거나 혹은 속셈을 가진 자들에 의해 또는 부주의한 관찰에 의해 사실에 덧붙여진 허울을 벗겨 내야 한다. 우리는 통합 정체에서도 병사와 자금을 징수하는 법률이 정확히 지켜지지 않는 경우가 종종 있으리라 전제해야 한다. 역사가들은 특별한 경우를 제외하고는 세부적인 징세 상황에 대해 거의 주목하지 않지만, 가장 강력한 정부들도 종종 과세를 포기했었고 또 그런 상황이 수년 동안 지속되었던 적이 있음을 우리는 충분히 입증하고 증명한 바 있다. 이런 사실들은 부과된 세금이 수년 동안 징수되지 못했음을 충분히 증명해 준다. 나는 [고대] 그리스와 네덜란드 등의 공화국에서 몇 세기에 걸쳐 [연합에 속한] 국가들이 자신들에게 할당된 징발 금액을 납부하지 않은 사례가 있었다는 데 동의한다. 그러나 주로 국방을 징발에 의존했던 이 나라들이 세금을 직접 부과한 완전한 [단일] 정체만큼이나 제때에 병사와 자금을 조달했던 적은 없었는지, 후자가 전자만큼이나 종종 병력과 자금 부족으로 곤경에 처했던 적은 없었는지 등등은 확실히 주목해 볼 가치가 있는 문제이다. 암픽티온 회의와 독일[4] 지도부는 공화국의 구성원들을 적

---

4) [옮긴이] 이 시기의 독일, 즉 1648년 베스트팔렌조약 이후 나폴레옹에 의해 신성로마제국이 최종적으로 해체되는 1806년 이전까지의 독일은, '독일 민족의 신성한 로마제국'이라는 허구적인 이름으로 조직된 300여 개의 크고 작은 국가(영방국가)들로 이루어진 느슨한 연합체였다. 제국은 비인의 '제국궁정', 베츨라의 '제국최고법정', 레겐스부르크의 '제국의회' 등의 법적 구조물로 이루어져 있었는데, 영방국가들은 사실상 독자적인 국제법의 주체였고, 이들의 주권은 제국회의, 제국법정, 제국궁정회의 등에 충성을 해야 하는 의무에 의해 제한받았을 뿐이다. 푸블리우스는 「연방주의자」 19 번에서 이 시기 독일제국의 '연합 체제'를 극히 부정적으로 평가하고 있다.

절한 방식으로 통제할 충분한 권한을 갖지 못했었다는 주장이 있다. 이것이 사실일지라도, 이런 문제점이 과연 징발 [제도] 탓이었는가? 그것은 주로, 각 구성원이 지도부의 동의 없이 외세나 주변 강대국과 자체적으로 동맹을 맺을 권한을 보유했던, 이 중요 사항과 관련된 구성원들 간의 불평등한 권한 때문 아니었던가? 어쨌든 독일은 대체로 이웃 나라들만큼 좋은 정부를 가지고 있지 않은가? 고대 그리스 공화국은 몇 세기 동안 연합을 유지했고 인류의 위대한 무대를 만들어 내지 않았던가? 유럽에서 네덜란드 정부보다 더 풍부하게 자금을 사용한 정부는 없었다. 합중국의 경우, 세금은 각 주들이 직접 부과하고, 연합은 징발이라는 방식을 통해 세금을 요구한다. 비율로 따질 때, 합중국의 징발금 대비 체납된 금액이, 주가 직접 부과한 세금 대비 체납된 금액보다 더 많다는 것이 과연 사실인가? 연합회의가 징발을 요구하기 시작한 지는 약 10년밖에 되지 않았고, 그 기간 동안 연합이 주에 요구한 자금과 병력 충원을 위한 보상금은 정화 가치로 환산하여 약 3600만 달러에 달한다. 그중 약 2400만 달러가 실제로 납부되었는데, 미납된 1200만 달러 중 상당 부분은 주들의 불이행 때문이 아니라 지폐 가치의 급격한 변동 등으로 인해 그렇게 된 것이다. 그런 변동은 [주의] 납입금을 대부분 쓸모없게 만들었고, 이는 연합으로 하여금 다른 형태의 요구를 하게 만듦으로써 간접적으로 그런 [자금] 요구를 포기하도록 유도한 것이다. 그러므로 우리는 징발 제도를 전적으로 비난하기 전에, 주들이 연합회의의 징발 요구에 부응하기 위해 얼마나 막대한 [병사] 보상금을 지불했고 또 전쟁 중에 얼마나 엄청난 노력을 기울였는지를 헤아려야 한다. 그리고 만일 평화조약 이후에 주들이 체납했다면, 그 체납이 온전히 징발 제도의 특징 때문인지, 아니면 부분적으로 다른 두 가지 원인 때문은 아니었는지 주의 깊게 살펴보아야 한다. 내가 말하는 첫 번째 원인은, 국내 부채의 이

자 상환을 위한 징발이 정당한 원칙에 근거하지 않고 있다는 광범위한 여론이다. 두 번째 이유는, 연합 정부 자체가 수입세 등을 제안함으로써 사실상 [기존의] 헌정 체계로부터 벗어났던 상황이다. 그런 개혁안은, 모든 정부 개혁안과 마찬가지로, 기존 정부의 [업무] 집행에 부주의와 태만을 낳게 된다.

전적으로 징발에 의존하는 방식을 내가 찬성하는 것은 아니다. 하지만 많은 사람들의 주장처럼 징발이 그렇게 완전히 쓸모없는 것은 아니라는 점을 입증하기 위해 몇 가지 사실을 언급하고자 한다. 나는 이런 사실들과 기타 다른 사실들이 진실된 것임을 밝히기 위해, 공공 기록에 호소할 것이고, 또한 합중국 문제에 대해 가장 잘 알고 있는 여러 공화주의 인사들에게 호소할 것이다. 평화조약 이후부터 제헌회의가 [신헌법안을] 공표할 때까지, 합중국의 가장 현명한 인사들은 대체로 어떤 한정된 자금만 있으면 연합이 목표하는 바가 충족될 수 있으리라 생각해 왔다. 그리고 비록 주들의 상황이 내가 바라는 만큼 좋은 것은 아니지만, 징세 권한 — 지금 주장되고 있는 — 을 연합회의가 줄곧 가지고 있었을 경우에 예상되는 상태보다는 더 나은 상태에 있다고 확실히 단언할 수 있다고 생각한다. 연합 정부가 정치체제에 생명과 활력을 불어넣기에 충분할 정도로 권한을 갖고 있지 못하다는 사실, 그리고 우리가 실망하고 여러 가지 불편을 겪고 있다는 사실 등은 인정한다. 하지만 단지 가혹하고 진저리나는 전쟁의 결과물인 것과 연합 체제의 결함에서 비롯된 것은 신중하게 구분해야 한다. 합중국에서는 [불과] 13년의 기간 안에 총체적 혁명이 일어났다. 그 기간 동안 전쟁으로 인한 노동력과 재산의 손실은 최소로 계산해도 3억 달러에 이른다. 우리 인민은 심한 병에서 이제 막 회복 중인 사람과 같다. 전쟁은 교역의 흐름을 방해했고, 지폐의 범람과 신용 침체를 가져왔으며, 많은 귀중한 사람들을 안정된 업무로부터 쫓아냈다. 우리가 직면한 가장 큰 폐해는 이런 근원으로부터 발생했다. 지식과 성찰이 있는 사람이라면 이런 점을 인식해야 한다. 하지만 우리는 지난 3, 4년 사이에 주택과 부동산을 보수하고 근면과 검소함과 수산업과 제조업 등을 회복했으며, 그리하여 좋은 정부와 개인적·정치적 행복의 토대를 마련함으로써 전쟁의 상처를 복구하는 데 있어 비슷한 기간에 다른 어떤 인민이 했던 것보다 더 많은 일을 행하지 않았던가? 우리는 이 나라의 현실과 사실에 비추어 판단해야 한다. 외국 신문이나 상업도시들에서 주로 발행되는 우리 신문의 관점에서 판단해서는 안 된다. 그런 상업도시들에서는 경박한 생활과 무분별한 수입, 예상치 못했던 여러 실망 거리 등이 절망감을 낳았고, 모든 것을 비관적으로 바라보는 성향을 낳았다. 우리가 느끼는 폐해의 일부는 잘못된 정부 운영 때문이라는 데에 우리 모두는 동의할 것이다. 이를 포함한 여러 사항들을 고려할 때, 단지 연합 체제의 결함으로 인해 우리가 겪고 있는 폐해는, [연방헌법의 채택으로] 보편적 자유가 상실될 때 필연적으로 나타날 그런 폐해와 비교하면, 그리고 검소하고 자유롭고 온화한 정부하에서 사람들이 누릴 행복과 비교하면, 새 발의 피에 불과하다고 나는 확신한다.

연방 정부 권한 제한 필요

지금까지 우리가 마주쳤던 유일한 위협은 연합회의에 권한을 부여하는 데 있었던 것 같다. 그리고 지금 우리가 직면하고 있는 유일한 위협은 권한을 원하고 있는 연방의회밖에는 없는 듯하다. 우리는 시정해야 할 폐해를 한 단계씩 검토하지도 않고서, 거의 모든 중요 권한을 아무런 제한 없이 연방의회에 넘기려 하고 있다. 연합 체제의 결함은 엄청나게 과장되었고, 우리가 느끼는 모든 종류의 고통을 그것에 전가해 왔다. 그런 이유로 정부 형태뿐만 아니라 정부 [구성] 원칙의 총체적 변화가 있어야 한다는 결론을 내리게 되었다. 연방의 권한을 다루는 핵심 문제에서 우리 모두는 경험이나 올바른 정치적 논증에 전혀 부합하지 않는 논리적 추론에 의존하고 있다.[5]

누군가는 이렇게 주장한다. 연방 지도부는 평화와 전쟁을 수행하고 공동방위를 제공해야 하므로 그 목표에 필요한 모든 권한을 보유해야 한다. 또한 그 목표[달성]에는 병사와 자금을 모으고 민병대를 구성할 지갑과 칼에 관한 무제한의 권한이 필요하므로, 연방 지도부는 그것을 보유해야 한다. 이런 추론은 견실하기보다는 허울만 그럴듯한 것이다. 이런 권한이 정체에 존재하여 공공의 안전을 위해 필요할 때에는 언제든 행사될 수 있도록 할 필요는 있다. 하지만, 공동방위를 보다 직접적으로 책임지는 자나 그런 자들의 집합체가 그런 권한을 아무 제한 없이 보유해야 한다는 것은 결코 진실이 아니다. 분명한 것은, 그런 자들이나 그들의 집합체가 [인민의] 자유에 대한 위협 없이 그런 권한을 보유할 수 있는 상태가 아니라면, 그 또는 그들은 그런 권한을 보유해서는 안 된다는 것이다. 자유 정부에서 지갑과 칼을 같이 맡겨서는 안 된다는 것은 오랫동안 확고한 명제로 여겨져 왔다. 우리의 현명한 조상들은 그것들을 신중하게 분리해 왔다. 칼은 왕의 수중에 두되 상당한 제약하에 맡겼고, 지갑은 오로지 하원의 손에 맡겼다. 그럼에도 왕은 평화와 전쟁을 결정하고 국가의 공동방위를 제공하는 임무를 맡고 있다. 이런 권위 있는 선례가 보여 주는 바는 최소한 다음과 같다. 즉, 정부 과학을 잘 알고 있는 국민은, 공동 방어와 사회 일반의 평온을 위임받은 자가 문제의 권한을 무제한으로 ― 혹은 상당한 정도로라도 ― 보유하는 것이 필요하거나 적절하다고 생각하지 않는다는 것이

5) 저자가 공격 대상으로 삼은 이런 논리는 「연방주의자」 23, 31번 참조.

다. 공공을 방어하는 임무를 맡고 있는 자가 그 모든 수단을 자신의 수중에 공공선과 합치하도록 독자적으로 보유할 수 있다면 편리할지도 모른다. 하지만 영국 인민은, 그들이 맞닥뜨릴 수 있는 모든 외부의 적이나 내부 소동보다도 국왕이 이런 권한을 무제한 보유하는 것이 자신들의 자유와 행복에 훨씬 더 큰 위협이 되리라는 것을 알고 있다. 따라서 그들은 제국의 수호를 국왕의 의무로 삼았지만, 그 수단을 배분하고 통제할 권한은 다른 세력, 즉 그들의 대표의 수중에 맡겼다. 네덜란드[연합]에서는 총독들이 공동방위를 책임져야 하지만, 총독들은 그 수단을 주 또는 지역 의회에 요구하는 징발에 상당 부분 의존한다. 이성과 사실이 증명하는 바에 따르면, 국가 방위와 안전에 보다 직접적으로 책임이 있는 집행관이나 연방 수장이 그 모든 수단을 배타적이고 직접적이며 독립적으로 보유하는 것이 아무리 편리할지라도, 그로 인해 공공의 자유가 위협받을 수 있다면 집행관이나 수장은 결코 그런 권한을 보유해서는 안 된다. 현명하고 자유로운 국민들이 문제의 권한들을 안전하게 맡겼던 곳은 국가 체제의 주요 구성 요소들 이외에는 없었다. 앞으로도 그럴 것이다. 영국처럼 국가 체제의 구성 요소들이 하나의 완전한 [단일] 정부를 이룬 곳에서는, 그 권한들은 분할되어 정부의 주요 구성 요소들에 맡겨졌다. 하지만 연방 공화국에는 상당히 다른 조직이 존재한다. 인민들이 이 같은 종류의 정부[즉 연방 공화국]를 형성하는 것은 대체로 영토가 너무 광대해 단일 입법부에 모이기 어렵거나 또는 완전한 단일 정체하에서는 자유의 원칙에 따라 법을 집행하기가 어렵기 때문이다. 그들은 지역적 목적과 내부 관심사를 관리하기 위해서는 자기 지역의 의회에 모이고, 보편적 목적을 위해서는 그들의 주를 연방 지도부하에 결합한다. 연방 지도부가 지역 정부들에 의존하며 지역 정부들이 설정한 한계를 넘지 않는 것이 연방 공화국의 본질적 특징이다. 왜냐하면 사실상 지역 정부들 내에서만 인민이 실질적으로 회합하거나 대표될 수 있기 때문이다. 따라서 우리가 보편적으로 보듯이, 이런 종류의 정부에서 연방의회의 권한은 소수의 수중에 있으며 그렇기 때문에 제한되고 구체적으로 열거되어 있다. [반면] 지역 의회는 강력하고 철저하게 감시되고 있으며 많은 수의 의원으로 구성되어 있다. 현명한 사람들은 언제나, 인민이 그들의 대표를 통해 실질적으로 모인 곳에 통제 권한을 맡길 것이다. [신헌법이] 제안한 체제에 따르면, 연방 지도부는 거의 모든 종류의 권한을 아무런 제한 없이 보유할 것이다. 그런 권한이 행사되면 정부의 성격을 변화시키거나 자유를 위협할 수 있다. 내가 생각하기에, 그 체제 안에서 인민은 단지 대표의 그림자만을 — 또한 그들의 권리와 자유를 지킬 방어 장치의 환영만을 — 갖게 될 것이 확실하다. 연방 공화국에서 대표 등의 [연방과 지역으로의] 분할은 자연히 그에 상응하는 과세 및 군사 권한의 분할 기탁을 요구한다. 그리고 제안된 [신헌법]안은, 본질적으로 전혀 다른 정부 원칙들을 뒤섞은 점에서 유례가 없는 것이라고 생각된다. 나는 주들이 징발 할당량을 납부하지 않은 부당한 불이행에 대해 옹호하고 싶지 않다. 그러나 해결책을 적용할 때에는 이성과 사실에 따라야 한다. 다음과 같은 사실, 즉 인민은 기존 협약에 저촉되지 않는다면 다수의 선택으로 정부를 교체할 권리가 있다는 점, 인민은 그들의 통치자를 면직할 권리가 있고 결과적으로 통치자들의 조치가 합리적인지 아닌지를 결정할 권리가 있다는 점, 자신들에게 해로울 것이라고 생각되는 조치를 적절한 대비책이라고 생각되는 방식이나 거부를 통해 언제든 중단시킬 권리가 있다는 점 등은 누구도 부인하지 않을 것이다. 이런 점들을 비롯해 기타 충분한 근거가 있는 다른 여러 사항들 — 굳이 언급할 필요가 없는 — 을 고려할 때, 다음과 같은 질문이 떠오른다. 정부의 활력뿐만 아니라 [인민의] 안전까지 보장하려면 연방 지도부에게 어떤 권한을 위임해야 하는가? 나는 경험과 이성, 그리고 사실이 가리키는 안전하고 적절한 중간 지점이 존재한다고 생각한다. 정부를 조직할 때 우리는 경험과 현재 상황이 지시하는 한도까지만, 그리고 다가올 시간을 합리적으로 고려하여 연방에 권한을 부여해야 한다. 미래의 상황이 우리의 예상과 반대로 연방으로의 추가적 권한 이양을 요구한다면, 우리는 아주 용이하게 그렇게 할 수 있다. 그것은, 우리가 지금 무분별하게 위탁하려는 권한을 되찾는 일보다 훨씬 쉬울 것이다. 제안된 [신헌법] 체제는 아직 심승되지 않은 것이다. 솔직한 옹호자들이나 반대자들은, 그것이 어느 정도는 시안에 불과하며 [정부] 조직이 취약하고 불완전함을 인정한다. 확실히 그렇다면, 그 체제에 조심스럽게 권한을 부여하는 것이 안전한 방안일 것이다. 그리고 통상적 요구에 충분히 대응할 수 있는 권한을 부여했다고 확신한다면, 일반적인 상황에서는 필연적으로 쓸모없거나 남용하게 되고 비상한 상황에서는 매우 불확실한 결과를 가져올 것이 틀림없는 그런 권한들의 위임에 대해서는 극히 신중해야만 한다.

교역 규제 권한 및 수입세를 통한 세금 부과·징수 권한을 연방에 부여함으로써 우리는 연방에 광범위한 권한과 함께 풍부한 자금을 항구적으로 제공하게 된다. 이는 연방의 현재 수요에 아주 적절한 것이라고 생각된다. 마찬가지로 소비세와 직접세는 각 주들의 현재 수요에 적합한 것이 될 것이다. 주 정부들은 현재 연합 정부보다 네 배 정도 비용이 많이 든다. 그리고 각 주들의 부채를 합치면 거의 연합의 부채만큼이나 많다. 평화조약 이후 우리의 수입관세는 다른 세원만큼이나 풍부했는데, [신헌법하에서 예상되는] 단일의 보편적 규제 체제하에서는 그런 관세가 상당히 늘어날 가능성이 크다. 사실 [신헌법에서] 제안된 대표[체계]로는, 합중국이 반드시 가져야 하는 권한들 외에, 수입세를 통해 세금을 부과할 수 있는 무제한의 권한까지를 연방의회가 갖는 것이 정당화되기는 어렵다. 어떤 사람들은, 만일 연방의회가 오직 수입세 징세 권한만을 보유한다면 무역에 과중한 세금 부담이 가해질 것이고, 또한 연방 조세가 비상 상황의 긴급 요구에 대응하기에 충분치 못할 것이라고 주장한다. 이런 주장에 대해 나는, 교역은 대체로 알맞은 수준에 스스로 자리 잡을 것이며, 그것에 부과되는 부당한 부담을 자연스럽고 필연적으로 덜어 낼 것이라고 응답할 수 있다. 나아가 만일 연방의회가 수입세를 독점하고 그에 더해 소비세와 직접세를 통한 무제한의 자금 조달 권한까지 갖게 된다면, 연방과 주라는 두 과세 권력이 소비세와 직접세를 지나치게 확대할 위험이 훨씬 더 커질 것이다. 이들 세금에는, 무역에 부과되는 세금이 갖고 있는 자연적 한계가 없기 때문에 특히 그러할 것이다. 하지만 연방의회가, 인지세, 소비세, 직접세 등과 같은 내국세를 통해 재원 조달을 하지 못하도록 제안하려는 것이 나의 의도는 아니다. 내 의견은 연방의회 특히 신헌법에서 제안하고 있는 그런 연방의회 조직으로는, 연방 방식에 엄격히 부합하는 경우를 제외하고는, 내국세를 통한 재원 조달을 해서는 안 된다는 것이다. [여기서 말하는] 연방 방식이란, 주가 지나치게 오랫동안 자신의 징발 분담금을 납부하지 않는 경우 이외에는, 항상 주 정부의 중개를 통해 재원을 조달하는 것을 말한다. 또한 인민 대다수를 대표하는 대부분의 주 의회들이, 소비세법이나 징발 분담금 요구 안건이 [연방 정부로부터] 주 의회에 회부된 이후의 차기 회기에서, 그런 요구가 부적절하다고 정식으로 결의하는 경우에는, 결코 연방의회가 내국세를 부과해서는 안 된다는 것이다. 우리가 항상 기억해야 할 것이 있다. 우리가 경계해야 할 ― 우리 자신과 다른 사람들의 경험에 의해 밝혀진 ― 폐해는, 단지 주들이 자신들의 할당량 납부에 소홀했던 것뿐이라는 점이다. 그리고 납부하지 않은 주들의 할당량을 이자와 함께 부과하고 징수하는 연방의 권한은 그런 폐해에 대한 충분한 대응책이 된다는 점이다. 위에서 언급한 예외적 경우를 제외한다면, 우리는 이런 연방 방식을 통해 통상적인 법 절차에 따른 세금 징수 수단을 확보하는 동시에 주에 강요나 강압을 가하는 폐해를 방지할 수 있다. 또한 자유로운 연방 공화국에서는 지금까지 결코 받아들여진 적이 없고 [앞으로도] 받아들여질 수 없다고 확신하는 그런 상황 — 즉, 전적으로 연방에 따르는 수천 명의 관리들이 각 주의 곳곳에 깊숙이 들어와서 연방 세금을 사정하고 징수하는 영구적이고 지속적인 연방 세법 체계 — 을 방지할 수 있다. 그리고 우리는 이 모든 원칙에 기초해 다음과 같이 [헌법에] 규정해야 한다. 즉, 연방은 수입세와 기타 다른 세금 등을 통해 조달한 모든 세입에 대해 정확한 회계 보고를 해야 한다. 연방의 목적을 위해 수입세 수입을 넘어서는 세입이 필요할 경우, 그러한 필요 세입에 대해서는 각 주에 징발 분담금을 요청해야 한다. 주어진 기간 내에 주에서 분담금을 납부하지 않는 경우를 제외하고는, 연방이 세금 부과 및 징수 권한을 행사해서는 안 된다. 이런 방식은 이 문제의 이치와 [연방] 정부의 정신이 강력히 지시하는 바이다. 그리고 내 생각으로는, 연방 공화국에서 연방의회의 권한이 직접세나 소비세를 통한 자금 징수에까지 보편적으로 미쳤던 경우는 결코 없었다. 이런 모든 제한 장치를 만든다 하더라도, 세금 문제에서 연방의 권한은 여전히 너무나 무한할 것이다. 따라서 추가적인 견제 장치가 필수 불가결하다고 생각된다. 연방 정부에서 실행 가능한 최대의 완전한 대표가 실현된다고 하더라도 그것이 충분한 안전 장치를 제공해 주리라고 생각되지 않는다. 정부의 힘과 인민의 신뢰는 주로 지역 의회에 결집될 것이 틀림없다. 연방 지도부를 이루는 모든 구성 부문들은 취약함에도 불구하고 큰 권력을 불안하게 맡게 될 것이 틀림없다. 자신을 구성하는 부문들이 옳다고 받아들일 수 있는 것보다 더 많은 권력을 가진 정부는, 그 권력을 남용할 가능성이 클 뿐만 아니라 스스로의 부담을 감당할 수도 없을 것이다. 그런 정부는 권력의 부족으로 인해 약화되고 붕괴되는 것만큼이나 빨리 [너무 큰] 권력의 압박으로 인해 멸망할 수도 있다.

연방 체제에서 [중앙정부에 대한] 견제를 강화하고 부당한 결탁과 위력을 방지하는 두 가지 추가적 방법이 있다. 첫째는 세금을 부과하고, 육군을 모집·유지하며, 해군을 창설하고, 민병대 계획을 수립하며, 군대 유지 자금을 승인할 때에는 연방 대표 대부분 — 3분의 2 또는 4분의 3 — 의 출석을 요구하고, 이런 중요 사안에서 법률을 통과시킬 때에는 출석 의원 3분의 2 또는 4분의 3의 동의를 요구하는 것이다. 둘째는, 연방 지도부의 특정한 중요 법률 — 징발이나 소비세에 의한 자금 징수 등과 같은 — 은 주 의회에 제출하도록 하고, 주 의회들 중 일정 수, 즉 인민 과반을 대표할 정도로 많은 주 의회들이 승인하지 않으면 효력을 갖지 못하게 하는 것이다. 이런 견제 장치를 둘 다 채택하는 것이 바람직한지, 어느 하나만 채택하는 것이 바람직한지는 판단하지 않겠다. 두 가지 모두 여러 연방 공화국들에 실재해 왔음이 확인된다. 전자는 [지금의] 연합 체제에 실제로 존재하며, 제안된 헌법안에도 하원에 의한 대통령 선출, 의원 제명, 상원에서의 조약 체결과 탄핵 심판, 양원에서의 헌법 수정 등과 같은 몇몇 안건에서 그런 견제 장치가 존재하게 될 것이다. 후자는 네덜란드[연합]에 존재하는데, 그 강도는 훨씬 세다. 첫 번째 견제 장치는 다음과 같은 원칙에 기초한다. 즉, 그런 중요 안건들이 때로는 최소 정족수에 불과한 의원들 — 아마 몇몇 주 출신의 의원들 — 에 의해 채택될 수 있으며, 또한 연방 대표의 단순 과반은 흔히 귀족이나 지역사회의 특정 이해관계나 연고 또는 파당에 속해 있을 수 있고, 일반 이익과 양립할 수 없는 동기나 견해, 성향 등에 의해 지배될 수 있다는 것이다. 두 번째 견제 장치의 근거가 되는 원칙은, 인민은 오직 그들의 주 의회나 지역 의회에서만 실질적으로 대표되리라는 것, 그들의 주된 안전 장치는 주 의회나 지역 의회에서 발견될 것이 틀림없다는 것, 따라서 주목을 끄는 그런 안건에 대해서는 주 의회나 지역 의회가 궁극적으로 헌법적 통제권을 가져야 한다는 것 등이다.

나는 종종 다음과 같은 주장을 듣는다. 우리 인민들은 [정치적·공적 사안에 대해] 잘 알고 있고 억압적인 정부에 굴복하지 않을 것이며, 주 정부들은 언제든 기꺼이 인민의 옹호자가 되어 그들의 신뢰를 얻고 그들과 혼연일체가 되어 그들의 모든 요구와 의견에 함께 하리라는 것이다. 이는 모두 사실이다. 하지만 그렇게 인민의 수호자로 인정받는 주 정부가 인민에게 해로운 연방의회 법률의 통과를 저지할 수 있는 어떤 권한도 사회 협약의 형태로 보유하지 못한다면, 그런 상황들이 무슨 소용이 있겠는가? 주 정부들은 [연방] 법률이 시행되는 것을 가만히 서서 지켜봐야만 할 것이다. 주 정부들은 불평과 청원을 할 수 있을 것이다. 개인들도 그렇게 할 수 있을 것이다. 주 정부의 일원들은 극단적인 경우에 정당방위의 원칙에 따라 저항할 수 있을 것이다. 인민이나 개인도 그렇게 할 수 있을 것이다.

통치자들의 권한과 비교해 인민이 가지는 권한의 크기는 광대한 영토일 경우가 작은 주일 경우에 비해 훨씬 크다는 주장이 있다.[6] 그 반대가 사실이 아닐까? 작은 주에서는 인민들이 단결해 일제히 그리고 힘차게 행동할 수 있지만, 넓은 영토일 경우 통치자들은 단결하기가 더 쉬운 반면 인민들은 그렇지 못할 것이다. 인민들은 각 지역의 의견들을 결집하기가 불가능하고, 서로 다른 곳으로 움직이며, 한 지역이 다른 지역과 종종 대립하곤 하기 때문이다.

공화국의 연방 지도부는 기껏해야 전반적으로 취약하고 의존적

6) 「연방주의자」 28, 10번 참조.

이 될 것이며, 인민들은 연방과의 모든 분쟁에서 자신들의 지역 정부를 편들고 지원할 것이라는 주장도 있다.[7] 사실을 인정하자. 취약한 조직에 권한을 쌓아 올려 줌으로써 [우리가 처한] 애로를 해결할 수 있는 방법이 있을까? 이 혼합 공화국에서 세부 업무의 운영은 주로 지역 정부에 의존하는 것이 현실이다. 만일 지역 정부가 없으면 인민들은 비참해질 것이다. 사회적인 행복의 상당 부분은 국내의 [공정한] 사법 운영과 치안 유지에 달려 있다. 신민의 행복은 군주의 화려함이나 정부의 힘과는 전혀 다른 요인에 달려 있다. 인간 본성의 가장 탁월한 모범이라 할 최고의 인물들이 가장 신중하게 관심을 기울인 것은 전자[즉 신민의 행복]이다. 폭군들과 압제자들이 항상 목표로 삼았던 것은 후자[즉 군주의 화려함과 정부의 힘]이다.

연방농부

---

7) 「연방주의자」 17, 27번 참조. 「브루투스 편지」 11번 참조.

18번
연방 정부 권한

1788. 1. 25.

　　귀하에게

　　제헌회의에서 제안한 연방 지도부의 권한은, 주 정부나 지역 정부와 완전히 독립적으로 완벽히 실행될 수 있다. 그와 같은 권한의 절반이라도 보유했던 연방 지도부는 아직까지 구성된 적이 결코 없다고 나는 확신한다. 설령 주 의회들이 연방 상원 의원 선출과 [대통령] 선거인 지명을 위해 6년과 4년에 한 번씩밖에 모이지 않는다 하더라도, 연방 지도부는 장기간에 걸쳐 다음과 같은 사안에 대한 모든 법률을 제정할 것이고, 그 자체의 법원과 관리 및 규정을 통해 그런 법률을 완전히 실행할 것이며, 일반 복리를 위해 필요하다고 생각되는 모든 범위까지 그렇게 할 것이다. 즉, 세금을 조달하고 금전을 차입하고 화폐를 주조하고 또한 그것을 사용하며, 육군과 해군을 만들고 통제하고 그 작전을 지시하며, 외국과의, 주 상호 간의 그리고 인디언 부족과의 통상을 규제하며, 파산, 도량형, 우편국과 우편 도로, 지상과 해상에서의 포획 등을 규제하며, 균일한 시민권 부여 규정을 확립하고 과학과 유용한 기술의 발전을 촉진하며, 공해상에서 발생한 해적 행위와 중죄, 합중국의 통화 및 유가증권의 위조 범죄, 그리고 국제법에 위배되는 범죄 등을 규정하고 처벌하며, 모든 해상 문제를 규제하며, 민병대를 조직하고 무장시키고 규율하며(단, 민병대 훈련과 장교 임명은 각 주가 담당), 필요할 때 민병대를 소집하고 합중국 군무에 복무하는 자들을 다스리며, 가로세로 10마일[약 256제곱킬로미터]을 초과하지 않는 연방 도시 및 요새·무기고·조병

창·조선소 및 기타 필요한 건물을 세우기 위해 양도된 장소를 독점
적으로 통제하며, 나포 인허장을 수여하고 전쟁을 결정하며, 상원
의원과 하원 의원의 선거 시간·장소·방법을 규제하며, 모든 조약을
제정하고 체결하고 이를 집행하며, 연방의 헌법·법률·조약에 따라
발생할 보통법과 형평법상의 모든 소송사건, 주 법에 따라 발생할
소송사건, 대사와 그 밖의 외교사절 및 영사, 합중국과 개별 주 또
는 다른 주의 시민들, 외국이나 외국 신민 등이 당사자인 모든 소송
사건에 대해 판결하며, 연방 관리를 탄핵하고 심판하며, 선거를 결
정하고 의원을 제명하는 등등. 우리는 열거된 이 모든 권한을, 그것
의 모든 범위와 다양한 부문에 걸쳐 검토하고 예상해야 한다. 나아
가 헌법에 언급된 소수의 제약 조건만 준수하면 연방 지도부가 마
음대로 행사할 수 있는 최고 권한인 연방 권한을 완전히 파악하기
위해서는, 연방 지도부가 그런 권한과 관련된 모든 법률을 제정할
수 있는 — 또한 헌법에 의해 연방과 연방의 모든 부서 및 관리에
게 부여된 모든 권한을 완전히 행사하는 데 필요한 모든 법률을 제
정할 수 있는 — 완전한 권한을 가질 것이라는 점을 고려해야 한다.
사실 현재로서는 그런 권한의 범위를 완전히 파악하는 것은 불가능
하다고 생각한다. 우리는 불확정적인 방대한 권한이 허술한 조직에
위임된다는 것은 알지만, 무수한 부문에 걸쳐 있는 그 모든 권한들
을 식별하기란 수개월 혹은 수년의 조사를 통해서도 불가능할 것이
다. 취약한 손[1]에 맡겨져 있는 이런 권한들은, 권력과 명성에 대한

---

1) [옮긴이] 연방 의원을 '취약한 손'이라 표현한 것은, 제도적 견제 장치가 미
비(예를 들면 임기 종료 이후 공직 취임 가능)하여 그들이 외적 유혹에 취약하
리라는 의미와 함께, 연방 정부에 나아가려는 자들 스스로가 권력욕·명예
욕 등을 가진 자들일 것이기에 부패와 권력 남용 등에 취약하리라는 부정
적 평가를 담고 있다.

욕망과 야망을 이루기 위한 매혹적 대상이 될 것이 분명하다.

그러나 [헌법] 지지자들은 그런 권한들이 활기찬 연방 정부를 구성하기 위해 모두 필요하며, 공동방위와 일반 복리를 위해 모두 연방의 수중에 있을 필요가 있다고 말한다. 이런 중대한 문제들에 있어서 그들은 목적으로부터 수단으로, 다시 수단으로부터 목적으로 오가며, 끊임없이 순환논법을 되풀이하고 있는 것 같다. 나는 이 서한들을 통해, 이런 권한들 가운데 일부는 연방이 손에 맡길 필요가 없으며, 다른 일부는 더 나은 견제 장치하에서 행사되어야 하며, 일부는 주들의 중재를 통해 행사되어야 한다는 것을 충분히 입증했다고 생각한다. 일부는 이미 고찰했었고, 일부는 내가 생각하기에 반박당할 여지가 없는 것들이기에, 이 마지막 편지에서는 나머지에 대해 간략히 언급하고자 한다.

연방 정부 군 통제권 제한

한 나라의 세입은 물론 군대까지 통제할 수 있는 권한에 대해서는 심각하게 주의할 필요가 있다. 여기서 다시 한번 전제해야 할 것이 있다. 연방 공화국은 여러 구성 부분들로 이루어진 복합체로서, 각 구성 부분들이 전체에 필수적이라는 것이다. 따라서 그런 체제를 진정으로 지지하는 사람이라면, 항상 각 부분의 보호와 보존을 염려할 것이고, 이를 위해 각 부분이 자기 몫의 당연한 권력과 영향력을 보유하게 되기를 열망하리라고 생각한다. 또한 그런 지지자라면, 그 체제의 한 부분[즉 연방 정부]은 헌법에 의해 모든 면에서 무장 — 심지어 결국에는 자신의 존재마저 파괴할 정도로 — 하고 있는데 다른 부분[즉 주 정부]은 헌법적으로 무방비 상태에 놓여 있는 것을 보게 될 경우 크게 우려하리라고 생각한다.

자유로운 나라의 군사력은 대체로 세 가지 종류로 생각할 수 있다. 1. 민병대, 2. 해군, 3. 정규군. 이 모두는 항상 문민 권위에 엄격하게 종속되어야 하고 또 그렇게 인식되어야 한다. 정규군과 선발選拔 부대는 명백한 필요성이 없다면 계속 유지되어서는 안 된다. 아마 이런 취지의 헌법 조항은 너무나 개괄적이어서, 군대가 문민 권위에 항상 복종해야 한다는 점을 인민과 군인들의 마음속에 각인시키는 것 외에는 큰 도움이 되지 못할 것이다. 군대를 안전하면서도 자유 정부에 유용한 것으로 만들기 위해서는 특별한 주의와 좀 더 명확한 여러 조항들이 대단히 필요하다. 인민들이 별개의 의회 [즉 연방의회와 주 의회]에 모이는 연방 공화국에서는 그중 일부가 [권한의] 제한 범위를 넘지 못하도록 하는 많은 조항들이 필요하다. 완전한 단일 정체일 경우에는 그런 조항들이 단일 의회에 모인 전체 [대표]에 대한 불필요한 견제가 될 수 있지만 말이다. 민병대는 적절하게 구성될 경우 사실 인민 그 자체이며, 정규군을 상당 부분 불필요하게 만들 수 있다. 민병대를 구성하고 무장시키고, 민병대 장교를 임명하고, 또한 그들을 지휘하는 권한은 매우 중요하다. 연방 공화국에서는 그런 권한이 정부의 어느 한 구성 부분에만 위임되어서는 안 된다. 첫째, 헌법은 선발 민병대에 대한 진정한 방어 장치를 보장해야 한다. 이를 위해서는 [헌법에서], 민병대는 항상 잘 조직·무장되고 훈련된 상태로 유지되어야 하며, 과거부터 내려온 국가의 일반적 관례에 따라 무장 가능한 모든 남성을 포함해야 한다고 규정해야 한다. 그리고 공동체에 대해 영속적 이해관계나 애착을 갖지 않는 선발 민병대나 군인들로 구성된 별개의 조직을 설립함으로써 일반 민병대를 무방비의 쓸모없는 상태로 만드는 규정들은 모두 취소되어야 한다. 이런 원칙의 가치와 신뢰성을 여러분에게 확신시키는 데에는 많은 말이 필요 없으리라 확신한다. 이 원칙은 보편적 자유와 자유롭고 온건한 정부의 지속을 소중히 여기기 때문이다. 이 원칙이 헌법에 의해 잘 확립되면, 연방 지도부는 통일된 일반 계획을 수립하고, 각 주는 이에 따라 민병대를 구성·훈련하고 장교를 임명하며 그들을 전적으로 관리해 나가게 될 것이다. 다만 예외적으로 민병대가 연방에 복무하도록 부름받는 경우에는 연방의 지휘와 통제를 받게 될 것이다. 이 방식은 [정부의] 활력과 [인민의] 안전을 결합하고 있다. 또한 이 방식은, 재산도 없고 원칙도 없으며 사회와 정부에 대한 애착도 없는 사람들 — 대개 평시 편제의 선발 부대는 이런 사람들로 구성된다 — 의 수중이 아니라, 공동체에 확고한 이해관계를 가진 사람들의 수중에 칼을 쥐어 줄 것이다. 이 방식에 따르면, 민병대는 곧 인민이며, 주 정부의 직접적 관리를 받는다. 다만 공동 방어와 사회 일반의 평온을 위해 필요할 때에는, 통일된 연방 계획에 따라 연방의 임무에 종사하고 연방의 지휘와 통제를 받게 된다. 그러나 지체 높은 양반들은 다음과 같이 주장한다. 일반 민병대는 대부분 가정에서 사적인 일에 종사하기 때문에, 그들을 쉽게 소집하거나 그들에게 의존하는 것은 불가능하며, 따라서 우리는 선발 민병대를 확보해야 한다. 내가 이해하기로 그것은 특별한 부대이거나 아니면 가정에서 할 일이 별로 없는 사람들과 청년들로 구성된 부대로서, 공공의 비용으로 어느 정도 특별히 훈련을 받고 무장을 갖추고서 항상 전장에 나갈 준비가 되어 있는 부대이다. 이런 부대는 정규군과 크게 다르지 않으므로 일반 민병대에 대한 무관심을 초래할 것이다. 그 결과 가족과 재산을 가진 믿음직한 사람들은 대체로 무기도 없고 그 사용법도 알지 못하는 무방비 상태가 될 것이다. 하지만 자유를 지키기 위해서는 인민 전체가 항상 무기를 소지하고 특히 젊을 때에 그 사용법을 똑같이 배워야 한다. 그렇다고 해서 모든 사람이 모든 경우에 실제로 복무에 참여해야 한다는 것은 아니다. 선발 민병대를 지향하는 사람은 정말로 반공화주의 원칙의 영향을 받은 것이 분명하다. 진정한 공화주의자라면, 많은 사람들이 그런 [반공화주의] 원칙을 실천하려는 성향을 보이거나 또는 그들이 우세할 때에는 언제든 조심스럽게 경계하는 것이 당연하다. 추가적인 견제 장치로서, 어떤 주의 민병대도 주 의회의 명시적 동의 없이는 주어진 기간을 초과해 연방에 복무할 수 없다는 규정을 [헌법에] 추가함이 적절할 것이다.

해군에 관해서는, 나는 그것이 주 정부와 어떤 연관성을 가질 수 있다고는 보지 않는다. 해군을 운용할 필요성의 부족과 연방 자금의 부족이 해군에 대한 적당한 제한 장치가 될 것이다. 해군을 설립하고 증강하는 법률은, 이전 서한에서 언급했던 모든 중요 법률과 마찬가지로 군사 및 자금 문제를 다루기 때문에, 앞서 언급했던 것처럼 의원 대다수의 출석과 출석 의원 대다수의 동의를 요구함으로써 견제될 수 있을 것이다.

[헌법안] 제1조 8절에 의하면, "연방의회는 민병대의 조직, 무장 및 훈련에 관한 규칙을 정할 권한을 가진다." 규칙을 정할 권한이 통일된 일반 계획을 규정할 권한보다 더 많은 것을 의미하는가? 그리고 각 주는 민병대를 구성하고 훈련하기 위한 법률(그러한 일반 계획에 부합하는 범위 내에서)을 통과시켜서는 안 되는가.

인류의 현 상태나 전쟁 수행 상황을 보면, 모든 국가의 정부가 정규군을 모집하고 유지할 수 있는 권한을 갖는 것은 당연하다. 문제는 이 권한을 어떻게 위임할 것인가이다. 영국처럼 인민이 그들의 대표에 의해 단일 의회에 모이는 완전한 단일 정체에서는, 별 어려움 없이 그런 권한은 당연히 그 의회에 위임된다. 그러나 [정부] 조직이 연방 지도부와 지역 정부로 구성되는 연방 공화국에서는, 그 권한을 안전하게 단독으로 위임받을 수 있는 단일 부분은 없다. 제1조 8절에 의하면, 연방의회는 군대를 모집하고 유지할 권한을 가진다. 제1조 10절에 의하면, "어떠한 주도 연방의회의 동의 없이 …… 평화 시에 군대나 군함을 보유할 수 없"다. 연방이 군대 모집을 총괄하는 것은 적절하며, 연방은 두 가지 방법으로 이를 수행할 수 있다. 주에 대한 징발을 통해, 또는 직접 세금을 통해. 첫 번째 방법은 연방 방식에 가장 잘 부합하고 안전한데, 다음과 같이 개선할 수 있다. 즉, 주가 불이행한 할당량을 연방이 자체의 법률과 관리를 통해 징발하고 나서 그 뒤에 그 비용을 [주에] 청구할 수 있는 권한을 [연방에] 부여함과 동시에 주 의회에 징발 거부권을 부여 — 일정한 정족수를 요건으로 — 하는 것이다. 주 정부가 자금과 민병대에 대해 적절한 통제권을 가질 수 있다면, [연방의] 군대 모집 권한의 위험 요소는 줄어들 것이다. 그러나 연방에 너무 많은 족쇄를 채우지 않으면서도 우리가 취할 수 있는 모든 예방 조치를 취한 후에는, 이런저런 사안에서 연방에 많은 권한을 부여해야 할 것이다. 매우 적절하게 추가할 수 있는 한 가지 견제 장치가 있다. 연방의회에서 매년 통과되는 법률에 의해서만 육군을 유지할 수 있도록 하고, 육군 유지를 위한 자금의 지출 승인도 1년을 초과하지 못하도록 하는 것이다. 이는 영국의 헌법적 관행인데, 이런 견제 장치를 도입할 이유는 합중국이 훨씬 더 클 것 같다. 또한 이러한 법안은 앞서 언급했던 특별 다수에 의해 통과되도록 요구할 수 있을 것이다. 연방 체제의 진정한 정신에 기초한 것처럼 보이는, 보다 신중한 또 다른 [견제] 방식이 있다. 정부의 어느 한 구성 부분에만 안심하고 맡길 수 없는 권한은 분할하는 것이 적절한데, 이에 더해 그 권한의 집행 방식을 변경함으로써 그 권한의 효과를 실질적으로 보존하고 또한 정부에도 지속성을 보장하는 것이 바람직할 것이다. 그런 방식이란, 일정수를 넘지 않는 병력 — 말하자면 평시에는 2000명, 전시에는 1만 2000명 — 은 직접 소집을 통해 징집하고, 더 필요한 추가 병력은 앞서 언급했던 대로 조건부 징발을 통해 모집할 수 있는 권한을 연방의회에 부여하는 것이다. 위에서 인용한 헌법 조항[즉 제1조 10절]에 따르면, 어떤 주도 평시에는 군대 등을 보유할 수 없다. 이것은 분명히 전시에는 그렇게 할 수 있음을 의미한다. 이는 원칙적으로 연방이 공화국의 모든 부분을 방어할 수는 없다는 것을 전제로 하며, 헌법안이 제안한 체제의 전반적 의도인 주 정부를 무장 해제시키는 것과는 모순되는 방안 — 즉, 전쟁이 길어질 경우 주는 인접국들에 대항하기에 충분한 군대를 모을 수 있다는 것 — 을 시사하고 있다. 이 조항은 연합[규약]의 것을 베낀 것인데,[2] 연합[체제]에서 이 조항은 제안된 [신헌법]안의 그것보다 훨씬 더 중대한 의미가 있었다. 왜냐하면 제안된 [신헌법]안에서 개별 주의 세입은 아마 소규모에 불과[해서 군대 모집 능력도 취약]할 것이기 때문이다.

파산법과 연방 도시 문제

제1조 8절에 의해 연방의회는 합중국 전역에 걸쳐 균일한 파산법률을 제정할 권한을 가진다. [연합 체제에서] 개별 주들은 언제나 파산법, 민병대법, 그리고 기타 몇몇 사안에 대한 법률 등을 제정할 권한을 보유하고 행사해 왔다고 할 수 있다. 신헌법이 채택되면 그에 관한 입법권은 연방에 부여될 것이다. 그러나 헌법에는 [이 사안들에서] 각 주들의 관할권을 배제하는 그 어떤 단어도 없다. 주들이 배제될지 아니면 주들과 연방이 공동 관할권을 가질지 등은 추론에 의해, 그리고 문제의 성격에 의해 결정되어야 한다. 예를 들어, 파산 문제에 관해 균일한 법률을 제정할 수 있는 권한이 그 본질상 분할 불가능한 것이거나, 두 의회가 [동시에] 행사 — 각자 독립적으로든 상호 보완적으로든 — 할 수 없는 것이라면, 주들은 [관할권에서] 배제될 것이다. 심지어 연방이 균일한 파산법 제정을 소홀히 하거나 제정이 불가능한 것으로 판단하더라도, 주들은 그 문제에

---

2) [옮긴이] 연합규약 제6조는 "어떠한 주도 평시에 상비군을 유지할 수 없다. 다만, 연합회의가 판단하기에, 그 주의 방위를 위하여 필요한 요새에 주둔할 필요가 있다고 인정되는 인원수는 예외로 한다."라고 규정하고 있다.

대해 전혀 입법을 할 수 없을 것이다. 균일한 파산법 제정이 어느 정도나 실현 가능한 것으로 연방에 의해 확인될지는 오직 시간만이 결정할 수 있을 것이다. 이 나라의 규모나 이 나라의 각 지역들이 신용에 대해 갖고 있는 — 또한 사람들의 재산에 채무 상환 의무를 부과하는 방식에 대해 갖고 있는 — 아주 다른 생각들을 고려하면, 연방은 그런 법을 제정할 수 없을 것이라는 결론을 꽤 확실하게 내릴 수 있으리라 생각된다. 그러나 좀 더 깊이 생각해 보면, 설령 그런 법률의 제정이 가능하다고 하더라도, 연방이 그런 권한을 가져야 한다고는 생각되지 않는다. 그것은 연방 지도부에 부수적으로 속하는 적합한 권한으로 보이지 않으며, 그 어떤 연방 지도부도 그런 권한을 소유했던 적이 없다고 생각된다. 그런 권한은 각 주의 내부 치안, 특히 같은 주 시민들 간의 법 집행에 즉각적이고 광범위하게 개입할 수 있는 권한이다. 이 권한을 연방에 부여함으로써 우리는 연방 사법부의 관할권을 크게 확장하게 될 것이다. 왜냐하면 파산법이 연방의 법률이 되는 이상, 파산법에 따른 모든 재판 — 심지어 같은 주의 시민들 사이에서 발생하는 것까지 — 은 연방 법원에 회부될 것이기 때문이다. 이런 법률에 따른 다른 주의 시민들 사이의 소송이, 그리고 연방 도시의 법률에 의해 거의 모든 민사 소송이, 과도한 법적 허구의 지원 없이도 연방 사법부로 빨려 들어갈 수 있다고 생각된다. 우리는 연방 법원의 관할권이 불필요하게 확장되지 않도록 주의해야 하고 항상 이를 의식하고 있어야 한다. 그 이유에 대해서는 반복할 필요가 없을 것이다. 이 권력 조항 역시 일부는 연방적이고 일부는 비연방적인 성격의 권한들을 연방의 수중에 상당히 축적시키게 될 것이다. 이 조항이 없더라도 연방의 권한은 너무나 크다.

헌법에 의하면, 연방의회는 연방 도시로 불리는 가로세로 10마일[약 256제곱킬로미터]을 초과하지 않는 장소, 요새·조선소 등의 용도로 양도받은 모든 장소 등에 대해 유일하고 독점적인 지배권을 가진다. 나는 이것이 연방 공화국에서 [이전에 없던] 새로운 종류의 규정이라고 생각한다. 그것은 연방 정부의 정신과 모순되며, 연방 지도부와 주 정부 간의 적대 경향에 대한 우려에 근거한 것이 분명하다. 그리고 연합회의가 필라델피아에서 갑작스럽게 철수한 사건이 그런 우려를 갖게 만든 첫 계기가 되었을 가능성도 없지 않다.[3] 그런 우려로 인해, 어떤 주의 법률도 침범할 수 없는 외딴 장소와 도시, 그리고 방어용 요새 등을 연방 정부가 소유하도록 규정하게 된 것이다. 이 규정이 가져올 결과를 주의 깊게 검토해 보면 그 끝이 어디일지를 가늠하기 어렵다. 100제곱마일[의 토지]을 품는 가로세로 10마일의 연방 도시 또는 국가 도시는 런던의 약 네 배에 달한다. 또한 연방의회는 요새, 무기고, 조병창, 조선소 및 기타 필요한 건물을 세우기 위해 각 주에 여러 장소 또는 타운을 소유할 수 있다. 주 의회가 양도하지 않는 한 연방의회가 그것을 소유할 수 없는 것은 사실이다. 하지만, 일단 한번 양도되면 그것은 결코 회수될 수 없다. 또한 주 의회의 일반적 기질은 그런 양도를 싫어하겠지만, 동조하는 의회나 특정 정파들이 처한 형편이나 상황을 연방 정부가 이용할 수도 있다. 상당한 수의 타운이나 지역이, 무절제한 시기에 또는 반공화주의 원칙의 영향을 받아서, 위의 규정

---

3) [옮긴이] 1783년 6월, 펜실베이니아주에 주둔해 있던 대륙군 병사들이 필라델피아로 진군하여 연합회의 건물 주변을 포위하고 급여 미지급 사태에 항의하면서 연합회의 대표들을 위협하는 사태가 발생했는데, 펜실베이니아주 주 정부가 즉각적이고 충분한 보호 조치를 제공하지 않았기 때문에, 연합회의 대표들은 급히 뉴저지주의 프린스턴으로 피신해야 했다. 이 사건은 연합회의가 주 정부의 호의와 보호에 지나치게 의존한다는 사실을 드러냈고, 이후 연방헌법의 수도federal city 조항의 필요성을 촉발한 계기로 평가된다.

에서 언급된 용도로 연방에 양도되기를 청원할 개연성도 없지 않다. 최고의 공화국에도 기회가 있을 때마다 자신들의 정부에서 이탈하려고 하는 사람들과 심지어 타운들이 존재하는 것이다. 만일 [연방 도시에 관한] 문제의 규정이 이탈을 시도하도록 유혹한다면 상황은 더 심각해질 것이다. 주의 인민들은 연방 세금뿐만 아니라 주 세금도 내야 하지만, 연방 도시나 장소들은 연방 세금만 내면 될 것이고, 그것도 고정된 비율로 부과되지 않을 것이다. 또한 그곳에서 징수된 세금에 대해 개별 주들은 연방의회에 그 어떤 회계 보고도 요구할 수 없을 것이다. 주 정부로부터의 완전한 이탈을 향해 열린 이런 문은, 또 다른 이유로 궁정의 날개 밑에 있는 곳을 선호하는 반공화주의자들에게 매우 매혹적이고 만족스러운 곳이 될 것이다.

연방의회와 공직자 거주용으로 연방 도시가 필요하다면, 그것은 작은 도시여야 한다. 그리고 그 도시에 대한 통치권은, 공화주의와 보통법 원칙에 기초해야 하고, 헌법에 의해 신중하게 열거되고 확립되어야 한다. 주들이 장소를 양도하면서, 그곳에 대한 연방의회의 법률과 통치권이 항상 이런 원칙에 따라 구성되어야 한다고 규정할 수 있는 것은 사실이다. 하지만 주의 규정이나 양도되는 곳의 주민에 대한 규정이 연방의 힘을 막아 내기에는 — 나아가 연방에 의한 점진적인 권리침해를 막아 내기에는 — 별 도움이 되지 않으리라는 것은 쉽게 짐작할 수 있다. 그런 원칙은, 모든 주들이 당사자가 되는 연방헌법에 의해 확립되어야 한다. 하지만 어떤 경우에도 주 정부의 법률과 관할권으로부터 완전히 벗어난 거대한 도시와 요새 부지 등이 필요하지는 않을 것이다. 내가 헌법을 제대로 이해한다면, 합헌적으로 만들어진 연방의회의 법률은 합중국의 모든 영토에서 모든 연방 문제에 대해 완전하고 최종적인 관할권과 공해에 대한 배타적 관할권을 가질 것이다. 그리고 이런 관할권을 가지는 것은 최고의 권위인 인민의 동의에 의한 것이다. 연방이 웨스트포

인트의 10에이커[약 4만 제곱미터] 땅을 연방 요새로 사용하거나 또는 항구도시를 조선소로 사용한다고 가정하면, 그곳의 연방 해군과 부대 및 모든 연방 물건에 대해서는 연방 법률이 우선해야 하고, 모든 판사와 관리는 연방 법을 인지하고 그에 따라 집행해야 한다. 하지만 나는 그곳에서 단순한 주의 문제들, 예를 들어 주 세금의 징수나 채무의 회수, 주의 법률에 따라 발생하는 재산 문제의 판결, 단순히 시민들이 주 법을 어기고 저지른 절도나 침입 등의 범죄에 대한 처벌 등등에 대해 주 법률의 시행을 배제할 어떤 이유도 발견할 수 없다.

연방이 배타적 관할권을 갖는 도시와 모든 장소는 완전한 단일 정부, 즉 연방 지도부 정부의 직접 통제하에 놓일 것이다. 그것은 어떤 주의 일부도 아니며, 따라서 합중국의 일부도 아닐 것이다. 연방 도시와 장소의 주민들은, 캐나다와 노바스코샤Nova Scotia[4]의 주민들이 그러하듯이, 주 정부의 법률과 통제에서 면제된다. 세금, 민병대, 범죄, 재산 등에 관한 주 정부의 어떤 법률도 그들에게 미치지 않는다. 이 도시와 이런 곳의 주민들이 자유 원칙에 기초한 법률의 지배를 받아야 한다는 단 하나의 규정도 헌법에 존재하지 않는다. 이런 곳의 법률 — 연방의회의 법률일 것이 틀림없는 — 에 따라 발생할 모든 민사 및 형사 재판은 연방 법원에서 판결할 것이다. 또한 연방 법원이 합리적이라고 생각할 수 있는 법적 허구[5]에 의해 연방 도시나 장소들 안에서 발생했다고 간주될 수 있는 모든 문제

---

4) [옮긴이] 캐나다 자치령(1867)을 구성한 최초의 네 개 주 가운데 하나이다. 1605년 프랑스인들이 이곳을 식민지화했고, 1621년 이후 스코틀랜드의 식민지 개척자들이 오면서 분쟁이 시작되었는데, 1713년 이 지역을 영국에 할당한다는 위트레흐트조약이 체결되었다. 미국 독립 전쟁이 발발하자, 약 3만 5000명의 영국 정부 지지자Loyalist들이 이곳에 이주했다.

5) [옮긴이] 법적 허구 개념은 「브루투스 편지」 12(2)번의 각주 6 참조.

는 연방 법원에 제기될 수 있다. 또한 매우 일반적인 법적 허구에 의해 그 어떤 사적 계약이든 그것이 임의의 어떤 장소에서 이루어졌다고 간주될 수 있다. 조지아주에서 체결된 계약이 펜실베이니아주의 연방 도시에서 체결된 것으로 간주될 수 있는 것이다. 법원은 허구를 인정할 것이고, 이런 소송사건들에서 계약이 실제로 어디에서 체결되었는지를 심각한 문제로 삼지 않을 것이다. 연방 구역의 주민이 당사자가 될 수 있는 모든 **소송**은 당연히 연방 법원에 제기될 수 있다. 또한 소송의 한쪽 당사자가 자신이 연방 구역의 주민이라는 주장을 제기하고 그것이 부인되지 않는 경우에도 역시 연방 법원에 소송이 제기될 수 있다. 그리고 외국 국가나 신민, 연방, 주, 다른 주의 시민 등이 실제로 또는 합리적인 법적 허구에 의해 당사자가 될 수 있는 모든 소송 등도 연방 법원에 제기될 수 있다. 따라서 내가 염려하는 것은, 파산법, 연방 구역 등과 같은 수단을 통해, 거의 모든 사법 업무가 일반적인 사법절차에서 근본적으로 벗어나지 않으면서도 연방 법원으로 이송될 수 있다는 점이다.[6] 영국의 법원은, 앞에서 언급했던 그런 [법적] 허구와 가정을 통해 그들의 권한을 획득하고 관할권을 매우 크게 확장했었다. 이런 점에서 헌법은, 우리가 거의 생각하지 못한 결과들을 조만간 펼쳐 보일 그런 원칙들과 근거들 — 거의 숨겨져 있는 — 을 내포하고 있음이 분명하다. 사법 권한 및 소송과 관련해 생각해 볼 때, [연방 정부의] 시민권 부여 권한도 매우 의심스럽다. 바로 이 연방헌법에 의해, 각 주의 시민은 소송을 제기하고 법률의 이익을 청구하는 등의 일반적 목적에 있어서 모든 주의 시민으로 인정된다. 그리고 법원은, 같은 주 시민들 사이의 통상적인 소송의 관할권을 [해당 주의 법원이 아닌]

6) 「브루투스 편지」 12번 참조.

연방 법원에 부여하기 위해, 원고 자신은 이 주의 시민이고 피고는 다른 주의 시민이라는 원고의 주장을 허용하지 않겠는가? 소송사건을 자신의 재판관할권으로 가져오기 위해, [영국에서] 왕좌법원이나 재무 법원이 사용해 왔던 그런 수단에 의한 법적 허구를 전혀 사용하지 않고서도 말이다. 나아가 연방 도시와 구역들은 어떤 주와도 완전히 구별될 것이며, 주의 시민은 당연히 연방 도시와 구역의 시민이 될 수 없을 것이다. 그리고 연방 도시와 구역의 특권과 면제를 이용하려면 연방의회에 의해 그곳의 시민권을 받아야 하지 않을까? 그리고 연방의회는 주의 시민들 가운데 일부를 연방 도시와 구역의 시민권자로 만들 수 있지 않을까? 그렇게 하여 그들에게 모든 소송사건에서 연방 법원에 소송을 제기하거나 그곳에서 [자신을] 변호할 수 있는 자격을 부여하지 않을까? 나는 이 점에 대해 염려하고 있고, 현명한 여러 사람들도 그러하다. 이런 문제는 법원의 규칙과 판별력, 법적 허구 등에 의해 법원에서 해결될 것이 틀림없다. 이와 같이 복잡하고 어려운 많은 문제들을 방지하기 위해, 또한 연방 사법권의 과도하고 불필요한 확장을 방지하기 위해, 연방 구역은 허용되어서는 안 될 것 같다. 또한 작은 타운을 제외하고는 연방 도시와 타운도 허용되어서는 안 된다. 그런 작은 타운에서의 통치권은 공화주의적이어야 한다. 또한 그곳에서 연방의회는, 다른 [일반적인] 주의 주민들에 대한 것과 공통되는 것을 제외하고는, 그곳의 주민들에 대한 관할권을 가져서는 안 된다. 연방이 그런 작은 타운에서 요구할 수 있는 것은, 연방 건물 건축용 토지에 대한 권리, 연방 건물과 재산, 연방 자체의 구성원과 관리 및 고용인 등에 대한 포괄적 관할권 정도가 아닐까? 연방은 모든 연방 물건에 대해서는 어디에서든 당연히 완전한 관할권을 갖게 된다. 나는 여전히, 적어도 그 소송이 매우 중요한 것이 아닌 한, 다른 주의 시민들 사이의 소송을 연방 법원에 제기할 수 있도록 허용해서는 안 된다고 생각한다. 시민이나 외국인이 주 정부를 상대로 한 소송도 마찬가지이다. 또한 매우 중요한 것이 아닌 한, 외국인이 당사자인 소송도 연방 법원에 제기되어서는 안 된다. 고백하건대 나는, 외국인이나 다른 주에 속하는 시민들이 연방 법원에 하찮은 소송을 제기해야 하는 이유를 도저히 찾을 수 없다. 주 법원이 연방 법원보다 더 나은 원칙에 기초하며 또한 법 집행도 더 잘할 수 있다는 것은 경험을 통해 알 수 있으리라 생각한다.

대규모의 연방 도시와 연방 구역, 연방 사법권의 확장 등으로 인해 발생하리라고 추정되는 그런 난점과 위험 요소들은, 단순한 가능성에 그치는 것이 아니라 [실제로 일어날] 개연성이 높다. 나는 이런 문제들, 특히 연방 도시로 인해 치명적인 정치적 결과가 뒤따를 것이라고 생각한다. 아주 명백한 근거들이 있는데, 그중 몇 가지를 언급하고자 한다.

주의 시민들은 연방 세금뿐만 아니라 주 세금도 부담해야 하지만, 연방 도시와 구역의 주민들은 연방의회가 부과할 세금만 부담하리라는 사실에 주목해야 한다. 우리는 모든 인민이 자유 정부와 보통법의 원칙에 충실할 것이라고 가정해서는 안 된다. 그중 상당수는 공화주의 원칙에 따라 통치되지 않는 도시를 선호할 것이다. 그 도시와 그 도시의 통치권의 특징은, 그곳의 상태나 제도 등을 보고서 모인 사람들의 특징에 따라 형성될 것이다. 그 도시는 생산적 노동이나 상공업 또는 제조업 등의 용도가 아니라 정부와 관리들 및 수행원들의 거주 용도로 건립될 것이다. 시간이 지나면 교역과 산업의 장소가 될 수도 있겠지만, 도시의 법률과 통치권의 특징이 확립되어 갈 초기에 그 도시는 단지 궁정에 불과할 것이다. 그 부속물인 집행부, 연방의회, 법원, 운과 쾌락을 쫓는 신사들이 모일 것이고, 모든 관리들과 수행원들, 소송인들, 채용 예정자들과 그 식구들이 모일 것이다. 이 무리들이 아무리 빛나고 훌륭하다 할지라도,

그들로부터 단순하고 검소한 공화주의나 자유와 온화한 정부에 대한 진지한 애착 ― 자유로운 인민들 중의 근면한 일원들에게 소중한 ― 을 기대한다면 우리는 가장 확실하게 자신을 기만하게 될 것이다. 이 초기의 무리는 전국 각지에서 정치적으로 비슷한 부류의 사람들을 끌어들일 것이다. 우리는 그들이 이미 그곳으로 향하고 있는 것을 목격하고 있다.

100제곱마일[약 256제곱킬로미터]을 포함하는 그 도시는 곧 거대하고 화려하고 휘황찬란한 중심지, 유행의 여왕, 정치의 원천이 될 것이다. 이 도시의 언론은 자유로울 수도 있지만 구속된 것일 수도 있다. 이 도시로부터 퍼져 나온 풍조 ― 그 원천의 부패 여부에 따라 유해할 수도 청정할 수도 있는 ― 가 전국을 뒤덮을 것이다. 하지만 나는, 자유의 고결한 친구들을 고통스럽게 만드는 이 주제에 더 이상 머물지 않기 위해, 단지 한마디만 덧붙이고자 한다. 순수하고 소박하고 검소한 공화주의 지도부를 형성할 수 있는 힘을 가지고 있는 자유롭고 계몽된 인민들이 그렇게 부패와 예속에 빠지기 쉬운 대규모 공동 지도부 ― 예상되는 그 도시의 미래상 ― 를 만든다는 것이 과연 있을 수 있는 일인가.

연합하에서는 연합회의가 자신의 관리와 고용인을 통치할 권한이 없기에, 연합회의가 특별한 관할권을 갖는 연합 도시가 편리할지도 모른다. 하지만 새 헌법하에서는 연방 도시가 없더라도 연방의회는 당연히 그 관리와 고용인에 대해 필요한 모든 권한을 갖게 될 것이다. 실제로 연방의회는 헌법에 언급된 모든 연방 문제에 대해 완벽한 권한 체계를 갖게 될 것이다. 따라서 연합 시기의 연합 도시의 존재 이유는 신헌법하에서는 결코 존재하지 않게 될 것이다. 배심재판이 연방 도시에서 인정된다고 하더라도, 주에 대한 애착이나 공화주의적 덕성을 가진 사람들이 과연 연방 도시 배심원에 의한 재판에 승복하겠는가.

기타: 헌법 수정 절차 등

지금까지 내가 헌법안의 몇몇 부분들에 대해 좀 더 자세히 논평했는지 몰라도, 아주 광범위하고 또한 많은 부분에서 설명하기 곤란한 주제들을 검토함에 있어서 나의 일관된 목표는 중요하지 않은 사안은 피하고 또 그렇게 본질적이지 않은 사안에 대해 오래 끌지 않는다는 것이었다. 내가 보기에, 징발을 주에 할당하는 규칙은 11개 주들에 의해 꽤 오래전에 합의된 것으로서 이제 정리된 것으로 판단된다. 연방의회가 21년 후에 노예 수입을 금지할 수 있다는 규정은, 바랐던 만큼 좋은 것은 아니라 하더라도 진전된 것이다. 교역에서의 독점은 아마 어떤 경우에도 유용할 수 없으므로, 이를 금지하도록 명시적으로 규정하는 것도 나쁘지 않을 것이다. 집행유예와 사면 권한은 좀 더 신중하게, 몇 가지 제약 조건하에 위임되었으면 좋겠다. [신헌법 제1조 9절을 보면] 나는 [관직에 있는] 개인이 외국 군주 등의 선물, 관직 또는 칭호 등을 받는 것을 왜 의회가 승인할 수 있어야 하는지 그 이유를 모르겠다. 연방 정부뿐만 아니라 주 정부도 이 체제의 필수적 구성 부분인데, 관리들이 하는 선서가 왜 명백히 [연방헌법만 지지하고, 주 헌법까지 포함하는] 전체 체제를 지지하지 않는지 모르겠다.[7] [연방헌법] 제1조[8] 8절 및 제6조를 검토해 보면, 연합에 대한 채무와 연합으로부터 받을 채무와 관련해, 연방헌법은 그 채무들이 연합규약하에서와 동일한 근거 위에서 연방헌법하에서도 유효하게 존속하도록 할 의도라고 생각된다. [헌법] 수정에 관한 조항에서는, 어떤 주도 자신의 동의 없이는 상원에서의 동등한 투표권을 박탈당하지 아니하며, 주들의 4분의 3의 동의로

---

7) [옮긴이] 연방헌법 제6조 3항 참조.

8) [옮긴이] 원문에는 제4조로 되어 있는데 제1조의 오기인 듯하다.

수정을 할 수 있다고 규정되어 있다. 인민 다수파의 손발을 묶는 규정은 빈번한 [헌법 체제] 변경 움직임을 방지한다는 한 가지 목적에는 부합할 수 있다. 하지만 다수파를 구속하려는 시도는 대체로 협약 파괴의 유인을 제공한다. 약 7년 전에 모든 주들은, 모든 주들이 변경에 동의하지 않는 한 연합이 변경 없이 유지되어야 한다는 데 동의했었다. 하지만 지금 우리는, 제헌회의와 네 개 주들[9]이 구 연합을 파기하고 아홉 개 주만 참여하면 아홉 개 주로 구성된 새로운 연방을 설립하는 데에 동의한 것을 목격하고 있다. 만일 우리가 과반[의 찬성]으로 연합을 변경한다는 데에 동의했었더라면, [주들의] 과반의 동의가 나머지를 구속했을 것이다. 하지만 이제 우리는 모든 주들이 변경에 동의하지 않거나 혹은 [나머지 주들이] 헌법 채택을 계속하지 않으면 구 연합을 깨뜨려야만 하는 상황에 처해 있다. 아홉 개 주가 헌법을 채택하더라도 그것이 헌법 [비준] 찬반을 둘러싼 인민들의 분열과 거의 동일하고 위험한 분열을 야기하지 않을지, 그리고 그런 상황이 발생할 개연성을 무릅쓸 만큼 나라의 상황이 위태로운지, 내가 판정하지는 않겠다. 13개 주의 연합이 별개의 조약과 존재 형태하에서 [외국과] 체결했었던 [과거의] 모든 조약의 혜택을 새로운 연방 협약하에서 아홉 개 주들이 청구할 수 있는지, 또한 새로운 연방이 구 연합에서 기인하는 채무를 되찾을 수 있는지, [새로운 연방에서] 제외된 주로부터 받아야 할 세금을 회수할 수 있는지 등의 여부는 나중에 결정하도록 남겨 두겠다.

---

9) [옮긴이] '네 개 주들'이란 필자가 이 서한을 작성할 시점에 연방헌법을 비준한 주들을 말하는 듯하다. 참고로 이 서한의 날짜(1월 25일) 기준으로 연방헌법을 비준한 주는 델라웨어주, 펜실베이니아주, 뉴저지주, 조지아주, 코네티컷주 등 총 다섯 개였다.

우리 나라는 광대하고 구성원들을 뭉치도록 압박할 외부의 적이 없기 때문에, 구성원들의 결속은 강력한 내부 유대에 의존해야만 한다는 주장은 타당하다.[10] 나는 이런 주장을 하는 분들과 단지 한 가지 점에서 이견을 가지고 있다. 그들은 상당한 수준의 내부 통합을 통해 유대를 강화해야 한다고 주장하는 반면, 나는 순수한 연방 원칙에 따라 유대를 형성하고 강화하는 것을 목표로 한다. 헌법안에 대해 제기된 귀중하고 필수적인 여러 수정안들의 운명이 어떻게 될지 모르지만, 그것이 충분한 토론과 정당한 반론을 받게 된다면 좋은 효과를 가져다줄 것이다. 그런 수정안들은 온화하고 신중한 정부 운영을 만들어 내고, [신헌법의] 전체 체제의 바퀴를 올바른 원칙 위에서 굴러가게 할 것이다. 또한 진정한 공화주의 원칙과 믿음이 이 나라에 여전히 살아 있고 강력하다는 것을 증명해 줄 것이다. 이런 점을 고려할 때, 그 [신헌법] 체제를 악용하려는 마음을 가진 사람들조차도 [실제로] 그렇게 하기로 결심하기까지는 오랫동안 망설일 것이라고 믿는다. 우리가 처한 상황에 대한 고려나 기타 많은 문제들 때문에 다수가 이 헌법의 채택을 마지못해 따를 수는 있지만, 합중국 인민의 대다수는 이 헌법이 많은 부분에서 진정한 공화주의 원칙과 연방 원칙으로부터 경솔하고 과도하게 이탈해 있다고 생각하고 있음이 분명하다.

연방농부

공화주의자에게

---

10) James Wilson, "Philadelphia ratifying convention", McMaster and Stone, *Pennsylvania and the Federal Constitution, 1787-1788*, 앞의 책.

옮긴이 해제

1. 연방주의·반연방주의 갈등의 역사적 배경

이 책은 미국 건국 과정의 산물이다. 보다 구체적으로 말하면 '아메리카합중국'이라는 근대국가의 형성 과정에서 그 정체의 근원이 된 연방헌법federal constitution 제정을 둘러싸고 전개되었던 대논쟁의 기록이자 산물이 이 책인 것이다. 연방헌법안 제정을 주도하고 헌법안 비준을 주창했던 연방주의자들federalists에 맞서 연방헌법안을 비판하면서 비준에 반대했던 세력이 반연방주의자들anti-federalists이었고, 그들이 남긴 기록의 일부가 이 책에 실린 두 편의 논문집이다.

이처럼 이 책은 1780년대 말 아메리카라는 구체적 시공간에서 연방헌법 제정이라는 특정 사태를 둘러싼 논쟁의 기록이기에, 이 책의 독해를 위해서는 시대적·역사적 배경에 대한 이해가 우선 필요하다.[1]

먼저 연방헌법 제정 과정이 격렬한 갈등과 논쟁 속에서 전개된 배경에는, 미국 정체의 수립이 연합규약과 연방헌법이라는 두 대안적 구상의 격돌을 거쳐 이루어졌던 특수성이 존재한다.

---

[1] 보다 자세한 내용은 알렉산더 해밀턴·제임스 매디슨·존 제이, 『페더럴리스트』, 박찬표 옮김, 후마니타스, 2019의 「옮긴이 해제」를 참조하길 바란다.

1776년 영국으로부터 독립을 선언한 13개의 아메리카 식민지들은 효과적인 전쟁 수행과 식민지들 간의 협력 강화를 위해 1777년 '연합규약' 또는 '연합헌장'The Articles of Confederation and Perpetual Union을 채택하고 13개 주의 비준을 거쳐 1781년 아메리카합중국 United States of America을 정식으로 수립하게 된다. 미국이라는 신생 국가는 '연합 체제'라는 정체로 먼저 출범했던 것이다.

하지만 연합 출범 이후 채 10년이 되지 않는 1787년 5월 필라델피아에 모인 12개 주의 대표들은, 연합규약이라는 기존의 '헌법'을 전면 폐기하는 새로운 헌법안을 제정하게 된다. 당초 필라델피아 회의는 연합규약 수정안 작성이라는 제한된 목표를 위해 소집되었기에, 신헌법안을 제정한 연방주의자들의 선택은 절차적 정당성을 결여한 초헌법적·혁명적 조치였다. 더욱 문제가 된 것은 신헌법안의 내용이었다. 그것은 연합규약 체제와 전혀 다른 정체를 지향하고 있었다. 따라서 신헌법안 제정 과정은, 정당한 권한을 위임받은 적도 없는 소수의 인사들이, 13개의 주권적 주들 간의 합의 위에 성립된 기존의 정체를 전격적으로 부정하면서 전혀 새로운 정체의 수립을 시도한 무혈혁명이었다고 할 수 있다.

그렇다면 연방주의자들은 왜 연합 체제를 전면 부정하고자 했는가? 이들이 생각한 연합 체제의 문제는 크게 두 가지로 요약된다. 첫째는 중앙정부의 취약성이었다. 연합 체제에서 중앙정부 기능을 맡은 권력 기구는 연합회의Confederation Congress였다. 연합회의는 각 주에서 임명·파견하는 임기 1년의 대표들로 구성되며, 각 주는 연합회의에서 동등한 1표를 행사했다. 연합회의는 단원의 입법부이면서 집행부 기능까지 수행했다. 즉, 별도의 집행부 없이 연합회의 의장이 집행 업무를 관장했던 것이다. 연합의 독자적 사법부는 존재하지 않았다. 사법권은 주에서 행사했고, 주들 간에 분쟁이 발생할 경우에는 연합회의의 지휘 아래 당해 주의 대표가 임명한 법관들로 연합 법정이 수립되었다. 연합회의는 권한에서도 큰 제약이 있었다. 무엇보다 연합회의는 독자적인 징세권과 모병권이 없었다. 세입이나 군사력이 필요할 경우 주를 통해 재정 분담금과 병력을 청구할 수 있을 뿐이었고, 인민을 상대로 직접 권한을 행사할 수 없었다. 연합 체제는 이런 중앙정부의 취약성으로 인해 아메리카합중국이 공통으로 직면한 국가적 문제에 제대로 대응할 수 없었고, 주 간의 갈등이나 분쟁을 조정·통합할 수도 없었다. 1787년 당시 연방주의자들은 연합의 이런 구조적 문제로 인해 아메리카합중국이 수 개의 연합으로 분열될 위기에 직면했다고 인식했다.

연합 체제의 두 번째 문제는, 실제로 주권을 행사했던 주 차원의 문제였다. 연합 체제하에서 각 주는 사실상의 주권국가였다. 각 주들은 헌법을 제정해 독자적 정체를 수립했는데, 식민지 총독 체제에 대한 반감으로 인해 대체로 의회 우위의 체제를 확립했다. 나아가 입법부 권력은 주민 직선의 하원에 집중되었다. 이런 구조하에서, 독립 이후 투표권 확대에 힘입어 중하층의 요구가 의회에 대거 투입되었고, 그 결과 다양한 민중주의적 정책이 집행되었다. 연방주의자들에게 주 차원의 이런 정책은 '파당적인 다수의 전제'로 인식되었다. 이들은 주 의회의 권한 남용을 비판했고, 특히 재산권에 대한 위협에 경악했다.

연방주의자들은 중앙정부의 취약성, 주 중심의 권력 구조, 권력 간 견제와 균형의 부재 등으로 특징되는 연합 체제의 문제가 당시 미국이 직면한 정치사회적 위기의 근원이라 인식했고, 정체의 변혁을 통해 이를 극복하고자 했다. 연방주의자들이 입안했던 신헌법안은 주 정부로부터 중앙정부로의 권력 이전, 의회 우위의 정체에서 권력 간 견제와 균형의 체제로의 전환을 지향했다.

이런 점에서 연방헌법은 독립한 미국을 누가 어떻게 통치할지를 둘러싼 1776년의 결정을 역전시킨 것이라 평가받고 있다. 연방헌법은 혁명의 이상에 대한 보수적 반작용의 산물이며, '혁명'의 결과로 성립된 민중적 체제를 전복시킨 '반혁명'이라는 평가마저 존재한다. 신헌법안 비준을 둘러싸고 격렬한 갈등이 전개되었던 것은 이런 배경 때문이었고, 이런 갈등이 이 책의 기원이었던 것이다.

2. 누가 반연방주의자였는가

미국 건국 과정을 연구하는 역사가들은 오랫동안 어떤 사람들이 왜 헌법을 지지하고 혹은 반대했는지 이해하려고 노력해 왔다. 연방주의자들은 그들의 상대편을 반역자, 채무불이행자, 연방헌법으로 권력을 잃게 된 주 정부 권력자 등으로 폄하했다. 하지만 반연방주의자들의 동기는 연방주의자들이 인정하는 것보다 훨씬 복잡했다.

20세기 초 미국 헌법을 비판적으로 해석한 찰스 비어드Charles Beard는 연방주의와 반연방주의의 동기에 대한 경제적 설명을 제시했다. 비어드가 보기에 연방헌법 제정 운동은 연합 체제에서 불이익을 당한 동산 이익집단들(현금, 공채, 제조업, 무역 해운업 등)에 의해 시작되고 진행되었다. 헌법 비준 과정에서의 대립 역시, 한편의 자산가, 동산 이익집단들과 다른 한편의 소농가, 채무자 이익집단들 간의 대립이었다.[2]

1950년대에 세실리아 케년Cecelia Kenyon은, 비어드의 경제적 해석을 비판하면서 연방주의·반연방주의 분열에 대한 이념적 설명을 제시했다. 그에 의하면, 반연방주의자들은 공화정은 시민 덕성을 함

2) 찰스 비어드, 『미국 헌법의 경제적 해석』, 양재열 옮김, 지만지, 2008.

양하고 대표와 유권자 간의 긴밀한 연계가 가능한 소규모의 동질적 공동체에서만 번성할 수 있다는 몽테스키외의 개념을 고수한 자들이었고, 연방주의자들은 몽테스키외의 생각을 뒤집은 제임스 매디슨James Madison의 광대한 공화국 이론을 받아들인 자들이었다.[3]

고든 우드Gordon Wood는 연방주의자·반연방주의자 분열에 대한 정치사회적 설명을 제시했다. 그는 연방주의와 반연방주의의 대립을 귀족정 대 민주정 간의 대립으로 해석한다. 연방주의자들은 주로 부유하고 고등교육을 받은 자연 귀족 출신이었다. 이들은 연합 체제 시기인 1780년대에 등장한 주州의 민주정체하에서 중간 계층의 정치적 부상으로 말미암아 정치권력으로부터 밀려나게 되었는데, 연방헌법을 통해 자신들이 자연스러운 질서라고 간주하는 것을 회복하고자 했다. 이와 달리 반연방주의자들은 1780년대 주 정치의 중심 세력으로 부상한 중산층(상인, 선술집 주인, 숙련된 장인 등) 출신 정치인들이었다. 이들은 주의 권한을 축소하고 중앙정부를 강화하려는 연방헌법 제정 시도를 소수 귀족들의 음모로 간주했다.[4]

스탠리 엘킨스Stanley Elkins와 에릭 맥키트릭Eric McKitrick은 연방주의자·반연방주의자 구분을 세대별 차이로 설명한다. 제임스 매디슨이나 알렉산더 해밀턴Alexander Hamilton 같은 연방주의자들은 반연방주의자들보다 평균 10~12세 정도 젊었는데, 이들의 정치적 성장의 배경은 혁명군과 연합회의였고, 이런 전국적·국가적 과제에 헌신했던 경험은 중앙집권적 정부를 선호하게 만들었다. 이들과 대조

3) Cecelia M. Kenyon, "Men of Little Faith: The Anti-Federalists on the Nature of Representative Government", *The William and Mary Quarterly*, 12(1), 1955.

4) Gordon S. Wood, *The Creation of the American Republic 1776–1787*, Chapel Hill: The University of North Carlina Press, 1998, pp. 483–496.

적으로, 패트릭 헨리Patrick Henry, 조지 메이슨George Mason, 새뮤얼 애
덤스Samuel Adams와 같은 반연방주의 세대의 성장 배경은 1763년 인
지법 반대로부터 시작된 식민지 저항운동이었다. 이들은 영국 통치
에 대한 저항을 효과적으로 동원했던 식민지 정부에서 공직을 수행
했던 경험을 가지고 있었고, 이것이 지방정부에 대한 호의적 태도,
멀리 떨어진 중앙정부 권력이 전제적으로 변할 위험에 대한 두려움
등을 갖게 만들었다는 것이다.[5]

　폴린 마이어Pauline Maier는 신헌법 지지 세력과 반대 세력에 관
한 보다 자세한 지형도를 제시한다. 먼저 지지 세력을 보면, 대도시
거주자들은 계층에 관계없이 거의 보편적으로 헌법을 지지했다. 해
운업자, 상인, 제조업자 등 상업적 이해 집단들도 마찬가지였다. 국
채를 보유한 대규모 채권자들은 압도적으로 헌법을 지지했다. 동
부 해안가 주민들은 서부 변경지 주민보다 헌법을 훨씬 더 많이 지
지했다. 일반적으로 소규모 주들은 비준 대회에서 압도적으로 헌법
을 지지했다. 이들은 상원에서 유리한 지분을 확보했고 또한 아메
리카 원주민의 위협과 이웃 주의 상업적 약탈로부터 자신을 보호하
기 위해 중앙정부에 의존하는 입장이었기 때문이다. 대부분의 주(버
지니아주는 중요한 예외)에서 엘리트들은 헌법을 지지하는 경향이 있
는 반면, 중간 계층은 훨씬 더 모호한 태도를 보였다. 오지나 서부
변경 지역 주민들은 연방헌법에 적대적이었다. 이들은 연방주의자
들이 혐오했던 채무자 구제 정책을 선호했으며, 연방의회에서 우위
를 점할 동부 세력이 자신들에게 과중한 세금을 부과하리라는 강한
불신을 지니고 있었다. 종교적 반대자들, 특히 버지니아주나 매사추

---

5) Stanley Elkins and Eric McKitrick, "The Founding Fathers: Young Men of
　the Revolution", *Political Science Quarterly*, 76(2), 1961.

세츠주 같은 곳에서 종교적 박해를 겪은 침례교도들은 종교 자유에 대한 명시적 보호 장치가 없다는 이유로 헌법에 반대하는 경우가 많았다.[6]

한편 마이어는 반연방주의를 단일 현상이 아니라 다양한 견해의 스펙트럼으로 이해하는 것이 바람직하다고 지적하는데, 솔 코넬 Saul Cornell 역시 '반헌법 동맹'의 다양성을 강조한다.[7] 그는 미국 정치사에서 반연방주의자들만큼 이질적인 집단은 없었다고 지적한다. 주 비준회의 표결 결과는 반연방주의 동맹의 엄청난 지역적 다양성을 보여 준다. 반연방주의는 뉴잉글랜드 북부와 서부 지방, 로드아일랜드주, 뉴욕주의 허드슨 계곡, 펜실베이니아주 서부, 버지니아주 남부, 노스캐롤라이나주, 사우스캐롤라이나주 내륙 등에서 강력하게 나타났다. 반연방주의는 계층적으로도 상·중·하층에 걸쳐 광범위하게 존재했다. 여러 지역에 산재해 있던 오지·변방의 하층민들(농부와 직공 등), 중부 대서양 연안 지역(특히 뉴욕, 펜실베이니아)의 정치를 지배했던 중간 계층 정치인들, 소규모이지만 큰 영향력을 지녔던 엘리트 정치 집단(특히 남부의 부유한 농장주) 등이 그들이다.

다양한 지지 계층에 조응하여 반연방주의 이념 역시 계층적으로 다양하게 나타났다. 첫째는 엘리트 반연방주의elite anti-federalism이다. 이들은 자연 귀족이 통치하는 소규모 공화국(즉 주)의 느슨한 연방을 보존하고자 했다. 필라델피아 회의에 끝까지 참여했지만 서명

---

6) Pauline Maier, *Ratification: The People Debate the Constitution, 1787–1788*, New York: Simon & Schuster, 2010; Michael J. Klarman, "The Founding Revisited", *Harvard Law Review*, 125(2), 2011.

7) Saul Cornell, *The Other Founders: Anti-Federalism and The Dissenting Tradition in America, 1788–1828*, Chapel Hill: University of North Carolina Press, 1999.

을 거부한 엘브리지 게리Elbridge Gerry, 조지 메이슨, 루터 마틴Luther Martin 등이 대표적이다. 이들 중 다수는 주 정치를 주도하고 연합 정부에서 주요 지위를 역임했었다. 이들은 지역적으로 버지니아주에 많았으며, 혁명기에 주도적 역할을 했던 구 공화주의 그룹도 주요 세력이다. 리처드 헨리 리Richard Henry Lee 등이 대표적이다.

엘리트 반연방주의와 대조되는 것이 대중적 반연방주의popular anti-federalism이다. 비준 논쟁에 대한 현대의 관찰사들은 신헌법에 대한 일반 대중의 강력한 반대에 놀라게 되는데, 이들을 대변한 것이 대중적 반연방주의자들이었다. 이들은 반연방주의의 대중적 기반인 중간 계층과 하층 농민·직공 등의 의사를 대변했다. 대중적 반연방주의의 핵심은 민중적 성격에 있다. 이들은 자연 귀족정과 민주정의 균형을 추구한 엘리트 반연방주의와 달리 민주정의 우월성을 주창했고 평등주의적 이상을 옹호했다.

이 중에서, 중간층의 견해를 대변한 것이 중간층 반연방주의mid-dling anti-federalism였다. 이들 중간층 민주파는 주 비준회의에 주도적으로 참여했고, 많은 양의 반연방주의 논설을 작성했다. 이 책에서 소개하는 브루투스Brutus와 연방농부Federal Farmer는 반연방주의 동맹의 주요 집단이었던 뉴욕주의 중간층 민주파의 관점을 대변했다. 이들은 혁명 이후 '정치 민주화'의 수혜자들이었다. 혁명 이후 연합 체제 시기에 대부분의 주에서 새로운 정치 세력으로 중간층 민주파가 부상했고, 이들은 헌법 및 입법 의제를 주도했다. 중간층 민주파는 뉴욕주와 펜실베이니아주에서 가장 효과적으로 정치 무대를 지배했다.

중간층 민주파는, 헌법안에 담긴 신정부 구조를 혁명이 인민에게 부여한 권한을 자연 귀족에게 되돌리려는 시도로 파악했기에 강력히 반발했다. 신헌법하에서 연방 정부는 자연 귀족의 수중에 들어갈 것이기에, 여전히 인민의 수중에 남게 될 주 정부에 많은 권한을 남겨 두어야 한다고 주장했다. 중간층 민주파는 정치권력의 중심을 주에 두고자 했다는 점에서 엘리트 연방주의자들과 이해를 같이했다.

대중적 반연방주의의 또 다른 한 축을 이루는 것이 하층 반연방주의plebeian anti-federalism이다. 빈농, 소작농, 소상인 등이 이런 풀뿌리 반연방주의의 대중적 지지 기반을 제공했다. 이 집단의 수적 힘은 시골 오지에 집중되어 있었다. 이들은 자신들의 대변인 혹은 대변지가 없었기에 자신의 목소리를 내기 어려운 집단이었다. 이들은 좀 더 급진적인 지역 수준의 직접민주주의와 대중 직접행동을 선호했다. 이들은 배심원, 민병대, 군중집회 등과 같은 지역 현지의 조직과 모임이 민중의 목소리를 구현한다고 생각했다. 하지만 중간층 반연방주의자들은 하층 급진주의와 대중적 직접행동의 위험성을 경계했고, 이들의 급진적 주장에는 결코 동의하지 않았다.

하층 반연방주의의 포퓰리즘적 급진주의를 단적으로 보여 준 사건이 1787년 말 펜실베이니아주 칼라일Carlisle에서 발생한 폭동이었다.[8] 연방주의자들은 이 사건을, 반연방주의는 결국 셰이스의 반란과 같은 것으로 귀결되리라는 자신들의 주장을 입증하는 것으로 해석했다. 이뿐만 아니라 대중 폭동의 광경은 많은 엘리트·중간층 반연방주의자들을 겁먹게 했고, 결국 이들로 하여금 연방주의와의

---

8) 1787년 크리스마스 다음 날 연방주의자들이 펜실베이니아주 비준 대회의 승리를 축하하는 거리 행진을 하는 과정에서 비준 찬성파와 반대파 간에 물리적 충돌이 발생했다. 다음 날 비준 반대파들은 시위에 나서, 주의 연방주의 지도자 두 사람의 모형을 만들어 범죄자에게 하듯이 채찍질을 가한 뒤 불태웠고, 대포를 탈취하기도 했다. 결국 폭도 여러 명이 체포되어 폭행 혐의로 구금되었다. 이에 분개한 반연방주의 민병대가 행동에 나섰고, 연방주의자 대표와의 합의에 따라 죄수를 석방시켰다.

타협을 추구하도록 했다. 하층의 급진적 반연방주의는 대중적 반연방주의의 두 세력을 분열시키고, 중간층 민주파를 엘리트 반연방주의와 결합하도록 만들었던 것이다.

3. 반연방주의는 무엇에 반대했고 무엇을 지향했나

반연방주의자들은 연방주의자들처럼 자신만의 제헌회의를 개최한 적도 없고 단일의 헌법안을 제시한 바도 당연히 없으며, 연방헌법안에 대한 구체적 대안을 제시하지도 않았다. 더욱이 반연방주의자들은 지리적·계층적으로 다양하고 이질적인 집단을 아우르고 있었다. 이런 점들은 이들의 헌법 이념을 확인하는 데 구조적 한계로 작용한다.

반연방주의의 논지는 우선 신헌법안에 대한 다양한 반대 주장에서 찾을 수 있다. 이들의 헌법 비판은 만장일치는 아니지만 일관성이 전혀 없지는 않았다. 그들의 반대 논리는 다음과 같이 정리될 수 있다.[9]

첫째, 신헌법은 합중국의 연합적 혹은 연방적 성격을 폐기하면서 중앙정부 권력이 인민에 대해 직접 작용하는 통합된 단일 정체 수립을 추구하고 있다. 신헌법은 주의 정부 기능을 박탈함으로써 결국 주를 파괴할 것이고, 대규모의 중앙집권적 단일국가를 만들

---

9) 이하 내용은 다음을 참조. John P. Kaminski and Richard Leffler, eds., *Federalists and Antifederalists: The Debate Over the Ratification of the Constitution*, Maryland: Madison House Publishers, 1989; Herbert J. Storing, *What the Anti-Federalist Were For*, Chicago: The University of Chicago Press, 1981; Saul Cornell, *The Other Founders*, 앞의 책.

것이다. 이런 거대한 단일 공화국에서는 공화주의와 자유가 유지될
수 없다.

연방헌법이 지향하는 광대한 공화국에서는 대표와 인민 간의
친밀함이 존재할 수 없다. 인민과 멀리 떨어져 있는 대표는 인민의
정서와 요구를 알지 못할 것이다. 그런 대표는 인민의 신뢰와 지
지를 받을 수 없다. 대규모의 국가에서는 다양하고 갈등적 이해를
지닌 주민들 사이에 끊임없는 갈등과 무질서가 발생할 것이고, 결
국 대규모의 평시 상비군이 정부의 법률을 강제하기 위해 필요하
게 될 것이다. 그 결과 대규모의 중앙집권적 국가는 군주정 혹은 전
제정으로 타락하게 될 것이다.

둘째, 신헌법은 공화주의 원리를 붕괴시키고 귀족정의 발전을
촉진하게 될 것이다. 모든 통치는 다수에 대한 소수의 통치이고, 조
직된 시민사회의 이런 귀족정적 특징은 시간이 지남에 따라 심화되
는 경향을 지닌다. 헌법 제정자의 주된 노력은 이런 경향을 제어하
는 것이어야 하는데, 신헌법이 제안하는 강력하고 무책임한 정부는
오히려 이런 경향을 촉진할 것이다. 결국 신헌법은 현재의 정부 구
조를 완전히 변화시켜, 잘 만들어진 민주정을 귀족정으로 급변시킬
것이다.

하원은 너무 소규모이기에 사회의 모든 부문을 적절히 대표할
수 없는 대표의 그림자에 불과해질 것이다. 하원의 2년 임기는 대
표를 인민의 통제로부터 멀어지게 할 것이다. 특히 상원은 인민의
의사와 너무 괴리될 것이고, 귀족정의 특징을 강하게 띠게 될 것이
다. 6년 임기로 주 의회에 의해 선출되고 공직 교체나 주에 의한
소환도 없기에, 한번 상원 의원이 되면 영원히 재선되어 종신으로
재직하게 될 것이다. 이처럼 연례 선거, 교체, 소환 등과 같은 안전
장치가 부재하기에 대표는 인민에게 책임지지 않을 것이다. 상원과
하원에 대한 견제 장치가 부재하기에 대표들 사이에서 자신의 권한

과 이익을 강화하려는 도당과 부패가 만연하게 될 것이다.

셋째, 신헌법은 연방 정부에 과도한 권력을 집중했고, 중앙집권적 정부의 광범위한 권한은 인민의 자유와 권리에 대한 위협이 될 뿐이다. 연방에 부여된 권한을 집행하는 데 "필요하고 적절한" 모든 법률을 통과시킬 수 있는 연방의회의 권한, 합중국의 최고법과 조약을 체결할 권한 등은 모두 무제한적이고 최소한 잠재적으로 전제적인 것으로 보인디.

신헌법은 중앙정부에 광범위한 징세권을 부여했는데, 이는 인민을 억압하는 데 사용될 것이며, 주 정부 운영에 필요한 세입을 박탈함으로써 주의 자율성을 위협할 것이다. 또한 평화 시 상비군을 모집하고 유지할 수 있도록 했는데, 이는 공화정과 양립할 수 없다.

넷째, 신헌법 체제에서는 권력이 엄격히 분립되어 있지 않기 때문에 권력의 책임성이 모호해질 것이고, 상이한 부들 사이에 권력 결탁이 발생하게 될 것이다. 자유 정부의 진정한 원리는 책임성에 있는데, 이런 책임성은 단순한 구조의 정부에서 가장 잘 실현된다. 그런 정부여야 인민이 권력 남용의 근원을 쉽게 확인할 수 있기 때문이다. 하지만 연방헌법은 누구도 실제 작동을 알 수 없을 정도로 모호하고 위험할 정도로 복잡하다. 이런 복잡한 정부 구조는 책임성을 희석한다.

연방헌법은 특히 공직자 임명 및 조약 체결과 관련하여 입법(상원) 및 집행(대통령) 기능을 위험하게 혼합해 놓았다. 공직자 임명에 동의해 준 상원은 공정한 탄핵 재판관이 될 수 없다. 체결된 조약은 합중국의 최고법이 될 것인데, 인민에 의해 직접 선출된 하원이 조약 체결 과정에서 아무런 역할을 못 하는 것도 문제이다.

다섯째, 대통령에게 부여된 광범위한 권한은 선출된 군주를 만들어 낼 것이다. 많은 반연방주의자들이 효율성과 책임성을 위해 단일 집행관이 필요하다고 생각했고 연방농부는 대통령직과 그 선출 방식을 긍정적으로 평가하기도 했지만, 반연방주의자들의 보다 일반적 견해는 강력한 집행부에 반대하는 것이었고, 일부는 복수의 집행관이나 집행 평의회를 선호했다.

신헌법에 따라 대통령은 거부권, 총사령관 권한, 관리 임명 권한 외에도 "법률이 충실하게 집행되도록 유의"할 포괄적 권한을 갖게 될 것인데, 대통령은 이로부터 자신이 하고자 하는 모든 것에 대한 타당한 이유를 갖게 될 것이다.

신헌법은 현직자의 재선을 무제한 허용하고 있는데, 이를 둘러싸고 도당과 음모가 발생할 것이며, 패배한 현직자로부터 질서 있는 권력 이양을 기대하기 어려울 것이다. 대통령은 의회 제정법에 대한 거부권을 통해 입법에 과도한 영향력을 행사할 수 있다. 대통령의 사면권도 위험하다. 대통령이 반역 행위에서 다른 사람들과 공모할 수 있는데, 사면권은 공모자 사면을 보장하는 수단이 될 수 있다.

여섯째, 신헌법은 누구로부터도 견제받지 않는 강력한 사법부를 만들어 냈다. 그런 연방 사법부는 개인의 자유와 주의 독립성에 대한 또 다른 위협의 근원이 될 것이고, 사법부에 의한 전제정을 초래할 위험을 안고 있다. 연방헌법은 사실문제와 법률문제 모두에 대한 광범위한 관할권을 연방 법원에 부여함으로써 주 법원의 의미를 형해화할 것이다. 연방 대법원은 헌법의 의미에 대한 해석자로서 더 많은 권한을 자신에게 축적할 것이고, 주를 희생시켜 연방 권한을 확대하는 데 결정적 역할을 하게 될 것이다.

연방헌법은 민사사건에서 배심재판을 보장하지 않고 있으며, 형사사건에서도 인근 지역 주민에 의한 배심재판을 보장하지 않고 있다. 연방헌법이 대법원에 부여한 상소심 관할권 역시 배심재판에 대한 위협이 될 것이다.

일곱째, 신헌법에는 인민의 기본적 권리와 자유를 확립하고 보호하는 데 필수적인 권리장전이 빠져 있다. 신헌법은 모호하고 함축적 의미로 해석될 수 있는 광범위한 권한을 연방 정부에 부여하고 있기 때문에 이에 대한 제한 장치로서 권리장전은 반드시 필요하다. 또한 연방헌법과 그 헌법에 따라 만들어진 법률과 조약은 이 나라의 최고법이기 때문에, 기존의 주의 권리장전은 연방 정부의 억압적 조치로부터 인민을 보호할 어떤 수단도 제공하지 못할 것이다. 반연방주의자들은 특히 세 종류의 기본권(형사소추에서 보통법상의 절차적 권리, 양심과 종교의 자유, 언론의 자유)을 강조했다.

한편, 반연방주의자들은 이상에서 살펴본 바와 같은 신헌법안에 대한 비판과 반대에 그치지 않고, 자신들이 추구하는 적극적인 헌법적·정치적 이상을 가지고 있었다.[10]

먼저 이들은 자신들을 미국 혁명 원칙의 진정한 수호자로 생각했다. 이들은 연합규약이야말로 미국 혁명이 기초한 원칙을 헌법적으로 구현한 것인데, 신헌법은 이로부터 이탈하여 자유의 원칙을 파기하고 아메리카 공동체의 기초를 파괴할 것이라고 생각했다. 이들이 생각하는 아메리카합중국의 가장 주요한 기본 원칙은 연방주의였다. 연합규약은 주권적이고 독립적인 주들의 연합을 형성했고, 연방주의는 주들이 공동체의 근본임을 의미한다. 아메리카합중국의 연방적 특징을 보호하는 것이 반연방주의 독트린의 가장 주요한 내용이었다. 따라서 이들은 자신들이 진정한 연방주의자이며, 신헌법 지지자들은 단일국가주의자라고 비판했다.

이들이 연방주의와 주의 우선성을 강조한 것은, 주와 개인 자유

10) 이하 내용은 다음을 참조. H. Storing, *What the Anti-Federalist Were For*, 앞의 책; Ralph Ketcham, *The Anti-Federalist Papers and the Constitutional Convention Debates*, New York: Signet Classics, 2003.

의 보호 사이에 내재적 연관성이 있다고 믿었기 때문이다. 역사적으로 또한 이론적으로 자유롭고 공화적인 정부는 동질적 인구를 가진 작은 정치 공동체에서만 가능하다는 믿음이었다.

반연방주의의 작은 공화국 이론은 다음과 같은 세 가지 근본적 고려 사항에 근거한다. 첫째, 작은 공화국만이 공화정 유지에 필수적인, 정부에 대한 인민의 신뢰와 자발적 애착, 법에 대한 자발적 복종 등을 누릴 수 있다. 둘째, 작은 공화국만이 인민에 대한 정부의 진정한 책임성을 보장할 수 있다. 정부의 진정한 책임성은 인민과 대표의 유사성·동질성을 통해 구현된다. 셋째, 작은 공화국만이 공화정부를 유지할 수 있는 그런 종류의 시민(자유롭고 독립적일 뿐만 아니라 동질적이고 덕성이 있는)을 형성할 수 있다.

반연방주의자들은, 이기적 인간들이 상호 견제와 균형에 의해 통제되는 사회가 아니라, 모든 인민의 덕성과 자유가 양육될 수 있는 사회의 건설을 추구했다. 그 관건은 피치자와 통치자가 서로 얼굴을 볼 수 있고 서로 알고 이해할 수 있는 지역 정부의 생명과 활기를 유지하는 데 있었다. 중앙정부가 주에 전적으로 의존하는 연합규약을 중요하게 생각한 근본 이유는 여기에 있었다. 자치의 이념은 타운홀 미팅이나 최소한 주 의회(지역구 인민을 진짜로 아는, 매년 선출되는 다수의 의원들로 구성된) 같은 것과 밀접히 연계되어 있었다. 인민과 대표 간의 이런 친밀감이 있을 때, 현명하고 유덕한 공적 생활에 필수적인 신뢰와 선의, 심사숙고 등이 가능하다.

이와 대척점에 있는 것이, 중앙정부처럼 인민과 멀리 떨어져서 아무런 제한도 받지 않고 높은 곳에서 통치하는 자들이다. 인민과 멀리 떨어진 중앙정부에 권력을 집중한 신헌법하에서 정부는 제국 로마와 베르사유, 런던의 비전을 추구하게 될 것이다. 이와 달리, 그리스와 로마 공화국의 유산, 자연권의 이념, 신세계의 지역 자치 정부의 경험 등은 훨씬 매혹적인 전망을 제공해 준다. 가족, 교회,

학교, 지역공동체 등 인간에게 자양분을 제공해 주는 환경에서 지역 수준의 보통 사람들 사이에 가상 현저히 나타나는 인간 본성의 기본적 품위가 정부에 직접적·지속적으로 작용할 수 있을 때, 정부는 덕성 있고 신뢰할 만한 것이 될 수 있다. 그렇게 되면, 정부의 해악과 부패에 대한 끝없는 의심과 경계 대신에, 인민이 정부를 신뢰하고 공익을 위해 정부를 활용하는 것이 가능해질 것이다. 반연방주의자들은 이처럼, 신헌법의 강대한 계획 및 야심과 대조적인 온건하고 지역적인 작은 규모의 정부를 이상으로 그렸다.

반연방주의자들의 이상은, 대표와 동의에 의한 정부의 의미에 대한 그들의 이해에서 뚜렷이 드러난다. 이들이 대표로부터 추구한 것은, 공직자를 대중적 영향으로부터 분리하는 것이 아니라, 인민과 대표 사이의 밀접한 연계를 통해 공공선을 확보하는 것이었다. 이들은 인민에 의해 대표를 엄격히 통제하는 것을 이상으로 추구했다. 진정으로 자치적인 사회에서는 통치자와 피치자의 구분이 사라질 정도로 공감과 친밀감이 존재한다. 그런 긴밀한 연계가 자유의 이념을 실현시킬 것이다.

물론 이런 것은 이상주의적이지만, 반연방주의자들은 미국 혁명의 목적은 오만하고 억압적인 통치자들이 인민의 자존 능력과 덕성을 침해하고 복종하도록 만드는 구래의 상황을 종식하는 것이라 생각했다. 그렇지 못하면 독립은 한 종류의 전제정을 다른 종류의 전제정으로 교체하는 것에 불과하다. 연방주의자들의 열망(상업적 성장, 서부로의 팽창, 국력 증강, 효과적인 외교 등)은 매혹적이지만, 그것들은 미국 혁명이 맞서 싸웠던 '보편 제국'의 불길하고 익숙한 패턴에나 걸맞은 것이다.

결국 비준 논쟁의 근저에는 국가의 미래를 둘러싼 논쟁, 미국 혁명의 완수가 무엇을 의미하는지를 둘러싼 차이가 놓여 있었다. 연방주의자들에게 미국 혁명은 독립, 국부 증가, 번영 등을 의미했다. 반연방주의자들에게 그것은, 덕 있고 근면하고 정직한 사람들이 공동체 내에서 단순한 삶을 누리면서 공공복리에 헌신하는 사회를 의미했다. 이들은 연방주의자들의 정치적 야심보다 미국 혁명의 목표에 더 가깝다고 그들이 생각한 공화주의적 비전을 가지고 있었다. 그것은 덕성 있고 자립적인 시민들이 자신의 일을 스스로 처리하고 제국의 권력과 영광은 기피하는 작은 공화국에 대한 고전적 이상화였다. 이들에게 미국 혁명은, 부유한 세계 강국이 될 기회를 의미하는 것이 아니라, 권력에 대한 탐욕이나 전제정과 거리가 먼 진정한 공화 정체를 이룰 기회를 의미했다.

한편, 반연방주의자들은 이와 같이 고전적인 작은 공화국을 이상적인 정체로 설정했지만, 그렇다고 해서 기존의 아메리카합중국의 해체를 주창한 것은 아니었다. 따라서 푸블리우스는 반연방주의를 상호 모순적인 것을 조화하려는 시도라고 비판했다. 아메리카합중국에서 작은 공화국을 수립할 수 있는 가능성은 없었고, 반연방주의자들도 그런 시도가 요구하는 대가(즉 합중국의 해체)를 지불할 의사는 전혀 없었기 때문이다.

4. 반연방주의는 무엇을 남겼나

1787년 9월 헌법안의 공개는 미국 역사에서 가장 활발한 정치 캠페인을 촉발했다. 주지사에서 문지기에 이르기까지 모든 계층에서 헌법 논쟁이 벌어졌고, 반연방주의자들은 수백 편의 에세이, 팸플릿 등을 통해 신헌법 반대 운동을 전개했다.

반연방주의자들이 신헌법에 반대했던 주무대는 주 비준회의였다. 제헌회의는 각 주에 대해 기존의 주 의회가 아닌 별도의 비준회의를 새로이 구성해 거기에서 비준 여부를 결정하도록 요구했다.

이에 따라 각 주별로 비준회의 대표를 선출하기 위한 선거가 실시되었는데, 여기에 반연방주의자들이 대거 진출했다. 반연방주의 세력의 비중은 주에 따라 큰 편차를 보였지만, 특히 신헌법 체제의 성공에 결정적 영향을 미치게 될 큰 주들(예를 들면 펜실베이니아주, 매사추세츠주, 버지니아주, 뉴욕주 등)에서 반연방주의 세력이 강했다.

비준 대회에서 반연방주의들의 구체적 요구는 두 방향으로 집약되었다. 하나는 비준 이전에 헌법안을 수정하자는 것이었고, 다른 하나는 이를 위해 두 번째 제헌회의를 개최하자는 것이었다. 연방주의자들은 두 번째 제헌회의가 개최될 경우 대재앙이 될 것이라고 극렬 반대했고, 제안된 모든 헌법 수정안에 대해서도 거부했다. 제2의 제헌회의는 물론이고 헌법의 조건부 비준에 대해서도 강하게 반대한 것이다. 하지만 이런 연방주의자들의 의도가 일방적으로 관철될 수는 없었다.

1787년 12월과 1788년 1월, 델라웨어, 펜실베이니아, 뉴저지, 조지아, 코네티컷 등 다섯 개 주에서는 비교적 쉽게 헌법안이 비준되었지만, 매사추세츠주 대회는 이전의 대회들과 달리 분노와 갈등으로 가득 찼다. 1788년 2월 매사추세츠주 비준회의에서 패배의 가능성에 직면한 연방주의자들은, 반연방주의 대표들로부터 비준 지지를 얻는 대가로 권리장전을 포함한 후속 수정안을 비준과 함께 추천하는 방식의 타협안을 선택하지 않을 수 없었다. 이로써 매사추세츠주는 헌법안을 비준한 여섯 번째 주가 되었지만, 권장 수정안 목록을 승인한 첫 번째 주가 되었다. 이후 모든 주에서 자체 수정안 목록을 첨부한 비준 찬성이 이루어졌다. 매사추세츠주, 메릴랜드주, 사우스캐롤라이나주, 뉴햄프셔주, 버지니아주, 뉴욕주, 노스캐롤라이나주 비준회의에서 총 124개의 수정안이 제안되었다. 적어도 일부 주의 경우 그런 타협이 없었다면 비준을 확보하지 못했을 가능성이 컸다.

한편 연방주의자들은 반연방주의자들이 비준에 찬성하는 대가로 수정안을 지지하겠다고 약속했지만, 헌법 비준 이후 그들이 약속을 지킬지는 누구도 확답할 수 없었다. 이런 불확실한 상황을 매듭지은 주역은 제임스 매디슨이었다.

개인적으로 매디슨은 1789년 초 제1대 연방의회 선거를 앞두고, 자신이 연방헌법을 완벽하다고 생각하고 있기에 헌법 수정에 반대할 것이라는 소문에 대응해야만 했다. 헌법 수정 여부가 선거의 주요 쟁점이 되자 매디슨은 지역사회 여론 주도층에 보낸 편지를 통해, 자신이 당선되면 제1대 의회에서 권리장전 삽입을 위해 일하겠다고 약속했다.

제1대 연방의회 선거는 비준 정치에 의해 크게 영향을 받았다. 반연방주의자들은 대중의 관심을 헌법 수정 필요성에 집중하려 했고, 연방주의자들은 반연방주의자를 헌법 반대자로 규정해 대중의 신뢰를 깎고자 했다. 반연방주의자들은 누가 혁명적 공화주의 원칙에 충실한지를 질문했고, 연방주의자들은 반연방주의자들을 셰이스의 반란에 연결했다. 선거 결과는 연방주의자들의 압도적 승리였다. 반연방주의자들은 상원 세 명, 하원 11명에 그쳤다.

비준회의와 연방의회 선거의 연이은 승리는 연방주의자들로 하여금 헌법 수정에 나설 유인을 감소했다. 연방주의 의원들은 신정부의 세입 확보, 연방 행정부 및 사법부 설치 등 좀 더 시급한 문제에 집중하고자 했다. 이에 맞서 매디슨은 연방의회가 헌법 수정 약속을 지키지 않으면 반연방주의자들의 의심을 확산시키게 될 것이라고 경고했다. 또한 권리장전을 채택함으로써 제2차 헌법 회의의 불씨를 완전 제거할 수 있고, 노스캐롤라이나주와 로드아일랜드주를 헌법 비준과 연방 가입으로 유도할 수 있다고 주장했다.

이뿐만 아니라 매디슨은 수정안 초안 작성을 통해 헌법 수정의 범위와 내용까지 주도적으로 결정했다. 주 비준회의에서 반연방주의자들이 요구했던 수정의 내용은 크게 두 가지였다. 하나는 언론과 종교의 자유, 민형사 사건에서 배심재판을 받을 권리 등 권리장전의 내용을 이루는 기본권 보호 항목이었다. 다른 하나는 연방의회 권한(과세권, 상비군 및 민병대 소집권, 연방의회 선거 규칙 제정권 등)을 제한하거나 연방 정부 구조를 변경(하원 의원 증원, 상원과 대통령 간 권한 공유 제한, 상원 의원 교체 제도 도입 등)하는 내용이었다. 매니슨은 정부 권한 및 권력 구조에 관한 헌법 수정은 차단하면서 수정의 범위를 거의 전적으로 개인의 권리 조항으로 한정했다. 이런 내용으로 매디슨이 작성한 수정안 초안은 하원과 상원의 심의를 거치면서 12개의 수정 조항으로 정리되었고, 1789년 9월 25일 연방의회에서 최종 통과되기에 이른다.[11]

이상에서 보듯이 반연방주의가 미국 헌법과 정체에 남긴 구체적 흔적은 수정 조항 10개조라 할 수 있다. 그렇다면 그 이후 반연방주의는 소멸되었는가? 새로 채택된 헌법에 따라 국가가 정상으로 복귀한 이후 반연방주의의 유산은 어떻게 되었는가?

일반적으로 반연방주의자들의 목소리는 헌법 비준을 끝으로 사라졌다고 여겨져 왔다. 반연방주의는 건국기의 경련성 사건이었고, '헌법의 적'이 미국 정치 전통에 지속적 영향력을 행사할 가능성은 희박해 보였다. 그들의 아이디어와 통찰력은 대부분 낡은 신문과 회고록, 팸플릿 등에 흩어져 있었기에 곧 잊혔고, 그들이 남긴 수백 편의 에세이나 토막글 등은 대부분 재출간되지 못했다. 헌법의 본래 의미와 목적을 이해하기 위해 여러 세대의 미국인들은 푸블리우

11) 12개의 수정 조항은 비준을 받기 위해 각 주에 보내졌는데, 제3조부터 12조까지가 1791년 12월 비준을 완료함으로써 연방헌법 수정 조항 제1~10조로 성립되었다.

스의 『페더럴리스트』를 복음처럼 숭배해 왔다.

이런 흐름과 인식을 대표하는 것이 케넌이다.[12] 그에 따르면 반연방주의자들은 이미 쓸모없어진 구시대 이념에 집착한 자들이었고, 대의제와 다수 지배에 기초한 국민국가가 국민과 다수 인민의 유용한 도구가 될 수 있다는 데 대한 "믿음이 없었던 사람들"men of little faith이었다. 이런 믿음에 기초하여 훗날 민주주의가 부상할 수 있는 국가적 틀을 만든 것은 연방주의자들이었으며, 반연방주의자들은 흔히 오해하듯이 근대적 의미의 민주주의자가 아니었다.

반연방주의에 대한 이런 외면과 부정적 인식을 뒤바꾸는 데 결정적 전기를 마련한 것이, 허버트 스토링Herbert Storing이 편집한 일곱 권짜리 반연방주의자 저작집인 『반연방주의자 전집』(1981)이었다.[13] 이를 통해 그는 미국 건국에 대한 이해를 위해서는 연방주의와 함께 반연방주의를 참조해야 함을 보여 줌으로써 건국과 헌법 연구에 혁명을 일으켰다고 할 수 있다. 이후 멜빈 브래드퍼드Melvin E. Bradford는 한 걸음 더 나아가, 헌법의 본래적 의미는 필라델피아 제헌회의 대표들의 집단적 의도에서 찾을 수 있는 것이 아니고 주 비준회의에 참여한 사람들의 다면적인 의도에서 찾을 수 있다고 주장한다.[14]

코넬은 헌법 비준 이후 반연방주의의 궤적을 집중적으로 추적해, 반연방주의 사상과 이념이 신생 공화국의 정치 및 헌법 논쟁에

---

12) C. M. Kenyon, "Men of Little Faith", 앞의 글.

13) Herbert J. Storing, ed., *The Complete Anti-Federalist*, 7 Volumes, Chicago: The University of Chicago Press, 1981.

14) Melvin E. Bradford, *Original intentions: on the making and ratification of the United States constitution*, Athens: Univ. of Georgia Press, 1993.

지속적으로 영향을 미쳤음을 밝혔다.[15) 이에 따르면, 활동적 정치 운동으로서의 반연방주의는 종식되었지만, 반연방주의 사상은 사라지지 않고 헌법 체제 내에서 반대 세력과 운동의 주요 원천으로 작용하게 된다. 특히 연방 정부 출범 이후에 강력한 중앙집권화 정책을 추진한 해밀턴의 연방당과 이에 반대한 제퍼슨·매디슨의 민주공화당으로 연방주의자들이 분화·대립하게 될 때, 반연방주의의 주요 내용들은 매디슨에 의해 재평기되이 수용되었다. 매디슨은 연방당의 중앙집권화 시도에 반대할 논리적 근거를 이전의 반연방주의 이념에서 발견했다. 이런 맥락에서 매디슨은, 헌법의 원래 의미는 초안 작성자들의 의도가 아니라 비준 대회에서 전개된 연방주의 대 반연방주의 간의 대화와 논쟁 속에서 찾아야 하며, 헌법 비준자들이 야말로 진정한 헌법 제정자라고 주장하기에 이른다. 이렇게 하여 매디슨은 연방주의와 반연방주의의 대화의 산물로서 헌법을 해석하는 기초를 놓았고, 이렇게 형성된 기반 위에서 합헌적 반대의 논리가 구축되었다. 결국 이런 과정을 거치면서 반연방주의는 신생 공화국의 정치 및 헌법 논쟁의 공론장에 침투해 미국 헌정 체제 내에서 합헌적 반대의 범위와 경계를 설정하는 데 기여하게 되었다. 제퍼슨주의와 잭슨주의 정치·헌법 이념도 그 많은 부분을 반연방주의에 빚지고 있다.

　코넬은 결론적으로, 헌법은 강력한 중앙정부를 주창한 연방주의자들에 의해 만들어졌지만, 헌법 비준은 반연방주의의 이상을 제거하지 못했고, 로컬리즘은 미국인의 생활에서 여전히 강력한 힘으로 남게 되었다고 주장한다. 미국 정체의 구조를 만든 것은 연방주의이지만, 중앙집권적 권력을 경계하는 미국 정치의 정신과 기질을

15) Saul Cornell, *The Other Founders*, 앞의 책.

더욱 자주 추동한 것은 반연방주의였다는 것이다. 이런 점에서 코넬은, 반연방주의자들은 "또 다른 건국자"the other Founders로 평가되어야 한다고 주장한다.

5. 브루투스와 연방농부는 누구였나

반연방주의자들이 남긴 방대한 기록을 집대성한 스토링은, 가장 중요한 네 개의 반연방주의 저작으로 「카토 편지」Letters of Cato, 「파수병 편지」Letters of Centinel, 「브루투스 편지」Essays of Brutus 또는 Letters of Brutus, 「연방농부 편지」Letters from the Federal Farmer를 꼽는다. 정치적 입장에서 이들은 모두 대중적 반연방주의에 속하는데, 카토, 브루투스, 연방농부가 좀 더 온건한 중간층 민주파의 입장을 대변한다면, 파수병은 보다 민중적인 급진 민주주의에 가깝다고 평가한다.

「연방농부 편지」는 논쟁 당시부터 비준 반대파와 지지파 모두로부터 높은 평가를 받았었고, 현재 지적으로 가장 강력하고 정치적으로 설득력이 높은 반연방주의 저작으로 평가받고 있다. 1787년 11월 8일 『뉴욕 저널』New York Journal은, 『최근 회의에서 제안된 정부 체제에 대한 공정한 검토 및 몇 가지 필수적 수정을 위한 논평. 연방농부가 공화주의자에게 보내는 편지』Observations Leading to a Fair Examination of the System of Government Proposed by the Late Convention; and to Several Essential and Necessary Alterations in It. In a Number of Letters from the Federal Farmer to the Republican라는 제목의 새로운 소책자를 광고하기 시작했다. 이 소책자는 10월 8일부터 13일까지의 날짜로 된 다섯 편의 연방농부 편지를 싣고 있었다. 이 편지들은 신문에도 게재되기 시작했는데, 11월 14일부터 1월 2일까지 『포킵시 카운티 저널』Poughkeepsie County Journal에 게재되었다. 이 팸플릿은 뉴욕주, 코네티컷주, 매사추세츠주, 펜실베이니아주 등에 널리 유포되었다.

첫 번째 팸플릿의 성공에 이어, 12월 25일부터 1월 25일까지 작성된 13편의 새로운 편지를 담은 두 번째 소책자가 5월 초에 출간되었다. 이 팸플릿은 『최근 회의에서 제안된 정부 체제에 대한 공정한 검토 및 몇 가지 필수적 수정을 위한, 그리고 이전 서한에서 제시된 원칙과 입장을 설명하고 뒷받침하기 위한, 연방농부가 공화주의자에게 보내는 추가 편지』*An Additional Number of Letters From the Federal Farmer to the Republican Leading to a Fair Examination of the System of Government Proposed by the Late Convention; To Several Essential and Necessary Alterations in It; And Calculated to Illustrate and Support the Principles and Positions Laid Down in the Preceding Letters*라는 제목으로 되어 있는데, 앞의 책자만큼의 성공은 거두지 못했다.

연방농부의 정체는 아직까지 밝혀지지 않고 있다. 처음 출간되었을 당시에는 버지니아주의 대표적 반연방주의자였던 리처드 헨리 리가 저자로 추정되었고, 이후 약 2세기 동안 이것이 정설로 여겨져 왔다. 하지만 1970년대 이후부터 고든 우드와 허버트 스토링을 비롯한 많은 학자들이 의문을 제기했고, 현재 학자들은 뉴욕의 반연방주의자 멀랜턴 스미스Melancton Smith를 유력한 저자로 지목하고 있다. 논지나 주장이 버지니아주 상류층의 생각보다는 뉴욕의 중간층 민주파의 생각과 높은 유사성을 보여 준다는 것 등이 근거로 제시된다.[16] 최근에는 엘브리지 게리가 연방농부라는 주장도 강력히 제기되는데, 게리는 필라델피아 회의에 매사추세츠주 대표로 참여했지만 헌법안에 반대해 최종 서명을 거부했을 뿐만 아니라 회의 종료 직후 공식적으로 반대 이유를 공개한 바 있었다.

---

16) Saul Cornell, *The Other Founders*, 앞의 책, Chap. 3.

「브루투스 편지」 역시 가장 뛰어난 반연방주의 저작의 하나로 꼽히는데, 특히 연방주의를 대변했던 푸블리우스(『페더럴리스트』의 저자)의 상대역으로 유명하다. 1787년 10월 18일자 『뉴욕 저널』에 "브루투스"라는 필명을 쓰는 뉴욕의 반연방주의자의 첫 번째 기고문이 실렸는데, 그로부터 3일 후 제임스 매디슨은 "상당한 수완과 말주변을 갖춘 새로운 투사가 (헌법안의) 기초를 뒤흔들고 있다."라고 두려움을 표하면서, 시급히 대응할 필요가 있다고 강조했다. 이후 푸블리우스는 브루투스를 직간접적으로 겨냥해 논지를 폈고, 브루투스 역시 마찬가지였다. 브루투스는 푸블리우스의 가장 직접적인 논적이었던 것이다.

브루투스의 정체 역시 아직 드러나지 않고 있다. 오랫동안 브루투스의 가장 유력한 후보는 로버트 예이츠Robert Yates였다. 그는 필라델피아 회의에 참여했던 뉴욕주 대표 세 명 가운데 한 명(다른 두 명은 존 랜싱John Lansing Jr., 알렉산더 해밀턴)으로, 회의가 당초 목표와 달리 새로운 헌법안을 제정하는 것에 항의하여 랜싱과 함께 회의장을 떠났던 인물이다. 뉴욕 살렘Salem 출신의 주요 정치 지도자였던 존 윌리엄스John Williams가 브루투스라는 주장도 있다. 최근 학계에서 브루투스의 가장 유력한 후보로 떠오른 사람은 멀랜턴 스미스이다. 하지만, 동일인이 「브루투스 편지」와 「연방농부 편지」를 모두 썼을 가능성은 낮기 때문에, 스미스를 중심으로 한 일군의 인사들Smith Circle이 있었고, 스미스가 두 저작 중 하나를 쓰고 다른 하나를 이 서클에 속하는 다른 사람이 썼으리라는 추정이 제시된다.[17]

스미스는 독학의 상인 출신으로서, 카운티 보안관, 주 의회 의

---

17) Michael P. Zuckert and Derek A. Webb, eds., *The Anti-Federalist Writings of the Melancton Smith Circle*, Indianapolis: Liberty Fund, Inc., 2009.

원, 카운티 및 주 법관, 연합회의 뉴욕주 대표 등을 역임했고, 1788
년 뉴욕주 비준회의에서 해밀턴과 격렬한 논쟁을 벌였던 뉴욕주 반
연방주의의 중심인물이었다. 당초 뉴욕주 비준회의는 비준 반대파
가 압도적 다수를 점했기에 비준 전망이 극히 어두웠었다. 하지만
뉴햄프셔주가 아홉 번째로 헌법을 비준해 연방헌법이 효력을 발휘
하게 되고 뒤이어 버지니아주에서도 비준이 성사되면서, 뉴욕주로
서는 비준을 거부할 경우 새로 성립될 연방에서 배제될 위기에 처
하게 된다. 이런 상황에서 스미스는 새로 수립될 연방의회에서 수
정안을 검토하기로 약속하면 헌법 비준을 지지하겠다는 타협안을
제시한다. 결국 스미스를 비롯한 12명의 반연방주의자들이 조건 없
는 헌법 지지로 입장을 바꿈에 따라 뉴욕주는 30 대 27로 간신히
헌법 비준에 성공하게 된다.

6. 맺는 말

이 책의 번역은 『페더럴리스트』 번역의 연장선에서 시작되었다.
푸블리우스가 때로는 논리적으로 때로는 격정적으로 논박했던 논
쟁 상대방의 이야기를 직접 들어 보고 싶다는 마음에서였다. 하지
만 번역을 해 나가면서, 반연방주의 저작이 단지 『페더럴리스트』의
상대역으로서 혹은 『페더럴리스트』를 제대로 이해하기 위한 보조물
로서가 아니라 그 자체 중요한 정치적 저작이 될 수 있겠다는 생각
을 하게 되었다.

미국 헌법 제정 과정은, 근대 국민국가를 형성하고 그런 국민국
가 단위에서 작동하는 공화정 혹은 민주정을 의식적으로 설계하는
과정이었다. 반연방주의자들의 존재는 그 과정이 단일한 비전과 논
리의 일관된 관철이 아니라 상충하는 구상과 방법론 간의 논쟁과 충

돌 속에서 이루어졌음을 증명한다. 『페더럴리스트』가 중앙집권적 국민국가와 광대한 공화국에 대한 자신감과 장밋빛 청사진으로 가득 차 있다면, 브루투스와 연방농부의 저작은 중앙집권적 통치 권력의 등장에 대한 근대 개인들의 두려움과 경계심을, 또한 광대한 국민국가 단위에서 불가피하게 얇아지고 엷어질 공화정 혹은 민주정에 대한 인민들의 의구심과 불안감을 대변하고 있다. 아마 우리가 실천하고 있는 현실의 정체는 그 중간의 어느 회색 지점에 위치할 것이다. 이런 점에서 이 책은, 근대 국민국가라는 거대 권력과 국민국가 단위에서 실현되는 민주정·공화정의 정치 질서를, 그 시원의 시점으로 다시 돌아가 설계자가 아닌 비판자의 관점에서 회의하고 질문하는 계기를 제공해 줄 수 있을 것이다. 특히 국권 상실 이후 부국강병의 국민국 건설이 민족사적 과제였고, 그 이후의 산업화나 민주화의 과제 역시 중앙 국가권력을 중심으로 사고해 왔던 한국의 근현대사에는 이런 비판자의 관점이 부재했다고 생각되기에, 이 책이 제기하는 중앙집권적 국민국 중심의 정치 질서에 대한 회의와 경계의 시선은 한국이 걸었던 경로를 되돌아보고 현재의 문제를 되짚어 보는 데에도 도움이 되리라 생각한다. 또한 연방주의자들에 맞서 브루투스와 연방농부가 제기한 주요 쟁점들 — '큰 것이 역동적'이라는 주장에 대해 '작은 것이 아름답다'고 외치는 작은 공화국 이론, 인민과 대표의 동질성 및 대표의 계층 간 균형에 대한 강조, 대표에 대한 인민 통제의 중요성, 사법권에 대한 인민 통제(배심재판을 통한)의 필수성, 통제 없는 권력으로서 사법권의 위험성, 사법부의 헌법 해석권이 초래할 '사법 우위 체제'의 위험성, 공화정체에 대한 상비군의 위험성, 중앙정부 권력에 대한 제한과 권리 중심적 사고 등 — 은 민주주의 이론에서 현재까지도 그 생명력과 적실성을 잃지 않고 있다고 생각된다. 이런 점에서, 『페더럴리스트』와 짝을 이룰 이 책이 단지 미국 헌정 구조에 대한 이해뿐만 아니라, 한국의 민주주의나 헌정 체제의 문제를 파악하고 미래를 모색하는 데 조금이나마 도움이 되기를 기대해 본다.

끝으로 『페더럴리스트』에 이어 또 한 번 부담 ─ 아마 훨씬 큰 부담 ─ 을 안겨 드리게 된 후마니타스 출판사의 모든 분들께 미안함과 고마움의 마음을 함께 전하고자 한다. 원문 대조까지 하면서 부정확하거나 잘못된 번역을 꼼꼼히 지적해 준 안중철 공동대표와 복잡한 내용을 깔끔한 편집으로 마무리해 준 윤상훈 편집자의 노고에 깊이 감사드린다. 당시 징지 상황이나 사태 등을 설명한 각주 작성 및 연합규약 번역 작업에는 챗 지피티를 활용했음을 밝힌다. 그럼에도 불구하고 이 책에 남아 있을 오류는 전적으로 역자의 몫이며, 기회가 닿는 한 교정해 나가겠다는 약속을 드린다.

부록

연합규약[1]

전문

우리, 아래에 서명한 각 주의 대표들은 이 문서를 접하게 될 모든 이에게 문안의 인사를 전한다.

서기 1777년 아메리카 독립 제2년 11월 15일, 대륙회의에 모인 아메리카의 연합한 주들의 대표들은 뉴햄프셔주, 매사추세츠베이주, 로드아일랜드및프로비던스플랜테이션주, 코네티컷주, 뉴욕주, 뉴저지주, 펜실베이니아주, 델라웨어주, 메릴랜드주, 버지니아주, 노스캐롤라이나주, 사우스캐롤라이나주, 그리고 조지아주 사이에 연합과 영속적 결합에 관한 일정한 조항들에 합의하였는바, 그 제명은 다음과 같다.

> 뉴햄프셔주, 매사추세츠베이주,
> 로드아일랜드및프로비던스플랜테이션주, 코네티컷주, 뉴욕주,
> 뉴저지주, 펜실베이니아주, 델라웨어주, 메릴랜드주,
> 버지니아주, 노스캐롤라이나주, 사우스캐롤라이나주, 그리고
> 조지아주 사이의 연합과 영속적 결합에 관한 규약

---

1) "전문" 및 "비준문" 표시, 각 조의 제목, 조 안에서 항의 구분 및 항 번호 매김 등은 이해를 돕기 위해 옮긴이가 붙인 것이다.

제1조 (연합의 정식 명칭)

본 연합의 정식 명칭은 아메리카합중국The United States of America으로
한다.

제2조 (주의 주권의 유보)

각 주는 그 고유한 주권, 자유 및 독립을 보유하며, 또한 본 연합규
약에 의하여 연합회의에 모인 아메리카합중국the United States in Con-
gress assembled[2]에 명시적으로 위임되지 아니한 모든 권력, 관할권 및
권리를 보유한다.

제3조 (연합의 성격과 목적)

1. 전기前記 각 주는, 공동방위, 자유의 보전, 그리고 상호 및 일반
   복리를 위하여, 서로 간에 견고한 우의의 동맹을 체결한다.
2. 각 주는 종교·주권·무역 기타 어떠한 명목으로든 그들 전체 또
   는 그들 중 일부에 대하여 가해지는 모든 무력의 위협이나 공격
   에 맞서 상호 원조할 것을 서약한다.

[2] "The United States in Congress assembled"는 연합규약하의 최고 통치 기
구이다. 당대의 사람들은 이를 "Congress" 또는 여전히 "Continental Con-
gress"라고 불렀는데, 후대의 학자들이 전자와 구분하기 위해 연합회의Con-
federation Congress 또는 Congress of the Confederation라 명명했다. 이하의 조문
에서는 통례에 따라 "연합회의"로 표기한다.

제4조 (주 간의 관계와 상호 의무)

1. 본 연합 내 각 주들의 인민 상호 간의 우의와 교류를 영속적으로 보전하기 위하여, 각 주의 자유민은 빈민, 부랑자 및 사법 도피 자를 제외하고, 각 주의 자유시민이 향유하는 모든 특권과 면책 을 동일하게 보장받는다.

2. 각 주의 인민은 다른 주로 자유롭게 출입할 수 있으며, 그 주의 주민이 향유하는 무역 및 상업상의 모든 권리를 누리고, 동일한 세금·부과금·규제의 적용을 받는다.

3. 그러한 규제는 한 주로 반입된 재산을 그 소유자가 거주하는 다 른 주로 이전하는 것을 금지하는 수준에 이를 수 없으며, 또한 어떠한 주도 합중국 또는 다른 주의 재산에 대하여 세금, 부과금 또는 기타 규제를 부과하여서는 아니 된다.

4. 어떠한 주에서 반역죄, 중범죄 또는 기타 중대한 범죄를 저질렀 거나 그 혐의로 기소된 자가 그 주의 사법절차로부터 도피하여 다른 주에서 발견될 경우, 그가 도피한 주의 주지사 또는 행정권 의 요구에 따라 인도되어 해당 범죄에 대한 관할권을 가진 주로 송환되어야 한다.

5. 각 주는 다른 모든 주의 법원 및 사법관이 작성한 기록, 법령 및 사법 절차에 대하여 완전한 신용과 효력을 부여하여야 한다.

제5조 (연합회의의 구성 및 의결 방식)

1. 아메리카합중국의 일반적 이익을 보다 편리하게 관리하기 위하 여, 각 주의 입법부가 정하는 방식에 따라 매년 대표들이 선임되 어야 하고, 이들은 매년 11월 첫 번째 월요일에 연합회의에 집결

하여야 한다. 각 주는 그 대표 전체 또는 일부를 그 선임 연도 중 간에 언제든 소환할 수 있으며, 남은 기간 동안 그들을 대신할 다른 대표를 파견할 권한을 보유한다.

2. 어떠한 주도 연합회의에서 두 명 미만 또는 일곱 명을 초과하는 대표로 대표되어서는 안 되며, 그 어떠한 사람도 6년의 기간 중 3년을 초과하여 대표로 재직할 수 없다. 또한 대표로 재직 중인 자는, 그 자신이 또는 그를 위하여 티인이 급여, 수수료 또는 그 밖의 어떠한 형태의 보수를 받는 합중국의 공직도 겸임할 수 없다.

3. 각 주는 연합회의 회기 중에, 그리고 그 대표들이 주위원회Com- mittee of the States의 구성원으로 활동하는 동안에, 그 대표들의 경 비를 자국의 비용으로 부담한다.

4. 연합회의에서 안건을 결정할 때, 각 주는 각각 1표의 투표권을 가진다.

5. 연합회의 내에서의 발언 및 토론의 자유는 연합회의 밖의 어떠 한 법원이나 장소에서도 기소되거나 문제시되어서는 아니 된다. 의원들은 연합회의에 출석하는 동안에 그리고 연합회의에 오고 가는 동안에 체포 또는 구금으로부터 보호받는다. 다만 반역죄, 중범죄, 또는 평화 위반[3]의 경우는 예외로 한다.

---

3) 평화 위반breach of the peace이란 공공의 질서와 평온을 침해하거나 교란하 는 모든 폭력 행위 또는 소란 행위를 뜻한다.

제6조 (주의 대외 관계 및 군사행동에 관한 제한)

1. 어떠한 주도 연합회의의 동의 없이는 외국의 국왕·군주·국가와 사절을 교환하거나, 협정·동맹·조약을 체결할 수 없다. 또한 합중국이나 어느 한 주에서 보수나 공적 신임을 수반하는 직위를 맡은 자는 외국의 국왕·군주 또는 국가로부터 어떠한 선물·보수·직위·칭호도 받을 수 없으며, 연합회의나 각 주 정부 또한 귀족 작위를 수여할 수 없다.

2. 두 개 이상의 주가 그들 간에 조약·연합·동맹을 체결하려면, 그 목적과 존속 기간을 정확히 명시하는 연합회의의 동의가 있어야만 한다.

3. 어떠한 주도, 연합회의가 프랑스 및 스페인 왕정에 이미 제안한 조약안을 이행하기 위해 다른 국왕·군주·국가와 체결하게 되는 조약의 조항을 방해하거나 침해할 수 있는 수입세나 관세를 부과해서는 아니 된다

4. 어떠한 주도 평시에 군함을 유지할 수 없다. 다만 연합회의에서, 그 주의 방위 또는 교역의 보호를 위하여 필요하다고 판단하는 대수는 예외로 한다.

    어떠한 주도 평시에 상비군을 유지할 수 없다. 다만, 연합회의가 판단하기에, 그 주의 방위를 위하여 필요한 요새에 주둔할 필요가 있다고 인정되는 인원수는 예외로 한다.

    그러나 각 주는 항상 잘 조직되고 훈련된 민병대를 유지하여야 하며, 그 민병은 충분히 무장되고 장구를 갖추어야 한다. 또한 각 주는 공용 창고에 적정한 수의 야포와 천막, 그리고 충분한 양의 무기, 탄약 및 야영 장비를 항시 비치하고 즉시 사용할 수 있도록 준비하여야 한다.

5. 어떠한 주도, 연합회의의 동의 없이 전쟁을 개시할 수 없다. 다

만, 그 주가 실제로 적의 침입을 받았거나, 어떤 인디언 부족이 그 주를 침공하려는 결의를 형성하고 있다는 확실한 통보를 받았으며, 그 위험이 급박하여 연합회의에 협의를 요청할 시간이 없는 경우는 예외로 한다.

또한 어떠한 주도, 연합회의가 전쟁을 선포한 후가 아니면 군함에 대한 사령권 위임장이나 나포 인허장을 발급할 수 없으며, 그런 경우에도 그 권한은 오직 선전포고가 이루어진 왕국이나 국가 및 그 국민에 한정되고, 연합회의가 정한 규정에 따라야 한다.

단, 예외적으로 어떤 주가 해적의 침입에 시달리는 경우에는, 그 사태에 대처하기 위하여 군함을 개조하여 임시 운용할 수 있다. 그러나 그 군함의 운용은 위험이 지속되는 기간에 한하여 허용되며, 연합회의가 달리 결정할 경우 즉시 중지되어야 한다.

제7조 (공동방위를 위한 육군 편성 및 장교 임명)

1. 공동방위를 위하여 어떤 주가 육군을 편성하는 경우, 대령 이하의 모든 장교는 해당 병력을 편성한 주의 입법부에 의하여, 또는 그 주가 정하는 방식에 따라 임명되어야 한다.
2. 그 장교직에 결원이 발생한 경우에는, 최초로 그 임명을 행한 주가 이를 충원한다.

제8조 (공동방위 및 공공 지출의 분담)

1. 공동방위 및 일반 복리를 위하여 발생하고 연합회의에 의해 승

인된 모든 전쟁 경비와 기타 공공 지출은 공동 금고에서 충당하여야 한다.

2. 이 공동 금고는 각 주의 분담금으로 충당되며, 그 분담 비율은 각 주 내의 모든 토지의 평가가치에 따라 정한다. 이때 토지란 개인에게 교부되었거나 개인을 위하여 측량된 모든 토지를 말하며, 그 토지와 그 위의 건물 및 기타 인공적 개량물의 가치는 연합회의가 수시로 정하고 지시하는 방식에 따라 평가되어야 한다.

3. 그 분담금을 납부하기 위한 세금은, 연합회의가 정한 기한 내에, 각 주의 입법부의 권한과 지시에 따라 부과·징수되어야 한다.

제9조 (연합회의의 권한)

1. 연합회의는 다음 각 사항에 대하여 단독적이고 전속적인 권리와 권한을 가진다.

   (1) 제6조에서 규정한 예외적 경우를 제외하고, 평화와 전쟁을 결정하는 권한.

   (2) 외교사절을 파견하거나 접수할 권한.

   (3) 조약과 동맹을 체결할 권한. 다만, 어떠한 통상조약도, 각 주가 자기 주민이 부담하는 것과 같은 수입세나 관세를 외국인에게 부과하거나 또는 특정 상품의 수출입을 금지할 수 있는 주의 입법권을 제한하게끔 체결되어서는 안 된다.

   (4) 육상 및 해상에서의 포획의 합법성 여부와, 합중국의 육군이나 해군이 획득한 전리품을 분배하거나 귀속하는 방법을 규정하는 규칙을 제정할 권한.

   (5) 평시에 나포 인허장을 발급할 권한.

   (6) 공해상의 해적 행위 및 중범죄를 재판할 법원을 설치하고,

포획 사건에 관한 항소를 최종적으로 심리·판결할 법원을 설치할 권한. 단, 연합회의 구성원은 그러한 법원의 재판관으로 임명될 수 없다.

2. 연합회의는, 현재 존재하거나 장차 발생할 수 있는 두 개 이상의 주 간의 모든 분쟁에 대하여, 그 원인이 경계나 관할권, 또는 그 밖의 어떠한 사유에서 기인한 것이든 간에, 최종 항소심의 권한을 가진다. 이 권한은 언제나 다음 절차에 따라 행사된다.

(1) 분쟁 중인 어떤 주의 입법부, 행정부, 또는 합법적 대리인이, 쟁점의 내용을 명시하고 청문을 요청하는 청원서를 제출하면, 연합회의의 결의에 따라 상대방 주의 입법부 또는 행정부에 통보가 보내지고, 당사자들의 적법한 대리인들에 의해 당사자들이 출석할 날짜가 지정된다. 당사자들은 공동 동의로 위원 또는 판사를 임명하여, 쟁점 사안을 심리하고 판정할 법정을 구성한다.

(2) 만약 당사자들이 이에 합의하지 못할 경우, 연합회의는 합중국의 각 주에서 세 명의 인물을 지명하고, 각 당사자는 청원인 측부터 시작하여 교대로 그 인물들의 명단에서 한 명씩을 제척한다. 이 절차를 거쳐 인원이 13명으로 줄어들면, 그 중 일곱 명 이상 아홉 명 이하를 연합회의가 정한 방식에 따라 연합회의 입회하에 추첨한다. 이 추첨으로 뽑힌 자들 또는 그중 다섯 명이 위원 또는 판사가 되어 심리를 진행하고 분쟁을 최종적으로 판정한다. 다만, 사건을 심리한 판사들의 과반수가 판정에 동의한 경우에 한하여, 그 판결은 유효한 것으로 한다.

(3) 만일 어느 한 당사자가 연합회의가 지정한 일자에 출석하지 않고, 연합회의가 충분하다고 인정할 만한 사유를 제시하지 않을 경우, 또는 출석하였더라도 제척 절차를 거부할 경우,

연합회의가 각 주로부터 세 명의 인사를 지명하고, 연합회의 서기가 출석하지 않거나 제척을 거부한 당사자를 대신하여 제척 절차를 진행한다. 위에서 규정된 방식에 따라 구성된 법원이 내리는 판결과 선고는 최종적이며 확정력을 가진다.

(4) 또한 당사자들 중 어느 하나가 법원의 권한에 복종하기를 거부하거나, 법정에 출석하거나 자신의 청구 또는 소송 사건을 방어하기를 거부하더라도, 법원은 그럼에도 불구하고 판결을 선고하여야 하며, 그 판결은 동일하게 최종적이고 구속력을 가진다. 어느 경우이든, 그 판결 및 선고와 기타 절차 기록은 연합회의에 송부되어, 관련 당사자들의 권리 보전을 위하여 연합회의의 공식 기록으로 편입·보존된다.

(5) 단, 모든 위원은 심리에 참여하기 전에 선서를 하여야 하며, 그 선서는 해당 사건이 심리될 장소로 지정된 주의 최고법원 또는 상급법원 판사 중 한 명이 집행한다. 선서의 내용은 다음과 같다. "본인은 사적 이해관계나 감정, 또는 보상의 기대 없이, 자신의 최선의 판단에 따라, 문제된 사건을 성실하고 진실하게 청취하고 판정할 것을 선서한다."

(6) 단, 어떠한 주도, 합중국의 이익을 명목으로 그 영토를 박탈당해서는 아니 된다.

3. 둘 이상의 주가 서로 다른 토지 허여許與에 근거하여 동일 토지에 대한 사적 소유권을 주장함으로써 분쟁이 발생한 경우, 그 토지에 대한 관할권 및 그런 허여를 한 주들의 관할권이 이미 확정되어 있고, 그 토지 허여가 관할권 확정 이전에 이루어진 것으로 간주되는 때에는, 그 분쟁은 어느 한 당사자의 청원에 따라 연합회의에 제기될 수 있고 앞서 규정된 주 간의 영토 관할권 분쟁 절차에 준하여 최종적으로 결정된다.[4]

4. 연합회의는 다음의 권한을 단독적이고 전속적으로 보유한다.

(1) 연합회의 또는 각 주의 권한에 따라 주조된 화폐의 합금 비율과 가치를 규정할 권한.

(2) 합중국 전역에 걸쳐 도량형의 기준을 확정할 권한.

(3) 어떤 주의 구성원도 아닌 인디언과의 무역 및 관계를 관리할 권한. 단, 각 주의 입법권은 그 영토 내에서 침해되어서는 아니 된다.

(4) 합중국 전역에 걸쳐 주와 주를 연결하는 우편국을 설치·규제하고, 그를 통하여 유통되는 문서에 대하여 경비 충당에 필요한 우편요금을 부과할 권한.

(5) 합중국 육군의 장교 중 연대급 장교를 제외한 모든 장교를 임명할 권한.

(6) 해군의 모든 장교를 임명하고, 합중국의 모든 장교에게 임명장을 수여할 권한.

(7) 육군 및 해군의 통치와 규율을 위한 규정을 제정하고, 그 작전 활동을 지휘할 권한.

5. 연합회의는 다음 각 권한을 가진다.

(1) 연합회의의 휴회 기간 동안 상설적으로 활동할 주위원회를 설치할 권한. 이 위원회는 각 주에서 한 명의 대표로 구성된다.

(2) 연합회의의 지시하에 합중국의 일반 사무를 관리하기 위하여

---

4) 달리 말하면, "이미 관할권이 확정된 주들 사이에서, 관할 확정 이전에 발급된 서로 다른 토지 허여에 근거하여 동일한 토지의 사적 소유권을 주장하는 분쟁이 발생한 경우, 그 분쟁은 연합회의 중재 절차에 따라 결정된다."는 내용이다. 이 조는 "주의 관할 경계 확정 이전에 발급된 서로 다른 토지 허여로 인해, 서로 다른 주가 같은 땅에 대해 서로 다른 개인에게 사유권을 인정했을 경우, 그 분쟁은 연합회의에서 최종적으로 판단한다."는 내용을 담고 있다.

필요한 기타 위원회 및 공무원을 임명할 권한.

(3) 구성원 중에서 한 사람을 의장으로 선출할 권한. 다만, 누구
도 3년의 기간 중 1년을 초과하여 의장직에 재임할 수 없다.

(4) 합중국의 운영을 위하여 조달되어야 할 자금의 총액을 확정
하고, 공공 경비를 충당하기 위하여 그 자금의 지출을 승인하
고 배정·집행할 권한.

(5) 합중국의 신용을 담보로 자금을 차입하거나 신용어음을 발
행할 권한. 차입 또는 발행된 금액의 명세는 매 반기마다 각
주에 보고하여야 한다.

(6) 해군을 설립하고 장비할 권한.

(7) 육군의 병력 규모를 결정하고, 각 주에 대하여 그 주의 백인
주민 수에 비례하여 할당된 병력을 징발할 권한.

이러한 징발은 각 주에 대하여 구속력을 가지며, 각 주의
입법부는 그에 따라 연대급 장교를 임명하고 병사를 모집하
며, 그들을 합중국의 비용으로 군인답게 복장·무장·장비를 갖
추게 하여야 한다. 이와 같이 복장·무장·장비를 갖춘 장교들
과 병사들은, 연합회의가 정한 기한 내에, 연합회의가 지정한
장소로 행군하여야 한다.

그러나 연합회의가 정황을 고려한 결과, 어떤 주는 병력을
전혀 모집하지 않거나, 그 할당분보다 적은 병력을 모집하는
것이 적절하다고 판단하고, 반대로 다른 주는 그 할당분보다
많은 병력을 모집하는 것이 타당하다고 판단할 경우, 그 추가
병력은 해당 주의 할당분 병력과 동일한 방식으로 모집·임관
되고 복장·무장 및 장비를 갖추어야 한다.

다만, 그 주의 입법부가 그 추가 병력을 안전하게 파견할
수 없다고 판단하는 경우, 해당 주는 그러한 추가 병력 중 자
기 주의 치안 및 방위를 해치지 않는 범위에서 안전하게 파견

할 수 있다고 판단되는 병력만을 모집·임관하고 복장·무장 및 장비를 갖추어야 한다.

　이와 같이 복장·무장·장비를 갖춘 장교들 및 병사들은 연합 회의가 정한 기한 내에 연합회의가 지정한 장소로 행군하여 야 한다.

6. 연합회의는 아홉 개 주의 동의가 없는 한, 어떠한 경우에도 다음 각 행위를 할 수 없다.

(1) 전쟁을 개시하는 행위.

(2) 평시에 나포 인허장을 발급하는 행위.

(3) 조약 또는 동맹을 체결하는 행위.

(4) 화폐를 주조하거나 그 가치를 규정하는 행위.

(5) 합중국 또는 그중 어느 한 주의 방위 및 복리를 위하여 필 요한 금액과 지출을 산정하는 행위.

(6) 합중국의 신용을 담보로 어음을 발행하거나 자금을 차입하 는 행위.

(7) 공공 자금을 배정하거나 그 지출을 승인하는 행위.

(8) 건조하거나 구입할 군함의 수 및 모집할 육해군 병력의 규 모를 결정하는 행위.

(9) 육군 또는 해군의 최고사령관을 임명하는 행위.

7. 그 외 모든 안건은, 매일의 회기 연기를 결정하는 경우를 제외하 고, 연합회의 과반의 득표에 의하여 결정한다.

8. 연합회의는 당해 연도 내의 임의의 시기까지 휴회하거나, 합중국 내의 임의의 장소로 이전할 권한을 가진다. 그 휴회의 기간은 6 개월을 초과할 수 없다.

　연합회의는 또한 의사록을 매월 공개하여야 한다. 다만, 조 약·동맹 또는 군사 작전에 관한 부분 중 연합회의의 판단에 따라 비밀 유지를 요한다고 인정되는 부분은 공개에서 제외할 수 있다.

어떠한 안건에 관한 것이든, 대표 중 누군가가 요청할 경우, 각 주 대표들의 찬반 표결은 의사록에 기재되어야 한다.

또한 각 주의 대표는, 자신의 요청에 따라, 공개에서 제외된 부분을 제외하고 의사록의 사본을 제공받아, 이를 자기 주의 입법부에 제출할 수 있다.

제10조 (주위원회의 권한)

주위원회 또는 그 구성원 중 9인은, 연합회의의 휴회 중에, 연합회의가 필요에 따라 수시로 아홉 개 주의 동의를 얻어 그 위원회에 부여하는 것이 적절하다고 판단하여 위임한 연합회의의 권한을 집행할 권한을 부여받는다. 다만, 연합규약에 따라 연합회의에서 아홉 개 주의 찬성이 요구되는 권한은 그 위원회에 위임될 수 없다.

제11조 (캐나다 및 기타 식민지의 연합 가입)

1. 캐나다가 본 연합규약에 동의하고, 합중국의 제반 조치에 참여하는 경우, 캐나다는 본 연합에 가입되며, 본 연합의 모든 특권과 이익을 향유할 권리를 가진다.
2. 그러나 그 밖의 어떠한 식민지도, 아홉 개 주의 동의 없이 본 연합에 가입될 수 없다.

제12조 (대륙회의의 기존 채무 및 신용의 승계)

1. 본 연합규약에 의하여 아메리카합중국이 구성되기 이전에 대륙회의가 발행한 신용어음, 차입한 자금, 그리고 체결한 채무는 합중국의 채무로 간주된다.
2. 그 채무의 지급과 상환을 합중국의 공적 신용이 엄숙히 보증한다.

제13조 (연합규약의 불가침성과 영속성)

1. 각 주는, 본 연합규약에 따라 연합회의에 부의된 모든 사항에 관한 연합회의의 결정을 준수하여야 한다.
2. 본 연합규약의 조항들은 모든 주에 의해 침해되지 아니하고 성실히 준수되어야 하며, 본 연합은 영속적이다.
3. 본 연합규약의 어떠한 조항도, 앞으로 어떤 시점에서도 변경될 수 없다. 그러한 변경은 연합회의에서 합의되고, 그 후 모든 주의 입법부에 의해 승인되어야 한다.

비준문

그리고, 세상의 위대한 주재자께서, 우리가 연합회의에서 각각 대표하는 각 주의 입법부들로 하여금 본 연합규약을 승인하고, 그 비준을 우리에게 위임하도록 인도하심에 감사를 드린다. 이에 알리는바, 아래에 서명한 우리 대표들은, 그 목적을 위하여 우리에게 부여된 권한에 따라, 본 서면에 의거하여, 우리의 각 주를 대신하여 그리고 그 명의로, 본 연합규약의 모든 조항과 그에 포함된 모든 사항과 규

정을 완전하고 전면적으로 비준하고 승인한다. 또한, 우리는 우리
각 주의 신의를 엄숙히 서약하고 서명함으로써, 그들이 본 연합규
약에 따라 연합회의에 부의된 모든 사안에 관한 연합회의의 결정을
준수할 것을 서약한다. 그리고, 우리가 각각 대표하는 주들은 본 규
약의 모든 조항을 침해 없이 준수하며, 본 연합은 영속적임을 여기
서 서약한다. 이에 대한 증거로서 우리는 아래에 서명한다. 이는 서
기 1778년 아메리카 독립 제3년 7월 9일, 펜실베이니아주 필라델
피아에서 이루어졌다.

(서명은 생략)

부록

아메리카합중국헌법

우리 합중국 인민은, 더 완벽한 연방을 형성하고 정의를 확립하며, 국내의 평안을 보장하고 공동방위를 세공하며, 일반 복리를 증진하고 우리와 우리의 후손들에게 자유의 축복을 보장하기 위하여, 이 아메리카합중국헌법을 제정한다.

제1조 (입법부)[1]

1절 (입법권)

이 헌법에 의하여 부여되는 모든 입법권은, 상원과 하원으로 구성되는 합중국 의회에 속한다.

2절 (하원)

1. 하원은 각 주의 주민이 2년마다 선출하는 의원으로 구성하며, 각 주의 선거인은 주 의회에서 가장 의원 수가 많은 원院의 선거인에게 요구되는 자격 요건을 구비하여야 한다.

---

[1] 연방헌법 번역은 『세계의 헌법』(국회도서관 법률정보실, 2018) 중 미국 헌법 부분을 참조했고 일부 수정했다. 괄호 안에 들어 있는 조article와 절section의 제목, 절 밑의 항 번호 등은 원문에는 없지만 이해를 돕기 위해 추가한 것이다. 수정 조항의 경우도 마찬가지이다.

2. 누구든지 연령이 25세에 미달한 자, 합중국 시민으로서의 기간이 7년이 되지 아니한 자, 그리고 선거 당시에 선출되는 주의 주민이 아닌 자는 하원 의원이 될 수 없다.

3. 하원 의원 수와 직접세는 연방에 가입하는 각 주의 인구수에 따라 각 주에 할당한다. 각 주의 인구수는 연기 계약 노동자를 포함한 자유인의 총수에, 과세 대상이 아닌 인디언을 제외하고, 그 밖의 인구수의 5분의 3을 가산하여 결정한다.[2] 인구수의 산정은 최초의 합중국 의회를 개회한 뒤 3년 이내에 행하며, 그 뒤는 10년마다 법률이 정하는 바에 따라 행한다. 하원 의원의 수는 인구 3만 명당 1인의 비율을 초과하지 못한다. 다만 각 주는 적어도 한 명의 하원 의원을 가져야 한다. 위의 인구수의 산정이 있을 때까지 뉴햄프셔주는 세 명, 매사추세츠주는 여덟 명, 로드아일랜드및프로비던스플랜테이션주는 한 명, 코네티컷주는 다섯 명, 뉴욕주는 여섯 명, 뉴저지주는 네 명, 펜실베이니아주는 여덟 명, 델라웨어주는 한 명, 메릴랜드주는 여섯 명, 버지니아주는 10명, 노스캐롤라이나주는 다섯 명, 사우스캐롤라이나주는 다섯 명, 그리고 조지아주는 세 명의 의원을 각각 선출할 수 있다.

4. 어떤 주에서든 그 주의 하원 의원에 결원이 생겼을 경우에는 그 주의 집행부가 그 결원을 채우기 위한 보궐선거의 명령을 내려야 한다.

5. 하원은 그 의장과 그 밖의 임원을 선임하며, 탄핵권을 독점적으로 가진다.

---

[2] 하원 의원 수 배정에 관한 부분은 수정 헌법 제14조(1868)에 의해 수정되었다. 그리고 소득세에 관한 부분은 수정 헌법 제16조(1913)에 의해 수정되었다.

3절 (상원)

1. 합중국의 상원은 각 주에서 두 명씩 그 주의 주 의회에서 선출한[3] 6년 임기의 상원 의원으로 구성되며, 각 상원 의원은 한 표의 투표권을 가진다.

2. 상원 의원들이 최초의 선거 결과에 따라 회합한 때에는 즉시 가능한 한 동수의 세 부류로 나뉘어야 한다. 제1 부류의 의원은 2년의 만기로 제2 부류의 의원은 4년의 만기로 그리고 제3 부류의 의원은 6년의 만기로 그 의석을 비워야 한다. 이렇게 하여 상원 의원 총수의 3분의 1이 2년마다 개선될 수 있게 한다. 만일 어떤 주에서든 주 의회의 휴회 중에 사직 또는 그 밖의 원인으로 상원 의원의 결원이 생길 때에는, 그 주의 집행부는 주 의회가 다음 회기에 그 결원을 보충할 때까지 임시로 상원 의원을 임명할 수 있다.[4]

3. 연령이 30세에 미달하거나, 합중국 시민으로서의 기간이 9년이 되지 아니하거나, 또는 선거 당시에 선출되는 주의 주민이 아닌 자는 상원 의원이 될 수 없다.

4. 합중국의 부통령은 상원 의장이 된다. 다만 표결 시에 가부 동수일 경우를 제외하고는 투표권이 없다.

5. 상원은 의장 이외의 임원들을 선임하며, 부통령이 결원일 경우나 부통령이 대통령의 직무를 집행하는 때에는 임시의장을 선임한다.

6. 상원은 모든 탄핵을 심판하는 권한을 독점적으로 가진다. 이 목

---

3) 이 부분은, 인민에 의한 상원 의원 직접선거를 요구한 수정 헌법 제17조 (1913)에 의해 수정되었다.
4) 수정 헌법 제17조(1913)에 의해 수정되었다.

적을 위하여 상원이 개회될 때, 의원들은 선서 또는 확약을 하여야 한다. 합중국 대통령을 심판하는 경우에는 연방 대법원장을 의장으로 한다. 누구라도 출석 의원 3분의 2 이상의 찬성 없이는 유죄판결을 받지 아니한다.

7. 탄핵 사건에서의 판결은 면직 및 합중국의 명예직, 위임직 또는 유급 공직에 취임·재직하는 자격을 박탈하는 것 이상이 될 수 없다. 다만 이같이 유죄판결을 받은 자일지라도 법률에 따른 기소, 재판, 판결 및 처벌을 면할 수 없다.

4절 (연방의회의 조직)

1. 상원 의원과 하원 의원을 선거할 시기, 장소 및 방법은 각 주에서 그 주 의회가 정한다. 그러나 연방의회는 언제든지 법률에 의하여 그러한 규정을 제정 또는 개정할 수 있다. 다만 상원 의원의 선거 장소에 관하여는 예외로 한다.

2. 연방의회는 매년 적어도 1회 집회하여야 한다. 그 집회의 시기는 법률에 의하여 다른 날짜를 지정하지 아니하는 한 <u>12월의 첫번째 월요일로</u>[5] 한다.

5절 (연방의회의 운영)

1. 각 원은 그 소속 의원의 선거, 당선 및 자격을 판정한다. 각 원은 소속 의원 과반수로 의사정족수를 구성한다. 정족수에 미달하는 경우에는 연일 휴회할 수 있으며, 각 원에서 정하는 방법과 벌칙에 따라 결석 의원의 출석을 강요할 수 있다.

2. 각 원은 의사 규칙을 정하며, 원내 질서를 문란케 한 의원을 징계

---

[5] 수정 헌법 제20조(1933)에 의해 수정되었다.

하며, 의원 3분의 2 이상의 찬성을 얻어 의원을 제명할 수 있다.

3. 각 원은 의사록을 작성하며, 각 원에서 비밀을 요한다고 판단하는 부분을 제외하고는 수시로 공표하여야 한다. 각 원은 출석 의원 5분의 1 이상이 요구할 경우에는 어떠한 의제에 대해서든 소속 의원의 찬반 투표를 의사록에 기재하여야 한다.

4. 연방의회의 회기 중에는 어느 원이라도 다른 원의 동의 없이 3일 이상 휴회하거나, 회의장을 양원이 개회한 장소 이외의 장소로 옮길 수 없다.

6절 (연방 의원의 특권과 겸임의 금지)

1. 상원 의원과 하원 의원은 그 직무에 대하여 법률이 정하고 합중국 국고에서 지급되는 보수를 받는다. 양원의 의원은 반역죄, 중죄 및 치안 방해죄를 제외하고는 어떠한 경우에도 그 원의 회기 출석 중에 그리고 원에 오가는 도중에 체포되지 아니하는 특권이 있다. 양원의 의원은 원내에서 행한 발언이나 토론에 관하여 원외에서 문책받지 아니한다.

2. 상원 의원 또는 하원 의원은, 임기 중에 신설되거나 봉급이 인상된 어떠한 합중국의 공직에도 임기 중에 임명될 수 없다. 합중국의 어떠한 공직에 있는 자라도 재직 중에 양원 중 어느 원의 의원이 될 수 없다.

7절 (법률의 제정)

1. 세입 징수에 관한 모든 법률안은 먼저 하원에서 발의되어야 한다. 다만 상원은 이에 대해 다른 법률안과 마찬가지로 수정안을 발의하거나 수정을 가하여 동의할 수 있다.

2. 하원과 상원을 통과한 모든 법률안은 법률로 확정되기에 앞서 합중국 대통령에게 이송되어야 한다. 대통령이 이를 승인하는

경우에는 이에 서명하며, 승인하지 아니하는 경우에는 이의서를 첨부하여 이 법률안을 발의한 원으로 환부하여야 한다. 법률안을 환부받은 원은 이의의 대략을 의사록에 기록한 뒤 이 법률안을 재의하여야 한다. 재의한 결과, 그 원의 의원 3분의 2이상의 찬성으로 가결할 경우에는 법률안을 대통령의 이의서와 함께 다른 원으로 송부하여야 한다. 다른 원에서 이 법률안을 재의하여 의원의 3분의 2 이상의 찬성으로 가결할 경우에는 이 법률안은 법률로 확정된다. 이 모든 경우에 있어서 양원은 호명 표결로 결정하며, 그 법률안에 대한 찬성자와 반대자의 성명을 각 원의 의사록에 기재하여야 한다. 만일 법률안이 대통령에게 이송된 뒤 10일 이내(일요일 제외)에 의회로 환부되지 아니할 때에는 그 법률안은 대통령이 이에 서명한 경우와 마찬가지로 법률로 확정된다. 다만 연방의회가 휴회하여 법률안을 환부할 수 없는 경우에는 법률로 확정되지 아니한다.

3. 상원과 하원의 의견 일치를 필요로 하는 모든 명령, 결의 또는 표결(휴회에 관한 결의는 제외)은 이를 대통령에게 이송하여야 하며, 대통령이 이를 승인하여야 효력이 발생한다. 대통령이 이를 승인하지 아니하는 경우에는 법률안에서와 동일한 규칙 및 제한에 따라서 상원과 하원에서 3분의 2 이상의 의원의 찬성으로 다시 가결하여야 한다.

8절 (연방의회에 부여된 권한)

연방의회는 다음의 권한을 가진다.

1. 합중국의 채무 지불 및 공동방위와 일반 복리를 위하여 조세, 관세, 수입세 및 소비세를 부과, 징수한다. 다만 관세, 수입세 및 소비세는 합중국 전역에서 균일해야 한다.

2. 합중국의 신용으로 금전을 차입한다.

3. 외국과의, 주 상호 간의 그리고 인디언 부족과의 통상을 규제한다.

4. 합중국 전역에 걸쳐 균일한 시민권 부여 규정 및 균일한 파산 법률을 제정한다.

5. 화폐를 주조하고, 그 화폐와 외국 화폐의 가치를 규정하며, 도량 형의 기준을 정한다.

6. 합중국의 통화 및 유가증권의 위조에 관한 벌칙을 정한다.

7. 우편국과 우편 도로를 건설한다.

8. 저작자와 발명자에게 그들의 저술과 발명에 대한 독점적 권한을 일정 기간 보장해 줌으로써 과학과 유용한 기술의 발달을 촉진 한다.

9. 연방 대법원 아래에 하급법원을 조직한다.

10. 공해상에서 발생한 해적 행위와 중죄 그리고 국제법에 위배되 는 범죄를 규정하고 처벌한다.

11. 전쟁을 선포하고, 나포 인허장을 수여하고, 지상 및 해상에서의 포획에 관한 규칙을 정한다.

12. 육군을 모집하고 이를 유지한다. 다만 이 목적을 위한 세출의 승인은 2년을 초과하지 못한다.

13. 해군을 창설하고 이를 유지한다.

14. 육해군의 통수 및 규율에 관한 규칙을 정한다.

15. 연방의 법률을 집행하고, 반란을 진압하고, 침략을 격퇴하기 위하여 민병의 소집에 관한 규칙을 정한다.

16. 민병대의 조직, 무장 및 훈련에 관한 규칙과 민병 중에서 합중 국의 군무에 복무하는 자들을 다스리는 규칙을 정한다. 다만 민 병대 장교를 임명하고 연방의회가 정한 규율에 따라 민병대를 훈련시키는 권한은 각 주에 유보한다.

17. 특정 주가 양도하고, 연방의회가 이를 수령함으로써 합중국 정 부 소재지로 되는 지역(가로세로 10마일을 초과하지 못함)에 대

해서는 어떠한 경우를 막론하고 독점적인 입법권을 행사하며, 요새·무기고·조병창·조선소 및 기타 필요한 건물을 세우기 위하여 주 의회의 승인을 얻어 구입한 모든 장소에 대해서도 이와 동일한 권한을 행사한다.

18. 위에 기술한 권한들과, 이 헌법이 합중국 정부 또는 그 부처나 그 부처의 공무원에게 부여한 기타 모든 권한을 행사하는 데 필요하고 적절한 모든 법률을 제정한다.

9절 (연방의회에 금지된 권한)

1. 연방의회는 기존의 주들 중에서 어느 주가 허용함이 적당하다고 인정하는 사람들의 이송 또는 수입을 1808년 이전에는 금지하지 못한다. 다만 그러한 수입에 대하여 1인당 10달러를 초과하지 아니하는 한도 내에서 조세나 관세를 부과할 수 있다.

2. 반란 또는 침략의 경우에 공공의 안전상 필요한 때를 제외하고는, 인신보호영장에 관한 기본권을 정지할 수 없다.

3. 사권 박탈법 또는 소급 처벌법을 통과시키지 못한다.

4. 앞서 규정한 인구조사 또는 산정에 비례하지 아니하는 한, 인두세나 그 밖의 직접세를 부과하지 못한다.[6]

5. 주州에서 수출하는 물품에 대해 조세 또는 관세를 부과하지 못한다.

6. 통상이나 세입에 관한 어떠한 규정도 어느 주의 항구에 대해 다른 주의 항구보다 특혜적인 대우를 제공할 수 없다. 또한 어느 주로 향하거나 또는 어느 주에서 출항한 선박을 다른 주에 강제로 입항, 출항하게 하거나 관세를 지불하게 할 수 없다.

6) 수정 조항 제16조(1913)에 의해 수정되었다.

7. 국고금은 법률에 따른 세출 승인에 의해서만 지출할 수 있다. 또한 모든 공금의 수납 및 지출에 관한 정기적인 명세와 회계를 수시로 공표하여야 한다.

8. 합중국은 어떠한 귀족의 칭호도 수여하지 아니한다. 합중국에서 유급직 또는 위임에 의한 관직에 있는 자는 누구라도 연방의회의 승인 없이는 어떠한 국왕, 군주 또는 외국으로부터도 종류 여하를 막론하고 선물, 보수, 관직 또는 칭호를 받을 수 없다.

10절 (주에 금지된 권한)

1. 어떠한 주도 조약, 동맹 또는 연합을 체결하거나, 나포 인허장을 수여하거나, 화폐를 주조하거나, 신용증권을 발행하거나, 금화 및 은화 이외의 것으로써 채무 지불의 법정 수단으로 삼거나, 사권 박탈법, 소급 처벌법 또는 계약상 의무를 침해하는 법률 등을 제정하거나 또는 귀족의 칭호를 수여할 수 없다.

2. 어떠한 주도 연방의회의 동의 없이 수입품 또는 수출품에 대하여, 그 주의 검사법을 집행하기 위한 것을 제외하고는, 어떠한 수입세 또는 관세도 부과하지 못한다. 주가 수입품 또는 수출품에 부과하는 모든 관세나 수입세의 순수입은 합중국 국고의 용도에 귀속되어야 한다. 또한 그러한 법은 모두 연방의회의 수정 및 통제를 받아야 한다.

3. 어떠한 주도 연방의회의 동의 없이 선박에 톤세를 부과할 수 없고, 평화 시에 군대나 군함을 보유할 수 없으며, 다른 주나 외국과 협정이나 조약을 체결할 수 없고, 실제로 침공당하거나 지체할 수 없을 만큼 급박한 위험에 처하지 아니하고는 교전할 수 없다.

제2조 (집행부)

1절 (대통령 선거, 권한대행)

1. 집행권은 아메리카합중국의 대통령에게 속한다. 대통령의 임기는 4년으로 하며, 동일한 임기의 부통령과 함께 다음과 같은 방법에 의하여 선출된다.

2. 각 주는 그 주 의회가 정하는 바에 따라, 그 주가 연방의회에 보낼 수 있는 상원 의원과 하원 의원의 총수와 동수의 선거인을 임명한다. 다만 상원 의원이나 하원 의원 또는 합중국에서 위임에 의한 관직이나 유급 관직에 있는 자는 선거인으로 임명될 수 없다.

3. 선거인은 각기 자기 주에서 회합하여 비밀투표에 의하여 2인을 선거하는데, 그중 적어도 1인은 선거인과 동일한 주의 주민이 아니어야 한다. 선거인은 모든 득표자들의 명부와 각 득표자의 득표수를 기재한 표를 작성하여 서명하고 증명한 다음 봉인하여 상원 의장 앞으로 합중국 정부의 소재지로 송부한다. 상원 의장은 상원 의원 및 하원 의원이 참석한 가운데 모든 증명서를 개봉한 뒤 득표수를 계산한다. 최고 득표자의 득표수가 임명된 선거인의 총수의 과반수가 되었을 때에는 그가 대통령으로 당선된다. 과반수 득표자가 2인 이상이 되고, 그 득표수가 동수일 경우에는 하원이 즉시 비밀투표로 그중 1인을 대통령으로 선출하여야 한다. 과반수 득표자가 없을 경우에는 하원이 동일한 방법으로 최다수 득표자 다섯 명 중에서 대통령을 선출한다. 다만 이러한 방법에 의하여 대통령을 선출할 때에는 주 단위로 투표하고 각 주의 대표는 한 표의 투표권을 가지며, 그 선거에 필요한 정족수는 전체 주의 3분의 2의 주로부터 한 명 또는 그 이상의 의원 출석으로 성립되며, 전체 주의 과반수의 찬성을 얻어야 선

출될 수 있다. 어떤 경우에 있어서나 대통령을 선출하고 난 뒤에 최다수의 득표를 한 자를 부통령으로 한다. 다만 동수의 득표자가 2인 이상 있을 때에는 상원이 비밀투표로 그중에서 부통령을 선출한다.[7]

4. 연방의회는 선거인들을 선출하는 일자와 이들이 투표하는 일자를 결정할 수 있으며, 이 투표일은 합중국 전역에 걸쳐 동일한 날이어야 한다.

5. 출생에 의한 합중국 시민이 아닌 자 또는 이 헌법의 채택 시에 합중국 시민이 아닌 자는 대통령직에 선임될 자격이 없다. 연령이 35세에 미달한 자 또는 14년간 합중국 내에 거주하지 아니한 자도 대통령직에 선임될 자격이 없다.

6. 대통령이 면직되거나 사망하거나 사직하거나 또는 그 권한 및 직무를 수행할 능력을 상실할 경우에 대통령직은 부통령에게 귀속된다. 연방의회는 법률로써, 대통령과 부통령이 면직, 사망, 사직 또는 직무 수행 불능이 된 경우에 어느 공무원이 대통령으로서 직무를 대행할 것인지를 정할 수 있다. 이 공무원은 대통령의 직무 수행 불능이 제거되거나 대통령이 새로 선출될 때까지 대통령의 직무를 대행한다.[8]

7. 대통령은 그 직무 수행에 대한 대가로 정기로 보수를 받으며, 그 보수는 임기 중에 증액 또는 감액되지 아니한다. 대통령은 그 임기 중에 합중국 또는 합중국의 어느 주로부터 그 밖의 어떠한 보수도 받지 못한다.

8. 대통령은 그 직무 수행을 시작하기에 앞서 다음과 같은 선서 또

---

7) 수정 헌법 제12조(1804)에 의해 수정되었다.
8) 수정 헌법 제25조(1967)에 의해 수정되었다.

는 확약을 하여야 한다. "나는 합중국 대통령의 직무를 성실히 수행하며 최선을 다하여 합중국 헌법을 보전하고 보호하고 수호할 것을 엄숙히 선서(또는 확약)한다."

2절 (대통령의 권한)

1. 대통령은 합중국 육해군의 총사령관이 되며, 또한 각 주의 민병이 합중국의 현역에 소집될 경우 그 민병대의 총사령관이 된다. 대통령은 집행부 각 부의 장관에게 소관 직무 사항에 관하여 문서에 의한 견해를 요구할 수 있다. 대통령은 합중국에 대한 범죄에 관하여, 탄핵의 경우를 제외하고, 형의 집행유예 및 사면을 명할 수 있는 권한을 가진다.

2. 대통령은 상원의 조언과 동의를 얻어 조약을 체결할 권한을 가진다. 다만 그 조언과 동의는 상원의 출석 의원 3분의 2 이상의 찬성을 얻어야 한다. 대통령은 대사, 그 밖의 외교사절 및 영사, 연방 대법원 판사, 그리고 그 임명에 관하여 이 헌법에 달리 규정이 없고 법률로써 정할 그 밖의 모든 합중국 관리를 지명하여 상원의 조언과 동의를 얻어 임명한다. 다만 연방의회는 적당하다고 인정되는 하급 관리 임명권을 법률에 의하여 대통령에게, 법원에, 또는 각 부 장관에게 부여할 수 있다.

3. 대통령은 상원의 휴회 중에 생기는 모든 결원을 위임장을 수여함으로써 충원할 권한을 가진다. 다만 그 위임장은 다음 회기가 종료될 때 효력을 상실한다.

3절 (보고 및 의회의 소집)

대통령은 연방의 상황에 관하여 수시로 연방의회에 보고하고, 필요하고 적절하다고 자신이 판단하는 조치의 심의를 연방의회에 권고하여야 한다. 긴급 시에 대통령은 상·하 양원 또는 그중 한 원을 소집할 수 있으며, 또한 휴회의 시기에 관하여 양원 간에 의견이 일치되지 아니하는 때에는 적당하다고 인정하는 때까지 양원의 휴회를 명할 수 있다. 대통령은 대사와 그 밖의 외교사절을 접수하며, 법률이 충실하게 집행되도록 유의하며, 합중국의 모든 관리들에게 직무를 위임한다.

4절 (탄핵)

합중국의 대통령, 부통령 그리고 모든 문관은 반역죄, 수뢰죄 또는 그 밖의 중대 범죄와 비행 등으로 탄핵을 받거나 유죄판결을 받는 경우 그 직에서 면직된다.

제3조 (사법부)

1절 (법원)

합중국의 사법권은 하나의 연방 대법원에, 그리고 연방의회가 수시로 제정·설치하는 하급법원들에 속한다. 연방 대법원 및 하급법원의 판사는 적법행위를 하는 한 그 직을 보유하며, 그 직무에 대하여 정기적으로 보수를 받으며, 그 보수는 재임 중에 감액되지 아니한다.

2절 (재판의 관할)

1. 사법권은 이 헌법과 합중국 법률에 따라 발생할, 그리고 합중국의 권한에 의하여 체결되었거나 체결될 조약에 따라 발생할 모든 보통법 및 형평법상의 소송사건, 대사와 그 밖의 외교사절 및 영사에 관한 모든 소송사건, 해사법 및 해상 관할에 관한 모든 소송사건, 합중국이 한편의 당사자가 되는 분쟁, 두 개 주 또는

그 이상의 주 사이에 발생하는 분쟁, 한 주와 다른 주의 시민 사이의 분쟁, 각기 다른 주의 시민들 사이의 분쟁, 각기 다른 주로부터 불하받은 토지의 권리에 관하여 같은 주의 시민 사이에 발생하는 분쟁, 그리고 어떤 주나 또는 그 주의 시민과 외국, 외국시민, 또는 외국 신민 사이에 발생하는 분쟁[9]에 미친다.

2. 대사와 그 밖의 외교사절 및 영사에 관계되는 소송사건과 주가 당사자인 소송사건은 연방 대법원이 1심의 재판관할권을 가진다. 위에 언급된 그 밖의 모든 소송사건에서 연방 대법원은 법률문제와 사실문제 모두에 관하여 상소심의 재판관할권을 가진다. 다만 이 경우 연방의회가 정하는 예외는 제외되며, 또한 연방의회가 정하는 규정에 따라야 한다.

3. 탄핵 사건을 제외한 모든 범죄의 재판은 배심제로 한다. 그 재판은 그 범죄가 행하여진 주에서 하여야 한다. 다만 그 범죄자가 어느 주에도 속하지 아니할 경우에는 연방의회가 법률로써 정하는 장소에서 재판한다.

3절 (반역죄)

1. 합중국에 대한 반역죄는 합중국에 대하여 전쟁을 일으키거나, 또는 적에게 가담하여 원조 및 편의를 제공할 경우에만 성립한다. 누구라도 명백한 위의 행동에 대하여 증인 두 명의 증언이 있거나 또는 공개 법정에서 자백하는 경우 이외에는 반역죄의 유죄선고를 받지 아니한다.

2. 연방의회는 반역죄의 형벌을 선고하는 권한을 가진다. 다만 반역죄로 인한 사권 박탈 선고는 그 선고를 받은 자의 생존 기간

---

9) 수정 헌법 제11조(1795)에 의해 수정되었다.

을 제외하고 혈통 오손이나 재산 몰수를 초래하지 아니한다.

제4조 (주 상호 간의 관계)

1절 (신뢰)

각 주는 다른 주의 법령, 기록 및 사법절차에 대하여 완전히 신뢰하고 인정해야 한다. 연방의회는 이러한 법령, 기록 및 사법절차를 증명하는 방법과 그것들의 효력을 일반 법률로써 규정할 수 있다.

2절 (기본권과 면책)

1. 각 주의 시민은 다른 어느 주에서도 그 주의 시민이 향유하는 모든 기본권 및 면책권을 가진다.
2. 어느 주에서 반역죄, 중죄 또는 그 밖의 범죄로 인하여 고발된 자가 재판을 피해 도주하여 다른 주에서 발견된 경우, 범인이 도피해 나온 주의 집행 당국의 요구에 의하여 그 범인은 그 범죄에 대한 재판관할권이 있는 주로 인도되어야 한다.
3. 어느 주에서 그 주의 법률에 의하여 사역 또는 노역을 당하도록 되어 있는 자[10]가 다른 주로 도피한 경우, 다른 주의 어떠한 법률 또는 규정에 의해서도 그 사역 또는 노역의 의무는 해제되지 아니하며, 그는 그 사역 또는 노역을 요구할 권리를 가진 당사자의 청구에 따라 인도되어야 한다.[11]

10) 흑인 노예를 말한다.
11) 수정 헌법 제11조(1795)에 의해 개정되었다.

3절 (연방과 주 간의 관계)

1. 연방의회는 새로운 주를 연방에 가입시킬 수 있다. 다만 어떠한
   주의 관할구역에서도 새로운 주를 형성하거나 설치할 수 없다.
   또 관련된 각 주의 주 의회와 연방의회의 동의 없이 두 개 또는
   그 이상의 주나 주의 일부를 합병하여 새로운 주를 형성할 수
   없다.
2. 연방의회는 합중국에 속하는 영토나 그 밖의 재산을 처분하는
   권한 및 이에 관한 모든 필요한 규칙 및 규정을 제정하는 권한
   을 가진다. 다만 이 헌법의 어떠한 조항도 합중국 또는 어느 주
   의 권리를 훼손하는 것으로 해석되어서는 안 된다.

4절 (연방의 보호)

합중국은 이 연방 내의 모든 주에 공화정체를 보장하며, 각 주를 침
략으로부터 보호하며, 각 주의 주 의회 또는 집행부(주 의회를 소집
할 수 없을 때)의 요구가 있을 때에는 주 내의 폭동으로부터 각 주
를 보호한다.

제5조 (헌법 수정 절차)

연방의회는 양원 의원의 3분의 2가 이 헌법에 대한 수정의 필요성
을 인정할 때에는 헌법 수정안을 발의하여야 한다. 또는 각 주들의
3분의 2 이상의 주 의회가 요청할 때에는 수정안 발의를 위한 헌법
회의를 소집해야 한다. 어느 경우에 있어서나 수정안은, 연방의회
가 제의한 비준의 두 방법 중의 어느 하나에 따라, 각 주들의 4분의
3의 주 의회에 의하여 비준되거나, 또는 각 주들의 4분의 3의 주

헌법 회의에 의하여 비준되는 때에는, 모든 점에서 이 헌법의 일부로서 효력을 발생한다. 다만 1808년 이전에 이루어지는 수정은 어떠한 방법으로도 제1조 9절 1항 및 4항에 변경을 가져올 수 없다. 어느 주도 그 주의 동의 없이는 상원에서의 동등한 투표권을 박탈당하지 아니한다.

제6조 (헌법의 법적 지위)

1. 이 헌법이 채택되기 전에 계약된 모든 채무와 체결된 모든 계약은 이 헌법하에서도 연합규약하에서와 마찬가지로 합중국에 대하여 효력을 가진다.
2. 이 헌법, 이 헌법에 의거하여 제정된 합중국의 법률, 그리고 합중국의 권한에 의하여 체결되었거나 체결될 모든 조약은 이 나라의 최고법이다. 어떤 주의 헌법이나 법률 중에 이에 배치되는 규정이 있을지라도, 모든 주의 법관은 이 최고법에 따라야 한다.
3. 앞서 언급한 상원 의원 및 하원 의원, 각 주 의회의 의원, 합중국 및 각 주의 모든 집행관 및 사법관은 선서 또는 확약에 의하여 이 헌법을 지지할 의무가 있다. 다만 종교상의 자격은 합중국의 어떠한 관직 또는 위임에 의한 공직에서도 그 자격 요건으로서 요구되지 아니한다.

제7조 (헌법 비준)

이 헌법이 이를 비준하는 각 주 간에 확정되는 데는 아홉 개 주의 주 헌법 회의의 비준으로 충분하다.

서기 1787년, 아메리카합중국 독립 제12년 9월 17일 헌법 회의에 참석한 각 주의 만장일치의 동의로써 이 헌법을 제정한다. 이를 증명하기 위하여 우리는 여기에 서명한다.

의장 겸 버지나아주 대표 : 조지 위싱턴

뉴햄프셔주 : 존 랭던, 니컬러스 길먼

매사추세츠주 : 너새니얼 고램, 루퍼스 킹

코네티컷주 : 윌리엄 새뮤얼 존슨, 로저 셔먼

뉴욕주 : 알렉산더 해밀턴

뉴저지주 : 윌리엄 리빙스턴, 데이비드 브리얼리, 윌리엄 패터슨, 조너선 데이턴

펜실베이니아주 : 벤저민 프랭클린, 토머스 미플린, 로버트 모리스, 조지 클라이머, 토머스 피츠시몬스, 재러드 잉거솔, 제임스 윌슨, 구버너 모리스

델라웨어주 : 조지 리드, 거닝 베드퍼드 주니어, 존 디킨슨, 리처드 바세트, 제이컵 브룸

메릴랜드주 : 제임스 맥헨리, 대니얼 세인트 토머스 제니퍼, 대니얼 캐럴

버지니아주 : 존 블레어, 제임스 매디슨 주니어

노스캐롤라이나주 : 윌리엄 블런트, 리처드 돕스 스페이트, 휴 윌리엄슨

사우스캐롤라이나주 : 존 러틀리지, 찰스 코츠워스 핑크니, 찰스 핑크니, 피어스 버틀러

조지아주 : 윌리엄 퓨, 에이브러햄 볼드윈

인증 서기 : 윌리엄 잭슨

부록

아메리카합중국헌법 수정 조항

수정 제1조[1] (종교, 언론, 출판, 집회의 자유 및 청원의 권리)

연방의회는 국교를 정하거나 또는 자유로운 신앙 행위를 금지하는 법률을 제정할 수 없다. 또한 언론, 출판의 자유나 인민이 평화로이 집회할 권리 및 고충의 구제를 위하여 정부에 청원할 수 있는 권리를 제한하는 법률을 제정할 수 없다.

수정 제2조 (무기 소지의 권리)

규율 있는 민병은 자유로운 주의 안보에 필요하기에, 무기를 소장하고 휴대하는 인민의 권리는 침해당하지 아니한다.

수정 제3조 (군인의 숙영)

평화 시에 군인은 어떠한 주택에도 그 소유자의 승낙을 받지 아니

---

1) 수정 헌법의 첫 10개 조항은 권리장전이라고 알려져 있다(이 수정 조항들은 연방의회의 첫 회기 중인 1789년 9월 25일 발의되어 각 주에 보내졌고, 1791년 12월 15일 비준이 완료되었다).

하고는 숙영할 수 없다. 전시에 있어서도 법률이 정하는 방법에 의하지 아니하고는 숙영할 수 없다.

수정 제4조 (수색 및 체포 영장)

부당한 수색과 압수로부터 신체, 가택, 서류 및 동산의 안전을 보장받는 인민의 권리가 침해되어서는 안 된다. 영장은 상당한 이유에 근거하고, 선서 또는 확약에 의하여 확인되고, 특히 수색할 장소, 체포될 사람 또는 압수될 물품을 기재하지 아니하고는 발급되지 아니한다.

수정 제5조 (형사사건에서의 권리)

누구든지 대배심에 의한 고발 또는 기소에 의하지 않고는 사형에 해당하는 죄 또는 중죄로서 심리받기 위하여 구금되지 아니한다. 다만 육군이나 해군에서 발생한 사건, 또는 전시나 사변 시에 복무 중에 있는 민병대에서 발생한 사건에 관해서는 예외로 한다. 누구라도 동일 범행으로 생명이나 신체상으로 재차 유죄를 선고받지 아니하며, 어떠한 형사사건에 있어서도 자기에게 불리한 증언을 강요당하지 아니하며, 누구라도 적법절차에 의하지 아니하고는 생명, 자유 또는 재산을 박탈당하지 아니한다. 또 정당한 보상 없이 사유재산을 공적 용도로 수용당하지 아니한다.

수정 제6조 (공정한 재판을 받을 권리)

모든 형사소추에서 피고인은 범죄가 행해진 주 및 법률이 미리 정하는 지역의 공정한 배심에 의해 신속하고 공개적인 재판을 받을 권리, 기소의 성격과 이유에 관하여 통고받을 권리, 자기에게 불리한 증인과 대질심문을 받을 권리, 자기에게 유리한 증인을 얻기 위하여 강제적 수속을 취할 권리, 자신의 변호를 위하여 변호인의 도움을 받을 권리를 가진다.

수정 제7조 (민사사건에서의 권리)

보통법상의 소송에서 쟁송의 액수가 20달러를 초과하는 경우에는 배심에 의하여 심리를 받을 권리가 보장된다. 배심에 의해 심리된 사실은, 보통법의 규정에 따른 것 이외에는 합중국의 어느 법원에서도 재심받지 아니한다.

수정 제8조 (보석금, 벌금 및 형벌)

과다한 보석금을 요구하거나, 과다한 벌금을 부과하거나, 잔혹하고 비정상적인 형벌을 가하지 못한다.

수정 제9조 (인민이 보유하는 권리)

이 헌법에 특정 권리들을 열거한 사실이 인민이 보유하는 그 밖의 여러 권리들을 부인하거나 경시하는 것으로 해석되어서는 아니 된다.

수정 제10조 (주와 인민이 보유하는 권한)

이 헌법에 의하여 합중국에 위임되지 아니하였거나 각 주에 금지되지 아니한 권한은 각 주나 인민이 보유한다.

수정 제11조 (주를 상대로 하는 소송)[2]

합중국의 사법권은, 합중국의 한 주에 대하여 다른 주의 시민 또는 외국의 시민이나 신민에 의하여 개시되었거나 제기된 보통법 또는 형평법상의 소송에까지 미치는 것으로 해석되지 아니한다.

수정 제12조 (대통령 및 부통령의 선출)[3]

선거인은 각기 자신의 주에서 회합하여, 비밀투표에 의하여 대통령과 부통령을 선거한다. 양인 중 적어도 1인은 선거인과 동일한 주의 주민이 아니어야 한다. 선거인은 투표용지에 대통령으로 투표되는 사람의 이름을 지정하고, 별개의 투표용지에 부통령으로 투표되

---

2) 이 수정 조항은 1794년 3월 4일 발의되어 1795년 2월 7일에 비준되었다.
3) 이 수정 조항은 1803년 12월 9일 발의되어 1804년 7월 27일에 비준되었다.

는 사람의 이름을 지정하여야 한다. 선거인은 대통령으로 투표된 모든 사람의 명부와 부통령으로 투표된 모든 사람의 명부 그리고 각각의 득표수를 기재한 표를 별개로 작성하여 선거인이 이에 서명 하고 증명한 다음 봉인하여 상원 의장 앞으로 합중국 정부 소재지로 송부한다. 상원 의장은 상원 의원 및 하원 의원 참석하에 모든 증명서를 개봉하고 계표한다. 대통령으로서 가장 많은 득표를 한 자를 대통령으로 한다. 다만 득표수가 선임된 선거인의 총수의 과반수가 되어야 한다. 이와 같은 과반수 득표자가 없을 경우 하원은 즉시 대통령으로 투표된 사람의 명부 중 3인을 초과하지 아니하는 최다수 득표자들 중에서 비밀투표로 대통령을 선출하여야 한다. 다만 이러한 방법으로 대통령을 선거할 때에는 선거를 주 단위로 하고, 각 주의 대표는 한 표의 투표권을 가지며, 그 선거에 필요한 정족수는 전체 주의 3분의 2의 주로부터 한 명 또는 그 이상의 의원의 출석으로 성립되며, 전체 주의 과반수의 찬성을 얻어야 선출될 수 있다. 대통령 선출권이 하원에 귀속된 경우에 하원이 다음 3월 4일까지 대통령을 선출하지 않을 때에는 대통령의 사망 또는 그 밖의 헌법상의 직무 수행 불능의 경우와 같이 부통령이 대통령의 직무를 행한다.[4] 부통령으로서의 최고 득표자를 부통령으로 한다. 다만 그 득표수는 선임된 선거인의 총수의 과반수가 되어야 한다. 과반수 득표자가 없을 경우에는 상원이 득표자 명부 중 최다수 득표자 2인 중에서 부통령을 선출한다. 이 목적을 위한 정족수는 상원 의원 총수의 3분의 2로 성립되며, 그 선출에는 의원 총수의 과반수가 필요하다. 다만 헌법상 대통령의 직에 취임할 자격이 없는 사람은 합중국 부통령의 직에 취임할 자격도 없다.

4) 수정 조항 20조(1933)에 의해 개정되었다.

수정 제13조 (노예제도 폐지)[5]

1절

노예제도 또는 강제 노역 제도는 당사자가 정당하게 유죄판결을 받은 범죄에 대한 처벌이 아니면 합중국 또는 그 관할에 속하는 어떤 장소에서도 인정되지 않는다.

2절

연방의회는 적절한 입법에 의하여 이 조의 규정을 시행할 권한을 가진다.

수정 제14조 (공민권)[6]

1절

합중국에서 출생하거나 시민권을 부여받고 합중국의 관할권에 속하는 모든 사람은 합중국 및 그가 거주하는 주의 시민이다. 어떠한 주도 합중국 시민의 기본권과 면책권을 박탈하는 법률을 제정하거나 시행할 수 없다. 어떠한 주도 적법절차에 의하지 아니하고는 어떠한 사람으로부터도 생명, 자유 또는 재산을 박탈할 수 없으며, 그 관할권 내에 있는 어떠한 사람에 대해서도 법률에 의한 평등한 보호를 거부해서는 아니 된다.

[5] 이 수정 조항은 1865년 1월 31일 발의되어 1865년 12월 6일 비준되었다.
[6] 이 수정 조항은 1866년 6월 13일 발의되어 1868년 7월 9일 비준되었다.

2절

하원 의원은 각 주의 인구수에 비례하여 각 주에 할당한다. 각 주의 인구수는 과세 대상이 아닌 인디언을 제외한 각 주의 총 인구수이다. 다만 합중국 대통령 및 부통령의 선거인, 연방의회의 하원 의원, 각 주의 집행관 및 사법관 또는 각 주의 주 의회 의원 등을 선출하는 어떠한 선거에서, 반란이나 그 밖의 범죄에 가담한 경우를 제외하고, 21세에 달한 합중국 시민인 당해 주의 남성 주민 중의 어느 누구에게 투표권이 거부되거나 또는 어떠한 방법으로든 제한되어 있을 때에는, 그러한 남성 주민의 수가 그 주의 21세에 달한 남성 주민의 총수에 대하여 가지는 비율만큼 그 주의 하원 의원 할당 수의 기준도 감소된다.

3절

과거에 연방의회 의원, 합중국 관리, 주 의회 의원 또는 주의 집행관이나 사법관으로서 합중국 헌법을 지지할 것을 선서하고, 후에 이에 대한 폭동이나 반란에 가담하거나 또는 그 적에게 원조를 제공한 자는 누구라도 연방의회의 상원 의원이나 하원 의원, 대통령 및 부통령의 선거인, 합중국이나 각 주에서 문무의 관직에 취임할 수 없다. 다만 연방의회는 각 원의 3분의 2의 찬성투표로써 그 실격을 해제할 수 있다.

4절

폭동이나 반란을 진압하는 데 기여한 바에 대해 은급 및 하사금을 지불하기 위하여 발생한 부채를 포함하여, 법률로써 인정된 합중국 공채의 법적 효력은 문제시되지 않는다. 그러나 합중국에 대한 폭동이나 반란을 지원하느라 발생한 부채나 채무에 대해서는 합중국이나 그 어떤 주도 이를 부담하거나 지불하지 아니한다. 또한 노예의 상실이나 해방의 대가에 대한 청구에 대해서는 합중국이나 그 어떤 주도 이를 부담하거나 지불하지 아니한다. 모든 그러한 부채, 채무 및 청구는 위법이고 무효이다.

5절

연방의회는 적절한 입법에 의하여 이 조의 규정을 시행할 권한을 가진다.

수정 제15조 (투표권의 보장)[7]

1절

합중국 시민의 투표권은 인종, 피부색 또는 과거의 예속 상태로 인해 합중국이나 주에 의하여 거부되거나 제한되지 아니한다.

2절

연방의회는 적절한 입법에 의하여 이 조의 규정을 시행할 권한을 가진다.

[7] 이 수정 조항은 1869년 2월 26일 발의되어 1870년 2월 3일 비준되었다.

수정 제16조 (소득세)[8]

연방의회는, 소득원의 종류를 불문하고, 각 주들 간에 할당하지 아니하고, 국세 조사나 인구수에 관계없이, 소득에 대한 세금을 부과, 징수할 권한을 가진다.

수정 제17조 (연방의회 상원 의원 직접선거)[9]

1. 합중국의 상원은 각 주 두 명씩의 상원 의원으로 구성된다. 상원 의원은 그 주의 주민에 의하여 선출되고 6년의 임기를 가진다. 각 상원 의원은 한 표의 투표권을 가진다. 각 주의 선거인은, 주 의회에서 가장 많은 의원 수를 가진 원의 선거인에게 요구되는 자격을 가져야 한다.
2. 상원에서 어느 주의 의원에 결원이 생긴 때에는 그 주의 집행부는 결원을 보충하기 위하여 선거 명령을 발하여야 한다. 다만 주민이 주 의회가 정하는 바에 따라 결원을 보충할 때까지, 주 의회는 그 주의 집행부에 임시로 상원 의원을 임명하는 권한을 부여할 수 있다.
3. 이 수정 조항은, 이 조항이 헌법의 일부로서 효력을 발생하기 이전에 선출된 상원 의원의 선거 또는 임기에 영향을 주는 것으로 해석되지 아니한다.

8) 이 수정 조항은 1909년 7월 12일 발의되어 1913년 2월 3일 비준되었다.
9) 이 수정 조항은 1912년 5월 13일 발의되어 1913년 4월 8일 비준되었다.

수정 제18조 (양조의 금지)[10]

1절

이 조의 비준으로부터 1년을 경과한 뒤에는, 합중국과 그 관할에 속하는 모든 영토 내에서 음용할 목적으로 주류를 양조, 판매 또는 운송하거나 합중국에서 이를 수입 또는 수출하는 것을 금지한다.

2절

연방의회와 각 주는 적절한 입법에 의하여 이 조를 시행할 동등한 권한을 가진다.

3절

이 조는, 연방의회가 이를 각 주에 회부한 날로부터 7년 이내에 각 주 의회가 헌법에 규정된 바에 따라 헌법 수정 조항으로 비준하지 아니하면 그 효력이 발생하지 아니한다.

수정 제19조 (여성의 선거권)[11]

1. 합중국 시민의 투표권은 성별을 이유로 합중국이나 주에 의하여 거부 또는 제한되지 아니한다.
2. 연방의회는 적절한 입법에 의하여 이 조를 시행할 권한을 가진다.

[10] 이 수정 조항은 1917년 12월 18일 발의되어 1919년 1월 26일 비준되었다. 이후 수정 조항 21조에 의해 폐기되었다.
[11] 이 수정 조항은 1919년 6월 4일 발의되어 1920년 8월 18일 비준되었다.

수정 제20조 (대통령과 연방의회 의원의 임기)[12]

1절

대통령과 부통령의 임기는, 이 조가 비준되지 아니하였더라면 임기가 만료되었을 해의 1월 20일 정오에 끝난다. 그리고 상원 의원과 하원 의원의 임기는, 이 조가 비준되지 아니하였더라면 임기가 만료되었을 해의 1월 3일 정오에 끝난다. 그 후임자들의 임기는 그때부터 시작된다.

2절

연방의회는 매년 적어도 1회 집회한다. 그 집회는 의회가 법률로 다른 날을 정하지 아니하는 한 1월 3일 정오부터 시작된다.

3절

대통령의 임기 개시일로 정해진 시일에 대통령 당선자가 사망하였으면 부통령 당선자가 대통령이 된다. 대통령의 임기의 개시일로 정해진 시일까지 대통령이 선출되지 아니하였거나, 대통령 당선자가 자격을 구비하지 못하였을 때에는 부통령 당선자가 대통령이 그 자격을 구비할 때까지 대통령의 직무를 대행한다. 연방의회는 대통령 당선자와 부통령 당선자가 다 자격을 구비하지 못하는 경우에 대비하여 대통령의 직무를 대행할 자 또는 그 대행자의 선정 방법을 정하여 법률로써 규정하여야 한다. 이러한 경우에 선임된 자는 대통령 또는 부통령이 자격을 구비할 때까지 그 직무를 대행한다.

12) 이 수정 조항은 1932년 3월 2일 발의되어 1933년 1월 23일 비준되었다.

4절

연방의회는, 하원이 대통령의 선출권을 갖게 되었을 때에 대통령으로 선출할 인사 중 사망자가 생긴 경우와 상원이 부통령의 선출권을 갖게 되었을 때에 부통령으로 선출할 인사 중 사망자가 생긴 경우에 대비하여 법률로써 규정할 수 있다.

5절

1절 및 2절은 이 조의 비준 이후 최초의 10월 15일부터 효력을 발생한다.

6절

이 조는, 회부된 날로부터 7년 이내에 각 주들의 4분의 3의 주 의회에 의하여 헌법 수정 조항으로 비준되지 아니하면 효력을 발생하지 아니한다.

수정 제21조 (금주 조항의 폐기)[13]

1절

합중국 수정 헌법 제18조를 폐기한다.

2절

합중국의 주, 영토 또는 속령의 법률을 위반하여 이들 지역 내에서

13) 이 수정 조항은 1933년 2월 20일 발의되어 1933년 12월 5일 비준되었다.

주류를 운송 또는 사용할 목적으로 수송 또는 수입하는 것을 금지한다.

3절

이 조는 연방의회가 이것을 각 주에 회부한 날부터 7년 이내에 헌법 규정에 따라서 각 주의 헌법 회의에 의하여 헌법 수정 조항으로서 비준되지 아니하면 효력을 발생하지 아니한다.

수정 제22조 (대통령 임기 제한)[14]

1절

누구라도 2회를 초과하여 대통령직에 선출될 수 없으며, 타인이 대통령으로 당선된 임기 중 2년 이상 대통령직에 있었거나 대통령 직무를 대행한 자는 1회를 초과하여 대통령직에 당선될 수 없다. 다만 이 조는 연방의회가 이를 발의하였을 때에 대통령직에 있는 자에게는 적용되지 아니하며, 또 이 조가 효력을 발생하게 될 때에 대통령직에 있거나 대통령 직무를 대행하고 있는 자가 잔여 임기 중 대통령직에 있거나 대통령 직무를 대행하는 것을 방해하지 아니한다.

2절

이 조는 연방의회가 각 주에 회부한 날로부터 7년 이내에 각 주들의 4분의 3의 주 의회에 의하여 헌법 수정 조항으로서 비준되지 아니하면 효력을 발생하지 아니한다.

14) 이 수정 조항은 1947년 3월 24일 발의되어 1951년 2월 27일 비준되었다.

수정 제23조 (컬럼비아특별행정구에서의 선거권)[15]

1절

1. 합중국 정부 소재지를 구성하고 있는 지구는 연방의회가 다음과 같이 정한 방식에 따라 대통령 및 부통령의 선거인을 임명한다.
2. 그 선거인의 수는, 이 지구가 하나의 주라면 배당받을 수 있는 연방의회의 상원 및 하원 의원 수와 동일한 수이다. 그러나 어떠한 경우에도 최소의 인구를 가진 주보다 더 많을 수 없다. 그들은 각 주가 임명한 선거인들에 첨가된다. 그러나 그들도 대통령 및 부통령의 선거를 위하여 주가 선정한 선거인으로 간주된다. 그들은 이 지구에서 회합하여 헌법 수정 조항 제12조가 규정하고 있는 바와 같은 직무를 수행한다.

2절

합중국 의회는 적절한 입법에 의하여 이 조를 시행할 권한을 가진다.

수정 제24조 (선거권)[16]

1절

대통령 또는 부통령, 대통령 또는 부통령 선거인들 또는 연방 상원의원이나 하원 의원 등을 선출하기 위한 예비 선거 또는 그 밖의 선거에서 합중국 시민의 선거권은 인두세나 기타 조세를 납부하지 아

---

15) 이 수정 조항은 1960년 6월 16일 발의되어 1961년 3월 29일 비준되었다.
16) 이 수정 조항은 1962년 8월 27일 발의되어 1964년 1월 23일 비준되었다.

니하였다는 이유로 합중국 또는 주에 의하여 거부되거나 제한되지 아니한다.

2절

합중국 의회는 적절한 입법에 의하여 이 조를 시행할 권한을 가진다.

수정 제25조 (대통령의 직무 수행 불능과 승계)[17]

1절

대통령이 면직, 사망 또는 사임하는 경우에는 부통령이 대통령이 된다.

2절

부통령직이 궐위되었을 때에는 대통령이 부통령을 지명하고, 그는 연방의회의 양원의 과반수 득표에 의하여 승인을 받아 그 직에 취임한다.

3절

대통령이 상원의 임시의장과 하원 의장에게 자신이 대통령직의 권한과 직무를 수행할 수 없다는 서면 공한을 제출할 경우, 대통령이 이와 반대되는 서면 공한을 상원 임시의장과 하원 의장에게 제출할 때까지는 부통령이 대통령 권한대행으로서 그 권한과 임무를 수행한다.

17) 이 수정 조항은 1965년 7월 6일 발의되어 1967년 2월 10일 비준되었다.

4절

1. 부통령, 집행부 각 부의 장관들의 과반수, 또는 연방의회가 법률로 정하는 기타 기관의 장들의 과반수가 상원의 임시의장과 하원 의장에게 대통령이 그의 직위의 권한과 직무를 수행할 없다는 것을 기재한 서면 공한을 제출할 경우에는 부통령이 즉시 대통령 권한대행으로서 대통령직의 권한과 임무를 수행한다.

2. 그 뒤에 대통령이 상원의 임시의장과 하원 의장에게 직무 수행 불능이 존재하지 않는다는 것을 기재한 서면 공한을 제출할 때에는 대통령이 그의 권한과 직무를 되찾는다. 다만 그러한 경우에 부통령, 집행부 각 부의 장관들의 과반수, 또는 연방의회가 법률로 정하는 기타 기관의 장들의 과반수가 4일 이내에 상원의 임시의장과 하원 의장에게 대통령이 그의 권한과 직무를 수행할 수 없다는 것을 기재한 서면 공한을 제출하는 경우에는 예외로 한다. 그 경우에 연방의회는 비회기 중이라 할지라도 48시간 이내에 소집하여 그 문제를 결정한다. 연방의회가 후자의 서면 공한을 수령한 뒤 21일 이내에, 또는 비회기 중인 연방의회가 소집 요구를 받은 뒤 21일 이내에, 양원의 3분의 2의 찬성으로 대통령이 그의 권한과 직무를 수행할 수 없다는 것을 결의할 경우에는 부통령이 대통령 권한대행으로서 계속하여 그 권한과 직무를 수행한다. 그렇지 아니한 경우에는 대통령이 그의 권한과 직무를 되찾는다.

수정 제26조 (18세 이상인 시민의 선거권)[18]

1절

연령 18세 이상의 합중국 시민의 투표권은, 연령을 이유로 하여 합중국 또는 주에 의하여 거부되거나 제한되지 아니한다.

2절

합중국 의회는 적절한 입법에 의하여 이 조를 시행할 권한을 가진다.

수정 제27조 (의원 보수 인상)[19]

상원 의원과 하원 의원의 보수 변경에 관한 법률은 다음 하원 의원 선거가 지난 뒤 그 효력이 발생한다.

---

18) 이 수정 조항은 1971년 3월 23일 발의되어 1971년 7월 1일 비준되었다.
19) 이 수정 조항은 1992년 5월 7일 비준되었다.